Unterbringungsrecht in der Praxis

Unterbringungsrecht in der Praxis

Freiheitsentziehende Maßnahmen im Betreuungs- und Familienrecht

von

Ulrich Engelfried
Richter a. D. am Amtsgericht Hamburg Barmbek

3. vollständig überarbeitete Auflage

Reguvis

Bibliografische Information der Deutschen Nationalbibliothek
Die Deutsche Nationalbibliothek verzeichnet diese Publikation in der Deutschen Nationalbibliografie; detaillierte bibliografische Daten sind im Internet über http://dnb.d-nb.de abrufbar.

Reguvis Fachmedien GmbH
Amsterdamer Str. 192
50735 Köln
www.reguvis.de

Beratung und Bestellung:
Tel.: +49 (0) 221 97668-229
Fax: +49 (0) 221 97668-236
E-Mail: familie-betreuung@reguvis.de

ISBN (Print): 978-3-8462-1456-5
ISBN (E-Book): 978-3-8462-1457-2

Herstellung: Günter Fabritius
Satz: Cicero Computer GmbH, Bonn
Druck und buchbinderische Verarbeitung: Appel & Klinger Druck und Medien GmbH, Schneckenlohe

Printed in Germany

Vorwort

Das vorliegende Buch ist ein „Update" unter Berücksichtigung der Betreuungsrechtsreform 2023 und neuerer Rechtsprechung. Ich bedanke mich für die vielen freundlichen Reaktionen und Anmerkungen auf die ersten beiden Auflagen, die mich motivierten, das Buch erneut zu überarbeiten.

Nach wie vor gilt:Die Palette des Unterbringungsrechts ist recht weit. Das Unterbringungsrecht ist im Zivilrecht, im Öffentlichen Recht und im Strafrecht eingebettet. Es umfasst Regelungen für ganz verschiedene rechtliche und Lebenszusammenhänge.

Das Unterbringungsrecht ist sowohl bestimmt und begleitet von ethischen Grundfragen – oder anders formuliert: von grundsätzlichem Vorverständnis – als auch von zahlreichen praktischen Problemen. Ein Praxishandbuch wie dieses kann die ethischen Fragen nur ansprechen und muss sich zwangsläufig vornehmlich auf die praktischen Fragen fokussieren. Dennoch ist es wichtig gerade im Alltag die weitergehenden Grundfragen nicht aus dem Auge zu verlieren – im Interesse der Menschen, die den Akteuren des Unterbringungsrechts anvertraut sind. Insbesondere der Sinn, der Zweck und der Hintergrund der verschiedenen Formen von Unterbringung ist für die „Fallbehandlung" von immenser Bedeutung.

Ein menschenfreundliches, ethisch vertretbares und gleichzeitig praktikables Unterbringungsrecht kann nur Bestand haben bei strikter Beachtung der rechtlichen Regeln, gegenseitigem Respekt und multiprofessioneller Zusammenarbeit. Gerade letzteres kommt in der Realität leider oft zu kurz. Mir war und ist es immer ein Anliegen, dass die verschiedenen Professionen einander besser verstehen und Reibungsverluste vermieden werden. Nicht in jedem Fall gibt es Automatismen. Manche Fragen müssen offen und für den Einzelfall und dessen Betrachtung so viel Raum bleiben, dass die richtige Antwort gefunden wird.

Ein Praxishandbuch muss auf die „Bedürfnisse der Praxis" ausgerichtet sein. Diese sind – in Zeiten von Arbeitsverdichtung und Zeitdruck – nicht selten auf die Frage reduziert: „Wie kann ich schnell, unkompliziert und reibungslos meine Arbeit erledigen?" Das wird nicht immer genügen, um im sensiblen Bereich der Unterbringung die Herausforderungen zu bestehen.

Vor diesem nicht einfachen Hintergrund soll jedoch dieses Handbuch der Hilfestellung dienen.

Für Neueinsteiger gibt es immer wieder eine große Nachfrage nach praktischen Tipps und Hinweisen. Diese möchte das vorliegende Buch befriedigen. Auch für die erfahrenen Praktiker in den verschiedenen unterbringungsrechtsrelevanten Berufen findet sich hier ein guter Überblick vor allem vor dem Hintergrund der Betreuungsrechtsreform 2023.

Hamburg, im August 2023

Ulrich Engelfried

Inhaltsverzeichnis

3. Kapitel: Die öffentlich-rechtliche Unterbringung

4. Kapitel: Die Unterbringung von Kindern und Jugendlichen nach § 1631b BGB

5. Kapitel: Die forensische Unterbringung

6. Kapitel: Weitere Fragen zum Unterbringungsrecht

Anhang

Literatur

Bauer/Klie/Lütgens/Schwedler (Hrsg.), Heidelberger Kommentar zum Betreuungs- und Unterbringungsrecht (HK-BUR), Loseblattwerk, Verlag C.F. Müller, Heidelberg (zitiert: HK-BUR), Stand: 141. Aktualisierung, Dezember 2022

Bienwald/Sonnenfeld/Hoffmann, Betreuungsrecht, 6. Auflage, Gieseking Verlag, Bielefeld 2016

Brilla/Lust, Richtervorbehalt bei Fixierungen nach PsychKHG, jM 2019, 27

Brosey, Psychiatrische Patientenverfügung nach dem 3. Betreuungsrechtsänderungsgesetz, BtPrax 2010,161 ff.

Bundesärztekammer, Bekanntmachungen. Ethische und rechtliche Frage zur Behandlung von Nicht-Einwilligungsfähigen: Zwang bei gesundheitlicher Selbstgefährdung, Deutsches Ärzteblatt, Stand März 2023, https://www.bundesaerztekammer.de/fileadmin/user_upload/BAEK/Themen/Recht/Bekanntmachung_BAEK_Ethische_und_rechtliche_Fragen.pdf

Bundesverband der Psychiatrie-Erfahrenen, Hinter verschlossenen Türen – Zwang und Gewalt in deutschen Psychiatrien, Dokumentation, Stand Oktober 2014, https://bpe-online.de/broschuere-zwang/

Damrau/Zimmermann, Betreuungsrecht, 4. Auflage, Kohlhammer Verlag, Stuttgart 2011

Deutscher Kinderschutzbund, Position zur geschlossenen Unterbringung, Deutsches Institut für Menschenrechte, Zwangsmaßnahmen in der Kinder-und Jugendhilfe, Publikation Mai 2021, https://www.institut-fuer-menschenrechte.de/fileadmin/Redaktion/Publikationen/Information/Information_Zwangsmassnahmen_in_der_Kinder_und_Jugendhilfe.pdf

Diekmann, Zur Einholung eines Sachverständigengutachtens vor Einholung eines Betreuers, BtPrax 2015, 169 ff.

Dodegge, Aktuelles zum Betreuungsrecht, BtPrax 2013, 3 ff.

Dodegge, Ärztliche Zwangsmaßnahmen und Betreuungsrecht, NJW 2013, 1265 ff.

Dodegge/Roth, Systematischer Praxiskommentar Betreuungsrecht, 6. Auflage, Reguvis, Köln 2023 (zitiert: BtKomm/Bearbeiter)

Engelfried, Verfassungsfeste Eingriffsnorm, betrifft justiz 2006, 345 ff.

Engelfried, Macht der Gewohnheit, alltäglicher Skandal, in: *Müller-Heidelberg/Finck* u.a., Grundrechte-Report 2010, Fischer Taschenbuch Verlag, Frankfurt/Main 2010, S. 65.ff.

Engelfried, Sorgfalt vor Schnelligkeit, Psychosoziale Umschau 04/2013, 28 ff.

Engelfried, Eure Elterliche Sorge fesselt mich, betrifft justiz 2014, 35 ff.

Engelfried/Gehlsen, Zwangsbehandlung ist nötig – in ganz engen Grenzen, betrifft justiz 2012, 326 ff.

Engelfried, Betroffene „unerhört" oder: „Justiz, mir graut vor Dir! Wie hältst du es mit dem rechtlichen Gehör?", Betrifft Justiz 2020, 320 ff.

Grüneberg, Bürgerliches Gesetzbuch mit Nebengesetzen, 81. Auflage, Verlag C.H. Beck, München 2023

Joecker, Das neue Betreuungsrecht, 2. Auflage, Reguvis, Köln 2022

Jox/Fröschle (Hrsg.), Praxiskommentar Betreuungs- und Unterbringungsverfahren, 4. Auflage, Reguvis, Köln 2020

Fischer, Strafgesetzbuch, Kommentar, 66. Auflage, Verlag C.H. Beck, München 2019

Häbel, Das Recht des Kindes auf gewaltfreie Erziehung und seine Bedeutung für die Zulässigkeit körperlichen Zwangs in Einrichtungen der Kinder- und Jugendhilfe, ZKJ 2016, 168 ff., 204 ff.

Harm, Verfahrenspflegschaft in Betreuungs- und Unterbringungssachen – Leitfaden mit Musterschreiben, 5. Auflage, Reguvis, Köln 2018

Heilmann (Hrsg.), Praxiskommentar Kindschaftsrecht, 2. Auflage, Reguvis, Köln 2020

Herberger/Martinek/Rüßmann/Weth (Hrsg.), juris PraxisKommentar BGB, 7. Auflage, Saarbrücken

Hoffmann, Freiheitsentziehende Unterbringung von Kindern und Jugendlichen, Recht und Praxis 2009, 121–129

Kaleck/Hilbrans/Scharmer, Ratifikation der UN-Disability Convention vom 30.03.2007 und Auswirkung auf die Gesetze für so genannte psychisch Kranke am Beispiel der Zwangsunterbringung und Zwangsbehandlung nach dem PsychKG Berlin (2. überarbeitete Fassung), https://www.die-bpe.de/stellungnahme/

Keidel, FamFG, 19. überarbeite Auflage, Verlag C.H. Beck, München 2017

Kirsch, Der Werdenfelser Weg Betrifft Justiz 2015, 40 f.

Leibholz/Rinck, Grundgesetz, 7. Auflage 1975, 69. Lieferung 09.2015, zit. nach juris

Lipp, Erwachsenenschutz und Verfassung – Betreuung, Unterbringung und Zwangsbehandlung, FamRZ 2013, 913 ff.

Loer, Anmerkungen zum Beschluss des Bundesgerichtshofs vom 14.01.2015 – XII ZB 470/14, BtPrax 2015, S. 64, BtPrax 2015, 55 f.

Marschner/Lesting/Stahmann, Freiheitsentziehung und Unterbringung, 6. Auflage, Verlag C.H. Beck, München 2019

Mental health Europe, Ein Leitfaden zurAbschaffung von Zwang und Fixierung in der psychiatrischen Versorgung, https://www.mhe-sme.org/wp-content/uploads/2022/03/Short-Guide-on-Alternatives-to-Coercion_DE_new.pdf

Nagel/Selle/Stumpf, Die tägliche 24-stündige 1:1-Betreuung als alternative Versorgungsform bei fehlenden Einrichtungen zur geschlossenen Langzeitunterbringung, BtPrax 2023, 15 ff.

Salgo/Lack (Hrsg.), Verfahrensbeistandschaft. Ein Handbuch für die Praxis, 4. Auflage, Reguvis, Köln 2020

Seifert, Anmerkung zu BVerfG FamRZ 2018, 1554 ff.

Staudinger, Bürgerliches Gesetzbuch, de Gruyter, Berlin, Stand: 2016

Seibt, Basiswissen Psychopharmaka, Bundesverband Psychiatrieerfahrener, https://bpe-online.de/

Selle, LSG Hamburg zum Anspruch auf die tägliche 24-stündige 1:1-Betreuung bei fehlenden Einrichtungen zur geschlossenen Langzeitunterbringung, https://www.sgk-hh.de/allgemein/landessozialgericht-bestaetigt-anspruch-auf-24-stuendige-11%e2%80%91betreuung-im-sozialgerichtlichen-eilverfahren/

Stolz/Steinert, Psychiatrische Patientenverfügungen und öffentlich-rechtliche Unterbringung, BtPrax 2014, 12 ff.

Zinkler, Interview „Tageszeitung“, vom 30.07.2021 „Daran könnte man verrückt werden“, https://taz.de/Zwangsbehandlung-in-der-Psychiatrie/!5787242/

Zinkler/Laupichler/Osterfeld, Prävention von Zwangsmaßnahmen – Menschenrechte und therapeutische Kulturen in der Psychiatrie, 1. Auflage, Psychiatrie-Verlag, Köln 2016

1. Kapitel:

Überblick und Grundlagen

1. Der Begriff der Unterbringung

Der Begriff der Unterbringung kann außerhalb der rechtlichen, vor allem familien- oder betreuungsrechtlichen Begrifflichkeiten leicht missverstanden werden. Nicht immer ist dann, wenn ein Mensch in einer Einrichtung „untergebracht" ist, das Unterbringungsrecht einschlägig.

Die Unterbringung im Sinne des Unterbringungsrechts meint immer die *geschlossene* Unterbringung, also Unterbringung in einer geschlossenen Station oder Einrichtung. Und es ist notwendigerweise immer eine Freiheitsentziehung damit verbunden.

> Eine Unterbringung in diesem Sinne liegt dann vor, wenn der betroffene Mensch gegen oder ohne seinen Willen in einem beschränkten Raum festgehalten, sein Aufenthalt ständig überwacht und die Kontaktaufnahme mit anderen Personen außerhalb dieses Bereichs eingeschränkt wird.[1]

Dabei kann es keine Rolle spielen, ob eine Einrichtung – Wohngruppe, Heim oder Krankenhaus – aus aufsichtsrechtlichen Gesichtspunkten befugt ist, eine geschlossene Unterbringung vorzunehmen. Liegen die Kriterien für eine Unterbringung vor, handelt es sich materiell-rechtlich um eine Unterbringung.

Im Einzelfall kann die **Abgrenzung** schwierig sein. Vielfach gibt es – insbesondere in Pflegeeinrichtungen – „geschützte" oder „beschützende"[2] Bereiche bzw. Stationen. Diese werden zumindest in manchen Regionen nicht als geschlossene Einrichtungen konzipiert und ausgewiesen. Hier wird mit baulichen Gegebenheiten, die das Verlassen des Bereichs erschweren, aber auch mit Personalaufwand und besonderer pflegerischer Zuwendung gearbeitet, letztlich auch um ein „Weglaufen" zu verhindern.

Praxistipp

▶ *Im Interesse terminologischer und juristischer Klarheit sollte eine geschlossene Einrichtung/Station allerdings auch als geschlossen bezeichnet werden.*

Man wird generell sagen können, dass eine **Freiheitsentziehung** nur dann vorliegt, wenn physische Hindernisse einem Menschen das Verlassen des Wohn- oder Lebensbereiches oder des sonstigen Aufenthaltsareals unmöglich machen, obwohl er den Bereich verlassen will und verlassen kann, also dazu körperlich in der Lage ist.

Wir werden noch im Zusammenhang mit den unterbringungsähnlichen Maßnahmen auf Barrieren und elektronische Vorrichtungen kommen und uns der Frage widmen, ob eine Vorrichtung mehr der Überwachung oder der Freiheitseinschränkung dient (zu Einzelheiten siehe im 2. Kapitel unter 4., S. 88 f.).

1 BGH, XII ZB 69/00, Beschl. v. 11.10.2000, BtPrax 2001, 32; BGH, BtPrax 2015, 65.

2 Die Begriffe werden unterschiedlich verwendet, teils als Synonym für geschlossene Einrichtungen,teils für gerade nicht geschlossene Einrichtungen oder Stationen.

Auf der anderen Seite sollte nicht allzu viel „sportlicher Ehrgeiz" darauf verwendet werden, nun unbedingt einen geschützten Bereich als „um keinen Preis geschlossen" zu deklarieren. Gerade bei alten Menschen ist es oft schwierig, zwischen „natürlichen" alters- und gebrechlichkeitsbedingten Grenzen und einer Freiheitseinschränkung zu unterscheiden.

Beispiele

Nicht wenige Heimeinrichtungen sind so beschaffen, dass es schon für jüngere, „fittere" Menschen schwierig ist, von der Pflegestation zum Ausgang zu kommen, weil die baulichen Gegebenheiten ein „natürliches" Hindernis darstellen.

„Gemütliche" Sitzgruppen mit Sesseln, in denen man tief versinkt, können objektiv „Bewegungshindernisse" darstellen. Es würde den Schutzzweck des Unterbringungsrechts überspannen hier schon von „Freiheitsentziehung" zu sprechen.

Erfahrung aus der Praxis des Autors: Manchmal war es selbst für mich schwierig, in einer Einrichtung den Ausgang zu finden. Der Ausgang war dann deshalb nicht leicht zu finden, damit kein Bewohner unversehens auf der Straße steht.

Nicht jede natürliche Beschwernis führt gleich zur juristischen Bewertung als freiheitsentziehend.

Die Abgrenzung zwischen „natürlichem Hindernis" und freiheitsentziehender Maßnahme ist im Einzelfall nicht immer einfach. Im Zweifel sollte man sich nicht scheuen, eine Situation als Unterbringung – oder rechtlich vergleichbare Situation – zu deklarieren und sich den Bedingungen und Voraussetzungen einer Unterbringung zu stellen.

Beispiel

Beliebt sind Zahlencodes als Türsicherung (generationsbedingt wird gern „4711" genommen). Dies ist ein probates Mittel, dass es gut orientierten Bewohnern erlaubt, frei die Station oder Einrichtung zu verlassen und schlecht orientierte Menschen davor schützt, sich durch Weglaufen zu gefährden.

Da es sich dann aus der Sicht des betroffenen Menschen schlicht um eine geschlossene Tür handelt, wird dies mit Recht als Unterbringung angesehen.

Nun kann es eine ebenso eingreifende Maßnahme für einen Menschen sein, wenn er an einem anderen Ort als in seiner Wohnung (z.B. in einer Pflegeeinrichtung) „untergebracht" wird. Manchmal ist dies subjektiv „schlimmer" als die Tatsache, dass „die Tür zu" ist. Der Grund dafür liegt in der besonderen rechtlichen Bedeutung der Einschränkung der persönlichen (Bewegungs-)Freiheit. Das zu diskutieren ist müßig, aber sollte ein Anlass für folgendes sein:

Es ist wichtig sich zu vergegenwärtigen, dass die Übertragung des Aufenthaltsbestimmungsrechts, sei es per Vollmacht oder im Rahmen einer bestehenden Betreuung, sowie dessen Ausübung genauer Überlegung und sorgfältiger Betrachtung bedarf.

Beim Begriff der Freiheitsentziehung geht der Gesetzgeber hingegen im Zweifel von einem weiten Begriff aus.[3] Es geht immer um die Einschränkung der Freiheit der Person, namentlich um die Einschränkung der Bewegungsfreiheit oder vergleichbaren Zwang.[4] Im Detail kommt es auf den Charakter der Unterbringung an.

Jedenfalls ist aber keine „Freiheitsfähigkeit" in dem Sinne erforderlich, dass der betroffene Mensch auch tatsächlich in der Lage sein muss, seine Freiheit zu nutzen.[5] Aber auch hier muss gelten: Im Zweifel ist von einer freiheitsentziehenden Unterbringung auszugehen.

Die Unterbringungsverfahren umfassen weiterhin noch Sachverhalte, die keinen Ortswechsel mit sich bringen, wohl aber eine erhebliche Freiheitseinschränkung: Die Zwangsbehandlung in der Unterbringung und die freiheitsentziehenden, unterbringungsähnlichen Maßnahmen.

2. Verfassungsrechtliche Grundlagen

a) Freiheit der Person, Art. 104 GG

Da die Unterbringung eine Freiheitsentziehung darstellt bzw. mit ihr verbunden ist, gilt der Artikel 104 des Grundgesetzes (GG). An dieser Norm müssen sich gesetzliche Regelungen zur Unterbringung (und natürlich auch deren praktische Umsetzung) messen lassen.

Art 104 Grundgesetz für die Bundesrepublik Deutschland [Freiheitsentzug]

> Die Freiheit der Person kann nur auf Grund eines förmlichen Gesetzes und nur unter Beachtung der darin vorgeschriebenen Formen beschränkt werden. Festgehaltene Personen dürfen weder seelisch noch körperlich misshandelt werden.
>
> Über die Zulässigkeit und Fortdauer einer Freiheitsentziehung hat nur der Richter zu entscheiden. Bei jeder nicht auf richterlicher Anordnung beruhenden Freiheitsentziehung ist unverzüglich eine richterliche Entscheidung herbeizuführen. Die Polizei darf aus eigener Machtvollkommenheit niemanden länger als bis zum Ende des Tages nach dem Ergreifen in eigenem Gewahrsam halten. Das Nähere ist gesetzlich zu regeln.
>
> [...]

Artikel 104 des Grundgesetzes (GG) entspricht einer langen Verfassungstradition. Ursprünglich hatten diejenigen, die Bürgerrechte einforderten, in erster Linie die strafrechtliche bzw. strafprozessuale Inhaftierung im Sinn.

3 HK-BUR/*Bauer*, Rn. 2 vor § 1906 BGB.
4 BVerfG, Stattgebender Kammerbeschluss vom 2.9.2015, 2 BvR 2343/14, juris, NJW 2016, 148.
5 A.a.O.

Heute ist unbestritten: Artikel 104 GG gilt für jede Art der Freiheitsentziehung, wobei sich Freiheitsentziehung immer im Wesentlichen auf die Verhinderung der Fortbewegung außerhalb des geschlossenen Rahmens bezieht.

Zwei wesentliche Elemente sind in der Verfassungsnorm enthalten:

1. Die Freiheitsentziehung bedarf einer gesetzlichen Grundlage (**Gesetzesvorbehalt**) und
2. die Zulässigkeit und Fortdauer der Freiheitsentziehung kann nur durch eine richterliche Entscheidung festgelegt werden (**Richtervorbehalt**).

Das bedeutet zum einen, dass eine Unterbringung nur nach festen, kodifizierten Regelungen stattfinden darf, die den Vorgaben der Verfassung genügen. Es muss sich um ein förmliches und hinreichend bestimmtes Gesetz handeln.[6] Das bedeutet, dass man aus der Norm schon die Zulässigkeit und Grenzen der Freiheitsentziehung entnehmen können muss.

Und zum anderen ist eine richterliche Entscheidung zwingend erforderlich. Artikel 104 GG legt nicht fest, in welcher Weise der Richter[7] über die Freiheitsentziehung entscheidet. Es kann eine **Anordnung oder eine Genehmigung** sein.

b) Anspruch auf rechtliches Gehör, Art. 103 GG

Diese Vorschrift wird uns begleiten, wenn wir über formelle Vorschriften, d.h. Verfahrensregeln sprechen. Insbesondere die Anhörungsrechte und sonstige Verfahrensgarantien für die Betroffenen lassen sich immer wieder auf Artikel 103 GG zurückführen.

> **Art. 103 Grundgesetz für die Bundesrepublik Deutschland [Grundrechte vor Gericht]**
>
> Vor Gericht hat jedermann Anspruch auf rechtliches Gehör.
>
> […]

Das rechtliche Gehör beinhaltet zunächst, dass der betroffene Mensch äußern darf, was ihm wichtig ist.

Diese Regel ist für Helfer im weitesten Sinne „anstrengend“. Nicht jede gut gemeinte und sicher auch im Ergebnis gute Hilfs- und Unterstützungstat kann gleich – ohne den Willen des Betroffenen – umgesetzt werden, sondern auch der kranke, behinderte und verwirrte Mensch hat Anspruch auf rechtliches Gehör und ein rechtlich einwandfreies Verfahren. Artikel 103 GG ist nicht nur eine Kernvorschrift des Rechtstaates, sondern auch Ausdruck des Rechts auf Autonomie und Selbstbestimmung.

Jeder Mensch hat das Recht, in seinem Verfahren das zu äußern, was er für erheblich hält. (Natürlich in Grenzen des Strafrechts – Stichwort Beleidigung und üble Nachrede – und der Richter darf auch leitend eingreifen, damit man in einer Anhörung „zur Sache“ kommt.[8]

6 Siehe BVerfG, Beschl. v. 13.10.1970, 1 BvR 226/70, BVerfGE 29, 183 ff.

7 Bei allem Bemühen um „gendergerechte“ Sprache wird allein der Lesbarkeit halber in diesem Werk die maskuline Form verwendet (Richter, Betreuer, etc.), gemeint sind stets Personen aller Geschlechtszugehörigkeiten.

8 Leibholz/Rinck/Hesselberger in: Leibholz/Rinck, Grundgesetz, 7. Auflage 1975, 69. Lieferung 09.2015, Art. 103 GG.

Eine wichtige Bedeutung dieser Norm ist auch: Jeder betroffene Mensch hat das Recht, alles zu erfahren, was im Laufe des Verfahrens zusammengetragen wird und alles, was für die Entscheidung des Richters von Bedeutung ist. Ganz häufig wird das Ansinnen an die Gerichte herangetragen, wichtige Informationen aufzunehmen und auch zu berücksichtigen, aber bitte nicht zu sagen, von wem die Informationen stammen. Solche Informationen und Einschätzungen sind grundsätzlich für ein gerichtliches Verfahren wertlos und nicht verwertbar. Geheimverfahren sind verboten.

Schließlich gehört zum Recht auf rechtliches Gehör auch die Möglichkeit, verfahrensrelevante Anträge zu stellen.

Das Recht aus Artikel 103 GG steht auch demjenigen zu, der nicht bzw. nicht uneingeschränkt geschäftsfähig ist. Im Unterbringungsverfahren nach § 316 FamFG ist sogar ausdrücklich bestimmt, dass der Betroffene ohne Rücksicht auf seine Geschäftsfähigkeit verfahrensfähig ist.

Auch die Bewilligung von Verfahrenskostenhilfe oder Bestellung eines Verfahrenspflegers (bzw. Verfahrensbeistands bei Minderjährigen) kann unter dem Gesichtspunkt des rechtlichen Gehörs geboten sein.

3. Die Bedeutung der UN-Behindertenrechtskonvention (UN-BRK) und Patientenverfügungen

a) Die UN-BRK

Die UN-Behindertenrechtskonvention (UN-BRK) führt in der unterbringungsrechtlichen Praxis ein Schattendasein, obwohl die UN-BRK in Deutschland geltendes Recht ist.[9] Es wäre wünschenswert, wenn in der gesellschaftlichen und justiziellen Diskussion weniger von „Verschlankung“ und Einsparungen die Rede wäre, sondern mehr von den Anforderungen der UN-BRK.

Immerhin ist eine Intention für die Betreuungsrechtsreform 2023 gewesen, die Vorgaben der UN-BRK besser umzusetzen und das Selbstbestimmungsrecht und die Autonomie der betroffenen Menschen im Sinne der UN-BRK zu stärken.[10]

Die UN-BRK hat das Ziel, Menschen mit Behinderungen – genauer gesagt mit Einschränkungen im weiteren Sinne – eine stärkere Rechtsstellung zu verschaffen. Es soll, kurz gesagt, ein „Sonderrecht“ aufgrund von Behinderungen unterbinden.

---

9 Siehe dazu https://www.institut-fuer-menschenrechte.de/monitoring-stelle-un-brk/monitoring/ (Zugriff: 2.6.2023); Olzen, Die Auswirkungen der UN-Behindertenrechtskonventionauf die Unterbringung und Zwangsbehandlung nach § 1906 BGB und §§ 10 ff. PsychKG NRW. Gutachten für die Deutsche Gesellschaft für Psychiatrie, Psychotherapie und Nervenheilkunde vom 2.12.2009.

10 Joecker, Das neue Betreuungsrecht, S. 1.

Artikel 14 UN-BRK Freiheit und Sicherheit der Person

Die Vertragsstaaten gewährleisten,

a) dass Menschen mit Behinderungen gleichberechtigt mit anderen das Recht auf persönliche Freiheit und Sicherheit genießen;

b) dass Menschen mit Behinderungen gleichberechtigt mit anderen die Freiheit nicht rechtswidrig oder willkürlich entzogen wird, dass jede Freiheitsentziehung im Einklang mit dem Gesetz erfolgt und dass das Vorliegen einer Behinderung in keinem Fall eine Freiheitsentziehung rechtfertigt.

Die Vertragsstaaten gewährleisten, dass Menschen mit Behinderungen, denen aufgrund eines Verfahrens ihre Freiheit entzogen wird, gleichberechtigten Anspruch auf die in den internationalen Menschenrechtsnormen vorgesehenen Garantien haben und im Einklang mit den Zielen und Grundsätzen dieses Übereinkommens behandelt werden, einschließlich durch die Bereitstellung angemessener Vorkehrungen.

Artikel 14 der UN-BRK untersagt die Unterbringung eines Menschen nur wegen seiner Behinderung.[11] Es müssen also weitere Umstände hinzutreten. Das kann zum Beispiel eine Selbst- oder Fremdgefährdung sein oder eine dringende Behandlungsbedürftigkeit.

Betroffenenverbände und Kritiker der Unterbringungspraxis gehen sogar soweit, dass sie eine Unterbringung behinderter und psychisch kranker Menschen überhaupt als verboten ansehen.[12]

Betrachtet man aber die verfassungsrechtliche Situation auf der Grundlage von Artikel 3 Grundgesetz, der nicht nur verbietet, Gleiches ungleich, sondern auch Ungleiches gleich zu behandeln, so muss festgestellt werden, dass einem Menschen, der nur und gerade wegen einer Erkrankung in Not ist, geholfen werden sollte. Daher ist es aus meiner Sicht unrealistisch, die Erkrankung einfach virtuell „wegzudefinieren". Ist es wirklich von Geist und Buchstaben der UN-BRK gedeckt, Menschen mit psychischer Erkrankung ins Gefängnis oder den Polizeigewahrsam zu stecken[13] statt in ein psychiatrisches Krankenhaus? Viele Kritiker würden dies leidenschaftlich bejahen, aber gesellschaftlicher Konsens würde das wohl nicht werden.

Hier ist natürlich entscheidend, ob man eine psychiatrische Behandlung generell als Hilfe oder aber als Misshandlung oder gar Folter ansieht.

Ich nehme die Kritik der Verbände von Betroffenen sehr ernst und denke auch, dass nicht alle Segnungen der Medizin unkritisch betrachtet werden müssen oder dürfen. Ich habe aber auch die Erfahrung gemacht, dass vielen betroffenen Menschen von der Psychiatrie geholfen wurde – und nicht nur, weil sie sich „gehirngewaschen" einem Diktat unterworfen haben.

---

11 Dabei ist zu beachten, dass die Konvention einen weiten Behinderungsbegriff zugrunde legt.

12 Vgl. z.B. https://www.patverfue.de/handbuch/menschenrechte (Zugriff: 2.6.2023); Kaleck/Hilbrans/Scharmer, Ratifikation der UN Disability Convention vom 30.03.2007 und Auswirkungauf die Gesetze für so genannte psychisch Kranke am Beispiel der Zwangsunterbringung und Zwangsbehandlung nach dem PsychKG, Berlin (2. überarbeitete Fassung), siehe online unter https://www.die-bpe.de/stellungnahme/, dort Teil IV. (Zugriff: 2.6.2023).

13 Kaleck u.a., a.a.O.

Niemand darf aber einfach „zu seinem Glück gezwungen" werden. Wann Zwang zulässig ist, werden wir im Folgenden sehen. Eine Debatte allerdings, die vertieft geführt werden sollte: Wie kann und darf bzw. soll diese Hilfe aussehen? Sie ist in diesem Rahmen allerdings nicht abschließend behandelbar.

Und eines gebietet Artikel 14 UN-BRK ganz sicher: dass nämlich in der Gesundheitsversorgung Strukturen geschaffen werden, die es ermöglichen, ohne die Inkaufnahme von persönlicher Verelendung auf Unterbringung, Freiheitsentziehung und andere Formen von Zwang zu verzichten.

b) Patientenverfügungen

Patientenverfügungen enthalten bindende Erklärungen, die Ablehnung oder Einverständnis mit bestimmten ärztlichen oder pflegerischen Maßnahmen enthalten. Entgegenstehende Patientenverfügungen können eine Unterbringung verhindern.[14] Nach §§ 1827 f. BGB sind Patientenverfügungen auch und gerade für gesetzliche Betreuer bindend. Liegt eine ausdrückliche oder wirksame Patientenverfügung nicht vor, so sind anders geartete Behandlungswünsche, ggf. auch der mutmaßliche Wille zu prüfen und festzustellen.

Wir kennen die Diskussion um Patientenverfügungen im Zusammenhang mit Maßnahmen am Ende des Lebens. Sie gelten aber bei jeder Behandlung, folglich auch bei einer psychiatrischen Behandlung. Sie werden uns daher auch zumindest bei der zivilrechtlichen Unterbringung beschäftigen (siehe S. 31 und S. 65).

4. Die Freiheit zur Krankheit

Das Bundesverfassungsgericht hat den Begriff „Freiheit zur Krankheit" schon früh verwendet:[15]

> Die Freiheit der Person ist ein so hohes Rechtsgut, dass sie nur aus besonders gewichtigem Grund angetastet werden darf (vgl. BVerfGE 45, 187, 223). Die Einschränkung dieser Freiheit ist daher stets der strengen Prüfung am Grundsatz der Verhältnismäßigkeit zu unterziehen.
>
> Dies schließt allerdings nicht von vornherein einen staatlichen Eingriff aus, der ausschließlich den Zweck verfolgt, einen psychisch Kranken vor sich selbst in Schutz zu nehmen und ihn zu seinem eigenen Wohl in einer geschlossenen Einrichtung unterzubringen. [...] Die Fürsorge der staatlichen Gemeinschaft schließt auch die Befugnis ein, den psychisch Kranken, der infolge seines Krankheitszustandes und der damit verbundenen fehlenden Einsichtsfähigkeit die Schwere seiner Erkrankung und die Notwendigkeit von Behandlungsmaßnahmen nicht zu beurteilen vermag oder trotz einer solchen Erkenntnis sich infolge der Krankheit nicht zu einer Behandlung entschließen kann, zwangsweise in einer geschlossenen Einrichtung unterzubringen, wenn sich dies als unumgänglich erweist, um eine drohende gewich-

14 Stolz/Steinert, Psychiatrische Patientenverfügungen und öffentlich-rechtliche Unterbringung, BtPrax 2014, S. 12 ff.; Brosey, Psychiatrische Patientenverfügung nach dem 3. Betreuungsrechtsänderungsgesetz, BtPrax 2010, S. 161 ff.

15 Vgl. BVerfG, Beschl. v. 7.10.1981, BVerfGE 58, 208, 224 ff.

> tige gesundheitliche Schädigung von dem Kranken abzuwenden. Dass dies nicht ausnahmslos gilt, weil schon im Hinblick auf den Verhältnismäßigkeitsgrundsatz bei weniger gewichtigen Fällen eine derart einschneidende Maßnahme unterbleiben muss und somit auch dem psychisch Kranken in gewissen Grenzen die „Freiheit zur Krankheit" belassen bleibt, drängt sich auf. [...]

Diese Position hat das Bundesverfassungsgericht im Zusammenhang mit der Frage der Zwangsbehandlung bekräftigt.[16] (Mehr zur Zwangsbehandlung siehe 2. Kapitel, 3.)

Vielen, gerade im Gesundheitsbereich tätigen Menschen erscheint dies abstrakt, ja fremd. Manchem erscheint dieser Begriff „Freiheit zur Krankheit" zu abstrakt, zu philosophisch, zu esoterisch. An dieser Stelle ist es nicht möglich, sich mit den ethischen Hintergründen auseinanderzusetzen. Es geht aber im Ergebnis um Folgendes:

> Die Selbstbestimmung eines Menschen umfasst auch die Freiheit, sich für oder gegen medizinische Maßnahmen zu entscheiden. Genau dieser Punkt ist auch rechtlich relevant.

Mir erscheint es auch plausibler zu formulieren, dass es keine Vernunfthoheit staatlicher Organe gibt[17] als den etwas „verquasten" Begriff der „Freiheit zur Krankheit" zu verwenden.

Schwierig wird es, wenn die Krankheit selbst (möglicherweise) die Fähigkeit nimmt, „frei" und reflektiert über eine Behandlung zu entscheiden. Hier beginnt eine Gratwanderung: Nicht jeder Mensch, der etwas ablehnt, tut dies reflektiert und „vernünftig" – und nicht jeder psychisch kranke Mensch ist entscheidungsunfähig, nur weil er psychisch krank ist.

Hier stoßen wir auf ein Kernproblem des Unterbringungsrechts, das uns im Detail vielfach beschäftigen wird. Dabei kommt es vor allem darauf an, nicht quasi „automatisch" psychisch kranken Menschen den freien Willen abzusprechen. Was aber nun Ausdruck der Persönlichkeit und was rein krankheitsbedingt ist, bleibt im Einzelfall in aller Regel schwierig festzustellen.

16 Beschl. v. 23.3.2011, 2 BvR 882/09, BVerfGE 128, 282 = BtPrax 20111, 112; siehe auch Beschl. v. 8.6.2021, 2 BvR 1866/17, 2 BvR 1314/18

17 BVerfG, BtPrax 2011, 112, 115; in HK-BUR/*Bauer/Braun*, Rn. 281 zu § 1906 BGB.

2. Kapitel:

Die Unterbringung im Betreuungsrecht nach § 1831 BGB – Die Zwangsbehandlung nach § 1832 BGB

1. Sinn und Zweck der betreuungsrechtlichen Unterbringung

Die betreuungsrechtliche Unterbringung nach § 1831 BGB (bis 31.12.2022: § 1906 BGB) beabsichtigt allein den **Schutz des betroffenen Menschen** selbst. Aspekte der Fremdgefährdung und allgemeiner gesellschaftlicher Normen und Ordnungserwägungen haben im Rahmen des § 1831 BGB nichts zu suchen.[1] Die Unterbringung darf insbesondere keine Strafe, sonstige Sanktion oder „Erziehungsmaßnahme" sein. Fremdgefährdung ist lediglich ein Kriterium für die öffentlich-rechtliche Unterbringung. Interessen und Wertvorstellungen Dritter bleiben außen vor.

Der § 1831 BGB ist zugleich interessant und zwiespältig: Die Betreuung ist ein Instrument zur Hilfe für den betroffenen Menschen. Niemand kann aber bestreiten, dass es sich bei der Unterbringung um Zwang handelt. Es stellt sich in Anbetracht der UN-BRK sogar die Frage, ob die „ersetzende" Handlung der Unterbringung überhaupt noch zulässig ist. Daher zieht es sich wie ein roter Faden durch das Recht der betreuungsrechtlichen Unterbringung, dass der Wille der betroffenen Menschen nicht unter Hinweis auf das „wohl verstandene Interesse" des betroffenen Menschen stets und durchgehend und ohne jede Beschränkung gebrochen werden darf. Das gilt unter der Berücksichtigung der UN-BRK und der Betreuungsrechtsreform nun erst recht. Patientenverfügungen sind auch im Fall der Unterbringung zu beachten.

Es bedarf stets einer **Abwägung** zwischen dem staatlichen Schutzauftrag einerseits und der Freiheit, Hilfen zurückzuweisen.[2] Natürlich sind der Schutzaspekt und die anderen Aspekte nicht immer fein säuberlich zu trennen. Nicht selten behilft sich die Praxis mit rechtlich zweifelhaften Konstruktionen:

Beispiel 1

Ein Betroffener geht in einer Einrichtung in fremde Zimmer, wendet dort Gewalt an, schlägt andere Bewohner und Bezugsbetreuer. Er selbst hat keinen Leidensdruck. So wird dann häufig argumentiert: Der Betroffene gefährde sich ja selbst, weil er seinen Einrichtungsplatz riskiere und gegebenenfalls auch auf Gegenwehr stoße und so verletzt werden könnte.

Will man nun durch Fixierung oder Einschließen den Betroffenen daran hindern, Gewalt gegen andere auszuüben, kann eine so „künstlich konstruierte" Annahme der Eigengefährdung allein nicht ausreichen.

1 Marschner in Marschner/Lesting/Stahmann, Rn. 9 zu § 1906 BGB a.F.; BtKomm/*Dodegge*, Teil G, Rn. 23 f. zu § 1831 BGB.

2 BGH, Beschl. v. 18.7.2018, XII 167/18, BtPrax 2018, 233.

Beispiel 2

Ein hirnorganisch abgebauter Mann mit Alkoholerkrankung lärmt nachts in seiner Wohnung in einem Mehr-Parteien-Mietshaus und wirft Abfall auf die Straße. Der Vermieter droht mit Kündigung.

Wenn eine Behandlung gegen den Willen des Betroffenen in Betracht kommt, dann nicht, weil er „stört", nach herrschender Auffassung nicht einmal, weil er seine Existenz und seine Wohnung gefährdet.[3] Geht aber eine Verelendung und Existenzgefährdung damit einher, kommt eine Unterbringung wohl in Betracht. Allerdings: Seine Handlungen müssen nachweislich krankheitsbedingt sein.

Was häufig vergessen wird:

> Die Unterbringung nach Betreuungsrecht ist die Unterbringung durch den Betreuer.

Die Entscheidung, ob eine Unterbringung tatsächlich erfolgt bzw. aufrechterhalten wird, verbleibt beim **Betreuer**. Die nach Artikel 104 GG erforderliche richterliche Entscheidung erfolgt gegebenenfalls in Form einer Genehmigung. Es ist immer wieder zu hören, dass die Auffassung besteht, eine Unterbringung nach Betreuungsrecht könne nicht unterbrochen werden, „weil es ja den Beschluss gibt!". Dem Betreuer – und nicht dem Gericht – obliegt es daher konsequenterweise, auch zu kontrollieren, ob die Unterbringung noch angemessen und zulässig ist.

Selbstverständlich muss das **Gericht** auch aktiv werden, wenn ihm Umstände bekannt werden, die zumindest ernsthafte Zweifel am Weiterbestehen der Unterbringungsvoraussetzungen begründen.

Genauso wenig wie derjenige, der seinen „freien Willen" bestimmen kann, eine Betreuung gegen seinen Willen erhalten darf, kann ein Mensch mit „freiem Willen" untergebracht werden. In diesem Zusammenhang wird oft das oben (siehe S. 27) bereits erwähnte „Recht zur Krankheit" oder „Freiheit zur Krankheit" beschworen. Ein sehr verkürzter Begriff, der im Ergebnis nur heißen kann: Jeder kann aus freien Stücken mit seiner Krankheit so umgehen, wie er möchte.

> Die Unterbringung nach § 1831 BGB ist schlussendlich nur zur Abwehr gesundheitlicher Schäden gedacht.[4]

Vermögensschäden sind kein hinreichender Grund zur Unterbringung. Natürlich wird dies oft einhergehen: Der Maniker der „alles kauft", was er sich nicht leisten kann, schädigt auch sein Vermögen; entscheidend ist aber, ob der gesundheitliche Schaden für eine Unterbringung ausreicht, mithin, ob darauf bezogen die Voraussetzungen des Unterbringungsrechts vorliegen.[5]

---

3 Staudinger/*Bienwald*, Rn. 44 zu § 1906 BGB.

4 Marschner in Marschner/Lesting/Stahmann, Rn. 14 zu § 1906 BGB a.F.; vgl. auch BtKomm/*Dodegge*, Teil G, Rn. 23 f. zu § 1831 BGB.

5 Ggf. wäre dann ein Einwilligungsvorbehalt vorrangig in Betracht zu ziehen, so zu Recht Dodegge a.a.O.

Und: Kann die Unterbringung dem Betroffenen den erhofften Schutz oder Vorteil nicht mehr bringen, ist sie zu beenden.

Beispiele

- *Von einer Behandlung ist nicht zu erwarten, dass sich bestimmte Wahnvorstellungen auflösen lassen.*
- *Wegen massiver Vorbehalte des Betroffenen ist eine Weiterbehandlung nicht zielführend.*

Die Behandlung kann dann keine Besserung bringen, sie ist jedenfalls dann, wenn sie im Rahmen einer Unterbringung stattfindet, zu beenden. Anders ist es, wenn zwar die Wahnvorstellungen voraussichtlich bleiben werden, aber der Patient am Ende der Behandlung weniger gequält sein dürfte. Man sieht auch hier: Es ist detaillierte, am Einzelfall orientierte „Feinarbeit" erforderlich.

Das Feld dessen, was eine Unterbringung i.S.v. § 1831 BGB im Ergebnis bedeuten kann, ist relativ groß. Erfasst sind:

- die „eigentliche" Unterbringung in Absatz 1 und 2 (dazu im Folgenden 2.),
- und die (freiheitsentziehenden) unterbringungsähnlichen Maßnahmen in § 1831 Absatz 4 BGB (dazu im Folgenden unter 4.).

Die **Zwangsbehandlung** war seit Juli 2017 in § 1906a BGB a.F.geregelt; nunmehr gilt – mit gleichem Regelungsgehalt – § 1832 BGB.[6] Sie ist aus Gründen, die sich im Folgenden ergeben, nicht mehr zwangsläufig mit einer Unterbringung gekoppelt. Nach Entscheidungen des Bundesgerichtshofs und des Bundesverfassungsgerichts[7] ist die Überzeugung Konsens, dass dann, wenn die Voraussetzungen für eine Zwangsbehandlung vorliegen, diese nicht von der Frage abhängig zu machen sind, ob ggf. eine Unterbringung nicht notwendig ist, wenn der Betroffene faktisch nicht in der Lage ist, sich räumlich zu entfernen, z.B. weil er aus körperlichen Gründen gar nicht fortlaufen kann.

Da zum einen aber häufig Unterbringung und Zwangsbehandlung zusammenfallen und zum anderen die Zwangswirkung aus der Patienten-/Betroffenensicht der Unterbringung sehr ähnlich ist, wird die Zwangsbehandlung im Rahmen dieser Darstellung im systematischen Zusammenhang mit der Unterbringung behandelt (dazu im Folgenden unter 3.).

6 Siehe Gesetz zur Änderung der materiellen Zulässigkeitsvoraussetzungen von ärztlichen Zwangsmaßnahmen und zur Stärkung des Selbstbestimmungsrechts von Betreuten vom 17.7.2017 (BGBl. I S. 2426) mit Wirkung ab 22.7.2017 und https://www.bmj.de/SharedDocs/Gesetzgebungsverfahren/DE/Reform_Betreuungsrecht_Vormundschaft.html (Zugriff 2.6.2023).

7 Beschl. v. 24.7.2016, BGBl. I S. 5159 = BtPrax 2016, 182, mit Anm. von Loer/Brosey, S. 186, zuvor Vorlagebeschluss vom 1.7.2015, XII ZB 89/15, FamRZ 2015, 1484 = BtPrax 2015, 208 (LS).

2. Die inhaltlichen Voraussetzungen des § 1831 Absatz 1 BGB

a) Psychische Erkrankung oder geistige Behinderung

Eine psychische Erkrankung[8] ist der juristische Ausgangspunkt für die Thematik von Unterbringung und Betreuung. Inwieweit sie vorliegt, ist natürlich zunächst einmal durch medizinische Fachlichkeit abzuklären.[9] Im Rahmen der Betreuungsrechtsreform 2023 hat man – anders als bei der Betreuung – aus Gründen rechtlicher Klarheit und Eingrenzung die Terminologie hinsichtlich Krankheit und Behinderung belassen.

Häufige, intensive und lang andauernde Normabweichung des Erlebens, Befindens und Verhaltens deuten auf eine psychische Erkrankung hin.[10] Ob sie vorliegt, ist eine Frage der ärztlichen Diagnostik.

Die Weltgesundheitsorganisation (WHO) prägte den Begriff der psychischen Störung,[11] weil er weniger stigmatisierend und weniger belastend und wertend ist als der Begriff der psychischen Erkrankung.

Psychische Störungen sind erhebliche, krankheitswertige Abweichungen des Denkens, Handelns und Fühlens von einer festgelegten Norm, die bei den Betroffenen großes persönliches Leid verursachen können. Psychische Störungen treten mit sehr unterschiedlichen Symptomen auf: Sie können das Bewusstsein beeinflussen, ebenso die Wahrnehmung, Aufmerksamkeit, Motivation (Antrieb) oder Orientierung sowie das Denken, Gedächtnis, Gefühlsleben (Affektivität) oder Selbstbild (Ich-Erleben). In seltenen Fällen, wie etwa bei der auf eine Genveränderung zurückzuführenden Huntington-Krankheit, kann die Ursache klar eingegrenzt werden.

Meistens sind psychische Störungen multifaktorielle Erkrankungen, bei denen neben der Vererbung auch Umwelteinflüsse – etwa traumatische Erlebnisse, Erziehung oder Drogen – eine Rolle spielen.[12] Bundesweit erfüllt mehr als jeder vierte Erwachsene im Zeitraum eines Jahres die Kriterien einer psychischen Erkrankung.[13]

In der klinischen Psychologie oder der Psychiatrie werden psychische Störungen anhand eines Kodex der WHO gegliedert, um die Diagnosestellung zu ermöglichen. Dieser Kodex heißt **ICD-10** (International Classification of Diseases) und klassifiziert über 500 psychische Störungen beispielsweise nach Affektivität oder Wahnhaftigkeit. Im Kapitel V dieser Klassifikation befinden sich diese – in Regel besonders schwerwiegenden – Diagnosen (die

8 Einen Überblick gibt https://www.psychenet.de/de/psychische-gesundheit/informationen (Zugriff: 5.6.2023).

9 Zur Wechselwirkung von juristischer und medizinischer Fachlichkeit und Terminologie ausführlich Marschner in Marschner/Lesting/Stahmann, A (Einführung), Rn. 98 ff.

10 Siehe https://www.psyga.info/psychische-gesundheit/psychisch-gesund-psychisch-krank (Zugriff: 5.6.2023).

11 Siehe WHO-Materialsammlung zu psychischerGesundheit, Menschenrechten und Gesetzgebung, https://www.who.int/europe/news-room/fact-sheets, S. 20 (Zugriff: 5.6.2023).

12 Siehe BMBF (Hsrg.), Seele aus der Balance, https://www.gesundheitsforschung-bmbf.de/files/BMBF_Seele_aus_der_Balance_barrierefrei_17082010.pdf, S. 16 ff.(Zugriff: 5.6.2023).

13 Siehe https://www.dgppn.de/schwerpunkte/zahlenundfakten.html (Zugriff: 5.6.2023).

„F-Diagnosen"), die z.B. auf den Überweisungsscheinen von Psychiatern zu finden sind und für Depression, Schizophrenie oder bipolare Störung (manisch-depressive Erkrankung) stehen.Derzeit wird unter der Bezeichnung ICD 11 ein neuer Schlüssel entwickelt.[14]

Manche Psychiatrieerfahrene leugnen die Existenz von psychischen Erkrankungen überhaupt. Von diesem Ansatz gehe ich nicht aus. Aber: Nicht jedes „grenzwertige" oder „andersartige" Verhalten belegt schon eine psychische Erkrankung. Man muss nicht so radikal wie einige Betroffenenverbände vorgehen und postulieren „Geisteskrank – Ihre eigene Entscheidung"[15]. Doch generell gilt: „Verrückt sein darf man". Eine Messlatte oder einen „Lackmus-Test" gibt es selbstverständlich nicht. Umso wichtiger ist eine gründliche Diagnose.

So können im Einzelfall durchaus zumindest Vorkenntnisse erforderlich sein, um beurteilen zu können, wann man von „Wahnvorstellungen" sprechen kann. Besonders fatal ist es, wenn die betroffene Person von Tatsachen ausgeht, die andere nicht für real halten, ohne dass der Sachverhalt richtig ermittelt ist. Dabei gibt es auch außerhalb von psychischen Erkrankungen Vorstellungen bei Menschen, die nicht der Realität entsprechen, ohne dass diese Vorstellungen gleich „wahnhaft" sind. Im Betreuungsverfahren haben fachärztliche Gutachten auch deshalb zu Recht ein hohes Gewicht.

In diesem Zusammenhang verwundert es also nicht, dass es keine belastbare und feste Definition einer psychischen Erkrankung gibt, sondern im Einzelfall genau betrachtet werden muss, um welche Erkrankung es sich handelt.

Als psychische Erkrankungen gelten im Allgemeinen endogene und exogene Psychosen, Persönlichkeitsstörungen, Abhängigkeitserkrankungen.[16]

Bei **Abhängigkeitserkrankungen** geht man in Praxis und Rechtsprechung davon aus, dass die Abhängigkeit allein weder für eine gesetzliche Betreuung noch für die Unterbringung ein hinreichender Grund ist.[17] Es muss zu der Abhängigkeitserkrankung eine hirnorganische Problematik oder eine psychische Erkrankung im engeren Sinne hinzutreten. Ein Entzug gegen den Willen eines Betroffenen ist per se in der Regel unverhältnismäßig, weil nicht (realistisch) durchführbar.

Suizidalität ist als solches keine Erkrankung, sondern diese muss auf einen krankheitswertigen Zustand, z.B. eine Depression zurückzuführen sein. Gerade der Umgang mit Menschen, die einen Suizid-Versuch hinter sich haben, ist im Zusammenhang mit einer geschlossenen Unterbringung immer wieder schwierig. Auf das Phänomen einer Bilanz-Selbsttötung aus völlig freien Stücken bin ich in der Praxis noch nie gestoßen. Anderseits ist der Satz vieler suizidaler Patienten „Ich gehöre doch nicht hierher in die Psychiatrie" nicht von der Hand zu weisen.

14 Siehe BfArM - ICD-10-GM Version 2022 (bfarm.de).

15 https://www.patverfue.de/ (Zugriff: 5.6.2023).

16 Marschner in Marschner/Lesting/Stahmann, A (Einführung), Rn. 6 ff.

17 BVerfG, Beschl. v. 20.1.2015, 1 BvR 665/14, BtPrax 2015, 61, FamRZ 2015, 565 ff. mit Anm. Schwab, S. 566; BGH, Beschl. v. 17.8.2011, XII ZB 241/11, BtPrax 2011, 259; BayObLG, FamRZ, 2001, 1403; Grüneberg/Götz, Rn. 9 zu § 1906 BGB a.F.; Damrau/Zimmermann, Rn. 34 zu § 1906 BGB a.F.; Marschner in Marschner/Lesting/Stahmann, C Rn., 15 und 21 zu § 1906 a.F.; Grüneberg/Götz, Rn. 10 zu § 1831 BGB.

Der Todeswunsch von unheilbar Erkrankten ist ebenfalls nicht selten und mit enormen ethischen Problemen verbunden. Eine absolute Gewissheit in dem, was zu tun ist, wird man nicht erhoffen können. Die betroffenen Menschen darf man nicht vorschnell als psychisch eingeschränkt abstempeln.

b) Die geistige oder seelische Behinderung

Behinderungen im Sinne des Unterbringungsrechts sind ausschließlich geistige oder seelische Behinderungen. Körperliche Behinderungen, die ggf. zu einer Betreuung führen können, spielen im Unterbringungsrecht logischeweise keine Rolle.

Bei der Novellierung des Betreuungsrechts hat der Gesetzgeber an dem Begriff der Behinderung festgehalten. Das war im Vorfeld nicht unumstritten, aber selbst Vereine, die sich um Betroffene kümmern, verwenden den Begriff der Menschen mit Behinderung.[18]

In der Praxis hat sich der Katalog der Erkrankungen/Behinderungen bewährt. Streit um den betroffenen Personenkreis gibt es in der Praxis nicht. Daher erscheint es akzeptabel, dass auch im Lichte der UN-BRK an der Begrifflichkeit nicht gerührt wird. Ob das Wort „Behinderung" einmal obsolet geworden sein wird, wird die Entwicklung zeigen.

Juristisch werden als **geistige Behinderungen** die angeborenen, während der Geburt oder im späteren Verlauf des Lebens durch Hirnschädigungen erworbenen nicht „heilbaren" Intelligenzdefekte verstanden, wobei diese unterschiedliche Schweregrade aufweisen.[19]

Was genau eine **seelische Behinderung** sein soll, hat mir noch niemand konkret beantworten können. Manche Beteiligte in der Praxis sprechen von seelischer Behinderung beim Vorliegen einer Demenz oder Depression. Diese sind aber bereits unter einer Erkrankung zu fassen.[20]

Im Zusammenhang mit den Diskussionen um die Bedeutung der UN-BRK dürfte die Frage zu prüfen sein, ob die Behinderung für eine Unterbringung ausreicht. Die Behinderung „an sich" kann es niemals sein, aber Verhalten, das die eigene Gesundheit schädigt, wenn das Verhalten mit der Behinderung unmittelbar zusammenhängt und durch diese geprägt ist, schon.

c) Betreuung oder Vollmacht

Vorüberlegung: Es ist immer ein Antrag des Betreuers/Bevollmächtigten nötig. Krankenhäuser, Behörden oder andere Institutionen bzw. Personen haben kein Antragsrecht. Dies wird gern fälschlicherweise so angenommen.

18 https://www.lebenshilfe.de/informieren/familie/einfuehrung-ins-betreuungsrecht (Zugriff 5.6.2023)
19 BtKomm/Dodegge, Teil G, Rn. 25 zu § 1831 BGB; BtKomm/Roth, Teil A, Rn. 7 zu § 1814 BGB.
20 vgl. BtKomm/Dodegge, Teil G, Rn. 25 zu § 1831 BGB; BtKomm/Roth, Teil A, Rn. 8 zu § 1814 BGB.

Im Vergleich zum zivil- oder strafrechtlichen Verfahren ist das Verfahren im Unterbringungsrecht weniger formal, dennoch gibt es einige Essentials, deren Kenntnis unabdingbar ist; dazu gehört der **Unterbringungsantrag**.

Der Antrag und das Antragerfordernis stellen keine „Förmelei" dar, sondern sind die Ausprägung des Grundsatzes, dass der Betreuer (oder der Bevollmächtigte) die Unterbringung vornimmt und für sie verantwortlich ist.

Wenn das Gericht andererseits von einer faktischen Unterbringungssituation Kenntnis bekommt, ohne dass ein Antrag vorliegt, muss es im Rahmen der Amtsermittlung dem nachgehen, ggf. den Betreuer zum Handeln auffordern, Stellungnahmen einholen, ggf. auch einen anderen Betreuer oder Verhinderungsbetreuer nach § 1817 Abs. 4 BGB bestellen.

Praxistipp

▶ *Insbesondere bei Angehörigen oder sonstigen „Laien" sollte es ausreichen, wenn diese z.B. erklären „Ich stimme der Unterbringung zu" oder ihr Einverständnis mündlich erklären. Hier wird dann deutlich, dass sie die Unterbringung als Verantwortliche wollen.*

Auf den rechtlichen Charakter der Genehmigung oder die Verantwortung des Betreuers oder Bevollmächtigten kann man dann als Richter sicherlich zweckmäßigerweise noch einmal hinweisen.

(1) Bestehen einer Betreuung mit ausreichendem Umfang

§ 1831 BGB setzt schon seinem Wortlaut nach das Bestehen einer gesetzlichen Betreuung nach § 1814 BGB voraus:

> „Eine Unterbringung des Betreuten durch den Betreuer ..."

Diese Formulierung in § 1831 Absatz 1 Satz 1 BGB macht auch noch einmal deutlich, dass der Betreuer die Unterbringung verantwortet und durchführt.

Entscheidend ist weiterhin, dass der Betreuer den „richtigen" – sachlich ausreichenden Aufgabenkreis bzw. den richtigen Aufgabenbereich/die richtigen Aufgabenbereiche hat, um die Unterbringung vornehmen zu können.

Das Gesetz unterscheidet in der seit 1.1.2023 gültigen Fassung zwischen dem Aufgabenkreis, d.h. der Summe dessen, was „Auftrag" des Betreuers ist und einzelnen Aufgabenbereichen, den Arbeitsfeldern. Der Aufgabenkreis des Betreuers besteht nach § 1815 BGB aus einem oder mehreren Aufgabenbereichen.

Das Gesetz nennt keine bestimmten Formulierungen für Aufgabenbereiche. Es bestimmt aber in § 1815 Abs. 2 BGB, dass der Betreuer im einzelnen näher bestimmte Entscheidungen nur treffen kann, wenn diese als Aufgabenbereich vom Betreuungsgericht ausrücklich angeordnet worden sind.

Beispiel

So darf der Betreuer eine Entscheidung über eine mit Freiheitsentziehung verbundene Unterbringung nach § 1831 Abs. 1 BGB nach § 1815 Abs. 2 Nr. 1 BGB nur dann treffen, wenn diese Entscheidungskompetenz als Aufgabenbereich ausdrücklich angeordnet worden ist.

Die Praxis und die Auseinandersetzung mit dem neuen Recht wird zeigen, ob der Aufgabenbereich dann auch zwingend wörtlich lauten muss:

> „Entscheidung über eine freiheitsentziehende Unterbringung nach § 1831 BGB."

Dafür könnte die Formulierung „ausdrücklich" sprechen. Dies wäre nach meiner Auffassung zu eng gedacht: Mit dem § 1815 Abs. 2 BGB sollen in bestimmten Bereichen die Grenzen der Handlungsmacht des Betreuers deutlich gemacht werden. Die ausdrückiche Anordnung ist wegen der erhöhten Eingriffsintensität zum Schutz des Betroffenen gesetzliche Voraussetzung geworden[21]. Vom Schutzzweck her betrachtet, erfüllen dann aber auch andere Formulierungen, die bisher schon üblich waren, die Voraussetzungen des § 1815 Abs. 2 Nr. 1 BGB[22].

Solche Aufgabenbereiche können sein:

- die Aufenthaltsbestimmung,
- das Recht zur Unterbringung,
- die Entscheidung über die Unterbringung,
- die Aufenthaltsbestimmung zur Heilbehandlung,
- die Gesundheitssorge oder „Gesundheitsfürsorge" *mit* der dazugehörigen Aufenthaltsbestimmung. Damit ist aus der Sicht von allen (potenziell) Beteiligten klar, dass gegebenenfalls eine Unterbringung durchgeführt werden kann und darf.

Die ersten praktischen Erfahrungen und der beginnende fachliche Austausch zeigen aber die deutliche Tendenz, dass eine Formulierung nahe am Gesetzeswortlaut des § 1815 Abs. 2 Nr. 1 BGB zu wählen ist.

Diese Frage kann allerdings zunächst „entspannt" betrachtet werden, denn es gilt für bereits bestehende Betreuungen eine **großzügige Übergangsfrist** bis Ende 2027 in Art. 229 § 54 Abs. 4 EGBGB. Erst wenn die Überprüfung der Betreuung oder eine Unterbringungsentscheidung anstehen, muss das Gericht auch zwischenzeitlich den Aufgabenkreis überprüfen und die Maßstäbe des § 1815 Abs. 2 BGB berücksichtigen. Bis dahin gilt der alte Rechtszustand mit allen Befugnissen für den Betreuer fort; es gilt dann aber auch **nach altem Recht**:

21 Joecker, S. 85.
22 So wohl auch Grüneberg/Götz, Rn. 2 zu § 1831 BGB.

Praxistipp

Der Aufgabenkreis des Betreuers muss die Befugnis zur Unterbringung der Sache nach mit einer entsprechenden Formulierung (siehe oben) enthalten. Es muss klar sein, dass sich die Betreuung auch auf die Befugnis zur Unterbringung erstreckt. Eine wörtliche Formulierung der Art „Entscheidungsbefugnis über die Unterbringung" muss nach meiner Auffassung daher nicht aufgenommen werden.

Die Gesundheitssorge oder die „Personensorge" reichen definitiv nicht aus.[23] Die Personensorge ist ein dem Betreuungsrecht ohnehin fremder, paternalistischer Duktus und problematisch bei erwachsenen Menschen. Obwohl die Gesundheits(für)sorge allein zwar nicht ausreichend ist, ist sie aber zwingend notwendig, um die Behandlung und ihre Folgen begleiten und in diesem Rahmen gegebenenfalls entscheiden zu können.[24] Die früher auch übliche „Entscheidung über ärztliche Maßnahmen" reicht anstelle der Gesundheitssorge aus, gibt aber ebenfalls keine Unterbringungsbefugnisse.

Eine **Betreuung für alle Angelegenheiten** ist nach § 1815 BGB **nicht mehr zulässig**, mit der Folge, dass keine Betreuungen für „alle Angelegenheiten" mehr eingerichtet werden können.

Im Rahmen der Erörterungen zur Reform des Betreuungsrechts ist thematisiert worden, dass die „**Aufenthaltsbestimmung**" viel zu häufig verwendet wird. Es wäre daher naheliegend und erforderlich, dass dieser weitgehende Aufgabenbereich in jedem Einzelfall auf den Prüfstand gestellt wird. Ggf ist die allgemeine, quasi unbegrenzte Aufenthaltsbestimmung im Hinblick auf das betreuungsrechtliche Erforderlichkeitsprinzip einzuschränken.[25]

Die Regelung des § 1831 BGB gilt auch für Bevollmächtigte bzw. deren Vollmachtgeber. Dies regelt § 1831 Absatz 5 BGB. Die **Vorsorgevollmacht** ist nunmehr in § 1820 BGB gesetzlich erfasst. Dieser verlangt in Absatz 2 eine schriftliche Vollmacht – aus Gründen der Rechtsklarheit bei erheblichem Grundrechtseingriff notwendig und zu begrüßen – und fordert zugleich, dass die Unterbringung nach § 1831 von der Vollmacht ausdrücklich umfasst sein muss.

Hier ist die Parallele zum Aufgabenbereich in der Betreuung zu sehen. Der Gesetzgeber ist allerdings noch genauer, was bei der Möglichkeit einer privatschriftlichen Vollmacht mit unzähligen Varianten (und leider oft insuffizienten Inhalten) in der Praxis mit Sicherheit angemessen ist.

Beispiel

In einer Vorsorgevollmacht wird durch den Vollmachtgeber bestimmt, dass der Vollmachtnehmer „auch berechtigt ist, meinen Aufenthalt, zu bestimmen, einschließlich einer Unterbringung nach § 1831 BGB."[26]

23 BtKomm/Dodegge, Teil G, 6.Aufl., Rn. 8 zu § 1831 BGB.
24 Grüneberg/Götz, Rn. 2 zu § 1831 BGB.
25 Grüneberg/Götz, a.a.O.
26 Vollmachten, die noch Bezug nehmen auf die alte Vorschrift des § 1906 BGB sind entsprechend auszulegen und dann immernoch gültig.

Diese Formulierung, so oder ähnlich in zahlreichen Vorlagen vorgeschlagen, gibt eine hinreichende Handlungskompetenz des Bevollmächtigten für die Unterbringung. (Siehe hierzu den Formulierungsvorschlag für eine Vorsorgevollmacht unter 13.e), S. 161.)

An der Stelle sei schon angemerkt: Auch bezüglich der **Zwangsbehandlung** und der unterbringungsähnlichen Maßnahmen verlangt der § 1820 Abs. 2 eine schriftliche Vollmacht, in der die genannten Maßnahmen ausrücklich erfasst sein müssen.

Aufgrund des Art. 104 GG wäre eine Unterbringung ohne gerichtliche Genehmigung ebenso unzulässig wie ohne die Legitimation des § 1831 Abs. 5 BGB. Dagegen können auch keine anderen Gesichtspunkte aus dem Grundgesetz ins Feld geführt werden, wie etwa Art. 1 oder 2 GG, dass es Grundrechte verletze, wenn sich ein Betroffener nicht das Betreuungsgericht „vom Leibe" halten kann.[27] Genauso wenig kann man per Vollmacht das Finanzamt von den jeweiligen Vollmachtgebern fernhalten.

Keine ausreichende Grundlage für eine Unterbringung bietet das seit dem 1.1.2023 geltende **Ehegattenvertretungsrecht**(§ 1358 BGB, die „gegenseitige Vertretung von Ehegatten in Angelegenheiten der Gesundheitssorge"), denn dies gilt nur für bestimmte Regelungsbereiche, nicht jedoch für die freiheitsentziehende Unterbringung.

(2) Erweiterung der Betreuung

Ein Betreuer, der noch nicht den notwendigen Aufgabenbereich in seinem Aufgabenkreis hat, kann gleichwohl einen Genehmigungsantrag stellen, und zwar verbunden mit der Anregung auf Erweiterung der Betreuung.

Dies ist dann ein **Antrag** unter der Bedingung, dass die Betreuung entsprechend erweitert wird. Diese Form der Bedingung ist praktikabel und zulässig. Er hat dann nur keine weiteren Befugnisse (wie z.B. das Weisungsrecht nach § 1831 Abs. 2 BGB, siehe im Folgenden unter 6. c), S. 137 f.), die er hätte, wenn der erweiterte Aufgabenkreis bereits beschlossen wäre.

Praxistipp

- *Für einen Antrag auf Erweiterung der Betreuung reicht ein Antrag auf Erweiterung um den Aufgabenbereich „Entscheidung(en) über eine Unterbringung nach § 1831 BGB" aus – denkbar ist auch ein Antrag auf Erweiterung auf „Entscheidung über eine Unterbringung"; das ist in Anbetracht von § 1815 Abs. 2 BGB geboten. (Siehe dazu auch den Formulierungsvorschlag unter 13. a), S. 158.)*
- *Nur dann, wenn im Anschluss an die freiheitsentziehende Unterbringung eine Unterbringung in einer Wohneinrichtung notwendig erscheint, benötigt man die (uneingeschränkte) „Aufenthaltsbestimmung". Wenn dies so ist: im Antrag darlegen und begründen und gleichzeitig die Unterbringung beantragen.*

27 BVerfG, Beschl. v. 10.6.2015, 2 BvR 1967/12, FamRZ 2015, 1365.

- *Der Betreuer sollte ggf. die zuständige Behörde kontaktieren, falls die Voraussetzungen einer öffentlich-rechtlichen Unterbringung (siehe hierzu Kapitel 3, S. 165 ff.) vorliegen. Das ist besonders bei akuter Gefährdung des Klienten wichtig.*

d) Unterbringung zur Abwehr einer Lebens- oder Gesundheitsgefährdung (§ 1831 Abs. 1 Nr. 1 BGB)

Im Vordergrund steht die **krankheitsbedingte Suizidalität**. Es ist nach dem Wortlaut der Vorschrift ausgeschlossen, dass bei selbstbestimmtem Suizid aus freiem Willen eine Unterbringung in Frage kommt.

Bei Betreuten wird ohnehin schon aufgrund der Begutachtung im Betreuungsverfahren klar sein, inwieweit eine psychische Erkrankung vorliegt, die eine Suizidalität[28] als Gefahrenmoment in sich trägt. Eine latente oder abstrakte Gefahr reicht nicht aus, es muss eine hinreichend konkrete Suizidgefahr vorliegen. Möglicherweise kann aber im Rahmen der Beurteilung einer Behandlungsnotwendigkeit auch eine latente Suizidalität in die Überlegungen mit einfließen.

Es müssen konkrete, objektivierbare Anhaltspunkte vorliegen und in einer gerichtlichen Entscheidung aufgeführt sein. Ein „formelhaftes" Behaupten der Gefährdung reicht nicht aus.[29]

Voraussetzung für eine Unterbringung zur **Verhinderung einer Selbstschädigung** ist, dass der Betroffene infolge seiner psychischen Erkrankung seinen Willen nicht frei bilden kann.[30]

Maßgebend ist für die **Beurteilung des freien Willens** auch hier die gutachterliche Einschätzung. Genauso wichtig ist es aber, wenn möglich – und ggf. in Biografiearbeit – in Erfahrung zu bringen, wie die betroffene Person sich außerhalb akuter Krankheitsphasen zu Risiken und Schäden verhält bzw. verhalten hat.

Die Genehmigung einer geschlossenen Unterbringung nach § 1831 Abs. 1 Nr. 1 BGB setzt eine ernstliche und konkrete Gefahr für Leib oder Leben des Betreuten voraus. Die Gefahr für Leib oder Leben erfordert kein zielgerichtetes Verhalten, aber objektivierbare und konkrete Anhaltspunkte für den Eintritt eines eheblichen Gesundheitsschadens.[31]

28 Siehe Grüneberg/Götz, Rn. 11 zu § 1831 BGB.

29 BGH, BtPrax 2014, 129; Schleswig-Holsteinisches OLG, Beschl. v. 7.5.2003, 2 W 73/03, BtPrax 2003, 223.

30 BGH, 2.2.2022, XII ZB 530/21, BtPrax 2022, S. 106; BGH, Beschl. v. 18.7.2018 – XII 107/18, BtPrax 2018, 233 f.

31 BGH, Beschl. v. 9.1.2019 – XII ZB 280/18, BtPrax 2019, 67 f.; BtKomm/Dodegge, 6. Aufl., Rn. 26 zu § 1831 BGB.

e) Die Unterbringung zur Untersuchung oder Heilbehandlung (§ 1831 Absatz 1 Nr. 2 BGB)

Die zweite Modalität ist die Unterbringung zur Untersuchung des Gesundheitszustandes oder zur Heilbehandlung bzw. zur Durchführung eines ärztlichen Eingriffs. Hier ist von vornherein zu beachten:

> Die Unterbringungsgenehmigung ist keineswegs „automatisch" eine gerichtliche Erlaubnis für die Maßnahme, denn diese ist nach Maßgabe der Verantwortung des Betreuers im Rahmen der Gesundheitssorge möglich bzw. erfordert gegebenenfalls eine gesonderte Genehmigung nach § 1829 BGB oder § 1831 Abs. 2 BGB.

Ist die Maßnahme (Behandlung, Untersuchung, Eingriff) beendet oder erweist sie sich als nicht durchführbar oder wird aus anderen Gründen von ihr abgesehen, entfällt der Grund für die Unterbringung und diese ist dann aufzuheben.

(1) Krankheit als Untersuchungs- oder Behandlungsgrund

Die Untersuchung oder Heilbehandlung kann sich auf jede Art der Erkrankung beziehen, also nicht nur die Anlasserkrankung (medizinische Ursache für die Betreuung, psychiatrische Erkrankung), sondern außerdem auf eine anderweitige, auch somatische Erkrankung.

Beispiele

Diabetes oder Herz-Kreislauf-Erkrankungen, Krebs-Erkrankungen, erhebliche Durchblutungsstörungen mit Bildung von Nekrosen.

Vorsicht

Auch der psychisch kranke Mensch hat grundsätzlich das Recht, eine empfohlene Behandlung zu verweigern.

(Näheres dazu im Folgenden, insbesondere unter (6))

Das Gesetz bezieht sich in § 1831 BGB nicht nur auf bestimmte Erkrankungen, die untersucht oder behandelt werden können.

(2) Verhältnismäßigkeit

Die Unterbringung muss verhältnismäßig sein. Jeder staatliche oder staatlich legitimierte Eingriff in grundgesetzlich geschützte Rechte steht unter dem Vorbehalt, dass er verhältnismäßig ist, d.h. er muss

- geeignet,
- notwendig und
- angemessen

sein.

Die Eignung versteht sich von selbst, elementar ist weiterhin dass kein milderes – d.h. weniger schwerwiegendes – Mittel zur Verfügung steht, um den angestrebten Zweck zu erreichen.

Schließlich ist in diesem Zusammenhang immer zu fragen: Ist der drohende Schaden für den Betroffenen, wenn die Untersuchung oder Behandlung unterbleibt, so gravierend, dass eine Freiheitsentziehung das „kleinere Übel", zielführend und angemessen ist.

Und eines zieht sich wie ein Kontinuum durch das Unterbringungsrecht des BGB:

> Die Unterbringung darf nur zum Tragen kommen, wenn sie dem Wohl des Betroffenen dient.

(3) Untersuchung

Nicht jede ärztlicherseits für notwendig oder auch nur zweckmäßig erachtete Untersuchung kann eine geschlossene Unterbringung rechtfertigen.[32] Das ergibt sich schon aus dem bereits erwähnten Verhältnismäßigkeitsgrundsatz.

Die Untersuchung muss entweder notwendige Vorbereitung für eine Heilbehandlung sein oder aber notwendig zur Abklärung einer Lebens- oder (erheblichen) Gesundheitsgefahr. Es muss davon ausgegangen werden können, dass ohne die Untersuchung letztlich schwere Schäden drohen.[33]

(4) Heilbehandlung oder ärztlicher Eingriff

Die Grenzen zwischen einer Heilbehandlung und einem ärztlichen Eingriff sind fließend bzw. die Elemente *Heilbehandlung* und *ärztlicher Eingriff* sind als Gesamtbegriff zu sehen.

Vielfach wird der ärztliche Eingriff als eine Maßnahme verstanden, die keine Heilbehandlung ist. Kosmetische Operationen sind sicher ein ärztlicher Eingriff, der keine Heilbehandlung ist, aber für eine Unterbringung ohne Belang. Schmerzlinderung in der Palliativmedizin könnte bei modernem Verständnis durchaus als Heilbehandlung im weiteren Sinne zu verstehen sein, kann aber ebenfalls niemals Bedeutung im Zusammenhang mit einer Unterbringung entfalten. Eine Unterbringung zur Durchführung eines zur Lebensrettung notendigen Schwangerschaftsabbruchs ist allenfalls in heiklen Ausnahmesituationen denkbar.

Auch hier gilt wieder: Es kommt nicht darauf an, ob die Heilbehandlung oder der ärztliche Eingriff auf die Anlasserkrankung – siehe unter 2. b), S. 67 ff. – bezogen ist.[34]

32 Damrau/Zimmermann, Rn. 45 zu § 1906 BGBa.F.; BtKomm/Dodegge, 6. Aufl., Teil G, Rn. 34 zu § 1831 BGB.
33 Staudinger/Bienwald, Rn. 29 zu § 1906 BGB a.F.; BtKomm/Dodegge, a.a.O.
34 HK-BUR/Bauer/Braun, Rn. 13 zu vor § 1906 BGB a.F.

(5) Drohender erheblicher Gesundheitsschaden

Dieses Tatbestandsmerkmal ist mit der Neuregelung des Rechts der Zwangsbehandlung in die Vorschrift des § 1906 Absatz 1 Nr. 2 a.F. eingefügt worden (siehe daher dazu unter 3. zur Zwangsbehandlung). Zuvor war es nicht enthalten. Nach dem Wortlaut der Norm genügte dann eigentlich schon jede Form der Gesundheitsbeeinträchtigung.[35]

Zwingend ist das Gefährdungsmoment zu prüfen. Es muss ein erheblicher Gesundheitsschaden zu befürchten sein, wenn die ärztliche Maßnahme unterbleibt. Da der Begriff an sich sehr allgemein gehalten ist,[36] muss die Gefährdung im konkreten Einzelfall herausgearbeitet werden. Dies hat der Gesetzgeber durch die Gesetzesänderung klargestellt, wobei es aber auch schon vorher nach ständiger obergerichtlicher Rechtsprechung galt.Im Zuge der Reform ist in § 1831 Abs. 1 Nr 2 BGB diese Voraussetzung für eine Unterbringung zur Heilbehandlung übernommen worden.

Inhaltliche (nicht verfahrensrechtliche!) Maßstäbe können hier das Recht der Zwangsbehandlung gemäß § 1832 BGB und die Genehmigungspflicht für bestimmte Maßnahmen nach § 1829 BGB sein.[37] Irreversible Dauerfolgen oder die Gefahr einer Verschlechterung,[38] mit der Folge, dass letztlich Lebensgefahr eintritt und ggf. Voraussetzungen für Zwangsmaßnahmen gegeben sind, erheblicher Leidensdruck, der zu einer menschenunwürdigen Lebenssituation führt, sind taugliche Maßstäbe für den Bereich der psychischen Erkrankungen.[39] Auch ist der Verlust auf die Aussicht auf eine (Teil-)Remission der Krankheit einerseits oder die Gefahr des Verlustes der freien Willensbestimmung durch den Zustand der Krankheit ein taugliches Kriterium.[40]

Notwendig sind immer konkrete Anhaltspunkte für eine schweren gesundheitlichen Schaden.[41] Schwere Schäden, wie der Verlust von Organen, Seh- oder Hörvermögen, können bei Begleiterkrankungen solche schweren gesundheitlichen Schäden sein. Hier wird man allerdings sehr schnell bei der Frage der Zwangsbehandlung ankommen, denn das Hauptproblem wird die Verweigerung der Behandlung und nicht unbedingt die des Aufenthalts im Krankenhaus an sich sein.

Beispiel 1

Ist nach dem bekannten Verlauf bei einer betroffenen Person anzunehmen, dass sie bei weiterhin fehlender Behandlung einen solchen Leidensdruck entwickelt, dass perspektivisch mit Suizid oder lebensbedrohlichen katatonen Zuständen zu rechnen ist, muss dies nicht abgewartet werden: Man kann schon von einem drohenden Gesundheitsschaden ausgehen.

35 Siehe Engelfried/Gehlsen, betrifft justiz 2012, 326, 327.

36 Engelfried, Psychosoziale Umschau 2013, 28.

37 HK-BUR/Bauer/Braun, Rn. 135 ff. zu § 1906 BGB a.F. in Verbindung mit HK-BUR/Bauer, Rn. 40 ff. zu § 1904 BGB a.F.

38 Siehe BGH 30.6.2021, XII ZB 191/20, BtPrax 232.

39 Vgl. mit ausführlichen Beispielen BtKomm/Dodegge, 6. Aufl., Teil G, Rn. 60 zu §§ 1831, 1832 BGB und Marschner in Marschner/Lesting/Stahmann, Rn. 13 zu § 1906 BGB a.F.

40 BGH, BtKomm/Dodegge, a.a.O.

41 Marschner, a.a.O.

Beispiel 2

Wird psychotisch motiviert eine lebensnotwendige Blutverdünnungsmedikation nicht genommen und es droht ein Schlaganfall oder Herzinfarkt, so kann ebenfalls von einem drohenden erheblichen Gesundheitsschaden ausgegangen werden.

(6) Fehlende Einsicht und Zustimmung des Betroffenen

Schließlich ist für eine Unterbringungsgenehmigung erforderlich, dass die betroffene Person die Behandlung verweigert und die Klinik verlassen will.

Dies ist ein durchaus heikler Punkt, über den nicht selten hinweggegangen wird.

- Ist der betroffene Mensch mit der beabsichtigten Behandlung nicht einverstanden, wohl aber mit einer aus ärztlicher Sicht suboptimalen Alternative, so stellt sich bereits die Frage, ob die Unterbringung verhältnismäßig ist.
- Ist er mit dem Klinikaufenthalt einverstanden, lehnt aber eine Behandlung ab, so ist der Betreuer in der Zwickmühle, denn der schlichte Aufenthalt in der Klinik wird in aller Regel „nichts bringen". Manch ein Betroffener ist allerdings auch schon durch die Struktur des Krankenhausaufenthalts und durch Gespräche ruhiger geworden.

Die Ablehnung muss krankheitsbedingt sein[42].

Dies wird häufig nicht sorgfältig herausgearbeitet. Es wird oft angenommen, dass ein psychisch Kranker seine Ablehnung immer im Zustand der Krankheit und damit krankheitsbedingt äußere. Das ist so nicht haltbar. Hier kommt es auch insofern auf eine präzise und überzeugende ärztliche Stellungnahme an. Denn: „Unvernünftig sein darf jeder". Warum sollen psychisch kranke Menschen „vernünftiger" sein müssen als tatsächlich oder vermeintlich psychisch gesunde Menschen?

Wenn der Betroffene in eine Behandlung und den Krankenhausaufenthalt einwilligt, liegt also eine tragfähige Freiwilligkeitserklärung vor. Dann ist keine Unterbringung mehr erforderlich.[43]

Wann ist die Erklärung tragfähig?

Nach überwiegender Ansicht reicht es aus, wenn der Betroffene mit „natürlichem Willen", also unabhängig von der Geschäftsfähigkeit, der Unterbringung zustimmt.[44] Dabei muss er

- eine gewisse Einsichtsfähigkeit haben,
- den freiheitsentziehenden Charakter der Maßnahme erkennen und
- Risiken und Nutzen der Freiheitsentziehung abwägen können.

Im Zweifel ist aus Gründen der Rechtssicherheit eine **Unterbringungsentscheidung** geboten.[45] Allerdings gibt es auch Folgendes zu bedenken: Mit einer Unterbringungsgeneh-

42 Siehe ergänzend BtKomm/Dodegge, 6. Aufl.,Teil G, Rn. 44 zu § 1831 BGB.
43 HK-BUR/Bauer/Braun, Rn. 3 vor § 1906 BGB a.F.
44 BGHZ 145, 297, HK-BUR/Bauer, a.a.O.; Staudinger/Bienwald, Rn. 31 ff. zu § 1906 BGB a.F.
45 HK-BUR/Bauer, a.a.O.

migung nimmt man dem Betroffen ein Stück Dispositionsfreiheit. Deshalb ist die Zweifelsregelung – bei Zweifeln lieber eine Unterbringungsgenehmigung – mit der Kontrollfrage zu begleiten:

Kontrollfrage

Würde man den Betroffenen gehen lassen, wenn er die Behandlung abbricht oder würde man dann das Unterbringungsverfahren wieder aufnehmen?

Wie stellt man nun die Tragfähigkeit der Einwilligungserklärung fest? Ein ärztliches Votum kann sicher etwas dazu sagen. Wichtig ist aber auch die Einschätzung von Angehörigen und Betreuern. Wie hat sich der Betroffene in früheren, vergleichbaren Situationen zur Unterbringung gestellt?

Beispiel 1

Ein Betroffener stellt sich gegenüber Betreuern, Ärzten und in der richterlichen Anhörung gegen die Unterbringung und Behandlung, um dann schließlich unvermittelt zu sagen „Na gut, ich bleibe freiwillig zwei Wochen".

Hier stellt sich die Frage, ob der ggf. psychiatrieerfahrene Patient denkt, er könne dann, wenn kein Beschluss erlassen wird, gleich gehen, weil er ja auf freiwilliger Basis in der Klinik ist. Hier spricht schon im Ansatz alles dafür, dass keine tragfähige Freiwilligkeitserklärung vorliegt. Also muss entweder die Entlassung in Kauf genommen werden oder eine Unterbringungsgenehmigung ausgesprochen werden.

Beispiel 2

Ein skeptischer Patient willigt schließlich in eine bestimmte Behandlung, die aus der Sicht der Ärzte lege artis aber nicht optimal ist, und eine – eher knapp bemessene – Behandlungszeit ein. Er kennt seine Krankheit und die Medikamente.

Die Lösung über Freiwilligkeit ist hier „unbequem", aber einer Unterbringung vorzuziehen (zumal eine anders geartete Behandlung gegen seinen Willen nicht zulässig wäre).

Beispiel 3

Ein völlig verwirrter Patient antwortet grundsätzlich nicht adäquat, sondern fast immer mit „ja". Auch zu der Frage, ob er behandelt werden will und im Krankenhaus bleibt.

Hier ist ersichtlich keine tragfähige Einwilligungserklärung gegeben.

f) Wichtige „Nebenentscheidungen“: Zutritt zur Wohnung und Gewaltanwendung

Die Unterbringungsgenehmigung nach § 1831 BGB kann in verschiedenen Zusammenhängen erfolgen. Sie kann einen aktuellen Aufenthalt im Krankenhaus verlängern oder aber auch Anlass für die Einweisung in das Krankenhaus sein.

In dem Fall, dass sich der Betroffene in seiner Wohnung aufhält, ist mit der Unterbringungsgenehmigung keineswegs die Befugnis gekoppelt, die Wohnung zu betreten bzw. Gewalt anzuwenden. Diese ergibt sich aus der **Unverletzlichkeit der Wohnung** nach Art. 13 GG:[46]

Art. 13 GG

(1) Die Wohnung ist unverletzlich.

(2) Durchsuchungen dürfen nur durch den Richter, bei Gefahr im Verzuge auch durch die in den Gesetzen vorgesehenen anderen Organe angeordnet und nur in der dortvorgeschriebenen Form durchgeführt werden.

[...]

(7) Eingriffe und Beschränkungen dürfen im Übrigen nur zur Abwehr einer gemeinen Gefahr oder einer Lebensgefahr für einzelne Personen, auf Grund eines Gesetzes auch zur Verhütung dringender Gefahren fürdie öffentliche Sicherheit und Ordnung, insbesondere zur Behebung der Raumnot, zur Bekämpfung von Seuchengefahr oder zum Schutze gefährdeter Jugendlicher vorgenommen werden.

Gewalt ist als Eingriff in die körperliche Unversehrtheit und das allgemeine Persönlichkeitsrecht und damit in Art. 2 GG ebenfalls nicht „einfach“ von der Genehmigung zur Unterbringung abgedeckt. Folgerichtig ist eine gerichtliche Anordnung erforderlich.

Art. 2 GG

(1) Jeder hat das Recht auf die freie Entfaltung seiner Persönlichkeit, soweit er nicht die Rechte anderer verletzt und nicht gegen die verfassungsmäßige Ordnung oder das Sittengesetz verstößt.

(2) Jeder hat das Recht auf Leben und körperliche Unversehrtheit. Die Freiheit der Person ist unverletzlich. In diese Rechte darf nur auf Grund eines Gesetzes eingegriffen werden.

In diesem Sinne ist Gewalt sehr weit zu verstehen, schon jedes Angehen gegen den Willen eines Betroffenen ist rechtlich betrachtet „Gewalt“.

Dies alles ergibt sich aus § 326 Abs. 2 und Abs. 3 FamFG. Diese auch materiell-rechtlich wichtigen Regelungen haben ihren Eingang im Verfahrensrecht gefunden.

Das Gericht hat die Notwendigkeit dieser Nebenentscheidungen zu prüfen, eine gesonderte Anhörung ist dazu im Gesetz nicht vorgesehen.[47]

46 Siehe auch Lesting in Marschner/Lesting/Stahmann, Rn. 11 zu § 326 FamFG.

47 Für den Regelfall – außerhalb einer Gefahrenslage – anderer Ansicht: Lesting, a.a.O. M.E. ist dies nicht erforderlich, da die Zuführung der Unterbringung immanent ist; ggf. sollte der Richter bei der Anhörung zur Unterbringung auf die Möglichkeit hinweisen.

g) Unterbringungsfrist, Entscheidungshoheit und andauernde Prüfungspflicht

§ 1831 BGB verrät nicht, wie lange eine Unterbringung erfolgen kann. Gleiches gilt für die Zwangsmaßnahme in § 1832 BGB. Die Dauer der Unterbringung, d.h. also die Frist bis zu deren Ende eine Unterbringung genehmigt wird, ist ein wesentlicher Bestandteil der Entscheidung, der „nur" in den Verfahrensvorschriften geregelt ist, obwohl die Frage der Dauer des Aufenthalts auch eine inhaltliche ist.

Vorab ist allerdings zu bedenken, dass die in einem Beschluss gesetzte Unterbringungsfrist (besser: Genehmigungsfrist) nur eine Höchstgrenze ist, die zum Teil disponibel ist (anders als bei gerichtlichen Anordnungen, insbesondere bei öffentlich-rechtlichen Unterbringungen) und teilweise auch nicht ausgeschöpft werden darf, wenn die Voraussetzungen, unter denen die Unterbringung genehmigt wurde, entfallen sind, etwa weil die Behandlung abgeschlossen oder abgebrochen worden ist.

Wichtig ist aber auch:

Ist die Unterbringungsfrist abgelaufen, fehlt der Unterbringung die rechtliche Grundlage.

Die Notwendigkeit einer zeitlichen Beschränkung ist ein Resultat des Rechtsstaatsprinzips. Die Dauer eines einschränkenden Eingriffs muss, soweit irgend möglich, zeitlich vorhersehbar und dementsprechend festgelegt sein. So sieht es § 323 Nr. 2 FamFG denn auch konkret vor.

§ 329 FamFG sagt zu der möglichen Unterbringungsdauer in Absatz 1:

> „Die Unterbringung endet spätestens mit Ablauf eines Jahres, bei offensichtlich langer Unterbringungsbedürftigkeit spätestens mit Ablauf von zwei Jahren, […]"

Die Fristbestimmung ist grundsätzlich zu datieren. Vor einer Aufnahme werden nicht selten Zeiträume wie „zwei Wochen ab Zuführung" festgelegt. Dies ist rechtlich zulässig,[48] aber problematisch, denn der Beschluss an sich ist aus sich heraus nicht eindeutig. Dies kann aber rechtlich dadurch behoben werden, dass der Beschluss ein „Verfalldatum" enthält – ein Datum, mit dem der Beschluss bzw. die darin enthaltene Genehmigung auf jeden Fall seine Gültigkeit verliert, und nach Zuführung die Frist mit Datum festgelegt wird.

Tenorierungbeispiel

„… wird die Unterbringung bis zu vier Wochen ab Zuführung, längstens aber bis zum 1.12.[Jahr] genehmigt."

Dies bedeutet: bei Zuführung am 1.11.[Jahr] endet die Unterbringungsgenehmigung am 29.11., bei Zuführung am 15.11. endet sie am 1.12.

48 BtKomm/Dodegge, 6. Aufl., Teil G, Rn. 210.

Eine derartige Tenorierung führt allerdings manchmal zu Verwirrung und der Frage „Welche Frist gilt denn nun?".[49] Praktisch lösen lässt sich das, wenn man – ohne ein solches „Verfallsdatum" aufzunehmen – nach der Zuführung den Beteiligten das Datum des Unterbringungsendes konkret mitteilt. Das vermeidet Missverständnisse und schafft Klarheit.

Es kann bei einigen Betroffenen das Problem entstehen, dass sie über mehrere Tage nicht zugeführt werden können, dann ist ein Teil der Unterbringung schon abgelaufen, bevor die Behandlung im Krankenhaus beginnen kann. Das ist misslich und schafft zusätzlichen Zeitdruck. Eine extensive Fristbestimmung ist aber nicht verhältnismäßig. So kann es eben angemessen sein, sich wie beschrieben mit der **Alternativlösung des Umschreibens** zu behelfen.

Kann ein Betroffener lange Zeit – womöglich wochenlang – nicht zugeführt und die Unterbringung daher nicht umgesetzt werden, muss das Betreuungsgericht ohnehin prüfen, ob der Beschluss so noch aktuell und verhältnismäßig ist.

Fehlt die Frist, ist der **Beschluss unvollständig** und damit fehlerhaft, aber nicht nichtig. Eine Ergänzung ist möglich und notwendig.[50] Die Ergänzung setzt aber voraus, dass sich die beabsichtigte Fristsetzung aus den Gründen des Beschlusses oder anderen verfahrensbezogenen Quellen ergibt.[51] Diese können z.B. im Protokoll erfasst sein. Auch die Bezugnahme auf das Sachverständigengutachten, das den Beteiligten zur Verfügung steht, kann Anknüpfungspunkt sein, wenn es einen Vorschlag zur Dauer enthält.

Damit ist die äußere Grenze einer Unterbringungsfrist sehr weit gefasst. Es versteht sich von selbst, dass die Unterbringung nur solange genehmigt werden kann, wie es der Zweck der Unterbringung prognostisch erfordert. In Anbetracht des hohen Stellenwerts des Art. 104 GG ist diese Grenze eng zu fassen.

Die **Bemessung** der Unterbringungsfrist ist abhängig vom Einzelfall. Dennoch wird man sich dabei auf Erfahrungswerte stützen, sowohl individuell bezogen auf frühere Krankenhausaufenthalte der betroffenen Person, aber auch ergänzend oder sogar ausschließlich, wenn Erfahrungen mit diesem Betroffenen noch nicht gemacht wurden, aus allgemeinen Erfahrungssätzen, wie z.B. der Wirkweise eines neu angesetzten Medikaments einerseits und den bekannten Verläufen schwerer Erkrankungen anderseits.

Ansonsten ist schlicht zu fragen: Welches Behandlungsziel wird verfolgt und welcher zeitliche Umfang ist dafür erforderlich?

Ferner muss dann erwogen werden, ob ggf. nach einer bestimmten Zeit eine freiwillige Weiterbehandlung möglich ist. Dabei ist klar, dass jede Prognose einem Unsicherheitsfaktor unterliegt. Unter dem Gesichtspunkt des Verhältnismäßigkeitsgrundsatzes wird im Zweifel eine kürzere Frist zu wählen sein.

Eine Akutbehandlung im Krankenhaus wird in aller Regel nur mit einer kürzeren Frist abzusichern sein. Eine längere Frist als sechs Wochen ist nach meiner Erfahrung selten, insbesondere bei Erstbeschlüssen.

49 Siehe auch kritische Betrachtung HK-BUR/Braun, Rn. 35 zu § 323 FamFG.

50 Damrau/Zimmermann, Rn. 3 zu § 329 FamFG; Bartels in Jox/Fröschle, Rn. 20 zu § 323 FamFG; BtKomm/Dodegge, Teil G, Rn. 286.

51 Bienwald in Bienwald/Sonnenfeld/Hoffmann, Betreuungsrecht, Rn. 20 zu § 323 FamFG.

Praxistipp

In der Praxis erweist es sich aber auch vielfach als hilfreich, noch einmal besonders auf den Charakter der gerichtlichen Entscheidung als Genehmigung hinzuweisen, von der nicht zwingend Gebrauch gemacht werden muss, denn es ergibt weder praktischen noch therapeutischen noch rechtsstaatlichen Sinn, wenn eine betroffene Person der trügerischen Hoffnung einer kurzen Frist ausgesetzt ist.

Wichtige Entscheidungsgrundlage ist dabei das **Sachverständigengutachten**, bzw. das ärztliche Zeugnis, das zwingend einzuholen ist. Daran hat sich das Gericht zu orientieren.[52] Allerdings muss sich das Gericht ein eigenes Bild machen und vor allem die Ausführungen des Gutachtens gründlich würdigen. Eine Abweichung von dem Vorschlag des Sachverständigen ist möglich, bedarf aber einer besonderen Begründung,[53] insbesondere gilt dies dann, wenn das Gericht „nach oben" abweicht.

Beispiel 1

Der Sachverständige schlägt im Gutachten eine Unterbringungsfrist von drei Monaten vor. In der Anhörung erklärt sich der Betroffene mit einer Frist von zwei Monaten einverstanden. Es gibt keinen Anlass anzunehmen, dass eine Verkürzung der Frist das Unterbringungsziel zunichtemacht.

Die Akzeptanz des Betroffenen kann durchaus ein Argument von entscheidendem Gewicht sein, wenn die Verkürzung der Unterbringung dann nicht sinnlos erscheint.

Beispiel 2

Der Gutachter legt dar, dass eine Unterbringung zur Flankierung einer Behandlung – z.B. Medikamentenumstellung – erforderlich ist. Diese dauert nach der Erfahrung in der Regel vier Wochen. Der Gutachter schlägt – durchaus wohlmeinend – nur drei Wochen vor.

Hier kann es sachlich gerechtfertigt sein, die Frist unter Berufung auf den gutachterlich festgestellten Unterbringungsbedarf, aber abweichend vom konkreten Vorschlag, auf vier Wochen festzulegen.

Die Überschreitung der Jahresfrist bei Langzeitunterbringungen erfordert nach § 329 FamFG die Feststellung einer offensichtlich langen Unterbringungsbedürftigkeit. Der Bundesgerichtshof verlangt dafür – mit Recht – eine besondere Begründung:[54]

---

52 BtKomm/Dodegge, 6. Aufl., Teil G, Rn. 242, 281; Lesting in Marschner/Lesting/Stahmann, Rn. 6 zu § 329 FamFG.

53 BtKomm/Dodegge, 6. Aufl., Teil G, Rn. 243 f., 281, siehe auch Lesting, a.a.O.

54 BGH, 30.3.2022, XII ZB 197/21, BtPrax 2022, S. 141; BGH, Beschl. v. 6.4.2016, XII ZB 575/15, BtPrax 2016, 150; BtKomm/Dodegge, 6. Aufl., Teil G, Rn. 282.

> Die Befristung einer Unterbringungsmaßnahme auf längstens ein Jahr stellt eine gesetzliche Höchstgrenze für die Dauer der Unterbringung dar, die nur unter besonderen Voraussetzungen überschritten werden darf.
>
> Eine Abweichung vom Regelfall ist im Hinblick auf den hohen Rang des Rechts auf Freiheit der Person ausreichend zu begründen, etwa mit konkreten Feststellungen über die Dauer einer notwendigen Therapie unter Hinweis auf fehlende Heilungs- und Besserungsaussichten bei gleichzeitig anhaltender Eigengefährdung.
>
> Das Merkmal der „Offensichtlichkeit" erfordert, dass die Gründe für eine über ein Jahr hinaus währende Unterbringungsbedürftigkeit für das sachverständig beratene Gericht deutlich und erkennbar hervortreten.

Mit der Unterbringungsgenehmigung ist ein Rahmen im Sinne einer Höchstgrenze geschaffen. Da es sich aber im Falle des § 1831BGB immer noch um eine Unterbringung durch den Betreuer bzw. die bevollmächtigte Person handelt, bleibt derjenige gehalten, eigenständig zu prüfen, ob die Voraussetzungen für eine Unterbringung noch vorliegen. Dies kann entfallen, wenn die Behandlung oder Untersuchung beendet ist oder der Zweck der Unterbringung nicht mehr erreicht werden kann. Ferner dann, wenn die betreute Person in der Lage ist, wieder eigenverantwortlich zu handeln.

Die **Ärzte** sind im Rahmen des Unterbringungsrechts keine Entscheidungsträger. Sie können nicht einfach eine Unterbringung „beenden". Sie sind über den Behandlungsvertrag, soweit dieser dies hergibt, aber im Ergebnis wohl berechtigt, auf eine Entlassung hinzuwirken, wenn sie den Klinikaufenthalt nicht mehr für angezeigt halten. Es ist dann aber wieder eine Verletzung vertraglicher Nebenpflichten (Sorgfalts- bzw. Obhutspflichten), wenn sie den Betreuer über eine Entlassung des betreuten Patienten nicht informieren.

h) Der Unterbringungsbeschluss

Die Unterbringungsgenehmigung erfolgt durch einen Beschluss, der nach § 323 FamFG die nähere Bezeichnung der Unterbringungsmaßnahme und den Zeitpunkt, an dem die Unterbringungsmaßnahme endet, enthält.

Dieser Beschluss ist den Beteiligten (und in jedem Fall auch der zuständigen Behörde und dem Leiter der Einrichtung, in der der Betroffene untergebracht wird) bekannt zu geben.

Gegenüber dem Betroffenen kann nach § 325 Absatz 1 FamFG von der Bekanntgabe der Gründe – nicht aber der Beschlussformel[55] – abgesehen werden, wenn dies erforderlich ist, um gesundheitliche Nachteile zu vermeiden. Dies ist ein **Ausnahmefall**, der aber durchaus realistischer als die Gesundheitsgefährdung durch Anhörung ist. (Siehe dazu unter 5. d), S. 123 ff.)

Der Beschluss zur Unterbringungsgenehmigung wird nur dann sofort wirksam, wenn das Betreuungsgericht die sofortige Wirksamkeit des Beschlusses anordnet. Die näheren Modalitäten regelt § 324 Absatz 2 FamFG.

55 Bartels in Jox/Fröschle, Rn. 4 zu § 325 FamFG.

§ 324 FamFG Wirksamwerden von Beschlüssen

Beschlüsse über die Genehmigung oder die Anordnung einer Unterbringungsmaßnahme werden mit Rechtskraft wirksam.

Das Gericht kann die sofortige Wirksamkeit des Beschlusses anordnen. In diesem Fall wird er wirksam, wenn der Beschluss und die Anordnung seiner sofortigen Wirksamkeit

1. dem Betroffenen, dem Verfahrenspfleger, dem Betreuer oder dem Bevollmächtigten im Sinne des § 1814 Absatz 32 Satz 2 Nr. 1 des Bürgerlichen Gesetzbuchs bekannt gegeben werden,
2. einem Dritten zum Zweck des Vollzugs des Beschlusses mitgeteilt werden oder
3. der Geschäftsstelle des Gerichts zum Zweck der Bekanntgabe übergeben werden.

Der Zeitpunkt der sofortigen Wirksamkeit ist auf dem Beschluss zu vermerken.

Das Gericht, d.h. der Betreuungsrichter, macht – vorzugsweise am Ende der Anhörung – also zumindest einem der genannten Beteiligten oder einem „Dritten" zum Zwecke des Vollzuges (Leiter der geschlossenen Einrichtung, Behörde[56]) bekannt oder übergibt den Beschluss der Geschäftsstelle. Damit ist in jedem Fall ein objektivierbarer Punkt mit Außenwirkung maßgeblich für den Eintritt der sofortigen Wirksamkeit.

Dabei ist zu beachten, dass das FamFG statt von der Verkündung von der **Bekanntgabe durch Verlesen des Tenors der Entscheidung** spricht, § 41 Absatz 2 FamFG. Wirksam verkündet ist der Beschluss, wenn den Beteiligten vor Ort der Tenor vorgelesen wird (ein auswendiges Rezitieren dürfte dem Sinn der Vorschrift nach ausreichen).

Praxistipp

Es ist für alle Beteiligten elementar wichtig, darauf zu achten, dass die sofortige Wirksamkeit angeordnet ist, ansonsten darf die Unterbringung noch nicht durchgeführt bzw. vollzogen werden.

In der Praxis ist die scheinbare Ausnahme – Anordnung der sofortigen Wirksamkeit – die Regel, denn eine Unterbringung bedarf logischerweise in aller Regel der schnellen Umsetzung.

i) Die langfristige Unterbringung in einer Einrichtung

§ 1831 BGB bezieht sich auf Unterbringungen im Krankenhaus, aber auch in Pflege-, Wohn- und Therapieeinrichtungen. Für welche Art der Unterbringung der Beschluss gilt, ist im Beschluss festzulegen. Dies ergibt sich aus § 329 Nr. 1 FamFG.[57]

Die **Wahl der konkreten Einrichtung** obliegt dem Betreuer, nicht dem Gericht.[58] Dies ist systematisch logisch, dennoch kann es zu Konflikten kommen. Das Gericht ist nämlich

56 Damrau/Zimmermann, Rn. 13 zu § 324 FamFG.
57 Damrau/Zimmermann, Rn. 9 zu § 323 FamFG.
58 Damrau/Zimmermann, Rn. 11 zu § 323 FamFG.

durchaus im Einzelfall gehalten, Einfluss zu nehmen, wenn die Unterbringung in einer bestimmten Einrichtung nicht angemessen ist.

Die Unterbringungsgenehmigung ist kein „Freibrief". Die Genehmigung ist rechtswidrig, wenn sie erwartbar zu einer ungeeigneten und damit nicht mehr verhältnismäßigen Maßnahme führt. Die Unterbringung dient dann nämlich nicht mehr dem Wohl des Betroffenen, wenn die Pläne und Absichten des Betreuers trotz der Bedenken umgesetzt werden.

Beispiele

- *Ein verhältnismäßig junger Betroffener soll in einer Pflegeeinrichtung mit vorwiegend dementen Bewohnerinnen und Bewohnern untergebracht werden.*
- *Die Einrichtung macht soziale Kontakte am Heimatort wegen zu großer Entfernung unmöglich.*
- *Die Einrichtung ist nach fachlicher Einschätzung durch Betreuungsbehörde, Sachverständigen oder Gericht ungeeignet für Bedürfnisse und „Profil" des Betroffenen.*

In höchstem Maße zu beanstanden ist die in gewisser Weise nötigende Vorstellung einiger Einrichtungen, dass schon eine Anmeldung nur mit bestehendem Unterbringungsbeschluss zulässig sei. Dies entbehrt jeder Grundlage und verschiebt die rechtlichen Prioritäten.

Jedenfalls außerhalb des Krankenhauses ist die langfristige Unterbringung unter Ausschöpfung der Höchstdauer der Unterbringungsgenehmigung von einem oder zwei Jahren denkbar. Eine Unterbringung zur Behandlung nach § 1831 Absatz 1 Nr. 2 BGB ist hier in der Regel nicht vorstellbar, so dass die Voraussetzungen des § 1831 Absatz 1 Nr. 1 BGB gegeben sein müssen. Auch hier gilt die andauernde **Prüfungspflicht des Betreuers** hinsichtlich der Notwendigkeit der Betreuung, umso mehr als mit Rechtskraft der Genehmigung der Unterbringung kein „offenes" Gerichtsverfahren mehr besteht.

Ein häufiges praktisches Problem ist die Situation, dass ein Betroffener aufgrund körperlicher Gebrechlichkeit nicht mehr „weglaufen" kann. Die Voraussetzungen für eine Unterbringung bestehen dann unter Umständen nicht mehr. Gleichzeitig möchte man dem betroffenen Menschen die gewohnte Umgebung und die gewohnte und personalintensive Pflege nicht nehmen.

> Aus betreuungsrechtlicher Sicht ist der Aufenthalt auf einer geschlossenen Station, der keine Freiheitsentziehung mehr beinhaltet, unproblematisch.

Die Behauptung mancher Kostenträger und Einrichtungen, der Betroffene müsse dann zwingend die Station verlassen, ist betreuungsrechtlich falsch. Meistens geht es dann nur um Belegungspolitik – und um Geld. Die Tendenz zur „Rosinenpickerei" oder zur „Casting-Politik", auf der Basis derer viele Einrichtungen sich die „besten", unproblematischten „Kandidaten" aussuchen können, ist nicht im Sinne der betroffenen Menschen.[59]

59 Siehe Nagel in Nagel/Selle/Stumpf, BtPrax 2023, 15, 16.

Darüber hinaus ist die langfristiige Unterbringung in einer geeigneten Einrichtung, meist im Anschluss an eine Krankenhausbehandlung ein gewaltiges Problem: Es gibt bundesweit nicht genug geeignete Plätze in hochstukturierten Einrichtungen, soweit es nicht um bloße Pflege geht (und auch hier gibt es viel zu oft Engpässe)[60]. Das ist ein **politisches und gesellschaftliches Problem**, dass noch durch bürokratische Unzulänglichkeiten insbesondere in der Eingliederungshilfe verstärkt wird. Daran könnenBetreuer, Betreuungsrichter und Krankenhäuser nichts ändern, abgesehen von entsprechendem persönlichen Engagement außerhalb der jeweiligen Funktion.[61]

Diese defizitäre Situation schafft aber **Probleme im konkreten Fall**: So warten manche Betroffene monate-, manchmal jahrelang im Krankenhaus auf einen Platz in der Folgeeinrichtung. Eine Wahl zwischen Pest und Cholera für die professionell Beteiligten: Entweder ein langer Aufenthalt im Krankenhaus, obwohl keine Behandlung mehr angezeigt ist oder aber Entlassung in prekäre häusliche Verhältnisse oder gar die Obdachlosigkeit, mit der möglichen Entwicklung, dass die Behandlungserfolge zunichte gemacht werden und ein Platz in einer Folgeeinrichtung erst recht nicht mehr zu bekommen ist. Gegenüber dem **Träger der Eingliederungshilfe** besteht auch kein Anspruch auf Benennung eines konkreten Platzes in einergeschlossenen therapeutischen Einrichtung.[62] Praktisch gedacht: Wie auch? Wenn es doch bei weitem nicht genügend Plätze dieser Art gibt. Allerdings wird mit Recht kritsch angemerkt, dass die Eingliederungshilfeträger ihrem Sicherstellungsauftrag nach § 95 SGB IX nur unzureichend nachkommen.[63]

Das Dilemma ist nur im Einzelfall lösbar. Eine weitere Krankenhausunterbringung kann dann allenfalls ihre Rechtfertigung noch nach § 1831 Abs. 1 Nr. 1. BGB unter dem Gesichtspunkt der Gefahrenabwehr finden.[64] Dies kann nicht immer guten Gewissens begründet werden und häufig wird die Unterbringung im Krankenhaus mit der Zeit unverhältnismäßig.[65]

Eine neuere Entwicklung, die aus Hamburg kommt, könnte zwar das strukturelle Problem nicht lösen, aber im Einzelfall einen „dritten Weg" anbieten, um Betroffene nicht in die Verelendung fallen zu lassen, weil es nicht genug Plätze in hochstukturierten Einrichtungen gibt. Das Sozialgericht Hamburg hat entschieden, dass ein Rechtsanspruch in Form einer 24-stündigen 1:1-Betreuung in Betracht kommt, der Anspruch kann auch im Wege des eisntweiligen Rechtsschutzes geltend gemacht werden.[66] In dem konkreten Verfahren konnte dann noch ein Platz in einer Einrichtung gefunden werden, so dass sich das Rechtsmittel der Behörde eledigt hatte.[67] Das Sozialgericht hat dann in einer weiteren Entschei-

60 Siehe dazu die Diskussion im Forum des Werdenfelser Weges, https://www.werdenfelser-weg-original.de/ (Zugriff 9.1.2023); siehe Bericht der Aufsichtskommission nach § 23 HambPsychKG, Drucks. 21/18657 der Hamburgischen Bürgerschaft, S. 5 f.

61 Eine sehr prägnante, ausführliche und inhaltlich überzeugende Problembeschreibung durch Nagel/Selle/Stumpf in BtPrax 2023, 15 ff. aus ärztlicher, richterlicher und betreuerischer Sicht.

62 SG Hamburg, Beschl. v. 4.10.2022, S 28 SO 412/22 ER D, Bt Prax 2023, 73; siehe auch Nagel/Selle/Stumpf, BtPrax 2023, 15 ff.

63 So die redaktionelle Anmerkung „Praxishinweis" zur vorgenannten Entscheidung, Bt Prax 2023, 74.

64 BGH, 10.6.2020, XII ZB 215/20, FamRZ 2020, 1406.

65 Siehe dazu AG Dresden, Beschl. v. 12.12.2022 404 XVII 829/04.

66 SG Hamburg, Beschl. v. 4.10.2022, S SO 412/22, BtPrax 2023, 73 f.

67 Selle, BtPrax 2023, 97.

dung die vorgenannte Rechtsauffassung bestätigt. Diese ebenfalls im Wege des einstweiligen Rechtsschutzes ergangene Entscheidung ist vom Landessozialgericht Hamburg bestätigt worden.[68]

In den **sozialgerichtlichen Entscheidungen** wird im wesentlichen eine Abwägung getroffen zwischen einer Entlassung in die Obdachlosigkeit und einer „Rundum"-Betreuung. Sie argumentieren ferner mit einer Verletzung von Grundrechten der betroffenen Person. Dann, wenn erfolglos nach einer geeigneten Einrichtung gesucht wurde und die geschlossene Unterbringung andererseits durch eine 24-stündige 1:1 Betreuung ersetzt werden könne, sei der Weg zu einem entsprechenden Anspruch geebnet.[69]

Es bleibt zu hoffen, dass die Entscheidungen der Hamburger Sozialgerichtsbarkeit bundesweit Zustimmung erfahren und weiter entwickelt werden . So kann im Interesse der betroffenen Menschen eine spürbare Entlastung aller Beteiligten geschaffen werden.Es bedarf aber weiterhin der Schaffung von Plätzen in hochstrukturierten Einrichtungen oder vergleichbaren Wohnformen, damit die ohnehin vom Gesundheitssystem, der Politik und der Wohlstandsgesellschaft vergesssenen Menschen mit schweren psychsichen Erkrankungen[70] eine angemesssene Chance für ein menschenwürdiges Leben bekommen.

j) Geschützt oder geschlossen? Baulichkeiten, Zahlencodes, „Chips"

Gerade im Pflegebereich stellt sich die Frage: Ist die Einrichtung eine geschützte, eine beschützende oder schon eine geschlossene?

Die Grenze ist nicht selten fließend, nicht immer ist eine abgeschlossene Tür notwendig. Liegt eine Freiheitsentziehung vor, ist eine genehmigungspflichtige Unterbringung – oder zumindest eine unterbringungsähnliche Maßnahme gegeben.[71]

Wenn der **Weg zum Ausgang** weit ist und mehrere Ecken oder „Kurven" überwunden werden müssen, so ist der alte oder behinderte Mensch häufig nicht in der Lage, den Ausgang zu finden. Diese Situation ist aber allein lebenspraktisch geprägt von der Einschränkung des betroffenen Personenkreises und stellt keine freiheitsentziehende Unterbringung dar.

Gern wird in Pflegeeinrichtungen ein **Zahlencode** verwendet. Wer den Zahlencode beherrscht, hat freien „Ausgang", wer ihn nicht beherrscht, verbleibt „zwangsläufig" in der Pflegeeinrichtung. In diesem Fall ist bei den Betroffenen, die den Zahlencode nicht „knacken" können, von einer geschlossenen Unterbringung auszugehen. Auch hier ist zu fragen, ob die Einschränkung aufgrund der körperlichen oder geistigen, altersbedingten oder

68 Selle a.a.O; SG Hamburg, Beschl. v. 30.1.2023, S 52 O 582/22; LSG Hamburg, Beschl. v. 22.3.2023, L 4 SO 13/23 B ER D.

69 Selle, BtPrax 2023, 97 f. mit weiteren Einzelheiten.

70 Siehe Nagel/Selle/Stumpf, a.a.O.

71 HK-BUR/Bauer, Rn. 47 ff. und 217 ff. zu § 1906 BGB a.F.; BtKomm/Dodegge, 6. Aufl., Teil G, Rn. 11 zu § 1831 BGB.

behinderungsbedingten Defizite das Geschehen prägt oder ob das mechanische Hindernis (hier der Zahlencode) dominiert.

Elektronische Vorrichtungen bzw. **Überwachungssysteme** können ebenfalls eine geschlossene Tür überflüssig machen. Diese Maßnahmen werden jedoch in der Regel als unterbringungsähnliche Maßnahmen gemäß § 1831 Absatz 4 BGB angesehen. (Siehe in diesem Kapitel unter 4.)

k) Das Einschließen im Zimmer

Das Einschließen im Zimmer muss auch bei bestehender Unterbringungsgenehmigung **gesondert genehmigt** werden.[72] Das ist folgerichtig, denn unter dem Gesichtspunkt der Freiheitsentziehung kommt dem Einschließen eine weitere besondere Bedeutung zu.

In dieser Konstellation wird in der Regel davon ausgegangen, dass es sich um eine unterbringungsähnliche Maßnahme handelt.[73]

Inhaltlich problematisch ist es, wenn das Einschließen im Zimmer nur aus fremdnützigen Motiven – insbesondere zur Vermeidung oder Abwehr einer Fremdgefährdung – heraus genehmigt werden soll. Häufig ist der Grund aggressives Verhalten gegenüber den anderen Bewohnern/Patienten oder Mitarbeitern. Stützt man die Begründung der Maßnahme ausschließlich darauf, so ist dies keine tragfähige Begründung im Rahmen des Betreuungsrechts. Anders ist es, wenn die Maßnahme auch zur Beruhigung, zum „Herunterkommen" der betroffenen Person getroffen wird.

Ähnlich ist die Problematik, wenn ein verwirrter Mensch mit MRSA-, Noroviren-Befall oder einer Sars-Cov-1-Infektion davon abgehalten werden soll, andere anzustecken. Hier ist der Einzelfall sehr genau zu prüfen. Unter Umständen kann es auch einen Aspekt der Eigengefährdung geben. Grundsätzlich ist aber eben auch hier die Fremdgefährdung im Vordergrund. Strebt der betroffene Mensch aus dem Zimmer, so ist eine Freiheitsbeschränkung von eigener, gesonderter Qualität gegeben, die grundsätzlich nur mit einer Unterbringung nach Landesrecht legalisiert werden kann.

Eventuell sind im Einzelfall die Voraussetzungen für eine öffentlich-rechtliche Unterbringung geben. Die rechtliche Bewertung ist in diesen Konstellationen sehr schwierig.

Auch eine infektionsrechtliche Maßnahme – wie in der Corona-Pandemie – kann eine gesonderte Maßnahme in Form des Zimmereinschlusses erforderlich machen.

---

72 BGH, Beschl. v. 28.7.2015, XII ZB 44/15, BtPrax 2015, 200.
73 A.a.O.

l) Vollzug der Unterbringung – Unterbrechung der Unterbringung

Der Vollzug der Unterbringung nach BGB ist nicht geregelt.

Soweit die Unterbringung durch einen **Betreuer** erfolgt, gibt es Ansatzpunkte wie die Kontrolle des Betreuungsgerichts, die es ermöglichen, dass das Wohlergehen der betreuten Person „im Blick" ist. Bei Unterbringungen durch die **Bevollmächtigten** ist keine Kontrollmöglichkeit gegeben. Allerdings setzt dies ja auch eine freiwillige, rechtsgeschäftliche Übertragung von Befugnissen einerseits und ein Vertrauensverhältnis besonderer Art andererseits voraus.

Ein praktisches Bedürfnis für eine „Vollzugsregelung" ist bislang noch nicht diskutiert worden, aber ich halte es für erstrebenswert und langfristig geboten, dass es so etwas wie ein „Ombudsmann-System" oder eine obligatorische Anlaufstelle für Beschwerden geben sollte.

Eine Aussetzung der Vollziehung der Unterbringung ist im Gesetz ebenfalls nicht geregelt. Eine solche Möglichkeit sollte aber nicht ausgeschlossen werden.

Beispiel

Ein untergebrachter Betroffener erlebt eine erhebliche Besserung seines Gesundheitszustandes. Ein Abbruch der Behandlung würde aber nachhaltige Schäden befürchten lassen. Der Betroffene ist bereit, sich freiwillig behandeln zu lassen, es kommt aber immer noch zu „Durchbrüchen", in denen er doch wieder „nach Hause möchte". Eine Verlegung auf eine offene Station erscheint vertretbar, aber nicht ohne Risiko. Hier gibt es ein Bedürfnis, die Möglichkeit der Unterbringung auf einer geschlossenen Station zumindest vorzuhalten.

Das erscheint sinnvoll und verhältnismäßig.

Dogmatisch ist davon auszugehen, dass es bei § 1831 BGB um eine Genehmigung geht, von der der Betreuer keinen Gebrauch machen muss. Dies „probeweise" einmal zu tun – also einer Beurlaubung aus dem Krankenhaus zuzustimmen oder einer versuchsweisen Verlegung in den offenen Bereich – begegnet bei einem überschaubaren Zeitraum keinen Bedenken. Die Alternative ist eine Fortsetzung der geschlossenen Unterbringung oder die endgültige Verlegung in die offene Station mit der Option im Krisenfall schnellstmöglich die ganze „Mühle" der zwangsweisen Unterbringung beginnen zu lassen. Was wäre damit für den Schutz von Freiheit und Gesundheit der erkrankten Menschen gewonnen?

Sicher ist es richtig, die „probeweise Entlassung" nicht ausufern zu lassen[74] und somit ein „Damokles-Schwert" über dem Betroffen aufrecht zu erhalten und die probeweise Entlassung aus der Unterbringung nur in engen Grenzen zuzulassen.[75]

74 Jox in Jox/Fröschle, Rn. 10 zu § 328 FamFG. Kritisch bis ablehnend HK-BUR/Bauer/Braun, Rn. 176 zu § 1906 BGB a.F.; Damrau/Zimmermann, Rn. 119 zu § 1906 BGB a.F.

75 A.a.O.

Es erscheint sinnvoll, dass der Gesetzgeber dies regelt. Ein Zeitraum von zwei Wochen Beurlaubung erscheint aus der Erfahrung der Klinikabläufe und des Verlaufs der Unterbringungen realistisch und vertretbar.

Praxistipp

▶ *Die Unterbrechung/Beurlaubung/probeweise Entlassung dem Betreuungsgericht immer anzeigen, dann liegt es bei Gericht, sich der rechtlichen Frage im Einzelfall zu stellen.*

Ein **Entweichen** beendet per se die Unterbringung noch nicht.

Entschließt sich der Betreuer vor Fristablauf, von der Genehmigung definitiv keinen Gebrauch mehr zu machen, ist dies dem Gericht anzuzeigen, der Beschluss ist dann aufzuheben.

„**Ausgänge**", d.h. Verabredungen zwischen Klinik und Untergebrachtem unter Einbeziehung des Betreuers[76] über das zeitlich begrenzte Verlassen der geschlossenen Station, sind keine Beendigung der Unterbringung, sondern eine in der Regel notwendige Erprobung und adäquate „Lockerung". Grundsätzlich muss der Betreuer seine Zustimmung geben, damit so verfahren werden kann. Verweigert er sachwidrig die Ausgänge, ist ggf. das Betreuungsgericht einzuschalten. Viele Betroffene äußern sich auch nicht grundsätzlich gegen die Unterbringung, aber Ausgänge und die Form dieser Lockerungen (begleitet, unbegleitet) sind ihnen sehr wichtig.

3. Die Problematik der Zwangsmaßnahmen

§ 1832 BGB Ärztliche Zwangsmaßnahmen

(1) Widerspricht eine Untersuchung des Gesundheitszustands, eine Heilbehandlung oder ein ärztlicher Eingriff dem natürlichen Willen des Betreuten (ärztliche Zwangsmaßnahme), so kann der Betreuer in die ärztliche Zwangsmaßnahme nur einwilligen, wenn

1. die ärztliche Zwangsmaßnahme zum Wohl des Betreuten notwendig ist, um einen drohenden erheblichen gesundheitlichen Schaden abzuwenden,
2. der Betreute aufgrund einer psychischen Krankheit oder einer geistigen oder seelischen Behinderung die Notwendigkeit der ärztlichen Maßnahme nicht erkennen oder nicht nach dieser Einsicht handeln kann,
3. die ärztliche Zwangsmaßnahme dem nach § 1827 zu beachtenden Willen des Betreuten entspricht,
4. zuvor ernsthaft, mit dem nötigen Zeitaufwand und ohne Ausübung unzulässigen Drucks versucht wurde, den Betreuten von der Notwendigkeit der ärztlichen Maßnahme zu überzeugen,

76 Siehe BtKomm/Dodegge, 6. Aufl., Teil G, Rn. 105.

5. der drohende erhebliche gesundheitliche Schaden durch keine andere den Betreuten weniger belastende Maßnahme abgewendet werden kann,
6. der zu erwartende Nutzen der ärztlichen Zwangsmaßnahme die zu erwartenden Beeinträchtigungen deutlich überwiegt und
7. die ärztliche Zwangsmaßnahme im Rahmen eines stationären Aufenthalts in einem Krankenhaus, in dem die gebotene medizinische Versorgung des Betreuten einschließlich einer erforderlichen Nachbehandlung sichergestellt ist, durchgeführt wird.

§ 1867 ist nur anwendbar, wenn der Betreuer an der Erfüllung seiner Pflichten verhindert ist.

(2) Die Einwilligung in die ärztliche Zwangsmaßnahme bedarf der Genehmigung des Betreuungsgerichts.

(3) Der Betreuer hat die Einwilligung in die ärztliche Zwangsmaßnahme zu widerrufen, wenn ihre Voraussetzungen weggefallen sind. Er hat den Widerruf dem Betreuungsgericht unverzüglich anzuzeigen.

(4) Kommt eine ärztliche Zwangsmaßnahme in Betracht, so gilt für die Verbringung des Betreuten gegen seinen natürlichen Willen zu einem stationären Aufenthalt in ein Krankenhaus § 1831 Absatz 1 Nummer 2, Absatz 2 und 3 Satz 1 entsprechend.

(5) Die Absätze 1 bis 4 gelten nach Maßgabe des § 1820 Absatz 2 Nummer 3 für einen Bevollmächtigten entsprechend.

a) Was bedeutet „Zwangsbehandlung"?

Gemeint ist mit Zwangsbehandlung in der Regel die Zwangsmedikation, d.h. die Behandlung mit Neuroleptika (antipsychotische Medikamente) oder anderen Psychopharmaka gegen den Willen und Widerstand der Betroffenen unter stationären Bedingungen.

Mit Zwang ist nach der Rechtsprechung (BVerfG, Beschl. v. 12.10.2011, 2 BVR 633/11) nicht nur der unmittelbare Zwang gemeint, sondern auch die Androhung möglicher Nachteile mit der Absicht, den Willen des Betroffenen zu brechen bzw. eine Situation in der

> „der Betroffene sich, etwa weil er die Aussichtslosigkeit eines körperlichen Widerstands erkennt, ungeachtet fortbestehender Ablehnung in die Maßnahme fügt und damit die Anwendung körperlicher Gewalt entbehrlich macht".[77]

Andere Behandlungsformen sind nicht ausgeschlossen, werden aber in diesem Zusammenhang nicht konkret diskutiert.

77 BVerfG, Beschl. v. 12.10.2011, 2 BVR 633/11 (Orientierungssatz 2c, juris), BtPrax 2011, 253; Engelfried, psychosoziale Umschau 2013, 28.; Marschner in Marschner/Lesting/Stahmann, Rn. 7 zu § 1906a BGB a.F.; siehe BtKomm/Dodegge, 6. Aufl., Teil G, Rn. 55 zu § 1832 BGB.

b) Die Entwicklung der Rechtsprechung – ethische und verfassungsrechtliche Grenzen und deren praktische Konsequenz

In der ursprünglichen Fassung des § 1906 BGB a.F. war eine Regelung zur Zwangsbehandlung nicht vorgesehen. Mit Wirkung vom 26.2.2013 wurde eine gesetzliche Regelung zur Zwangsbehandlung eingeführt, die vorsah, unter welchen Voraussetzungen ein Betreuer in eine Zwangsmaßnahme einwilligen kann und die gerichtliche Genehmigung regelte.

Ob und, wenn ja, wie die Zwangsbehandlung in der Unterbringung zulässig ist, war ursprünglich umstritten. Die Rechtsprechung hat eine inhaltlich starke Veränderung erfahren.

Der BGH hatte mit Beschluss vom 1.2.2006[78] entschieden, dass der Betreuer auch in eine Behandlung des Betreuten gegen seinen Willen einwilligen kann, gegebenenfalls auch unter Anwendung von Zwang, allerdings mit der Maßgabe,

> „dass in der Genehmigung einer Unterbringung nach § 1906 Absatz 1 Nr. 2 BGB die von dem Betreuten zu duldende Behandlung so präzise wie möglich anzugeben ist, weil sich nur aus diesen Angaben der Unterbringungszweck sowie Inhalt, Gegenstand und Ausmaß der von dem Betreuten zu duldenden Behandlung hinreichend konkret und bestimmbar ergeben […]; dazu gehören bei einer Behandlung durch Verabfolgung von Medikamenten in der Regel auch die möglichst genaue Angabe des Arzneimittels oder des Wirkstoffes und deren (Höchst-) Dosierung sowie Verabreichungshäufigkeit; insoweit kann es sich empfehlen, vorsorglich auch alternative Medikationen für den Fall vorzusehen, dass das in erster Linie vorgesehene Medikament nicht die erhoffte Wirkung hat oder vom Betreuten nicht vertragen wird."

Das OLG Karlsruhe entschied mit Beschluss vom 5.7.2007:[79]

> „In der Genehmigung einer Unterbringung nach § 1906 Absatz 1 Nr. 2 BGB ist die vom Betreuten zu duldende Behandlung so präzise wie möglich anzugeben. Dem genügt in der Regel, wenn dem Beschluss die zu behandelnde Krankheit und die Art der Behandlung zu entnehmen ist. Eine Genehmigung der Unterbringung ist aber nicht deshalb rechtswidrig, weil der Beschluss keine Angaben über die einzusetzenden Arzneimittel oder Wirkstoffe und deren Höchstdosierung sowie Verabreichungshäufigkeit enthält."

Eine drohende Verfestigung einer Erkrankung allein rechtfertigt eine Zwangsbehandlung aber nicht. Die Interpretation der Beschlüsse legt nahe, dass eine Zwangsbehandlung dann erlaubt ist, wenn klar ist, dass der Patient im Nachhinein, wenn er also wieder einwilligungsfähig ist, der Behandlung zustimmt. Ferner ist eine Zwangsbehandlung immer auch dann erlaubt, wenn eine erhebliche Gefahr für Mitpatienten oder das Krankenhauspersonal nicht mit milderen Mitteln abzuwenden ist (§§ 32, 34 StGB).

Das OLG Celle entschied mit Beschluss vom 10.7.2007,[80] dass im Rahmen der gebotenen Verhältnismäßigkeitsprüfung bei der erforderlichen gerichtlichen Genehmigung einer

78 XII ZB 236/05, BtPrax 2006, 145.
79 19 Wx 44/06, FamRZ 2007, 2107 (Leitsatz).
80 1 W 72/07, 1 W 73/07 und 1 W 74/07, BtPrax 2007, 263.

Zwangsbehandlung insbesondere auch die mit der beabsichtigten Behandlung verbundenen möglichen Gefahren und Beeinträchtigungen für den Betroffenen zu berücksichtigen seien. Bei der dem Gericht insoweit obliegenden Amtsermittlung sind u.a. auch die Ergebnisse etwaig bereits erfolgter Behandlungen in der Vergangenheit zu ermitteln und zu berücksichtigen. Angesichts der Bedeutung und Intensität des mit einer Zwangsmedikation verbundenen Grundrechtseingriffs ist das notwendige Sachverständigengutachten durch einen externen, nicht im behandelnden Krankenhaus tätigen Sachverständigen zu erstellen.

Mit einem Beschluss aus 2010[81] hat der BGH dies eingeschränkt. Da es sich bei der Zwangsmedikation um einen schweren Eingriff in die Grundrechte des Betroffenen handele, ist die Genehmigung nur dann zulässig, wenn die Zwangsmedikation erforderlich und angemessen ist. Aufgrund der Schwere des Eingriffs ist diese Frage besonders sorgfältig zu prüfen.

Nach der Entscheidung des Bundesgerichtshofs vom 20.6.2012[82] war die Zwangsbehandlung von Menschen, die unter Betreuung stehen, mangels einer gesetzlichen Grundlage unzulässig. Der BGH hatte diesbezüglich seine Rechtsprechung aufgrund zweier Entscheidungen des Bundesverfassungsgerichts vom 23.3.2011[83] und vom 12.10.2011[84] geändert. In diesen Entscheidungen hatte das Bundesverfassungsgericht festgestellt, dass Zwangsbehandlungen im Maßregelvollzug von Rheinland-Pfalz bzw. Baden-Württemberg mangels ausreichender gesetzlicher Grundlage nicht zulässig sind und entsprechende Gesetzesvorschriften gegen Artikel 2 Absatz 2 und Artikel 19 Absatz 4 GG verstoßen und somit nichtig sind.

Das hatte zur Folge, dass eine Zwangsbehandlung von Patientinnen und Patienten rechtswidrig war. Daraufhin wurde der Gesetzgeber tätig und fasste den § 1906 BGB a.F. neu. In §§ 1906 Absatz 3 und Absatz 3a BGB a.F. wurde die Zwangsbehandlung geregelt.[85]

Später wurde durch das Gesetz zur Änderung der materiellen Zulässigkeitsvoraussetzungen von ärztlichen Zwangsmaßnahmen und zur Stärkung des Selbstbestimmungsrechts von Betreuten[86] eine eigene Vorschrift, § 1906a BGB a.F., zur rechtlichen Basis für die Zwangsbehandlung.

Zwangsbehandlung ohne Unterbringung

Nach dem Wortlaut des § 1906 Absatz 3 BGB a.F. war die Genehmigung einer ambulanten Zwangsbehandlung – aber auch die Zwangsbehandlung ohne eine geschlossene Unterbringung – ausgeschlossen. Das ergab sich einerseits daraus, dass die Norm nur die Zwangsbehandlung bei Unterbringung kannte und andererseits aus der Tatsache, dass es auch ansonsten keine gesetzliche Grundlage gibt. Dieses Ergebnis ist in der Fachliteratur

81 Beschl. v. 22.9.2010, XII ZB 135/10, BtPrax 2011, 38.
82 XII ZB 99/12, BtPrax 2012, 156.
83 2 BvR 882/09, BVerfGE 282, 282 = BtPrax 2011, 112.
84 2 BVR 633/11, BtPrax 2011, 253.
85 Gesetz zur Regelung der betreuungsrechtlichen Einwilligung in eine ärztliche Zwangsmaßnahme vom 18.2.2013 (BGBl. I, S. 266) mit Wirkung ab 26.2.2013.
86 Gesetz vom 17.7.2017 (BGBl. I S. 2426) mit Wirkung ab 22.7.2017.

auf Bedauern gestoßen.[87] Aber es bestand Einigkeit darin, dass die Zwangsbehandlung ohne Unterbringung unzulässig ist. Im Gesetzgebungsverfahren war dies nämlich unter Hinweis auf die obergerichtlichen Rechtsprechung ausdrücklich verworfen worden.[88]

Für den Bundesgerichtshof war diese Ausgangssituation Anlass, einen Vorlagebeschluss beim Bundesverfassungsgericht einzubringen,[89] und zwar mit dem Argument, die jetzige Gesetzeslage verstoße gegen Artikel 3 GG, soweit es um Zwangsbehandlungen bei Personen gehe, die wegen fehlender Mobilität nicht untergebracht seien. Eine analoge Anwendung des § 1906 Absatz 3 BGB a.F. hat der BGH ausgeschlossen, weil im Gesetzgebungsverfahren die Beschränkung der Zwangsbehandlung auf untergebrachte Betroffene ausdrücklich gewollt war.

Die Vorlage war im Sinne des Anliegens des Bundesgerichtshofs im Ergebnis erfolgreich. Das Bundesverfassungsgericht teilt die Auffassung des Bundesgerichtshofs: Der erste Senat des Bundesverfassungsgerichts hat mit Beschluss vom 26.7.2016[90] Folgendes entschieden: Der Senat konstatiert einen Verstoß gegen die Schutzpflicht aus Artikel 2 Absatz 2 Satz 1 GG, dass hilfsbedürftige Menschen, die stationär in einer nicht geschlossenen Einrichtung behandelt werden, sich aber nicht mehr aus eigener Kraft fortbewegen können, nach bis dahin geltender Rechtslage nicht notfalls auch gegen ihren natürlichen Willen ärztlich (zwangs-)behandelt werden durften. Das Bundesverfassungsgericht führt dazu in seiner Begründung aus:

> […] Es verstößt gegen die staatliche Schutzpflicht aus Art. 2 Abs. 2 Satz 1 GG, dass für Betreute, die keinen freien Willen bilden können, eine medizinisch notwendige Behandlung – ungeachtet des Ausmaßes ihrer Gefährdung an Leib oder Leben einerseits und der Behandlungsrisiken andererseits – vollständig ausgeschlossen ist, wenn sie ihrem natürlichen Willen widerspricht, sie aber nicht freiheitsentziehend untergebracht werden können, weil die Voraussetzungen dafür nicht vorliegen. Ob dies auch mit dem Gleichheitssatz unvereinbar ist, bedarf danach keiner Entscheidung.
>
> 1. Art. 2 Abs. 2 Satz 1 GG verpflichtet den Staat, hilfsbedürftigen Menschen, die im Hinblick auf ihre Gesundheitssorge unter Betreuung stehen und bei einem drohenden erheblichen gesundheitlichen Schaden die Notwendigkeit der ärztlichen Maßnahme nicht erkennen oder nicht nach dieser Einsicht handeln können, notfalls auch gegen ihren natürlichen Willen Schutz durch ärztliche Versorgung zu gewähren. Eine solche ärztliche Zwangsbehandlung ist auch mit den völkerrechtlichen Bindungen Deutschlands vereinbar. Es verstößt gegen die Schutzpflicht aus Art. 2 Abs. 2 Satz 1 GG, dass hilfsbedürftige Menschen, die stationär in einer nicht geschlossenen Einrichtung behandelt werden, sich aber nicht mehr aus eigener Kraft fortbewegen können, nach geltender Rechtslage nicht notfalls auch gegen

87 Dodegge, NJW 2013, 1270.

88 BtKomm/Dodegge, 6. Aufl., Teil G, Rn. 49 zu § 1832.

89 BGH Beschl. v. 1.7.2015, XII ZB 89/15, FamRZ 2015, 1484 = BtPrax 2015, 208 (LS): *„Es wird eine Entscheidung des Bundesverfassungsgerichts zu der Frage eingeholt, ob § 1906 Abs. 3 BGB in der Fassung des Gesetzes zur Regelung der betreuungsrechtlichen Einwilligung in eine ärztliche Zwangsmaßnahme vom 18. Februar 2013 (BGBl. I S. 266) mit Art. 3 Abs. 1 GG vereinbar ist, soweit er für die Einwilligung des Betreuers in eine stationär durchzuführende ärztliche Zwangsmaßnahme auch bei Betroffenen, die sich der Behandlung räumlich nicht entziehen wollen oder hierzu körperlich nicht in der Lage sind, voraussetzt, dass die Behandlung im Rahmen einer Unterbringung nach § 1906 Abs. 1 BGB erfolgt."*

90 1 BvL 8/15, BGBl. I S. 5159 = BtPrax 2016, 182, mit Anm. von Loer/Brosey, S. 186.

ihren natürlichen Willen behandelt werden dürfen. Die Situation der Betreuten in ambulanter Behandlung bedarf hier keiner Entscheidung.

a) Die grundrechtliche Verbürgung des Rechts auf Leben und körperliche Unversehrtheit (Art. 2 Abs. 2 Satz 1 GG) kann auch konkrete staatliche Schutzpflichten begründen. Solche bestehen unter bestimmten Voraussetzungen für die staatliche Gemeinschaft gegenüber Betreuten, die einer ärztlichen Behandlung bedürfen, die Notwendigkeit der ärztlichen Maßnahme jedoch nicht erkennen oder nicht nach dieser Einsicht handeln können. [...]

Dem Gesetzgeber hat das Bundesverfassungsgericht aufgegeben, die vom Verfassungsgericht festgestellte Schutzlücke unverzüglich zu schließen. Mit Rücksicht darauf, dass die vorgefundene Gesetzeslage nach § 1906 Abs. 3 BGB a.F. auch bei lebensbedrohenden Gesundheitsschäden die Möglichkeit einer Behandlung nicht zuließ, hat das Bundesverfassungsgericht für stationär behandelte Betreute, die sich einer ärztlichen Zwangsbehandlung räumlich nicht entziehen wollen oder können, die vorübergehende entsprechende Anwendung des § 1906 Abs. 3 BGB a.F. bis zum Inkrafttreten einer Neuregelung angeordnet. Das Bundesverfassungsgericht hat somit das geltende Recht verändert. Zwangsbehandlungen waren daher auch bei offener Krankenhausbehandlung unter den sonstigen Bedingungen des § 1906 Abs. 3 BGB a.F. möglich.

Das Bundesverfassungsgericht misst seine Entscheidung nicht nur an der Europäischen Menschenrechtskonvention und der UN-Behindertenrechtskonvention, sondern ist sehr bemüht darzulegen, dass „Zwang" das Ergebnis einer staatlichen Schutzpflicht ist. Dies erschließt sich sicher nicht immer von selbst und wird Gegnern jeglicher Zwangsbehandlung nicht einleuchten. Es ist nachvollziehbar, dass eine Zwangsbehandlung nur in sehr engen Grenzen zugelassen werden sollte. Es kommt aber unter Umständen in Betracht, dass eine geschlossene Unterbringung in dem einen oder anderen Fall sogar vermieden werden könnte. Ferner ist es nicht einzusehen, dass die Zufälligkeit, ob jemand noch „weglaufen" kann oder will über die damit sachlich gar nicht in Zusammenhang stehende Zwangshandlung entscheidet. Insofern ist, wenn die Entscheidung des Bundesverfassungsgerichts mit Augenmaß und Sinn für die Verhältnismäßigkeit der Mittel eingesetzt wird, ein angemessener Schritt gegangen worden.[91]

Der Gesetzgeber legte daher die Voraussetzungen der Zwangsbehandlung neu in § 1906a BGB a.F. fest und „koppelte" diese Materie von der Unterbringung ab, ohne allerdings den Sachzusammenhang aufzugeben.

Mit der Betreuungsrechtsreform 2023 ist die Zwangsbehandlung in § 1832 BGB geregelt.

Bei somatischen Begleiterkrankungen ist die Überlegung, diese unter den Bedingungen einer geschlossenen Unterbringung in der Psychiatrie durchführen zu lassen, allerdings aus medizinisch-fachlichen bzw. praktischen Erwägungen zweifelhaft.

91 So im Ergebnis auch Loer/Brosey, Anm. zu BVerfG 1 BvL 8/15, BtPrax 2016, 187.

c) Abgrenzung § 1832 und § 1831 Absatz 1 Nr. 2 BGB

Mit der Neufassung des früheren § 1906 Absatz 1 Nr. 2 BGB, jetzt § 1831 Abs. 1 Nr. 2 BGB, stellte sich die Frage, ob die Unterbringung zur Heilbehandlung ohne Zwangsbehandlung überhaupt noch möglich ist

Dies ist zu bejahen, da die Erfahrung zeigt, dass sich viele Betroffene im Falle einer Unterbringung behandeln lassen. Der Gesetzgeber legt es ja auch gerade darauf an, dass die Zwangsbehandlung möglichst vermieden werden soll, indem zuvor das Gespräch und die freiwillige Vereinbarung durch Überzeugungsarbeit gesucht wird.

Darüber hinaus setzt die Genehmigung einer Zwangsbehandlung eine geschlossene Unterbringung zur Heilbehandlung logisch und systematisch voraus, wenn es um den Zusammenhang von Unterbringung und Zwangsbehandlung geht.

In diesem Zusammenhang muss man sich auch vergegenwärtigen, dass eine Behandlung keineswegs zwangsläufig durch Medikamentengabe erfolgen muss. Häufig zeigen schon therapeutische Gespräche und ein strukturierter Tagesablauf positive Wirkung.

d) Zwangsbehandlung gleich Folter?

Viele Betroffene sehen in der Zwangsbehandlung und überhaupt in jeder Form von Zwang eine Form der Folter. Ärzte und andere Akteure im Betreuungswesen halten dies für eine Beleidigung und Diskriminierung der Versuche, zu helfen.

Unterstützung finden die Kritiker in dem Bericht des UN-Hochkommissars Juan E. Mendez vom 4.3.2013.[92] Auch in der UN-Staatenüberprüfung im März 2015 gab es kritische Bemerkungen zur Zwangsbehandlung in Deutschland.

Der Bundesverband der Psychiatrieerfahrenen bemängelt die Zwangsbehandlung als Verstoß gegen die Menschenrechte und kritisiert zum einen nachvollziehbar die unbestimmten Rechtsbegriffe im § 1906 BGB a. F. und völlig zu Recht das Fehlen von diagnostischen und therapeutischen Standards.[93]

Auch der Verband der Angehörigen psychisch Kranker äußert sich kritisch zu der Frage von Zwangsbehandlungen, will diese aber nicht völlig ausschließen.[94]

Es gibt nach meiner Auffassung keine generelle Lösung. Es ist zu respektieren, dass viele Betroffene die Zwangsbehandlung und die Unterbringung als belastend, traumatisierend, eben in diesem Sinne als „Folter" erlebt haben. Es ist zynisch, ihnen das absprechen zu

92 Vgl. https://www.ohchr.org/sites/default/files/Documents/HRBodies/HRCouncil/RegularSession/Session22/A-HRC-22-53-Add4_EFS.pdf, engl. Version (Zugriff: 6.6.2023); siehe auch https://www.ots.at/presseaussendung/OTS_20130408_OTS0030/uno-verurteilt-jegliche-zwangsbehandlung-der-psychiatrie-als-folter (Zugriff: 6.6.2023).

93 Hinter verschlossenen Türen – Zwang und Gewalt in deutschen Psychiatrien, Dokumentation, September 2014, online abrufbar unter http://www.psychiatrie-erfahrene-nrw.de/wersindwir/lautsprecher/broschuere-zwang.pdf (Zugriff: 6.6.2023); aktuell siehe auch https://www.zwangspsychiatrie.de/2022/01/gemeinsame-kampagrne-von-dem-bpe-und-die-bpe/ (Zugriff: 6.6.2023).

94 Vgl. https://www.bapk.de/presse/stellungnahmen/archiv (Stellungnahmen 2013/Zwangsmaßnahmen; Zugriff: 6.6.2023).

wollen. Genauso ist es aber für viele Betroffene, wenn ihnen das „Recht zur Krankheit" als besondere Errungenschaft angepriesen wird: Viele Menschen sind nämlich extrem gequält durch die Krankheit und ihre Folgen. Der Stein der Weisen ist noch nicht gefunden.

e) Die Voraussetzungen einer Zwangsbehandlung nach § 1832 BGB

(1) Vorüberlegungen

Eine ärztliche Zwangsmaßnahme konnte ursprünglich nur dann genehmigt werden, wenn eine freiheitsentziehende Unterbringung genehmigt worden war oder zeitgleich genehmigt wurde. Dies ist inzwischen anders. (Ausführlich dazu siehe 2. g).)

Inhaltlich sind die freiheitsentziehende Unterbringung und die Zwangsmaßnahme (Zwangsbehandlung) streng zu unterscheiden. Es ist aber **sachlich und rechtlich** möglich, dass – bei Vorliegen der Voraussetzungen beider Maßnahmen – diese auch in einem Beschluss genehmigt werden.

Beispiele

Es bestand bereits eine Unterbringungsgenehmigung, die jedoch durch fehlende oder zurückgezogene Zustimmung des Betroffenen zur Behandlung bisher nicht zu einer Verbesserung der gesundheitlichen Situation des Betroffenen geführt hat.

Oder der Betroffene war zunächst freiwillig im Krankenhaus, bei Zurücknahme der Freiwilligkeitserklärung liegen jedoch die Unterbringungsvoraussetzungen vor.

Ferner ist die Zwangsbehandlung nur dann genehmigungsfähig, wenn kein entgegenstehender mutmaßlicher oder vorabverfügter Wille des Betroffenen, insbesondere keine **Patientenverfügung** vorliegt.[95] Die Patientenverfügung kann sich sowohl auf eine Behandlung insgesamt als auch auf einzelne Präparate beziehen.[96]

§ 1832 BGB ist nicht geeignet, den Vorrang der Patientenverfügung auszuhebeln; dies entspricht der gesetzgeberischen Intention[97] und eine gegenteilige Handhabung widerspräche auch Artikel 1, 2 und 104 des Grundgesetzes.

Der Betreuer hat dann **keinerlei Ermessensspielraum**. Er kann nach § 1827 BGB seine Entscheidung und seine Vorstellung nicht an die Stelle der betreuten Person setzen und ist an die Verfügung gebunden.

Problematisch ist die Konstellation, in der eine betroffene Person die Behandlung – auch wenn sie unter Zwang vorgenommen wird – vorab genehmigt hat. Hier stellt sich die Frage, ob die aktuelle Ablehnung der Behandlung einen Widerruf der Patientenverfügung

95 HK-BUR/Bauer/Braun, Rn. 167 ff. zu § 1906aBGB a.F.; Brosey, BtPrax 2010, 161, 164 f.; BtKomm/Dodegge, 6. Aufl., Teil G, Rn. 52.

96 A.a.O.

97 HK-BUR/Bauer/Braun, a.a.O.

erhält. Problematisch ist auch, wie damit umzugehen ist, wenn der Betreute gerade diese Konstellation vorhergesehen hat und für sich lösen wollte.

Hier hat der Betreuer einen **Entscheidungsspielraum**, aber auch eine Verantwortung zu entscheiden, wie verfahren werden soll. Dies lässt sich für den Betreuer in der Regel nur lösen, wenn er den Betreuten kennt und im Rahmen der Betreuungsplanung im Dialog oder im Wege eines „Kontraktes" – einer Vereinbarung – die Absprache getroffen hat, was vorrangig sein soll. Es wäre fatal, wenn gerade diejenigen betroffenen Personen, die sich und ihre Erkrankung gut kennen, im akuten Krankheitsfall auf den (vermeintlichen) Vorrang des natürlichen Willens im Akutfall verwiesen werden sollen. Der Betreuer hat dann nach § 1827 BGB zu prüfen, ob die Festlegungen der Patientenverfügung auf die aktuelle Lebens- und Behandlungssituation (noch) zutreffen.

Auch hier gilt, dass **Aufgabenkreis** des Betreuers und Umfang der Vollmacht ausreichend sein müssen. Während aufgrund von § 1815 Absatz 2 Nr. 1 BGB das Recht zur freiheitsentziehenden Unterbringung als Aufgabenbereich im Aufgabenkreis enthalten sein muss (siehe dazu oben unter 2. c) (1), S. 37 f.), bedarf es keiner ausdrücklichen Formulierung, dass eine Entscheidung über die Zwangsmaßnahme zum Aufgabenkreis gehört.[98] Erforderlich ist in jedem Fall die Gesudnheitssorge.

In einer **Vollmacht** muss die Einwilligung in eine ärztliche Zwangsmaßnahme jedoch ausdrücklich Eingang gefunden haben. (Siehe dazu oben 2 c), S. 39.) Der Wortlaut des § 1832 Absatz 5 BGB legt dies zwingend nahe.

(2) Notwendigkeit der Behandlung

(a) Die Frage der Notwendigkeit

Voraussetzung ist zunächst die Notwendigkeit einer Behandlung. Das bedeutet, dass eine bloße „Optimierung" des Gesundheitszustandes allein nicht ausreicht.[99]

Aus dem einzuholenden **Gutachten** muss sich eine zwingende Notwendigkeit für die Behandlung ergeben. Das ist insbesondere dann von Bedeutung, wenn der Betroffene sich auf eine andere, als die ärztlich vorgesehene Behandlung einlassen würde. Hier kommt es dann darauf an, ob es sich bei der Behandlung nach den Vorstellungen des Patienten/des Betreuten um eine letztlich nicht optimale, aber noch wirksame Behandlung handelt oder ob diese völlig verfehlt wäre.

In der Realität kann nicht verkannt werden, dass in dem Arzt-Patientenverhältnis oftmals die Vorgabe „Ich bin hier der Arzt" eine Rolle spielt. Machtproben sind aber dann, wenn es um Grundrechte von Betroffenen geht, fehl am Platz. Dabei ist keineswegs eine Schwarz-Weiß-Betrachtung angebracht.

In der Regel werden die Ärzte die aus ihrer Sicht beste Behandlung zum Wohle ihres Patienten wollen. Aber abgesehen davon, dass auch bei Medizinern nicht immer eine einhellige Vorstellung über die beste Therapie zu finden ist, ist der Patient nicht zur Optimierung gezwungen.

98 Joecker, S. 86; HK-BUR/Bauer/Braun, Rn. 86 zu § 1906 BGB.

99 Siehe Bundesärztekammer, Bekanntmachung Deutsches Ärzteblatt 2023, 1 ff.

(b) Welche Krankheit soll behandelt werden?

Bei der Diskussion um die Zwangsbehandlung wurde im Wesentlichen Bezug genommen auf die Frage der zwangsweisen Gabe von Neuroleptika bei der Behandlung psychischer Erkrankungen – der Behandlung der Anlasserkrankung, also der Erkrankung, die Anlass für die geschlossene Unterbringung ist.

Der Gesetzgeber hat in der Formulierung des § 1831 BGB die Anwendung von Zwang nicht auf die Anlasserkrankung beschränkt.[100] Es ergibt sich aus dem Sinn und Zweck der Vorschrift auch keineswegs, dass es nur um die Behandlung der Anlasserkrankung gehen kann, die somatischen „Begleiterkrankungen" aber unberücksichtigt bleiben müssen. Daher kann auch im Zusammenhang mit einer „Begleiterkrankung" eine Zwangsbehandlung, also ein ärztliche Zwangsmaßnahme in Betracht gezogen werden.

(3) Fehlende Einsicht des Betroffenen

Die fehlende Einsicht des Betroffenen (mangelnde Einsichtsfähigkeit) ist das subjektive Korrelat zur Notwendigkeit der Behandlung. An dieses Merkmal sind strenge Anforderungen zu stellen.

Der Artikel 12 der UN-Behindertenrechtskonvention (UN-BRK) garantiert Menschen mit Behinderungen Rechts- und Handlungsfähigkeit. Damit ist auch rechtlich klargestellt, dass die Krankheit allein niemals der Grund sein kann, den Betroffenen die Einsichtsfähigkeit abzusprechen. Zwangsbehandlung ist keine Strafe für „Krankheitsleugner" sondern darf immer nur eine Hilfe sein.

Zentraler Punkt der ärztlichen Ausführungen ist in aller Regel die Krankheitseinsicht bzw. deren Fehlen („Compliance"). Nun wird derjenige, der seine Krankheit als solche nicht zu erkennen vermag, in der Regel nicht die Notwendigkeit einer Behandlung dieser Erkrankung sehen. Andererseits ist es jedem unbenommen, „vernünftig" oder „unvernünftig" zu sein und in Anbetracht der Bedeutung der Frage einer Zwangsbehandlung ist weiter zu fragen, ob derjenige krankheitsbedingt – bezogen auf die konkrete Erkrankung – nicht in der Lage ist, das Vorliegen einer Erkrankung und die Notwendigkeit der Behandlung zu sehen.

Das gilt erst recht, wenn derjenige lediglich „behandlungsuneinsichtig" ist und eine Behandlung seiner Erkrankung nicht für notwendig oder angemessen hält. Der Zirkelschluss „Patient ist krank und kann daher seine Krankheit nicht erkennen" ist zwar verständlich, aber nicht ausreichend, um eine fehlende Einsicht substantiiert zu begründen. Auch der Knochenbruch oder die Krebserkrankung bleiben unbehandelt, wenn der Patient es – wie „unvernünftig" auch immer – so will.

100 BtKomm/Dodegge, 6. Aufl., Teil G, Rn. 54 zu § 1832.

Zu fragen ist, inwieweit die betroffene Person einsichtsfähig ist, d.h.

- einerseits die Fähigkeit hat, Krankheit, Behandlungsmöglichkeiten und Alternativen zur Behandlung zu erkennen (**Erkenntnisfähigkeit**),
- und er in der Lage ist, das Für und Wider einer ärztlichen Behandlung abzuwägen (**Bewertungsfähigkeit**).[101]

Diese Differenzierung ist einerseits zur juristischen Aufarbeitung hilfreich, muss andererseits aber an der Lebensrealität der betroffenen Person gemessen werden. Überspitzt man die Anforderungen in diesem Sinne, so ist eigentlich jeder Patient potenziell einwilligungsunfähig. Neben der Erkenntnis- und Bewertungsfähigkeit ist auch eine entsprechende Handlungs- und Steuerungsfähigkeit erforderlich,[102] mithin die Fähigkeit, nach einer gewonnenen Erkenntnis zu handeln.

Wichtig ist, dass für die Frage der Einwilligungs- bzw. der Einsichtsfähigkeit immer die konkrete Situation und die konkrete Maßnahme erheblich sind. Es muss also ein ärztliches Aufklärungsgespräch stattgefunden haben.[103]

Wie aus den Ausführungen ersichtlich, ist dieses Tatbestandsmerkmal besonders heikel und bedarf der genauen Betrachtung. Hier ist ganz besonders der „Blick von außen" wichtig. Die Notwendigkeit eines Gutachtens durch einen externen Sachverständigen drängt sich schon aus inhaltlichen Gründen auf. Von dem Gedanken, man könne gewissermaßen mit dem „virtuellen Skalpell" herausarbeiten, ob eine fehlende Einsicht „im Sinne des Gesetzes" vorliegt, muss man sich verabschieden. Die typische Juristenfrage „Wie würde sich ein verständiger Patient in dieser Situation verhalten?" bleibt theoretisch, weil der Patient eben nicht „verständig" ist und es „den" verständigen Patienten nicht gibt.

Praxistipps

Ein externes Gutachten, gute Betreuungsarbeit, die eine Antwort auf die Frage ermöglicht, wie der Betroffene sich mit seiner Krankheit auseinandersetzt und zu ihr verhält sowie ein engagierter Verfahrenspfleger und eine Anhörung ohne Zeitdruck können helfen.

Wenn vorhanden und der Betroffene es zulässt, ist die Einschaltung und Beteiligung von Angehörigen ebenfalls hilfreich, unter Umständen sogar geboten.

Im Zweifel muss man den Betroffenen „loslassen".

Vereinzelt wird sogar darauf verwiesen, dass Artikel 12 UN-BRK gebiete, dass eine Einwilligungsunfähigkeit nicht angenommen werden dürfe.[104] Die Bestimmung des Artikels 12 UN-BRK lautet:

101 Zu den Kriterien siehe HK-BUR/Bauer/Braun, Rn. 149 zu § 1906a BGB a.F.

102 BtKomm/Dodegge, 6. Aufl., Teil G, Rn. 63 zu § 1832 BGB.

103 HK-BUR/Bauer/Braun, a.a.O., Rn. 157.

104 https://www.apk-ev.de/fileadmin/downloads/170706_Positionspapier_Einwilligungsfaehigkeit.pdf (Zugriff: 6.6.2023).

Art. 12 UNBRK Gleiche Anerkennung vor dem Recht

Die Vertragsstaaten bekräftigen, dass Menschen mit Behinderungen das Recht haben, überall als Rechtssubjekt anerkannt zu werden.

Die Vertragsstaaten anerkennen, dass Menschen mit Behinderungen in allen Lebensbereichen gleichberechtigt mit anderen Rechts- und Handlungsfähigkeit genießen.

Die Vertragsstaaten treffen geeignete Maßnahmen, um Menschen mit Behinderungen Zugang zu der Unterstützung zu verschaffen, die sie bei der Ausübung ihrer Rechts- und Handlungsfähigkeit gegebenenfalls benötigen.

Die Vertragsstaaten stellen sicher, dass zu allen die Ausübung der Rechts- und Handlungsfähigkeit betreffenden Maßnahmen im Einklang mit den internationalen Menschenrechtsnormen geeignete und wirksame Sicherungen vorgesehen werden, um Missbräuche zu verhindern. Diese Sicherungen müssen gewährleisten, dass bei den Maßnahmen betreffend die Ausübung der Rechts- und Handlungsfähigkeit die Rechte, der Wille und die Präferenzen der betreffenden Person geachtet werden, es nicht zu Interessenkonflikten und missbräuchlicher Einflussnahme kommt, dass die Maßnahmen verhältnismäßig und auf die Umstände der Person zugeschnitten sind, dass sie von möglichst kurzer Dauer sind und dass sie einer regelmäßigen Überprüfung durch eine zuständige, unabhängige und unparteiische Behörde oder gerichtliche Stelle unterliegen. Die Sicherungen müssen im Hinblick auf das Ausmaß, in dem diese Maßnahmen die Rechte und Interessen der Person berühren, verhältnismäßig sein.

Vorbehaltlich dieses Artikels treffen die Vertragsstaaten alle geeigneten und wirksamen Maßnahmen, um zu gewährleisten, dass Menschen mit Behinderungen das gleiche Recht wie andere haben, Eigentum zu besitzen oder zu erben, ihre finanziellen Angelegenheiten selbst zu regeln und gleichen Zugang zu Bankdarlehen, Hypotheken und anderen Finanzkrediten zu haben, und gewährleisten, dass Menschen mit Behinderungen nicht willkürlich ihr Eigentum entzogen wird.

Artikel 12 UN-BRK verbietet in der Tat, dass den betroffenen Menschen der Status des Rechtssubjekts genommen wird. Kann das aber dazu führen, dass geleugnet werden muss, dass eine psychische Störung auch die Willensbildung beeinflusst? Der Weg, jedem Betroffenen die Verfahrensfähigkeit zuzubilligen, aber dennoch zu betrachten, inwieweit die psychische Erkrankung den Betroffenen an der freien Überzeugungsbildung hindert, scheint mir der richtige Weg zu sein.

(4) Fehlgeschlagene Überzeugungsversuche

§ 1832 Absatz 1 Nr. 4 BGB schreibt vor, dass versucht worden sein muss, den Betreuten von der Notwendigkeit der ärztlichen Maßnahme zu überzeugen. Schon aus dem Zusammenhang der Regelungen zur Zwangsbehandlung ist klar, dass dieser Versuch keine bloße Formalie ist.

Auch die frohgemute Äußerung mancher Ärzte „Alles, was oral eingenommen wird, ist freiwillig", kann so nicht stehenbleiben und vor allem die Überzeugungsarbeit nicht ersetzen.

Der Überzeugungsversuch darf nicht mit Drohungen, Druck oder Täuschungen vonstatten gehen.[105] Das beruht auf den Ausführungen des Bundesverfassungsgerichts zum Thema Zwang.[106]

Das zu überprüfen ist schwierig. So ist insbesondere die Frage, was als Druck empfunden wird, abhängig vom subjektiven Erleben. Demzufolge sind die Überzeugungsversuche zu **dokumentieren**.[107] Strittig ist, ob dies ausschließlich dem Betreuer ausschließlich obliegt[108] oder (auch) den behandelnden Ärzten.[109]

Für die **Verpflichtung der Betreuer** spricht, dass sie schließlich verantwortlich sind, ob die Maßnahme durchgeführt wird. Der Betreuer ist auch ausschließlich befugt, die Genehmigung des Betreuungsgerichts zu beantragen. Der Betreuer ist als parteiischer Interessenvertreter, der er gemäß § 1821 BGB zu sein hat, auch gegenüber den Ärzten Interessenwahrer seines Betreuten. Die in § 1821 Abs. 5 BGB normierte Besprechungspflicht setzt ebenfalls den Dialog des Betreuers mit dem Betreuten voraus.

Andererseits sind die Ärzte „näher dran" und können in der Regel Sinn und Wirkungsweise einer Behandlung aus ihrer Sicht am besten deutlich machen. Nach den Regeln des Patientenschutzgesetzes in § 630c Absatz 2 Satz 1 BGB[110] sind die Ärzte zur **Aufklärung** angehalten. Auch der BGH geht zu Recht von einer Verpflichtung der Ärzte bei den Überzeugungsversuchen aus.[111]

Letztlich muss aber beides stattfinden:

1. das ärztliche Aufklärungsgespräch und
2. die Besprechung des Betreuers mit dem Betreuten nach § 1821 Abs. 5 BGB.

Es ist somit aus der Sicht der Rechte der betroffenen Person nicht zwingend, dass die Überzeugungslast auf den Betreuer abgewälzt wird. Der Betreuer hat jedoch zu überprüfen, dass die Überzeugungsversuche tatsächlich vorgenommen wurden.[112] Dies dürfte in aller Regel der Praxis entsprechen und ist auch eine sinnvolle Aufgabenverteilung.[113]

Die Systematik der Vorschrift gebietet es, dass der Betreuer sich davon überzeugt hat, dass die Überzeugungsversuche bereits bei Antragstellung unternommen wurden bzw. unmittelbar nach Antragsstellung weitergeführt und vollendet werden.[114]

Die Frage, **wie viele Überzeugungsversuche** unternommen werden müssen und wie viel Zeit dem Betroffenen zur Überlegung gegeben werden muss, ist nicht gesetzlich geregelt und hängt vom Einzelfall ab.[115] Das ist einerseits misslich, weil es an der notwendigen

105 Marschner in Marschner/Lesting/Stahmann, Rn. 15 zu § 1906a BGB a.F.; HK-BUR/Bauer/Braun, Rn 196 ff. zu § 1906a BGB a.F.

106 BVerfG, Beschl. v. 23.3.2011, 2 BvR 882/09, BVerfGE 282, 282 = BtPrax 2011, 112.

107 HK-BUR/Bauer/Braun, Rn. 205 zu § 1906a BGB a.F.

108 HK-BUR/Bauer/Braun, Rn. 200 f. zu § 1906a BGB a.F.

109 Lipp, FamRZ 2013, 913, 921; siehe auch BtKomm/Dodegge, Teil G, Rn. 52.

110 Lipp, a.a.O.

111 BGH, Beschl. v. 9.2.2022, XII ZB 159/21; Bt Prax 2022 S. 105 f.

112 So im Ergebnis auch BGH, Beschl. v. 4.6.2014, XII ZB 121/14, BtPrax 2014, 229.

113 Bauer/Braun a.a.O.; BtKomm/Dodegge, 6. Aufl.. Teil G, Rn. 67 zu § 1831 BGB.

114 HK-BUR/Bauer/Braun, Rn. 205 zu § 1906a BGB a.F.

115 HK-BUR/Bauer/Braun, Rn. 203 f. zu § 1906a BGB a.F. m.w.N. ; BtKomm/Dodegge, a.a.O.

Rechtsklarheit fehlt, aber andererseits auch wiederum gut im Hinblick auf die Anpassung an die Bedürfnisse des Einzelfalls. Fraglich bleibt, ob dies in der Alltagshektik auch tatsächlich so geschieht.

Häufig wird eine **Frist** von 10 bis 14 Tagen angenommen.[116] Grundsätzlich ist dies eine gute Richtschnur, dies stets zu fordern ist jedoch zu starr und kann im Einzelfall ungemessen sein, bei hohem Leidensdruck und gleichzeitig krankheitsbedingt sehr verfestigter Haltung und/oder fehlender verbaler Errreichbarkeit der betroffenen Person.[117]

Praxistipp

Zehn bis vierzehn Tage[118] mögen in vielen Fällen angemessen sein, in anderen aber auch überzogen, wenn z.B. der Leidensdruck exponentiell ansteigt.

Als Faustregel kann gelten: Je eindeutiger die Ablehnung und je dringlicher die Behandlung, desto kürzer die Zeit des Zuwartens. Sinnvoll und angemessen ist es, wenn in der richterlichen Anhörung die Zahl und der Umfang der Überzeugungsversuche bereits klar benannt werden.

In jedem Fall besteht eine **Dokumentationspflicht** in Bezug auf die Überzeugungsversuche:

- namentlich zu den durchführenden Personen als auch
- zu zeitlichem Umfang und
- inhaltlicher Ausgestaltung.

Dabei muss sich ergeben, dass Sinnhaftigkeit, Notwendigkeit und Gründe der Behandlung vermittelt bzw. zu vermitteln versucht wurden.[119]

(5) Abwendung eines drohenden erheblichen gesundheitlichen Schadens für den Betroffenen

Dieses Tatbestandsmerkmal ist ebenso bedeutsam wie schwierig. Bedeutsam, weil es den Erforderlichkeitsgrundsatz und somit den Verhältnismäßigkeitsgrundsatz konkretisiert,[120] aber schwierig, weil es eine Prognose erfordert.

Die **Prognose** stützt sich auf eine ärztliche Einschätzung, insbesondere die des Gutachters. Die Prognose muss sich auf die konkrete Situation beziehen.[121] Die abstrakte Feststellung, dass ein bestimmtes Krankheitsbild erfahrungsgemäß drastische Folgen nach sich ziehen könne, reicht nicht aus. Jede Prognose – insbesondere die zur Wahrscheinlichkeit des Scha-

116 BtKomm/Dodegge, 6. Aufl., Teil G, Rn. 67 zu § 1832; Marschner in Marschner/Lesting/Stahmann, Rn. 15 zu § 1906a BGB a.F.

117 BtKomm/Dodegge, a.a.O.

118 So z.B. Marschner in Marschner/Lesting/Stahmann, Rn. 15 zu § 1906a BGB a.F.; BtKomm/Dodegge, a.a.O.

119 BGH, Beschl. v. 2.9.2015, XII ZB 226/15, juris = BtPrax2015, 238 und Beschl. v. 13.9.2017, XII ZB 185/17, juris = FamRZ 2017, 2056.

120 HK-BUR/Bauer/Braun, Rn. 145 zu § 1906a BGB a.F.

121 BGH, Beschl. v. 1.2.2006, XII ZB 236/05, BGHZ 166, 141–154; OLG München, Beschl. v. 13.10.2005, 33 Wx 137/05, juris.

denseintrittes – ist allerdings schwierig. Gewissheit kann nicht verlangt werden. Am Ende steht eine sorgfältig zu treffende Gewissensentscheidung aller am Entscheidungsprozess beteiligten Personen.

Erfahrungen, die mit der betroffenen Person gemacht wurden, sind dagegen geeignet, eine Prognose zu entwickeln bzw. zu stützen. Die Prognose muss auch die hinreichende Wahrscheinlichkeit eines Gesundheitsschadens darlegen.[122]

Bei der **Entwicklung der Prognose** kommt Bezugspersonen, die die betroffene Person kennen, eine erhebliche Bedeutung zu, die in der Praxis häufig unterschätzt bzw. vernachlässigt wird. Dabei sind besonders Angehörige, professionelle Bezugspersonen (z.B. pädagogische Betreuungspersonen) und der gesetzliche Betreuer zu nennen. Selbstverständlich können dies auch Behandler und Therapeuten sein, die die betroffene Person lange Zeit begleitet haben.

Ergeben sich bestimmte Abläufe immer wieder und führen diese zu großem Leidensdruck für den Betroffenen, so ist es möglich und zulässig, aus dieser Tatsache Rückschlüsse für die Prognose zu ziehen. Das kann entscheidend sein und Leiden verkürzen oder vermindern.

Insgesamt ist der Begriff natürlich sehr weit gefasst und bietet Interpretationsspielraum, der ggf. eine einheitliche Handhabung erschwert.[123] Im Rahmen der Prognose ist genau darzulegen, ob und inwieweit der gesundheitliche Schaden erheblich ist. Dabei müssen die möglichen Folgen, die ohne die Behandlung zu erwarten sind, benannt und herausgearbeitet werden.

Nun gibt es zum einen eindeutige Konstellationen, insbesondere dann, wenn eine **Lebensgefahr** droht.[124]

Beispiele

So ist z.B. eine erhebliche Gesundheitsgefahr angenommen worden bei der Gefahr krankheitsbedingter suizidaler Handlungen, auch bei drohender Realitätsverkennung und Steigerung des Aggressionspotenzials mit der Gefahr folgender suizidaler Handlungen, bei nachhaltiger Nahrungsverweigerung aufgrund eines Vergiftungswahns, beim „Sich zu Tode Hungern" bei Magersucht in Kombination mit einer psychischen Erkrankung im engeren Sinne bzw. der Gefahr einer schweren organischen Schädigung in diesem Zusammenhang, der Gefahr der Gifteinnahme, der Verweigerung lebenswichtiger Behandlungen körperlicher Erkrankungen (z.B. Diabetes) mit der Gefahr eines Komas.

Eine große Bedeutung hat insbesondere bei jungen Erkrankten bzw. Ersterkrankten das Thema **Chronifizierung**.

122 Siehe HK-BUR/Bauer/Braun, Rn. 135 ff. zu § 1906a BGB a.F.; siehe auch Bundesärzekammer Mitteilung 16.3.2023, S. 1 ff.

123 Engelfried, Psychosoziale Umschau 2013, 28 f.

124 Beispiele bei Dodegge, NJW 2013, 1265, 1267 f. m.w.N.; BtKomm/Dodegge, 6. Aufl., Teil G, Rn. 60 zu § 1832 BGB.

Es erscheint naheliegend, anzunehmen, dass die Möglichkeit, dass das Unterbleiben der Behandlung dauerhaft zu Schäden und Leiden führt, einen drohenden Schaden für den Betroffenen darstellt. Anderseits ist die Kritik am Begriff der Chronifizierung – er sei zu unbestimmt –[125] nicht von der Hand zu weisen. In der Tat kann jede psychische Erkrankung die Gefahr einer Chronifizierung in sich tragen. Es ist konkret darzulegen, inwieweit eine Verschlimmerung zu befürchten ist.[126] Ein bloßer Hinweis auf Chronifizierung, Rückfallgefahr oder Verlängerung der manischen Phase[127] ist nicht ausreichend.

Manifestiert sich aber in der Chronifizierungsgefahr die Gefahr einer dauerhaften stationären Unterbringung[128] oder besteht dabei die Gefahr des Verlusts sozialer Kompetenzen, einer Intelligenzminderung oder Wesensveränderung, kann eine erhebliche Gesundheitsgefahr angenommen werden.[129]

Wichtig und notwendig ist es,dass die angestrebte Behandlung nach wissenschaftlichen Maßstäben und den „Regeln der ärztlichen Kunst" geboten ist.[130] Es muss eine medizinische Indikation bestehen.[131]

Das Gesetz sagt auch nichts darüber aus, wann die Gesundheitsgefahr erheblich ist. Damit ist in der Praxis die konkrete Einzelfallbetrachtung maßgebend. Es müssen dann aber eben auch Feststellungen dazu getroffen werden, inwieweit die zu befürchtende Gesundheitsgefährdung erheblich ist. Fraglich ist in der Tat, ob eine gesetzliche Beschränkung auf eine Lebensgefahr oder schwere irreversible Gesundheitsgefahr nicht geboten gewesen wäre.[132]

Es ist aber auch ohne weiteres möglich, sich bei der Anwendung des § 1832 BGB an diesen aus der UN-BRK und ihrer Auslegung abgeleiteten Kriterien zu orientieren. Es fragt sich sogar, ob etwas anderes als eine zumindest schwere irreversible Gesundheitsgefahr überhaupt als erheblicher Schaden angesehen werden kann.[133] In jedem Fall ist bei Lebensgefahr oder der Gefahr schwerer irreversibler Gesundheitsgefährdung die Erheblichkeit des Schadens, wie § 1832 BGB es meint, gegeben.

Es muss sich immer um einen (drohenden) gesundheitlichen Schaden handeln. Finanzielle oder soziale Folgen sind für sich genommen keine Schäden, die geeignet sind, eine Zwangsbehandlung zu rechtfertigen.

125 HK-BUR/Bauer/Braun, Rn. 276 zu § 1906a BGB a.F. m.w.N.

126 OLG Karlsruhe, Beschl. v. 5.7.2007, 19 Wx 44/06, juris.

127 Dodegge, NJW 2013, 1265, 1268 m.w.N.

128 Schleswig-Holsteinisches OLG, Beschl. v. 7.5.2003, 2 W 73/03, juris; Dodegge; NJW 2013, 1267; BtKomm/Dodegge,a.a.O.

129 Dodegge, NJW 2013, 1265, 1267.

130 BGH FamRZ 2020, 534 (Keine EKT bei Behandlung einer nicht akuten und nicht katatatonen Schizophrenie im Wege der Zwangsbehandlung); BtKomm/Dodegge, 6. Aufl., Teil G, Rn 58 zu § 1832 BGB; HK-BUR/Bauer/Braun, Rn. 135a ff. zu § 1906a BGB a.F.

131 Grüneberg/Götz, Rn. 3 zu § 1832 BGB.

132 So HK-BUR/Bauer/Braun, Rn. 147 zu § 1906a BGB a.F. unter Hinweis auf Marschner, Recht und Praxis, 2011, 160, 163.

133 HK-BUR/Bauer/Braun, a.a.O.

So reicht z.B. drohender Wohnungsverlust nicht aus. Verelendung im weitesten Sinne kann aber mit krankheitsbedingtem Leiden durchaus ein Argument sein, eine erhebliche Gesundheitsgefahr anzunehmen.

Beispiel

Ein Mensch, der Wert darauf legt in seiner Wohnung zu leben, aber krankheitsbedingt eben dies möglicherweise nicht mehr kann, weil er sofort die Wohnung verliert, ist sicherlich bei fehlender Behandlung gefährdet, sofern diese Behandlung geeignet ist, ihm ein Leben nach seinen Vorstellungen zu ermöglichen.

Damit wird klar, dass auch bei juristischen Begriffen wie „erheblich" die konkrete Situation des Betroffenen, seine Sozialisation und seine Wertvorstellungen in die Betrachtung einfließen müssen. Neben der **objektiven Betrachtung** der Erheblichkeit des zu befürchtenden Schadens sollte daher auch eine **subjektive Betrachtung**, und zwar nicht nur aus der akuten Situation heraus, angestellt werden. Welche Vorstellung hat der Betroffene und inwieweit konterkariert eine Behandlung eben diese Vorstellung? Eine Gesundheitsgefährdung, die die Lebensgrundlage wegbrechen lässt, ist im Zweifel ebenfalls als erheblich anzusehen.

In jedem Fall ist die Situation **bei Entlassung**[134] in die Betrachtung mit einzubeziehen. Das Ergebnis wird für viele Angehörige, Betreuer und professionelle Helfer aus dem sozialen und dem Gesundheitsbereich unbefriedigend sein Es ist aber in Anbetracht des hohen Stellenwerts der persönlichen Freiheit der betroffenen Menschen nicht zu relativieren. Allerdings gilt auch hier: Wenn es Personen gibt, die den Betroffenen gut kennen und vertrauensvoll mit ihm zusammenarbeiten, können konfrontative Auseinandersetzungen und daraus folgende Frustrationen eher vermieden werden.

Fazit:

Vielen werden die juristischen Kriterien „zu akademisch" erscheinen. Das sind sie aber dann nicht, wenn man sie im konkreten Einzelfall mit Leben füllt. Die Kriterien sind der notwendige Versuch der Objektivierung, Wegweiser und Pflöcke auf dem Weg, ein angemessenes Ergebnis zu erzielen. Ein bedenkenswerter Hinweis für Juristen ist immer, dass sich Lebenssachverhalte und Schicksale nicht mit virtuellem Skalpell theoretisch sezieren lassen und dass dogmatisch-rechthaberische Fingerzeige nicht zielführend sind.

Dass der **Zeitaufwand** erheblich ist, ist unbestreitbar. Er ist aber nötig, um in diesen sensiblen und grundrechtsrelevanten Fragestellungen zu tragfähigen Lösungen zu kommen. Hier wird es darauf ankommen, dass die Justizverwaltungen anerkennen, dass Betreuungen und Unterbringungen nicht ein bloßes „Massengeschäft" zum „Abhaken" sind. Es mag so sein, dass viele Fallkonstellationen einfach und überschaubar sind. Wenn aber Sparzwänge und prekäre Justizstrukturen dazu führen, dass dieser grundrechtsrelevante Bereich „nebenbei" läuft, ist dies eines Rechtsstaats unwürdig.

134 Siehe Dodegge, NJW 2013, 1265, 1267.

(6) Kein „milderes Mittel"

Eine Zwangsbehandlung kommt nur dann in Betracht, wenn die ärztliche Zwangsmaßnahme „alternativlos" bzw. die Ultima Ratio ist, also nicht durch eine andere, für die betroffene Person zumutbare – und weniger belastende – Maßnahme abgewendet werden kann.

Dies wirft von vornherein die Frage auf, welche **Anforderungen an Alternativen** zu stellen sind. Muss jede erdenkliche Alternative in Betracht gezogen werden oder reicht das, was ohne weiteres verfügbar ist? Wie verhält man sich z.B. als Betreuungsrichter wenn bei besseren Strukturen oder einem aufmerksamen Umfeld Zwang „zwanglos" hätte vermieden werden können?

Die letzte Frage ist – wenn auch mit „Bauchschmerzen" – eindeutig zu beantworten: Die betroffene Person darf nicht für Defizite bei anderen Beteiligten oder im öffentlichen Raum „bestraft" werden. Die Frage der Alternativen hat sich andererseits aber an dem vorgefundenen Zustand zu orientieren.

In Betracht zu ziehen sind nicht nur medizinische, sondern auch andere z.B. pflegerische oder sozialpädagogische Maßnahmen wie Einschaltung von Kriseninterventionsstellen, ambulante Sozialpsychiatrie, Pflegedienst etc.[135] Auch diese Alternativen müssen natürlich nicht nur real verfügbar sein, sondern auch von der betroffenen Person akzeptiert werden, damit sie konkret im Einzelfall als „milderes Mittel" in Betracht kommen. Auch weitere Überzeugungsversuche sind, wenn sie nicht unrealistisch sind, durchaus ein zunächst einzusetzendes vorrangiges Mittel. Kostenminimierungsvorgaben – und wirtschaftlich ausgeprägte Effizienzvorstellungen des „privaten", kommerziellen Trägers des Krankenhauses haben hier zurückzustehen.

Suboptimale, aber nicht sinnlose medizinische Maßnahmen, die von der betroffenen Person akzeptiert werden, sind ebenso ein milderes, vorrangig einzusetzendes Mittel.

Beispiel

Sind zum Beispiel die medizinischen Voraussetzungen für eine Depotgabe gegeben, während die betroffene Person nur eine orale Medikamentengabe akzeptiert, so ist die letztere Maßnahme vorzuziehen. Freilich befindet sich das „Helfersystem" hier häufig in einem Teufelskreis: Die Depotgabe wird abgelehnt, aber die orale Einnahme erscheint nach Erfahrungen der Vergangenheit unsicher; ggf. muss dann ein Pflegedienst zur Medikamentengabe eingeschaltet werden.

Die weniger effiziente Maßnahme anzuwenden und es auszuhalten, dass das vorgegebene Behandlungsangebot abgelehnt wurde, ist eine große Herausforderung. Der engagierte Behandelnde, der das Beste für den Patienten will, wird hier leidenschaftlich für seine Position eintreten. Manchmal geht es aber auch um Machtspiele. „Wir sind die Ärzte, wir haben das Sagen": Eine Position, die auch gern gegenüber Betreuern, Verfahrenspflegern und Gutachtern herausgekehrt wird. Dabei ist die Erfahrung auch und gerade bei

135 Dodegge, NJW 2013,1265, 1268; BtKomm/Dodegge, 6. Aufl., Teil G, Rn. 69.

Medizinern, dass für das gleiche Problem unterschiedliche Fachleute immer wieder unterschiedliche Lösungsvorschläge haben.

Bei Behandlung einer „Begleiterkrankung" kann eine konservative Behandlung einer Operation vorzuziehen sein.[136]

(7) Positive Risiken/Nutzen-Bilanz bzw. Prognose

Die Chancen und Risiken einer Zwangsbehandlung sind gegeneinander abzuwägen. Der zu erwartende Nutzen der Zwangsmaßnahme muss die zu erwartenden Risiken übersteigen.

Die pauschale Bewertung „Eine Krankheit ist immer besser behandelt als unbehandelt" reicht – wie unschwer zu erwarten – nicht aus.

Im Vordergrund der Betrachtung stehen zunächst die Risiken des Zwanges – insbesondere Traumatisierung durch Unterbringung und Zwangsbehandlung – und die Nebenwirkungen[137] der beabsichtigten Medikation. In dem notwendigen ärztlichen Gutachten ist dazu dezidiert Stellung zu nehmen.

Die Frage der **Nebenwirkungen**[138] ist soweit möglich auch individuell zu betrachten. Negative Erfahrungen der betroffenen Person sind selbstverständlich zu berücksichtigen. Betreuer und Angehörige können und sollen mit ihrem Wissen hier auch intervenieren.

Beispiele

- *Bekannte Nebenwirkungen sind u.a. Dyskinesien, vermehrter Speichelfluss, Gewichtszunahme.*
- *Nach Angaben von Betroffenenverbänden wirken Neuroleptika generell lebensverkürzend.*[139]
- *Auf vielfältige Nebenwirkungen, die auch lebensbedrohlich sind, wird von Fachleuten hingewiesen – so beispielsweise auf ein erhöhtes Schlaganfallrisiko.*[140]
- *Bei älteren Menschen ist besondere Vorsicht geboten und es sind erhöhte Risikofaktoren zu beachten.*[141] *In der Praxis des Betreuungsrichters ist häufig der Verdacht auf eine „Übermedikation" bei älteren Menschen gegeben.*

136 Siehe auch HK-BUR/Bauer/Braun, Rn. 208 zu § 1906a BGB a.F.; siehe auch Bundesärzekammer Mitteilung 16.3.2023, S. 1 ff.

137 Im Überblick https://www.gesundheit.de/medizin/wirkstoffe/sonstige-wirkstoffe/psychopharmaka (Zugriff: 7.6.2023).

138 Siehe dazu https://www.psychiatrie.de/psychopharmaka/neuroleptika.html (Zugriff: 7.6.2023) sowie https://www.apotheken.de/krankheiten/hintergrundwissen/10543-neuroleptika (Zugriff: 7.6.2023).

139 Siehe https://www.welt.de/wissenschaft/article4620227/Zu-viele-Psychopillen-senken-die-Lebenserwartung.html (Zugriff: 7.6.2023) sowie Aderhold, Mortalität durch Neuroleptika, Bpe-Rundbrief 8/2007, zit. nach https://bpe-online.de/wp-content/uploads/2021/02/olostiak-propaganda-und-neusprech.pdf (Zugriff: 7.6.2023).

140 Siehe https://www.iww.de/mr/archiv/psychosen-neuroleptika-therapie-mit-erhoehtem-schlaganfallrisiko-verbunden-f55298 (Zugriff: 7.6.2023).

141 Siehe https://www.neurologen-und-psychiater-im-netz.org/psychiatrie-psychosomatik-psychotherapie/therapie/pharmakotherapie/psychopharmaka-im-alter/ (Zugriff: 7.6.2023).

Auch das Bundesverfassungsgericht weist auf die Möglichkeit schwerer Nebenwirkungen hin[142] und begründet so ein besonderes rechtsstaatliches Kontrollbedürfnis.

(8) Behandlung im Spannungsfeld zwischen Behandlungsvertrag, Vertretung und Zwang

Die Tatsache einer Meinungsverschiedenheit zwischen Arzt und Patient ist kein Grund für – gerichtlich legitimierten – Zwang. Auch die präventive Überlegung, dass es vielleicht besser sein könnte, eine Zwangsbehandlung genehmigen zu lassen, weil der Patient der Behandlung ambivalent gegenübersteht, stellt keine ausreichende Grundlage für die Genehmigung einer Zwangsbehandlung dar.

Eine betroffene Person mit Betreuung oder Vollmacht verliert keineswegs ihre Gestaltungs- und Bestimmungsrechte.

Selbst versierte Experten verwenden immer wieder unbesehen den Ausdruck jemand sei „unter Betreuung gestellt". Das widerspricht dem Charakter der Betreuung als Hilfe zur Selbsthilfe und der Tatsache, dass eine Betreuung keine Entmündigung ist und sein darf und nicht zur Aufhebung der Geschäftsfähigkeit führt. Das gilt umso mehr unter der Geltung der UN-BRK und der Betreuungsrechtsreform 2023. Demzufolge hat die betroffene Person/der Patient mehr als nur ein unverbindliches Mitspracherecht.

Der Patient hat auch die Befugnis, einer Behandlung zuzustimmen oder sie abzulehnen. Die gesetzliche Betreuung ist kein Instrument, um ärztlichen Rat durchzusetzen und Bedenken und Widerstände auszuhebeln, sondern parteiliche Interessenvertretung.

Für Ärzte und andere „Helfer" kann es schwierig sein, nicht behandelnd „loslegen zu können". Andererseits ist es mit etwas gutem Willen auch möglich, zu begreifen, dass der Aufenthalt im Krankenhaus eben nicht, wie die Schauspielerin Hildegard Knef lange Zeit vor Geltung des Betreuungsrechts beklagt hat, der Zustimmung zu einer Entmündigung gleichkommt. Vom Helfen zum faktischen Entmündigen ist es in der Praxis – keineswegs ausschließlich bei Ärzten – häufig nur ein schmaler Grat.

Hinweis

! *Um die rechtlichen Überlegungen grob zusammenzufassen: Zwang darf nur das allerletzte Mittel sein und ist möglichst zu vermeiden.*[143]

In diesem Zusammenhang ist darauf zu verweisen, das die Regelungen zu den Patientenrechten auch und gerade bei Unterbringungen und auch bei betreuten Menschen gelten, siehe dazu die folgenden Vorschriften der §§ 630c ff. BGB:

142 BVerfG, BtPrax 2011, 112, 114.
143 Siehe auch Bundesärzekammer Mitteilung 16.3.2023 S. 1 ff.

§ 630c BGB Mitwirkung der Vertragsparteien; Informationspflichten

Behandelnder und Patient sollen zur Durchführung der Behandlung zusammenwirken.

Der Behandelnde ist verpflichtet, dem Patienten in verständlicher Weise zu Beginn der Behandlung und, soweit erforderlich, in deren Verlauf sämtliche für die Behandlung wesentlichen Umstände zu erläutern, insbesondere die Diagnose, die voraussichtliche gesundheitliche Entwicklung, die Therapie und die zu und nach der Therapie zu ergreifenden Maßnahmen. Sind für den Behandelnden Umstände erkennbar, die die Annahme eines Behandlungsfehlers begründen, hat er den Patienten über diese auf Nachfrage oder zur Abwendung gesundheitlicher Gefahren zu informieren. Ist dem Behandelnden oder einem seiner in § 52 Absatz 1 der Strafprozessordnung bezeichneten Angehörigen ein Behandlungsfehler unterlaufen, darf die Information nach Satz 2 zu Beweiszwecken in einem gegen den Behandelnden oder gegen seinen Angehörigen geführten Straf- oder Bußgeldverfahren nur mit Zustimmung des Behandelnden verwendet werden.

Weiß der Behandelnde, dass eine vollständige Übernahme der Behandlungskosten durch einen Dritten nicht gesichert ist oder ergeben sich nach den Umständen hierfür hinreichende Anhaltspunkte, muss er den Patienten vor Beginn der Behandlung über die voraussichtlichen Kosten der Behandlung in Textform informieren. Weitergehende Formanforderungen aus anderen Vorschriften bleiben unberührt.

Der Information des Patienten bedarf es nicht, soweit diese ausnahmsweise aufgrund besonderer Umstände entbehrlich ist, insbesondere wenn die Behandlung unaufschiebbar ist oder der Patient auf die Information ausdrücklich verzichtet hat.

§ 630d BGB Einwilligung

Vor Durchführung einer medizinischen Maßnahme, insbesondere eines Eingriffs in den Körper oder die Gesundheit, ist der Behandelnde verpflichtet, die Einwilligung des Patienten einzuholen. Ist der Patient einwilligungsunfähig, ist die Einwilligung eines hierzu Berechtigten einzuholen, soweit nicht eine Patientenverfügung nach § 1901a Absatz 1 Satz 1 die Maßnahme gestattet oder untersagt. Weitergehende Anforderungen an die Einwilligung aus anderen Vorschriften bleiben unberührt. Kann eine Einwilligung für eine unaufschiebbare Maßnahme nicht rechtzeitig eingeholt werden, darf sie ohne Einwilligung durchgeführt werden, wenn sie dem mutmaßlichen Willen des Patienten entspricht.

Die Wirksamkeit der Einwilligung setzt voraus, dass der Patient oder im Fall des Absatzes 1 Satz 2 der zur Einwilligung Berechtigte vor der Einwilligung nach Maßgabe von § 630e Absatz 1 bis 4 aufgeklärt worden ist.

Die Einwilligung kann jederzeit und ohne Angabe von Gründen formlos widerrufen werden.

§ 630e BGB Aufklärungspflichten

Der Behandelnde ist verpflichtet, den Patienten über sämtliche für die Einwilligung wesentlichen Umstände aufzuklären. Dazu gehören insbesondere Art, Umfang, Durchführung, zu erwartende Folgen und Risiken der Maßnahme sowie ihre Notwendigkeit, Dringlichkeit, Eignung und Erfolgsaussichten im Hinblick auf die Diagnose oder die Therapie. Bei der Aufklärung ist auch auf Alternativen zur Maßnahme hinzuweisen, wenn mehrere medizinisch gleichermaßen indizierte und übliche Methoden zu wesentlich unterschiedlichen Belastungen, Risiken oder Heilungschancen führen können.

Die Aufklärung muss

1. mündlich durch den Behandelnden oder durch eine Person erfolgen, die über die zur Durchführung der Maßnahme notwendige Ausbildung verfügt; ergänzend kann auch auf Unterlagen Bezug genommen werden, die der Patient in Textform erhält,
2. so rechtzeitig erfolgen, dass der Patient seine Entscheidung über die Einwilligung wohlüberlegt treffen kann,
3. für den Patienten verständlich sein.

Dem Patienten sind Abschriften von Unterlagen, die er im Zusammenhang mit der Aufklärung oder Einwilligung unterzeichnet hat, auszuhändigen.

Der Aufklärung des Patienten bedarf es nicht, soweit diese ausnahmsweise aufgrund besonderer Umstände entbehrlich ist, insbesondere wenn die Maßnahme unaufschiebbar ist oder der Patient auf die Aufklärung ausdrücklich verzichtet hat.

Ist nach § 630d Absatz 1 Satz 2 die Einwilligung eines hierzu Berechtigten einzuholen, ist dieser nach Maßgabe der Absätze 1 bis 3 aufzuklären.

Im Fall des § 630d Absatz 1 Satz 2 sind die wesentlichen Umstände nach Absatz 1 auch dem Patienten entsprechend seinem Verständnis zu erläutern, soweit dieser aufgrund seines Entwicklungsstandes und seiner Verständnismöglichkeiten in der Lage ist, die Erläuterung aufzunehmen, und soweit dies seinem Wohl nicht zuwiderläuft. Absatz 3 gilt entsprechend.

§ 630f BGB Dokumentation der Behandlung

Der Behandelnde ist verpflichtet, zum Zweck der Dokumentation in unmittelbarem zeitlichen Zusammenhang mit der Behandlung eine Patientenakte in Papierform oder elektronisch zu führen. Berichtigungen und Änderungen von Eintragungen in der Patientenakte sind nur zulässig, wenn neben dem ursprünglichen Inhalt erkennbar bleibt, wann sie vorgenommen worden sind. Dies ist auch für elektronisch geführte Patientenakten sicherzustellen.

Der Behandelnde ist verpflichtet, in der Patientenakte sämtliche aus fachlicher Sicht für die derzeitige und künftige Behandlung wesentlichen Maßnahmen und deren Ergebnisse aufzuzeichnen, insbesondere die Anamnese, Diagnosen, Untersuchungen, Untersuchungsergebnisse, Befunde, Therapien und ihre Wirkungen, Eingriffe und ihre Wirkungen, Einwilligungen und Aufklärungen. Arztbriefe sind in die Patientenakte aufzunehmen.

Der Behandelnde hat die Patientenakte für die Dauer von zehn Jahren nach Abschluss der Behandlung aufzubewahren, soweit nicht nach anderen Vorschriften andere Aufbewahrungsfristen bestehen.

Soweit nach diesen Regeln eine Mitwirkung des Patienten geschuldet ist, kann daraus selbstverständlich nicht geschlossen werden, dass der Patient zur Einwilligung verpflichtet ist, auch nicht zu einer „Folgeeinwilligung" für ergänzende Maßnahmen bei einer bereits durchgeführten Behandlung. Allerdings kann eine fehlende Einwilligung zu einer Entlassung bzw. zur Einstellung weiterer Maßnahmen führen.

Die Regelungen im BGB sind nicht neu, sondern beruhen auf gefestigter obergerichtlicher Rechtsprechung. Beim Lesen der Vorschriften wird deutlich, dass die Regelungen zur Zwangsbehandlung keineswegs abgehoben oder theoretisch sind, sondern dass es sich um eine **konsequente Fortschreibung der Regeln zum Arzt-Patienten-Verhältnis** handelt. Zentrale Elemente des Regelungsgefüges sind

- die verständliche Aufklärung,[144]
- die Einwilligung des Patienten nach der Möglichkeit einer eingehenden Überlegung und
- die Festschreibung von Dokumentationspflichten.

Damit einher geht das Recht auf Einsicht in die Patientenakte.

> **§ 630g BGB Einsichtnahme in die Patientenakte**
>
> Dem Patienten ist auf Verlangen unverzüglich Einsicht in die vollständige, ihn betreffende Patientenakte zu gewähren, soweit der Einsichtnahme nicht erhebliche therapeutische Gründe oder sonstige erhebliche Rechte Dritter entgegenstehen. Die Ablehnung der Einsichtnahme ist zu begründen. § 811 ist entsprechend anzuwenden.
>
> Der Patient kann auch elektronische Abschriften von der Patientenakte verlangen. Er hat dem Behandelnden die entstandenen Kosten zu erstatten.
>
> Im Fall des Todes des Patienten stehen die Rechte aus den Absätzen 1 und 2 zur Wahrnehmung der vermögensrechtlichen Interessen seinen Erben zu. Gleiches gilt für die nächsten Angehörigen des Patienten, soweit sie immaterielle Interessen geltend machen. Die Rechte sind ausgeschlossen, soweit der Einsichtnahme der ausdrückliche oder mutmaßliche Wille des Patienten entgegensteht.

Natürlich hat fast jeder seine eigenen Erlebnisse mit „Aufklärungsgesprächen", die nicht immer als solche zu erkennen sind. Eine paternalistische Haltung „Das würde den Patienten nur beunruhigen" ist fehl am Platz. Möglicherweise ist es von entscheidender Bedeutung, dass Kommunikation in medizinischen Berufen nach wie vor eine Sache des individuellen Geschicks ist (gleiches gilt natürlich auch für juristische Berufe).

Weit verbreitet ist die Fehlvorstellung, bei bestehender Betreuung sei eine wirksame Einwilligung oder eine wirksame Ablehnung der Einwilligung durch die betreute Person selbst ausgeschlossen und der Betreuer müsse entscheiden und „unterschreiben". Hiergegen spricht schon ganz klar die Regel des § 630d Abs. 1 Satz 1 und 2 BGB: Nur bei einwilligungsunfähigen Patienten tritt der Betreuer an die Stelle des Patienten/der betroffenen Person. Bekanntermaßen nimmt die Betreuung der betreuten Person nicht die Geschäftsbzw. Einwilligungsfähigkeit.

Praxistipp

▶ *Es ist also im konkreten Fall zu klären, ob eine Einwilligungsfähigkeit vorliegt, oder ob sie eingeschränkt oder aufgehoben ist. Und auch im letzten Fall ist, wie sich aus § 1832 BGB ergibt, der natürliche Wille des Patienten von Belang.*

144 Siehe auch BGH BtPrax 2022, 105 ff.

(9) Ergänzende Verhältnismäßigkeitsprüfung

In Anbetracht der Bedeutung der Zwangsbehandlung ist am Ende immer noch die Frage zu stellen, ob sie selbst bei drohendem Gesundheitsschaden und bei überwiegend angenommenem Nutzen eventuell unverhältnismäßig sein könnte.

Neben dem objektiven Nutzen, der sich medizinisch begründen lässt, ist auch die **subjektive Seite der Behandlung** nicht nur nicht auszublenden, sie ist bei der Betrachtung des Wohls und des Willens des Betroffenen elementar.[145] In diesem Zusammenhang spielen auch die psychologischen Auswirkungen der Zwangsbehandlung eine bedeutende Rolle[146]

Die subjektive Seite zu berücksichtigen ist schon von Verfassungs wegen geboten. Zum einen ist die Beachtung des Verhältnismäßigkeitsgrundsatzes ein Essential der Verfassung, zum anderen hat das Bundesverfassungsgericht[147] Ausführungen dazu gemacht, dass eine Behandlung unter Zwang im besonderen Maße den Kern der Persönlichkeit berührte, weil die Psychopharmakabehandlung auf die Veränderung seelischer Abläufe gerichtet sei.[148] Natürlich sind auch in diesem Zusammenhang die möglichen erheblichen Nebenwirkungen von Bedeutung.[149]

Über das Erleben von Patienten wird eher selten gesprochen[150]. Bereits in einer Studie aus 1993 über zwangsbehandelte Psychiatrie-Patienten berichten *Finzen* u.a.:

> „Die Kranken erleben die Zwangsmedikation durchweg als Demütigung, Kränkung oder Strafe. Nur einige erleben eine unmittelbare „erlösende" Erleichterung … In der Retrospektive kann etwa die Hälfte der betroffenen Kranken die Notwendigkeit der Intervention mehr oder weniger begreifen. Dennoch bleibt das demütigende, kränkende Erleben für viele bestehen. Für zwei Drittel bleibt die Zwangsmedikation auch in der Rückschau eine Erfahrung, die vermeidbar gewesen wäre, wenn die Behandelnden angemessener auf sie eingegangen wären."[151]

Während Therapeuten in der Regel meinten, nur eine frühere Intervention hätte den Zwang überflüssig machen können, sahen die Patienten den Zwang als vermeidbar an, man hätte mit ihnen reden, auf sie hören sollen.[152]

Diese Erkenntnisse machen zumindest deutlich, dass die vom BVerfG erarbeiteten Vorgaben, die in das Gesetz eingeflossen sind, sinnvoll sind.

145 HK-BUR/Bauer/Braun, Rn. 213 zu § 1906a BGB a.F.
146 HK-BUR/Bauer/Braun, Rn. 15 zu § 1906a BGB a.F.
147 BVerfG, BtPrax 2011, 112,113 f., 116.
148 BVerfG, a.a.O., S. 114; HK-BUR/Bauer/Braun, a.a.O.
149 Siehe weitere Hinweise bei HK-BUR/Bauer/Braun, Rn. 213 f. zu § 1906a BGB a.F.
150 Siehe auch BGH BtPrax 2015, 64, BtPrax 2015, 55 f. m. Anm. Loer.
151 Finzen u.a., Hilfe wider Willen, Zwangsmedikation im psychiatrischen Alltag, Psychiatrie Verlag 1993, S. 145.
152 A.a.O.; S. 129.

f) Die Durchführung der Zwangsbehandlung

(1) Genehmigung vor Durchführung

Die Zwangsbehandlung kann erst nach der gerichtlichen Genehmigung vorgenommen werden. Eine Notfallkompetenz des Betreuers wie bei der Unterbringung besteht nicht (siehe in diesem Kapitel unter 6. c)). Es ergibt im Übrigen auch nur Sinn, die strenge Beachtung der Abläufe einzufordern, wenn die Genehmigung erst danach erteilt wird. Deren Vorliegen muss der Richter abprüfen. Also: Keine Genehmigung auf Vorrat!

Die Genehmigung muss den Anforderungen des § 323 Abs. 2 FamFG entsprechen. Darin heißt es:

> **§ 323 Abs. 2 FamFG Inhalt der Beschlussformel**
>
> Die Beschlussformel enthält bei der Genehmigung einer Einwilligung in eine ärztliche Zwangsmaßnahme oder bei deren Anordnung auch Angaben zur Durchführung und Dokumentation dieser Maßnahme in der Verantwortung eines Arztes.

Das bedeutet, dass

- zum einen die Maßnahmen genau bezeichnet werden müssen,
- zum anderen wird festgelegt, dass die Zwangsmaßnahmen unter Verantwortung eines Arztes durchzuführen und zu dokumentieren sind.[153]

Die Dokumentationspflicht aus § 323 Abs. 2 FamFG muss auch im Beschlusstenor wiedergegeben sein, sonst ist der Beschluss zur Genehmigung der Zwangsbehandlung nicht ausreichend, die Anordnung der Zwangsbehandlung gesetzeswidrig und die betroffene Person in seinen Rechten verletzt.[154]

Fraglich bleibt, inwieweit die Medikamente und die Dosis genau zu bezeichnen sind. Dies wird in der Literatur nicht für notwendig gehalten.[155] Das ist sicher aus Gründen der Praktikabilität angemessen. Verlangt es das Betreuungsgericht dennoch, so ist das sicherlich rechtlich in Ordnung, allenfalls ist bei Änderungen ein neuer Beschluss notwendig. Ein Rechtschutzinteresse der betroffenen Person ist sicher dann zu bejahen, wenn er ein bestimmtes Medikament besonders ablehnt. Das gebietet der Schutzzweck der §§ 1832 BGB, 323 FamFG.

Auf jeden Fall ist aber die Art des Medikaments, die **Höchst**dosierung und die (maximale) Verabreichungshäufigkeit in den Beschluss aufzunehmen.[156]

---

153 BGH, Beschl. v. 4.6.2014, XII ZB 121/14, BtPrax 2014, 229; BtKomm/Dodegge, 6. Aufl., Teil G, Rn. 274.

154 BGH, 30.9.2020, XII ZB 57 / 20, FamRZ 2021, S. 230; BGH 14.1.2015, XII ZB 470/14, BtPrax 2015, S. 64; Loer, Bt Prax 2015, S. 55 f.; BtKomm/Dodegge, 6. Aufl., Teil G, Rn. 273; Lesting in Marschner/Lesting/Stahmann, Rn. 10 zu § 323 FamFG.

155 Grotkopp in Bahrenfuss, FamFG Rn. 8 f. zu § 323 BGB; Dodegge, NJW 2013, 170 unter Hinweis auf Überlegungen im Gesetzgebungsverfahren; Dodegge, Zwangsbehandlung im Betreuungsrecht und den PsyckGen, in: Wunsch und Wille der Betroffenen (BGT), S. 77 f.; BtKomm/Dodegge, Teil G, Rn. 205; restriktiver: Lesting a.a.O; Marschner in Marschner/Lesting/Stahmann, Rn. 18 zu § 1906a a.F.

156 Bartels in Jox/Fröschle, Rn. 10 zu § 323 FamFG.

Nimmt man die Entscheidungen des Bundesgerichtshofs zur Zwangsbehandlung zur Grundlage, dann lässt sich daraus auch folgern, dass in dem Tenor des Genehmigungsbeschlusses eine genaue Bezeichnung von Medikamenten und deren Dosis erscheinen muss,[157] obwohl der BGH zu dieser Frage schweigt. Sicherlich ist dann aber eine Angabe der Höchstdosis – sofern sie verhältnismäßig und moderat bemessen ist – oder die Angabe einer Alternativmedikation zulässig, so dass nicht zwingend immer wieder ein neues Genehmigungsverfahren nötig ist.[158]

Hinweis

! *Und nochmal: Erst ist die Genehmigung abzuwarten, nur dann kann behandelt werden und erst dann kann der Betreuer seine Einwilligung in die Maßnahme erteilen.*

(2) Frist/Dauer

Eine Zwangsbehandlung kann nur für sechs Wochen genehmigt werden.

Dies ergibt sich aus § 329 Abs. 1 Satz 2 FamFG. Dieser erhebliche Unterschied zur eigentlichen Unterbringung rechtfertigt sich daraus, dass ein Zwang auf längere Dauer per se unverhältnismäßig erscheint. Darüber hinaus ist eine längere Frist unverhältnismäßig, weil Verlauf und Ergebnis der Behandlung sinnvollerweise nur eher engmaschig begleitet werden können.

Aus dem Wortlaut der Vorschrift ergibt sich, dass eine **Verlängerung** möglich ist. Fraglich ist, wie lange eine „Kettengenehmigung" zulässig ist. Dies wird sich wohl nur im Einzelfall beantworten lassen.Mit jeder Verlängerung wird aber der Blick auf die Verhältnismäßigkeit strenger ausfallen müssen.

g) Zwangsbehandlung ohne Unterbringung und ohne Krankenhausbehandlung

Die Behandlung gegen den Willen ist durch die Rechtsprechung des Bundesverfassungsgerichts ursprünglich durch § 1906a BGB a.F. (siehe dazu unter 3. b), S. 60 ff.) und nun nach § 1832 BGB im Rahmen der Krankenhausbehandlung auch ohne gleichzeitige geschlossene Unterbringung möglich, nicht jedoch in einem Heim oder einer Wohngruppe.

Nach § 1832 Abs. 1 Nr. 7 ist die Zwangsmaßnahme ausschließlich im Rahmen eines stationären Aufenthalts in einem Krankenhaus, in dem die gebotene Versorgung der betreuten Person einschließlich einer erforderlichen Nachbehandlung sichergestellt ist, zulässig.

Das setzt ein im konkreten Fall qualifiziertes Krankenhaus[159] voraus, nicht aber eine geschlossene Unterbringung.

157 So AG Michelstadt, FamRZ 2014, 692.

158 Lesting in Marschner/Lesting/Stahmann, Rn. 11 zu § 323 FamFG.

159 Siehe dazu BtKomm/Dodegge, 6. Aufl., Teil G, Rn. 74 zu § 1832 BGB. Die Erfüllung dieses Standards darf man in einigen Krankenhäusern mit Fug und Recht bezweifeln.

§ 1832 Abs. 4 BGB gibt in diesem Kontext die Möglichkeit einer zwangsweisen Zuführung zur Zwangsbehandlung, die dann nicht zwingend im Rahmen einer geschlossenen Unterbringung stattfinden muss. Dies gilt insbesondere für immobile betroffene Personen, die sich weigern ins Krankenhaus zur Behandlung zu gehen. Aufgrund der Immobilität wird die Bewegungsmöglichkeit nicht im Sinne der Unterbringung eingeschränkt, aber das Hinwegsetzen über den Willen der betroffenen Person bedarf einer gesonderten Entscheidung.[160]

h) Ambulante Zwangsbehandlung

Die Entscheidung des Bundesverfassungsgerichts vom 26.7.2016, 1 BvL 8/15 (siehe oben unter 3. b), S. 62) lässt nach ihrem Wortlaut **keine Analogie für eine ambulante Zwangsbehandlung** zu.[161] Somit ist die ärztliche Zwangsmaßnahme stets in einem geeigneten Krankenhaus, nicht jedoch ambulant durchzuführen, etwa durch Zuführung zur Verabreichung einer Depotspritze. Letzeres wird zwar manchmal gewünscht, weil es doch weniger eingreifend sei als eine freiheitsentziehende Unterbringung. Doch das Gesetz schließt es kategorisch aus.

Auch die Vorschrift des § 1832 Abs. 4 BGB eröffnet dafür keinen Raum. Die gesetzliche Neufassung der Vorschriften zur Zwangsbehandlung sollte der Sache nach keine Veränderungen mit sich bringen.[162] Dies erscheint sachgerecht, weil eine Zwangsbehandlung ohne Krankenhausaufenthalt eine ganz andere praktische und rechtliche Qualität hat. Vorlauf und notwendige Nachsorge sind wichtige Faktoren. Die Parallele zur Unterbringung drängt sich hier nicht in gleichem Maße auf. Vermutlich wird die Diskussion darum aber noch einmal aufkeimen.

i) § 34 StGB/Notstand

Etwas überschätzt wird häufig die Zulässigkeit schnellen Handelns aufgrund der Notstandsregelung aus dem Strafgesetzbuch. Dieser dem Strafrecht entnommene Rechtfertigungsgrund ist allerletztes Mittel, die große Ausnahme und nur bei einer „Notstandslage" anwendbar.[163] Genauso wenig wie das Sterben eines Unfallopfers hingenommen werden kann und darf, ist z.B. ein psychisch kranker Patient in lebensbedrohlichem katatonen Zustand unbehandelt zu lassen. Ein gutgemeintes Vorgehen nach der Devise „wir behandeln schon einmal, denn der Patient muss dringend behandelt werden" reicht jedoch nicht aus, um die gesetzlich vorgesehenen Abläufe zu umgehen. Darüber hinaus ist die Anwendung des Notstandsparagraphen zweifelhaft, wenn „Gefährder" und Opfer personenidentisch sind.[164]

160 Marschner in Marschner/Lesting/Stahmann, Rn. 19 zu § 1906a a.F.; HK-BUR/Bauer/Braun, Rn. 237 ff. zu § 1906a a.F.

161 Loer/Brosey, a.a.O.; Marschner/Lesting/Stahmann, Rn. 8 zu § 1906a a.F.; BtKomm/Dodegge, 6. Aufl., Teil G, Rn. 73 zu § 1832 BGB; Grüneberg/Götz, Rn. 9 zu § 1832 BGB.

162 Joecker, S. 149 f.

163 Siehe dazu HK-BUR/Bauer/Braun, Rn. 258 f. zu § 1906a BGB a.F.

164 HK-BUR/Bauer/Braun, Rn. 260 zu § 1906a BGB a.F.

Es muss eine ganz erhebliche, gesteigerte und aktuelle Gefahr bestehen und es muss klar sein, dass das Verfahren nach § 1832 BGB und ggf. auch ein Verfahren nach den Landesgesetzen wie PsychKG etc. nicht abgewartet werden können, ohne dass sich eine solche Gefahr manifestiert.

Die ist aber genau zu prüfen und abzuwägen, denn es hat seinen Sinn, dass § 1832 BGB selbst keine „Eil- oder Notfallregelung" enthält wie § 1829 Abs. 1 Satz 2 bzw. § 1831 Abs. 2 BGB.[165]

j) Das Spannungsfeld von § 1829 BGB und § 1832 BGB

Beide Vorschriften haben unterschiedliche Zielrichtungen, es gibt aber eine inhaltliche „Schnittmenge".

§ 1829 BGB (Genehmigung des Betreuungsgerichts bei ärztlichen Maßnahmen) statuiert eine Genehmigungspflicht für besonders gefahrengeneigte Eingriffe oder anderseits das Unterlassen lebenserhaltender Maßnahmen. Auch hier spielt es eine Rolle, ob und inwieweit der Betroffene einwilligt.

§ 1832 BGB regelt die Anwendung von Zwang. Dies berührte nicht nur die Behandlung psychischer Erkrankungen, sondern auch die Behandlung somatischer Begleiterkrankungen.

Beispiel

Ein Alkoholiker, der infolge des Alkoholmissbrauchs erbliche hirnorganische Beeinträchtigungen erlitten hat, lebt in der eigenen Wohnung und hat eine gesetzliche Betreuung mit dem Aufgabenkreis Gesundheitssorge, Vermögenssorge, Vertretung gegenüber Behörden und Sozialleistungsträgern.

Er zeigt in der letzten Zeit vermehrt starke psychotische Symptome und leidet seit einiger Zeit an Durchblutungsstörungen. Diese führen schließlich zu einem „Absterben" des rechten Beines im Sinne eines Raucherbeins mit der Bildung von Nekrosen. Die psychotischen Symptome führen dazu, dass er aus Angst vor inneren Stimmen aus dem Leben scheiden will. Gelegentlich bricht er auch bei „Ausflügen" zusammen und findet nicht mehr nach Hause.

Er wird nach PsychKG ins Krankenhaus eingeliefert. Dort wird im chirurgischen Konsil festgestellt, dass eine Amputation des rechten Beines ab Unterschenkel lebensnotwendig ist.

Der Betroffene verweigert die psychiatrische Behandlung und die Amputation.

Die Amputation ist ein Fall des § 1829 BGB; die Vornahme gegen den Willen der betroffenen Person bedarf einer Genehmigung durch das Betreuungsgericht. Hinsichtlich der Behandlung der psychiatrischen Seite kommt eine geschlossene Unterbringung in Betracht. Für beide Problematiken stellt sich die Frage der Zwangsbehandlung.

165 HK-BUR/Bauer/Braun, a.a.O, Rn. 248.

k) Alternativen zu geschlossener Unterbringung und Zwangsbehandlung

Neben dem Faktor Zeit und den Faktoren Geduld und Zuwendung gibt es praktische Modelle von Behandlung in der Psychiatrie ohne Zwang:

Auf dem Betreuungsgerichtstag 2014 in Erkner berichtet *Dr. Martin Zinkler,* damals Chefarzt der Klinik Heidenheim, jetzt Chefarzt in der Klinik für Psychiatrie und Psychotherapie/ Klinikum Bremen-Ost von der von ihm selbst vorgelebten Praxis, auf Zwangsmaßnahmen zu verzichten.[166] Die Zeit des Verbots der Zwangsbehandlung nach den erwähnten BGH- und BVerfG-Entscheidungen wurde genutzt, um einen Weg ohne Zwang zu gehen. Er fordert

- eine gezielte Prävention von Zwangsmaßnahmen,
- Änderung von Klinik-Strukturen,
- wenige geschlossene Türen sowie
- die (stärkere) Einbeziehung von Betroffen und Psychiatrieerfahrenen.

Und es lässt sich immer wieder feststellen: Die knappe Ressource Zeit ist ein wertvolles Gut.

Eine Behandlung ohne Zwang ist also praktisch möglich.[167]

Das Modell der Soteria[168] erfreut sich steigender Beliebtheit. In diesem Modell wird versucht, mit ansprechender, angstfreier Umgebung, „sanfter Medikation" und dem Prinzip Freiwilligkeit zu arbeiten.[169] Dies ist sicherlich nicht das geeignete Modell für jeden Patienten, aber je mehr Alternativen es gibt, umso besser. Es ist auf jeden Fall auch ein Weg, Zwang möglichst zu vermeiden.

In der Praxis kann es helfen, wenn Betreuer in „guten Phasen" mit den Betroffenen selbst Behandlungsszenarien im Rahmen von „Kontraktarbeit" erarbeiten können.

Praxistipp

▶ *Folgende Fragen sollten besprochen und „kontrakt"-artig vereinbart werden:*

- *Wie möchte ich behandelt werden, wenn es mir schlechter geht?*
- *Welche Medikation kann ich akzeptieren?*
- *Wer soll einbezogen werden, wenn es mir schlechter geht?*
- *Was erwarte ich von meinem Betreuer in der Situation?*

166 Zinkler-Koussemou in Diekmann/Oeschger, S. 90 ff.; siehe weiterführend in Zinkler/Laupichler/Osterfeld, S. 220 ff.; aktuell https://taz.de/Zwangsbehandlung-in-der-Psychiatrie/!5787242/ (Zugriff: 12.6.2023)

167 Siehe im Überblick: https://www.mhe-sme.org/wp-content/uploads/2022/03/Short-Guide-on-Alternatives-to-Coercion_DE_new.pdf (Zugriff: 12.6.2023)

168 https://soteria-netzwerk.de/ (Zugriff: 12.6.2023).

169 Näheres siehe https://www.soteria-netzwerk.de/wp-content/uploads/2018/09/nhk_2017-36-11_28053_eine_Standortbestimmung.pdf (Zugriff: 12.6.2023).

Leider ist es oft die „erste Amtshandlung" eines Betreuers, einen Unterbringungsantrag zu stellen, weil er gerade in der aktuellen Krise bestellt wurde und noch keinen Kontakt zur betreuten Person aufnehmen konnte.

Eine weitere Hilfe ist der Ausbau sozialpsychiatrischer und anderer ambulanter Hilfen, die ein niederschwelliges, frühes Eingreifen ermöglichen. Die heute bestehenden Dienste sind oft überlastet und von personellen Engpässen geplagt. Hier wird an der falschen Stelle gespart.

Vielfach wird die Auffassung vertreten, in der „zwangsbehandlungsfreien" Zeit habe sich herausgestellt, dass man jedenfalls weniger Zwang als erwartet (einige sagen: überhaupt keinen Zwang) benötige. Insofern bedauert mancher, dass die gesetzliche Neuregelung relativ schnell gekommen ist. Eine wissenschaftliche Begleitung des Themas Zwangsbehandlung fehlt bis heute, ebenso das Festlegen verbindlicher Standards.

l) Die „Verbringung" der betroffenen Person zur Zwangsbehandlung § 1832 Absatz 4 BGB

Im Hinblick darauf, dass die Zwangsbehandlung auch ohne geschlossene Unterbringung möglich ist, regelt § 1832 BGB Abs. 4 die zwangsweise Zuführung zu einer Zwangsbehandlung, im altertümelnden und menschenfernen Juristendeutsch „Verbringung" genannt.

Behandelt wird diese wie eine „kleine Unterbringung", so dass konsequenterweise auf § 1831 Abs. 1 Nr. 2, Abs. 2 und 3 Satz 1 BGB verwiesen wird. Insbesondere ist also wichtig, dass klar wird: Ohne die zwangsweise „Verbringung" ist eine Behandlung nicht möglich.

Ferner gilt auch hier der **Richtervorbehalt**. Aber anders als bei der Zwangsbehandlung selbst kann der Betreuer in Anlehnung an § 1831 Abs. 2 BGB eine Weisung erteilen, die aber wiederum ihre Grenzen findet in der Anwendung von Gewalt.

Grundsätzlich ist erst einmal über die „Verbringung" zu entscheiden und dann über die Genehmigung der Zwangsbehandlung, es sei denn die Zwangsbehandlung kommt von vornherein überhaupt nicht in Betracht.[170] Für die Zuführung zur Zwangbehandlung gilt der § 326 FamFG, der die Zuführung zur Unterbringung regelt, entsprechend (siehe auch Kapitel 2, 2. f).[171]

Damit dürfte der Anwendungsbereich dieser Regelung in der Praxis gering sein und nur in wenigen Fällen zum Tragen kommen.

170 Marschner in Marschner/Lesting/Stahmann, Rn. 19 zu § 1906a a.F.

171 Keidel-Giers, Rn. 1 zu § 326 FamFG; Jox in Jox/Fröschle, Rn. 2 zu § 326 FamFG.

4. Die unterbringungsähnlichen/freiheitsentziehenden Maßnahmen nach § 1831 Absatz 4 BGB

a) Vorüberlegung: Freiheit vs. Sicherheit

– Das ungeliebte, aber notwendige Verfahren –

Die Reglung des § 1831 Abs. 4 BGB, die besagt, dass unterbringungsähnliche oder freiheitsentziehende Maßnahmen der gerichtlichen Genehmigung bedürfen, ist 1992 „neu" in das Betreuungsrecht eingefügt worden. Der Hintergrund ist, dass Fixierungen als unmenschlich empfunden wurden und in dem Verdacht standen und stehen, die oftmals dünne Personaldecke in Pflegeeinrichtungen zu überbrücken. Andererseits ist das Verständnis von Freiheit, Freiheitsentziehung und Freiheitsbeschränkung ein anderes geworden. Auch in der Pflege gehört es inzwischen zum guten Ton, wenn nicht zum Standard, freiheitsbeschränkende Maßnahmen wenn irgend möglich zu vermeiden.

Ursprünglich lautete die Vorschrift des früheren § 1906 Abs. 4 BGB, die eine Genehmigungspflicht wie bei Unterbringungen festlegt,

> „wenn dem Betreuten, der sich in einer Anstalt, einem Heim oder einer sonstigen Einrichtung aufhält, ohne untergebracht zu sein, durch mechanische Vorrichtungen, Medikamente oder auf andere Weise über einen längeren Zeitraum oder regelmäßig die Freiheit entzogen werden soll."

Dies wurde schon vor der Betreuungsrechtsreform klarstellend geändert. Freiheitsentziehende Maßnahmen sollten schon immer auch im geschlossenen Rahmen gelten, denn dort, wo die Unterrbringung schon zur Sicherheit der betroffenen Person dient, sind diese erst recht zu überprüfen.

In der jetzt gültigen Fassung des § 1831 Abs. 4 BGB heißt es

> *„wenn dem Betreuten, der sich in einem Krankenhaus, einem Heim oder einer sonstigen Einrichtung aufhält, durch mechanische Vorrichtungen, Medikamente oder auf andere Weise über einen längeren Zeitraum oder regelmäßig die Freiheit entzogen werden soll."*

Dies ist moderner und klarer formuliert.

Bei den Gerichten waren diese Verfahren traditionell ungeliebt und sind es oftmals heute noch. Es sei doch sowieso alles ohne Alternative, warum mache man um die Bettgitter einen solchen Aufwand, ist eine Frage, die auch manche Angehörige von Heimbewohnern stellen. Manche Angehörige reagieren regelrecht aggressiv im Stile von „Wollen Sie verantworten, dass meine Mutter stürzt und sich verletzt?" oder „Warum machen Sie einen solchen Wind um die Bettgitter, bisher habe ich alles alleine geregelt?". Der Hintergrund der Genehmigungsbedürftigkeit von unterbringungsähnlichen Maßnahmen und die Risiken von Bettgittern und Fixierungen sowie die Chancen des Verzichts darauf sind noch nicht Allgemeinwissen, aber es gilt, diese Erkenntnisse zu verbreiten und Angehörige, die oft in schwierigen Überlegungen stecken und viel für ihre Familienmitglieder leisten, zu überzeugen und „mitzunehmen". Dass dies seinen Sinn hat und das gerichtliche Verfahren sogar für eine Verbesserung der Situation der betroffenen Menschen genutzt werden kann, wird im Folgenden dargelegt.

Die Begriffe „freiheitsbeschränkende Maßnahmen" oder „unterbringungsähnliche Maßnahmen" werden synonym verwendet, die Abkürzung „FEM" hat inzwischen weite Verbreitung gefunden.

An dieser Stelle ist auch daran zu erinnern, dass alle Maßnahmen nach § 1831 BGB zum Schutz der betroffenen Menschen getroffen werden. Wenn der Betroffene „stört" oder gar andere gefährdet, ist dies keine hinreichende Grundlage für eine Einschränkung bzw. Maßnahme nach Betreuungsrecht.

Beispiel

Ein Heimbewohner geht grenzüberschreitend in fremde Zimmer, belästigt und bedroht andere Bewohner. Eine Maßnahme wie „Einschließen im Zimmer" kann bei dieser Problemlage nicht auf § 1831 Abs. 4 BGB gestützt werden.

b) Die Entscheidung des Bundesverfassungsgerichts vom 24.7.2018 – Revolution oder Paradigmenwechsel?

Die Frage der Fixierungen hat einen besonderen Stellenwert und besondere Aufmerksamkeit bekommen durch das Urteil des Bundesverfassungsgerichts vom 24.7.2018.[172]

Grundsätzlich ging es um die Frage, ob im Fall einer öffentlich-rechtlichen Unterbringung eine Fixierung nur aufgrund gesonderter richterlicher Entscheidung zulässig ist, also stets ein Richtervorbehalt zu beachten ist. Dies hat das Bundesverfassungsgericht bejaht. Für den Fall des § 1831 Abs. 4 BGB ist dies ohne Belang, denn diese Norm fordert bereits eine gerichtliche Entscheidung.

Inwieweit aus dem Urteil auch Konsequenzen für die zivilrechtlichen Regelungen bei Freiheitsentziehung folgen, ist noch nicht abschließend geklärt,[173] vielfach wird aber von einer notwendigen Übertragung auf das BGB-Recht ausgegangen.[174]

Gleichzeitig hat das Gericht nämlich zumindest bei „Vollfixierungen", Fünf[175]- bzw. Sieben-Punkt-Fixierungen[176] die Notwendigkeit einer richterlichen Entscheidung schon dann gesehen, wenn die Maßnahme – absehbar – länger als eine halbe Stunde andauert. Das Gericht hat den Kliniken besondere Sorgfaltspflichten auferlegt und einen richterlichen Eildienst gefordert, der täglich den Zeitraum zwischen 6 und 21 Uhr abdeckt.

172 2 BvR 309/15 und 2 BvR 502/16, BtPrax 2018, 188 ff. = FamRZ 2018, 1442 ff. mit zust. Anm. Seifert.

173 Brilla/Lust, Richtervorbehalt bei Fixierungen nach PsychKHG, jM 2019, 27.; siehe auch LG Lübeck, 17.8.2020, 7 T 215/20, BtPrax 2020, 223; LG Stuttgart, 26.11.2021, 2 T 341/19, FamRZ 2021,381.

174 Siehe insbesondere LG Stuttgart a.a.O.

175 Fixierung an beiden Armen, beiden Beinen sowie Bauch.

176 Fixierung an beiden Armen, beiden Beinen sowie Bauch, Brust und Stirn.

Sicher ist es aber angemessen, die Ausführungen des Bundesverfassungsgerichts im Urteil vom 24.7.2018 in materiellrechtlicher Hinsicht genau zu lesen und ggf. auch bei der Anwendung des § 1831 Abs. 4 BGB zur Anwendung zu bringen,[177] also dort, wo es um Inhalte und Begriffe im Zusammenhang mit freiheitsentziehenden Maßnahmen geht, sind die Grundsätze, die aus der Entscheidung folgen, heranzuziehen. So wird hier im Folgenden verfahren, eine weitergehende Auseinandersetzung mit der Entscheidung erfolgt im Kontext mit der öffentlich-rechtlichen Unterbringung (siehe dazu in Kapitel 3, S. 177 ff.).

c) Schäden und Todesfälle bei Fixierungen

Nicht erst das Bundesverfassungsgericht hat festgestellt, dass freiheitsentziehende Maßnahmen außerhalb der geschlossenen Unterbringung ganz erhebliche Eingriffe in verfassungsmäßige Rechte sind. Darüber hinaus sind gut gemeinte oder als „alternativlos" erachtete Schutzmechanismen dieser Art auch aus einem anderen Grund überpüfungsbedürftig:

Die oft unterschätzte Relevanz der Überprüfung von Fixierungsmaßnahmen und anderen unterbringungsähnlichen Maßnahmen liegt darin, dass es Studien[178] zu Todesfällen und gefährlichen Verletzungen bei FEM gibt, die zu denken geben sollten. Strangulierungen, Herztod und unendliche Qualen werden beschrieben und analysiert.

Daneben ist es erwiesen, dass freiheitsentziehende Maßnahmen körperliche und seelische Schäden hervorrufen können, wie z.B. Verlust der Mobilität, Inkontinenz, Blutungen, Verletzungen, Versteifungen, verstärkte Dekubitusneigung, aber auch Depression, gesteigerte Unruhe und Aggressivität.[179] Dies macht zweierlei deutlich: Zum einen gilt der Grundsatz: Wenn schon Freiheitsentziehung, dann absolut fachgerecht und im Übrigen ist der vorschnelle „Schutz vor Stürzen" in Anbetracht bestehender Risiken stark zu relativieren.

Erkenntnisse aus der Pflege lassen erkennen, das FEM gerade erst zu Sturzneigungen und dem Verlust von Fähigkeiten führen.[180] Fixierte Menschen verlieren nicht selten den Rest ihrer Alltagskompetenzen.

177 Marschner/Lesting/Stahmann, Rn. 30 zu § 1906 BGB a.F.

178 Berzlanovich/Schöpfer/Keil, Todesfälle bei Gurtfixierungen, https://www.aerzteblatt.de/archiv/118941/Todesfaelle-bei-Gurtfixierungen (Zugriff: 16.6.2023); Mohsenian/Püschel u.a., Todesfälle im Zusammenhang mit mechanischer Fixierung in Pflegeinstitutionen, Zeitschrift für Geriatrie, 08/2003, 266, Zusammenfassung unter http://link.springer.com/article/10.1007%2Fs00391-003-0112-2#page-1 (Zugriff: 16.6.2023).

179 Siehe dazu HK-BUR/Bauer/Braun, Rn. 229 zu § 1906 BGB a.F. mit weiteren Einzelheiten und Hinweisen.

180 Siehe dazu http://www.redufix.de/html/img/pool/Siegen_Bredthauer_2011_handout.pdf zit. nach http://212.16.239.115/stepone/data/downloads/ea/8a/00/endfassung.pdf (Zugriff: 16.6.2023); https://silo.tips/download/freiheitsentziehende-manahmen-vermeiden-empfehlungen-aus-der-redufix-studie (Zugriff 16.6.2023)

d) Die Voraussetzungen im Einzelnen

1. Der betroffene Mensch lebt in einer Einrichtung o.Ä. und leidet unter einer psychischen Erkrankung/Behinderung, z.B. einer Demenz.
2. Eine akute Lebens- oder Gesundheitsgefahr z.B. Sturz- und Verletzungsgefahr muss bestehen.
3. Diese Gefahr soll durch eine längerfristige bzw. regelmäßig wiederkehrende, unterbringungsähnliche Maßnahme abgewendet werden.
4. Stets ist die Angemessenheit der Maßnahme zu prüfen, d.h., es ist zu prüfen, ob die Maßnahme geeignet und verhältnismäßig ist und es keine weniger einschneidende Alternative gibt.

(1) Die betreute Person in einem Krankenhaus, einem Heim oder sonstiger Einrichtung

Das Betreuungsrecht definiert unterbringungsähnliche Maßnahmen in § 1831 Abs. 4 BGB seinem Wortlaut nach zunächst in der Konstellation, dass der betreute Mensch innerhalb oder außerhalb einer geschlossenen Abteilung im Krankenhaus, einem Heim oder einer sonstigen Einrichtung (z.B. Wohngruppe) lebt oder sich zeitweise aufhält.

Die Regel gilt also auch – was früher gern vergessen oder ignoriert wurde, weil es zuvor nicht ausdrücklich im Gesetz stand – für Krankenhäuser und natürlich sowieso auch in der Kurzzeitpflege. Das Gesetz enthält nicht mehr den Zusatz „ohne untergebracht zu sein". Es war zwar ohnehin auch vorher schon herrschende Auffassung, dass die unterbringungsähnliche Maßnahme auch dann genehmigungspflichtig ist, wenn die betreute Person in einer geschlossenen Einrichtung lebt, denn die Fixierung hat eine eigene rechtliche Qualität, die von der Unterbringungsgenehmigung nicht „mitgemeint" ist,[181] dennoch ist die gesetzgeberische Korrektur zu begrüßen.

Das potenzielle Missverständnis war auch nur mit der redaktionellen Fassung der Norm zu erklären. Ein Beschluss ist bei Anwendung unterbringungsähnlicher Maßnahmen eben aus übergeordneten rechtlichen Gründen auch dann nötig, wenn die betroffene Person nicht untergebracht ist.

Hinweis

Die unterbringungsähnlichen, freiheitsentziehenden Maßnahmen haben auch eine eigene, grundrechtsrelevante Eingriffsqualität, so dass die Unterbringung als solche keine ausreichende rechtliche Grundlage für Fixierungen ist.

Umstritten und unterschiedlich ist die Handhabung **in der eigenen Häuslichkeit**. Man geht jedoch davon aus, dass jedenfalls dann von unterbringungsähnlichen Maßnahmen zu sprechen ist, wenn eine „Institution" die Maßnahmen vornimmt, begleitet und überwacht

181 BGH, BtPrax 2006, 145; siehe auch HK-BUR/Bauer/Braun, Rn. 183, 192 zu § 1906 BGB a.F.; Damrau/Zimmermann, Rn. 86 zu § 1906 BGB a.F.

(z.B. ein Pflegedienst).[182] Bei allem Sinn für die Achtung der Privatsphäre, mir scheint dies in diesem Zusammenhang ein gefährlicher und gefährdender Ansatz. Für viele gilt, dass der Staat Zurückhaltung üben sollte, nicht jedoch für Fixierungen und andere freiheitsentziehenden Maßnahmen mit allen ihren Risiken und Problemen.

Ebenso ist die Handhabung bei **„Chips" oder Bewegungsmeldern**, die auch eine Unterbringung oder unterbringungsähnliche Maßnahme darstellen können, wenn sie ein Fortlaufen verhindern und nicht nur anzeigen sollen. Hier ist der Einzelfall vor Ort zu betrachten. (Weiteres dazu siehe unten (5).)

(2) Betreuung oder Vollmacht

Es muss auch für die Entscheidung über unterbringungsähnliche Maßnahmen ein hinreichender Aufgabenbereich im Aufgabenkreis des Betreuers vorliegen. Das schreibt § 1815 Abs. 2 Nr. 2 jetzt ausdrücklich vor.[183] Dieser kann lauten:

- Zustimmung zu unterbringungsähnlichen Maßnahmen,
- Entscheidung über unterbringungsähnliche Maßnahmen,
- oder entsprechend „freiheitsentziehende Maßnahmen".

Die Aufenthaltsbestimmung bzw. die Gesundheitssorge reichen nicht aus. Dies rechtfertigt sich daraus, dass die Fixierungen und andere freiheitsentziehende Maßnahmen eine andere Qualität haben als eine Entscheidung oder Maßnahme in den genannten Aufgabenbereichen. Dieser weitgehende Konsens in der Rechtspraxis ist jetzt durch Gesetz geregelt.

Auch die Vollmacht muss insofern eindeutig sein und die Berechtigung enthalten, über solche Maßnahmen entscheiden zu können, wie sich nunmehr auch aus § 1820 Nr. 2 BGB ergibt.

Beispiel

Der Bevollmächtigte ist berechtigt, über freiheitsentziehende bzw. unterbringungsähnliche Maßnahmen – wie in § 1831 Abs. 4 BGB angegeben – zu entscheiden. Die Genehmigung des Betreuungsgerichts ist einzuholen.

182 HK-BUR/Bauer/Braun, Rn. 190 zu § 1906 BGB a.F.; Marschner in Marschner/Lesting/Stahmann, Rn. 32 zu § 1906 BGB a.F.:die eigene Wohnung wird dann zur „sonstigen Einrichtung"; a.A.: BtKomm/Dodegge, 6. Aufl., Teil G, Rn. 116, der – aus Gründen des grundgesetzlichen Schutzes der Familie – keine Genehmigungspflicht für FEM im häuslichen Bereich für erforderlich hält. Das überzeugt nicht, denn es vermag Art. 6 GG nicht Art. 104 GG zu „stechen". Jedenfalls aber gelten die allgemeinen strafrechtlichen Vorschriften zur Freiheitsberaubung.

183 Dort heißt es *„Folgende Entscheidungen darf der Betreuer nur treffen, wenn sie als Aufgabenbereich vom Betreuungsgericht ausdrücklich angeordnet worden sind: ...eine freiheitsentziehende Maßnahme im Sinne des § 1831 Absatz. 4, unabhängig davon, wo der Betreute sich aufhält..."*, also auch für FEM in der Häuslichkeit!

Merkposten

Auch in diesen Fällen entscheidet der Betreuer oder Bevollmächtigte, ob die genehmigte Maßnahme angewandt wird. Die Bezugnahme auf die Genehmigungspflicht in der Vollmacht bewahrt vor dem Missverständnis, dass bei einer Vollmacht eine Genehmigung des Gerichts nicht gebraucht werde, wie immer noch fälschlich angenommen wird (siehe oben in diesem Kapitel unter 2. c) „Betreuung oder Vollmacht" (bei Unterbringung), S. 36 ff.).

Praxistipp

Gibt es noch keinen Bevollmächtigen oder Betreuer oder bleibt ein Bevollmächtigter oder Betreuer trotz Hinweisen untätig, dann sollte sich die Einrichtung an das Betreuungsgericht wenden.

Das neue Ehegattenvertretungsrecht ermöglicht in § 1358 Abs. 1 Nr. 3 BGB die (vorläufige) Entscheidung über freiheitsentziehende Maßnahmen, wie sie § 1831 Abs. 4 BGB beschreibt, für maximal 6 Wochen.

(3) Die – objektive – Freiheitsentziehung

Von einer unterbringungsähnlichen oder freiheitssentziehenden Maßnahme spricht man, wenn dem betreuten Menschen durch mechanische Vorrichtungen, Medikamente oder auf andere Weise über einen längeren Zeitraum oder regelmäßig die Freiheit entzogen werden soll. So formuliert auch § 1831 Abs. 4 BGB.

Es handelt sich bei „mechanischen Vorrichtungen" beispielsweise um Bettgitter, einen Bauchgurt im Bett oder Rollstuhl, um jedwede **Vorrichtungen**, die die betreute Person hindern, unbemerkt die Einrichtung zu verlassen bzw. sich überhaupt fortzubewegen.

Weiterhin erfolgt die Freiheitsentziehung durch ruhigstellende **Medikamente**, deren Verabreichung – jedenfalls über einen längeren Zeitraum – in der Regel aber einen Verstoß gegen die ärztliche Kunst bedeutet. (Näheres siehe unter (5).)[184]

„In sonstiger Weise" kann die Freiheitsentziehung z.B. durch **Zimmereinschluss** erfolgen, etwa, wenn die untergebrachte Person aus Infektionsschutzgründen zusätzlich im Zimmer eingeschlossen werden muss. Im Übrigen ist diese Variante eher ein vorsorglicher Auffangtatbestand.

Eine Freiheitsentziehung liegt vor, wenn die real mögliche Bewegungsfreiheit nach jeder Richtung hin aufgehoben wird.[185]

Voraussetzung dafür, dass eine rechtsrelevante Freiheitsentziehung besteht, ist mithin, dass der betreute Mensch mobil – das heißt überhaupt in der Lage – ist, seine Freiheit zur

184 Siehe auch BtKomm/Dodegge, 6. Aufl., Teil G, Rn. 111.

185 BVerfG BtPrax 2018, 188, 189.; BtKomm/Dodegge, 6. Aufl., Teil G, Rn. 106.

(Fort-)Bewegung zu nutzen,[186] und bzw. oder den Willen hat und zeigt, sich aus Bett oder Rollstuhl heraus zu bewegen. Eine Maßnahme ist somit *nicht* freiheitsentziehend, wenn die betreute Person auch ohne die Maßnahme gar nicht in der Lage wäre sich fortzubewegen, etwa so gebrechlich ist, dass sie auch ohne Bettgitter das Bett nicht verlassen könnte, das Bettgitter also nur dazu dienen soll, ein Herausfallen aufgrund unwillkürlicher Bewegungen zu verhindern.

Diese Voraussetzung sollte aber nicht zu schnell und leichtfertig angenommen, sondern genau betrachtet und herausgearbeitet werden. Es sollte auch überhaupt nur in Betracht gezogen werden, das Bettgitter als „rein pflegerische Schutzmaßnahme" zu betrachten, wenn der betroffene Mensch auch subjektiv keinen Drang (mehr) verspürt das Bett oder gegebenenfalls den Stuhl/Rollstuhl zu verlassen.

Praxistipp

Bei dieser Konstellation stellt sich natürlich die Frage, warum Bettgitter sein müssen. Dies sollten Bevollmächtigte/Betreuer und Pflege vor Ort konkret miteinander besprechen. Häufig wird dies mit Sicherheitserwägungen für den Fall des Lagerns begründet. Dies kann in der Tat Bettgitter zum „kleineren Übel" machen.

(4) Die – subjektive – Freiheitseinschränkung

Eine rechtsrelevante Freiheitsentziehung liegt auch nicht vor, wenn der Betreute mit der Maßnahme einverstanden ist und er die entsprechende Einwilligungsfähigkeit besitzt. Denn dann ist er in der persönlichen Freiheit rechtlich nicht eingeschränkt.[187]

Sehr wohl liegt dagegen eine Freiheitseinschränkung oder -entziehung vor, wenn der Betroffene einen natürlichen Willen bildet und erkennen lässt, dass er den jetzigen Aufenthaltsort verlassen möchte.[188]

Beispiel

Bewohnerin Frau X hält sich am Bettgitter fest und erklärt, sie fühle sich sicherer. Dann ist das so in Ordnung und auch nicht weiter zu prüfen, ob die Bettgitter objektiv wirklich nötig sind, es sei denn, man kann mit Frau X eine andere Lösung vereinbaren.

Nun tritt häufig der Fall ein, dass ein Bewohner in „guten Tagen" zweifelsfrei sein Einverständnis erklärt hat, aber mit der Zeit geistig abbaut und nicht mehr einwilligungsfähig ist. Hierbei kann man sich nicht einfach auf die früher einmal gegebene Einwilligung berufen. Es ist stets der konkreten Situation Rechnung zu tragen. Die Einrichtung sollte dann veranlassen, dass ein Antrag bei Gericht gestellt wird, sofern es Betreuer oder Bevollmächtigte ohnehin nicht selbst tun.

186 Marschner in Marschner/Lesting/Stahmann, C, Rn. 38 zu § 1906 BGB a.F.; BtKomm/Dodegge, 6. Aufl., Teil G, Rn. 108.

187 Marschner a.a.O.

188 BtKomm/Dodegge, 6. Aufl., Teil G, Rn. 109.

Praxistipp

Hier ist zum einen die Absprache zwischen der Pflege und den Angehörigen bzw. dem Vertreter (Betreuer oder Bevollmächtigte) nötig. Im Zweifel sollte das Gericht per Antrag eingeschaltet werden. Die Einrichtung selbst ist nicht antragsberechtigt!

(5) Die Mittel der Freiheitsentziehung

(a) Mechanische Vorrichtungen

Die populärsten „mechanischen Vorrichtungen" sind die **Bettgitter**, die nach heutigem Standard weniger Gitter im klassischen Sinne, sondern freundlicher gestaltete Umrandungen sind.

Vielfach gibt es in Pflegeeinrichtungen schon Bettgitter, die aus mehreren Elementen bestehen, die einzeln hochgezogen werden können, und die auch Lücken lassen. Dann wird in der Praxis oft angenommen, diese seien keine freiheitseinschränkende Maßnahme, sondern eine genehmigungsfreie Schutzmaßnahme. Wenn das Aussteigen aus dem Bett aber die Gelenkigkeit eines sportlichen, jungen Menschen verlangt, dann sollte hier doch von einer Freiheitsbeschränkung ausgegangen werden. Es sollte dann immer darauf abgestellt werden, ob die Maßnahme beim Betroffenen eine „Stopp-Signal-Wirkung" erzielt und der betroffene Mensch tatsächlich in der Lage wäre, das Bett zu verlassen.

Praxistipp

Auch hier gilt: im Zweifel eine Genehmigungspflicht annehmen, nicht zu viel sportlichen Ehrgeiz darauf verwenden, eine Genehmigungsfreiheit herbei zu definieren.

Eine weitere gängige mechanische Vorrichtung sind **Gurte**.

Eine körpernahe Fixierung im Bett sollte nach Möglichkeit vermieden werden. Hier ist die Verletzungs- bzw. Todesgefahr bei unsachgemäßer Fixierung besonders groß, z.B. durch Strangulation.

Praxistipp

Oberstes Gebot: Wenn eine körpernahe Fixierung durch Gurte erfolgt, muss sie durch erfahrene Fachkräfte und absolut fachgerecht vorgenommen werden. Gut gemeinte „Kompromisse" wie lockere Gurte oder Kordeln können lebensgefährlich sein! Eine langfristige Fixierung dieser Art sollte in der Pflege grundsätzlich nicht vorkommen.

Gurte im Stuhl oder Rollstuhl sind wiederum durchaus üblich, aber eben auch nicht nur „Sicherheitsgurte", sondern freiheitsbeschränkend. Auch hier gilt das Gebot der fachgerechten Anbringung. Ein nicht passender Gurt kann gefährlicher sein als gar kein Gurt.

Zu den freiheitsbeschränkenden Mitteln gehören auch Stecktische, sogenannte **Therapietische**, sowie das Arretieren des Rollstuhls, das die Fortbewegungsmöglichkeit einschränkt, ferner Kleidung wie **Sitzhosen**, die ein Aufstehen aus dem Rollstuhl verhindern können und sollen.[189]

Der „Easy-Walker" ist eine Vorrichtung in der Art eines Rollators, die es ermöglicht, dass Heimbewohner ihr Laufbedürfnis ausleben können, aber zugleich vor Stürzen geschützt sind. Dies kann vor allem eine **Alternative** zu freiheitsbeschränkenden Maßnahmen sein. Da viele Betroffene sich nicht allein von dem Gerät „befreien" können, ist zu prüfen, inwieweit der „Easy-Walker" konkret im Einzelfall seinerseits eine freiheitsbeschränkende Maßnahme sein kann.

(b) (Sedierende) Medikamente

Die Medikamentengabe ist dann freiheitsentziehend, wenn durch das Medikament der Betroffene in seiner Mobilität bzw. Bewegungsfreiheit eingeschränkt wird.[190] Es kann keinen Unterschied machen, ob die Medikation gerade darauf abzielt oder ob es eine Nebenwirkung ist,[191] wie z.B. bei Gabe einer beruhigenden Medikation gegen „Schreiattacken" oder „Dauerschreien". Für den Schutzzweck des § 1831 Abs. 4 BGB ist die Wirkung bei den betroffenen Menschen maßgebend.

Nach heutigen Erkenntnissen sollte eine Medikation eigentlich nicht so beschaffen sein, dass sie bei einem pflegebedürftigen Menschen die Bewegungsfreiheit einschränkt.[192] Eine denkbare Ausnahme ist die Behandlung eines Durchgangs-Syndroms mit schweren Verwirrtheitszuständen nach einer Operation, von seiner Natur her eher ein vorübergehender Zustand. Aus diesem Grund sind Anträge nach § 1831 Abs. 4 BGB unter dem Gesichtspunkt einer sedierenden Medikation selten. Sie sind es aber auch aus einem anderen Grund: Häufig wird eine sedierende Medikation nicht als freiheitsentziehend wahrgenommen oder definiert.

Schwierig in der Beurteilung ist auch die Frage, ob die Sedierung eine Nebenwirkung eines anderen Medikationszwecks ist oder ob gerade die Sedierung herbeigeführt werden soll.

Die Frage der Medikation ist leider weitgehend unbeackertes Feld im Rahmen der Gesundheitssorge. Sieht man im Rahmen von Betreuungsüberprüfungen einmal auf die Medikamentenliste, so muss man häufig ein „Flächenbombardement" unterschiedlichster Medikamente zur Kenntnis nehmen.

In der Pflege gibt es eine neuerliche **Diskussion** über diese Problematik. Das ist gut so, denn die Medikation bei alten Menschen liegt oft in einer Grauzone. So werden unbesehen einmal beruhigende Medikamente weiter gegeben, die ein Mensch „aus dem Krankenhaus mitgebracht" hat. Es wird weiter verordnet, weil ja die betroffene Person so schön

189 Siehe weitere Beispiele und Einzelheiten: BtKomm/Dodegge, 6. Aufl., Teil G, Rn. 111; Marschner in Marschner/Lesting/Stahmann, C, Rn. 34 ff. zu § 1906 BGB a.F.; zur Thematik insgesamt: Werdenfelser Weg – Das Original (www.werdenfelser-weg-original.de).

190 Marschner in Marschner/Lesting/Stahmann, C, Rn. 36 zu § 1906 BGB a.F.

191 So zutreffend HK-BUR/Bauer/Braun, Rn. 211 ff. zu § 1906 BGB a.F. mit der Darstellung der juristischen Diskussion zu diesem Punkt; tendenziell a.A. kritisch zur herrschenden Auslegung BtKomm/Dodegge, 6. Aufl., Teil G, Rn. 112.

192 Wojnar, BtPrax 1997, 92.

ruhig ist. Nachfragen durch Dritte quittieren manche Einrichtungen und nicht wenige behandelnde Ärzte mit schlichtem Ignorieren, beleidigten Reaktionen oder gar Drohgebärden. Hier ist bei allem Respekt vor der medizinischen Fachlichkeit eine weitere Diskussion dringend erforderlich.

Die „Initiative München" hat es sich zur Aufgabe gemacht, problematische Sedierungen mittels Medikamenten einzudämmen,[193] wiederum ein interessanter Ansatz aus der bayerischen Justiz. Im Rahmen der betreuungsgerichtlichen Aufsicht soll ein Beitrag zur Vermeidung von Sedierungen geleistet werden.[194]

Praxistipp

▶ *Betreuer und Bevollmächtigte haben das Recht und die Pflicht (!) sich vom behandelnden Arzt über die Medikation und deren Wirkungen aufklären und informieren zu lassen. Gegebenenfalls sollte eine zweite Meinung eingeholt und bei Gabe von Psychopharmaka eine nervenärztliche Mitbehandlung angeordnet und veranlasst werden, auch wenn es manchmal nicht einfach ist, sich gegen Einrichtung und Hausarzt durchzusetzen (es gibt aber viele positive Gegenbeispiele).*

(c) Auf sonstige Weise (elektronische Vorrichtungen und anderes)

Die Vorschrift des § 1831 Abs. 4 BGB enthält noch eine Öffnungs- oder Generalklausel, die besagt, dass genehmigungspflichtig ist, was „auf sonstige Weise" freiheitsbeschränkend wirkt.

Dies können z.B. **Zahlencodes** sein, die an einer Tür einzugeben sind, bevor sie sich öffnet. Ein gesunder Mensch, der geistig auf der Höhe ist, wird daran nicht scheitern, aber ein dementer, gegebenenfalls gebrechlicher Mensch sehr wohl. Es ist mehr als eine „natürliche" Grenze, es ist gerade für den als besonders schutzbedürftig angesehenen Teil der Bewohner einer Einrichtung eine freiheitseinschränkende Barriere. Man kann auch überlegen, dies als geschlossene Unterbringung zu werten.

Elektronische Chips am Körper oder in der Kleidung können ebenfalls unterbringungsähnliche Maßnahmen sein. Hier wird man die Frage zu stellen haben, ob es sich dabei um ein Informationssystem für die Pflege handelt oder eine freiheitsbeschränkende Unterbringung oder unterbringungsähnliche Maßnahme.[195]

Die Problematik ist häufig die, dass verwirrte Menschen „spazieren gehen" und nicht wieder in die Einrichtung zurückfinden. Manche legen dabei eine erhebliche Geschicklichkeit an den Tag. Dies ist eine Gefährdung, insbesondere bei starkem Verkehr oder in der kalten Jahreszeit. Wird nun eine Pflegekraft informiert, die mit dem Ziel hinterherläuft, die betroffene Person zu überzeugen zurückzukehren, so liegt darin noch keine freiheitsbeschrän-

193 https://www.justiz.bayern.de/gerichte-und-behoerden/amtsgerichte/muenchen/presse/2014/26.php (Zugriff: 21.1.2023).

194 www.bgt-ev.de/fileadmin/Mediendatenbank/Tagungen/Bayerischer_BGT/06/3_Freiheitsentziehung_durch_sedierende_Medikamente.pdf (Zugriff: 16.6.2023).

195 Siehe Dodegge a.a.O.

kende Maßnahme, wenn dann empathisch der natürliche Wille des Bewohners beachtet wird. Bei Anwendung von Zwang ist eine Freiheitsbeschränkung dagegen gegeben.

Praxistipp

Per se werden die elektronischen Vorrichtungen nicht als genehmigungspflichtig angesehen.

Weiterhin gibt es noch ein **zeitweises Einschließen** im Zimmer oder sogenannte „time-out-Räume". Hier wird in zugespitzten Situationen innerhalb der Einrichtung die Bewegungsfreiheit beschränkt. Das kann bei gewissenhafter Beobachtung und fachlicher Begleitung im Einzelfall sinnvoll sein.

Nächtliches Einschließen im Zimmer ist immer problematisch, darauf wurde eingangs schon hingewiesen (siehe oben unter 2. k), S. 56). Ist es zur Abwehr von Gefahren oder gar Belästigungen Dritter aus der Sicht des betreuenden Umfeldes erforderlich, kann die Vorstellung des Einschließens durchaus etwas „für sich" haben, aber dann ist es kein Fall des § 1831 Abs. 4 BGB. Im Übrigen ist diese Maßnahme nicht selten nur dem fehlenden Personalschlüssel geschuldet. Insbesondere ist zu prüfen, inwieweit nicht elektronische Informationssysteme hier hilfreich und ausreichend sein können.

„Time-out"-Räume sind ein Konzept, das aus der Kinder- und Jugendarbeit kommt. In einer akuten Krisensituation soll der betroffene Mensch zur Deeskalation in einem abgeschlossenen Raum „zur Ruhe kommen".[196] Es handelt sich dabei zweifellos um eine Freiheitseinschränkung „auf sonstige Weise". Da es jeweils nur um relativ kurze Maßnahmen geht, ist dies auch unter den unterbringungsähnlichen Maßnahmen einzuordnen und nicht als geschlossene Unterbringung im engeren Sinne.

Weitere freiheitsbeschränkende Maßnahmen, die allerdings in der gerichtlichen Praxis nicht von besonderer Relevanz sind, können unter dem Stichwort **„Tarnen, Tricks und Täuschen"** zusammengefasst werden. Dazu gehören das Wegnehmen von Kleidung, Tapetenwände, die den Ausgang nur noch erahnen lassen, Türknöpfe oder -klinken, die nicht ohne weiteres, nur durch besonderes Geschick oder Koordination zu bedienen sind und „Kindersicherungen" in Treppenhäusern, die schwierig auszumachen und zu bedienen sind.[197]

Dass derartiges nicht Gegenstand von Genehmigungsverfahren bei Gericht ist, hängt damit zusammen, dass es entweder als Annex zur geschlossenen Tür verwendet oder in der Annahme verwendet wird, dass es nicht genehmigungspflichtig sei.

---

196 VG Darmstadt, Beschl. v. 29.8.2007, 3 G 1267/07, JAmt 2008, 323; https://soziales.niedersachsen.de/startseite/kinder_jugend_amp_familie/landesjugendamt/newsletter_jin/newsletter_03_2018/genehmigungen-fuer-time-out-raeume-170396.html (Zugriff: 16.6.2023).

197 HK-BUR/Bauer/Braun, Rn. 217 zu § 1906 BGB a.F. und BtKomm/Dodegge, 6. Aufl., Teil G, Rn. 111 mit weiteren Beispielen.

Praxistipp

Die Devise kann nur lauten „Keine Angst vor dem Genehmigungsverfahren, mit offenen Karten spielen".

Andererseits fragt es sich, ob nach dem Schutzzweck der Norm tatsächlich eine Genehmigung erforderlich ist, wenn die Schuhe des Bewohners nachts in den Schuhschrank kommen. Das kann man wohl guten Gewissens verneinen.

(d) Beschränkende, aber keine freiheitsentziehende Maßnahmen

Es gibt Maßnahmen, die belastend sein können, aber keine Einschränkung der Bewegungsfreiheit darstellen. Hierzu gehören insbesondere **Schutzhandschuhe**, die besonders in der Intensivmedizin Verwendung finden, weil verwirrte Menschen sich lebenswichtige Kanülen oder „Zuleitungen" ziehen, was schmerzhaft und gefährlich ist und die Behandlung gefährden kann.

Praxistipp

Diese Maßnahmen sind nicht freiheitsentziehend im Sinne von Artikel 104 GG und daher nicht genehmigungsbedürftig. Sie sind aber als Maßnahme der Gesundheitssorge unbedingt mit Bevollmächtigen und Betreuern abzusprechen.

Gleichgelagert ist die Situation bei sogenannten **„Pflegeoveralls"**. Diese können nicht geöffnet oder ausgezogen werden und sollen verhindern, dass Betroffene sich ausziehen und z.B. Keime übertragen oder mit eigenem Kot beschmieren. Sie sind aber nicht geeignet, die Fortbewegung zu unterbinden oder zu erschweren. Faktisch sind sie sogar nutzbringend für die Freiheit, man muss die betroffenen Patienten bzw. Bewohner nicht geschlossen im Zimmer unterbringen. Sie können sogar helfen, freiheitentziehende Maßnahmen zu vermeiden.[198]

Praxistipp

Bei den vielen Varianten von Fallkonstellationen empfiehlt es sich, dass die Einrichtungen mit der Heimaufsicht, aber auch mit dem Betreuungsgericht solche Einzelfragen klären. Der Betreuungsrichter sollte dafür offen sein, dies zu besprechen.

Weiterhin kommt noch der Einsatz von **„Man-Power"** in Form von Pförtnern, Sitzwachen etc. in Betracht, wenn mit Zwang ein Verlassen der Einrichtung oder des Wohnbereichs verhindert werden soll.[199] Hier ist genau zu betrachten, inwieweit Zwang ausgeübt wird. Es stellt sich natürlich die Frage, inwieweit das von der jeweiligen Einrichtung in zumutbarer Weise geleistet werden kann.

198 BtKomm/Dodegge, 6. Aufl., Teil G, Rn. 108.
199 A.a.O.

(6) Über einen längeren Zeitraum oder regelmäßig

Nur vorübergehend angewandte freiheitseinschränkende Maßnahmen, wie sie manchmal im Krankenhaus vorkommen können, sind nicht genehmigungspflichtig.

In der ersten Auflage war noch angeführt, dass nach meiner Auffassung spätestens nach 48 Stunden[200] bzw. bereits dann, wenn sich eine Dauer von 48 Stunden oder mehr nicht ausschließen lässt, das Betreuungsgericht einzuschalten ist, entweder durch einen Antrag des Betreuers oder des Bevollmächtigten oder durch eine Anregung auf Einrichtung einer Betreuung. Hier ist ein Punkt, an dem sich die Rechtsprechung des Bundesverfassungsgerichts in dem Urteil des Zweiten Senats vom 24.7.2018 (2 BvR 309/15 2 BvR 502/16). auswirkt. Legt man die Entscheidung des Bundesverfassungsgerichts zugrunde, so ist eine Freiheitsentziehung regelmäßig schon dann gegeben, wenn sie absehbar die Dauer einer halben Stunde unterschreitet.[201] Das kollidiert zwar mit dem allgemeinen sprachlichen Verständnis, denn eine halbe Stunde ist im allgemeinen Sprachgebrauch eher kein „längerer Zeitraum". Dem steht die Wertigkeit des Artikels 104 GG entgegen. Aus der Betroffenenperspektive ist eine „Vollfixierung" sicherlich schon bei einer halben Stunde „länger andauernd".

Die Auffassung, dass die **Frage des „längeren Zeitraumes"** differenziert werden muss nach der Intensität des Eingriffs[202] (siehe auch Ausführungen und Fußnoten in 4. b), S. 89 f.) bietet durchaus einen realitätsgerechten Ansatz, aber die strenge Auslegung des Artikels 104 GG macht dies schwierig. Eine differenzierte gesetzliche Regelung in der Zukunft könnte hilfreich und klärend sein. Richtig und mit dem Urteil des Bundesverfassungsgerichts vereinbar ist wohl die Frage, wie das Gericht dann das Verfahren zu betreiben und zu gestalten hat. Hier erscheint eine Differenzierung eher möglich.

An dieser Stelle muss die **kritische Frage** erlaubt sein, ob der 30-Minuten-Ansatz realitätsgerecht ist. Die Praxis zeigt, dass in vielen neurologischen, internistischen und Intensivstationen kurzzeitig fixiert wird und wenn die Anzeige bei Gericht gelesen wird, die Fixierung nicht mehr notwendig ist. In diesem Punkt besteht dringender Bedarf nach einer Rechtstatsachenuntersuchung zur Aufarbeitung der Thematik (Wie oft wird wann fixiert und wie lange? Wie realistisch ist eine schnelle gerichtliche Entscheidung in allen diesen Fällen? etc.)!

Praxistipp

▶ *Die Lösung des Problems lässt sich für die Praxis vor Ort am besten voranbringen, indem Betreuer, Betreuungsgerichte, Einrichtungen, ggf. auch Betreuungsbehörden miteinander in dieser Frage kommunizieren.*

200 Siehe dazu Damrau/Zimmermann, Rn. 88 zu § 1906 BGB a.F.; Marschner in Marschner/Volckart/Lesting, Rn. 52 zu C § 1906 BGB a.F. (5. Auflage) formulierte in entsprechender Anwendung der Strafprozessordnung „bis zum Ende des nächsten Tages"; referierend BtKomm/Dodegge, 6. Aufl., Teil G Rn. 113.

201 Marschner, in Marscher /Lesting/Stahmann, Rn. 37 zu § 1906 BGB a.F.

202 BtKomm/Dodegge, 6. Aufl., Teil G, Rn. 113. f.; Palandt/Götz Rn. 28 zu § 1906 BGB a.F.; a.A. immer Beachtung der 30-Minuten-Grenze HK-BU/Bauer/Braun, Rn. 196a zu § 1906 a.F.

Regelmäßig ist eine Maßnahme dann, wenn sie nicht als einmalige Ausnahme anzusehen ist, und insbesondere dann, wenn sie immer zur gleichen Zeit (z.B. zur Nachtzeit) oder zur gleichen Gelegenheit (z.B. Erregungszustände) zur Anwendung kommt.[203]

Exkurs

Manchmal ist die Gefährdung sehr dringend. Es ist dann kaum zumutbar, auf eine gerichtliche Genehmigung zu warten. Nicht immer kann man der Gefahr auf anderem Wege begegnen, z.B. durch Matten oder Sitzwachen. Dennoch sind derartige Alternativen auch zu prüfen, ob sie nicht zumindest kurzfristig Abhilfe schaffen können.

Ist ein Betreuer oder Bevollmächtigter mit entsprechendem Aufgabenkreis oder Befugnis bereits vorhanden, kann dieser eine vorläufige Weisung nach § 1831 Abs. 2 S. 2 BGB erteilen und muss sich schnellstmöglich um eine gerichtliche Genehmigung bemühen. Das wird auch im Rahmen des Ehegattenvertretungsrechts gelten müssen, da sich § 1358 Abs. 1 Nr. 3 auf § 1831 Abs. 4 bezieht. Dann kann auch eine vorläufige Regelung durch eine einstweilige Anordnung ergehen. Das Gericht sollte deshalb schnellstmöglich entsprechend instruiert werden. Zu diesen Möglichkeiten später mehr. (Siehe zu Eilfällen unter 6.)

Im allergrößten Notfall ist unter dem Gesichtspunkt des Notstandes (§ 34 StGB) zur Abwehr schwerster Gesundheitsgefahren eine Anwendung vor Genehmigung ausnahmsweise möglich. Auch dies sollte dem Gericht sofort angezeigt werden.

Praxistipp

Viele Einrichtungen sind entweder der Auffassung, dass es schon einmal ausreicht, wenn der Genehmigungsantrag gestellt wurde: Das ist nicht richtig.

Andere gehen konsequent – durchaus sympathisch – davon aus, dass sie vor Genehmigung die Maßnahme nicht anwenden dürfen: Das ist grundsätzlich richtig, aber niemand muss schwere Verletzungen oder Gesundheitsschäden hinnehmen.

Genaue Absprachen mit Betreuer oder Bevollmächtigtem, dem behandelnden Arzt, genaue Dokumentation der Vorgänge und schnelles Einschalten des Gerichts sind zwingend erforderlich.

(7) Lebens- oder Gesundheitsgefahr

Es muss eine erhebliche konkrete Gesundheitsgefahr vorliegen, die das Anwenden der freiheitsentziehenden Maßnahme notwendig macht.[204] Auch in dieser Frage hat eine **Abwägung zwischen Freiheit und Sicherheit** stattzufinden. Allgemeine Besorgnisse, Personalknappheit oder Angst vor Haftung reichen nicht aus, um eine freiheitsentziehende Maßnahme zu begründen.[205]

203 BtKomm/Dodegge, 6. Aufl., Teil G, Rn. 114 f.; in HK-BUR/Bauer/Braun, Rn. 197 zu § 1906 BGB a.F.
204 Siehe BtKomm/Dodegge, 6. Aufl., Teil G, Rn. 119 ff. zu § 1831 BGB.
205 Marschner in Marschner/Lesting/Stahmann, C, Rn. 41 zu § 1906 BGB a.F.

Es muss also immer eine logische, kausale Verknüpfung zwischen der Gesundheits- oder Lebensgefahr und der Notwendigkeit der Freiheitseinschränkung bestehen (z.B. Bettgitter zur Verhinderung einer Sturz- oder sonstigen Verletzungsgefahr). Dass dieses Argument mit Vorsicht zu betrachten ist, wird in den folgenden Kapiteln deutlich werden.

Zur Prüfung gehört es ferner, dass keine weniger einschränkenden Alternativen zur Verfügung stehen.[206]

Und natürlich darf am Ende die unterbringungsähnliche Maßnahme nicht noch weitere, womöglich größere Gefahren generieren. Neben den schon erwähnten unpassenden, nicht fachgerechten Gurten ist es die Gefahr, dass eine betroffene Person über die Bettgitter steigt und sich dadurch schwer verletzt.

e) Suche nach Alternativen – Sicherheit durch Verfahren: Der Werdenfelser Weg

Welchen inhaltlichen Sinn soll die Kontrolle und Genehmigung von Bettgittern haben? Dies fragten sich viele Praktiker des Betreuungsrechts. Ein Betreuungsrichter aus Garmisch-Partenkirchen, *Dr. Sebastian Kirsch,* fand für sich eine Antwort.[207] Er begründete und beschritt den „Werdenfelser Weg", benannt nach seiner Heimatregion, dem Werdenfelser Land.[208]

Sein **Ansatz**: Mit speziell ausgebildeten Verfahrenspflegern, vorzugsweise mit Erfahrungen in der Pflege, sollte zunächst im Verfahren nach Alternativen zur Vermeidung der freiheitsentziehenden Maßnahmen gesucht werden, mit der langfristigen Perspektive, dass freiheitsentziehende Maßnahmen gar nicht mehr oder nur noch sehr vereinzelt angewendet werden.

> „Der Werdenfelser Weg hat das Ziel, die Entscheidungsprozesse über die Notwendigkeit freiheitsentziehender Maßnahmen wie Bauchgurte, Bettgitter, Vorsatztische zu verbessern und Fixierungen in stationären Einrichtungen der Altenpflege und für Menschen mit Behinderungen, sowie in somatischen und psychiatrischen Krankenhäusern auf ein unumgängliches Minimum zu reduzieren.
>
> Er setzt in erster Linie auf Professionalität und Kommunikationsoptimierung innerhalb einer Region.
>
> […]
>
> Spezialisierte Verfahrenspfleger mit pflegefachlichem Grundwissen für das gerichtliche Genehmigungsverfahren von Fixierungen werden fachlich fortgebildet, so dass sie über eine Kombination von pflegefachlichem Wissen über Vermeidungsstrategien und gehobenem juristischen Informationsstand über die rechtlichen Kriterien zu diesem Thema verfügen.

206 Marschner in Marschner/Lesting/Stahmann, C, Rn. 41 zu § 1906 BGB a.F.
207 Siehe auch Kirsch, Betrifft Justiz 2015, 40 f.
208 https://www.werdenfelser-weg-original.de/ (Zugriff: 16.6.2023).

> Dieser Verfahrenspfleger diskutiert im gerichtlichen Auftrag jeden Fixierungsfall individuell und geht über den Zeitraum mehrerer Wochen Alternativüberlegungen gemeinsam mit dem Heim und den Angehörigen/Betreuern durch, im Einzelfall regt er auch Erprobungen von Alternativmaßnahmen an."[209]

Der Werdenfelser Weg wurde als Modell in die verschiedensten Regionen Deutschlands getragen und gilt als Vorbild oder Arbeitsgrundlage in vielen deutschen Regionen und Gerichtsbezirken. Es wurden zahlreiche spezialisierte Verfahrenspfleger ausgebildet.[210]

Das Modell ist kritisch beleuchtet worden. So wurde behauptet, die Verfahrenspfleger entschieden an Stelle der Betreuer – was definitiv nicht zutrifft. Ferner wurde gesagt, sie machten die Arbeit von Sachverständigen. Ja, die spezialisierten Verfahrenspfleger arbeiten mit Sachverstand. Aber steht das dem Modell entgegen? Die Verfahrenspfleger sind mit den Rechten eines Verfahrensbeteiligten ausgestattet. Das ist wichtig und dient dem Schutz der betroffenen Personen.

Und die Tatsache, dass die freiheitsentziehenden Maßnahmen deutlich zurückgegangen sind,[211] ist sicherlich auch auf die Wirkungen des Werdenfelser Weges zurückzuführen.

Fixierungsvermeidungen sind inzwischen als pflegerischer Standard anzusehen. Ein weiterer Meilenstein auf dem Weg zur fixierungsfreien Altenpflege ist das Projekt „ReduFix", das die praktische Umsetzung bei wissenschaftlicher Begleitung vorantreibt.[212]

f) Alternativen zur Vermeidung freiheitsentziehender Maßnahmen (FEM)

Eine Vielzahl von Methoden und Möglichkeiten zur Vermeidung von FEM besteht.[213]

So ist z.B. zu prüfen, ob ein Niederflurbett, gegebenenfalls kombiniert mit einer Matte/Matratze vor dem Bett ausreicht. Der bereits angesprochene „Easy-Walker" (siehe oben c) (5), S. 95 ff.) kann ebenfalls eine Alternative oder „mildere Maßnahme" sein.

Darüber hinaus gibt es schon lange die Erkenntnis, dass nächtliche Unruhe am besten dadurch zu vermeiden ist, dass die Bewohner einer Pflegeeinrichtung beschäftigt werden und so am Tag Energie verbrauchen, um dann abends schlafen zu können. Es gibt viele Einrichtungen mit einem demenzgerechten Beschäftigungsprogramm, ergänzt durch individuelle Zuwendung, soweit im „durchgetakteten" Arbeitsalltag möglich. Wenn die Bewohner den ganzen Tag „schön gemütlich" in der Ecke sitzen, braucht man sich nicht zu wundern,

209 A.a.O.

210 Siehe auch www.verfahrenspfleger-hamburg.de (Zugriff: 25.1.2023).

211 Siehe https://www.altenpflege-online.net/die-zahl-freiheitsentziehender-massnahmen-sinkt-deutlich/ (Zugriff: 16.6.2023); https://www.bundestag.de/webarchiv/presse/hib/2017_08/516142-516142 (Zugriff: 25.1.2023); https://www.werdenfelser-weg-original.de/amtliche-fixierungsgenehmigungszahlen-2013/ (Zugriff: 16.6.2023). Leider nur ältere Statistiken bis 2017. Praktiker berichten aber von anhaltendem Rückgang.

212 www.redufix.de/ (Zugriff: 16.6.2023).

213 Siehe dazu HK-BUR/Bauer/Braun, Rn. 223 ff. zu § 1906 BGB a.F.; mit weiteren Hinweisen www.leitlinie-fem.de/ (Zugriff: 16.6.2023); https://www.hamburg.de/pflege-ohne-zwang/10171894/freiheitsentziehende-massnahmen-alternaviven/ (Zugriff 16.6.2023)

wenn sie abends nicht müde sind, noch dazu wenn sie entgegen ihrem Lebensrhythmus in ein Tagesschema gepresst werden und schon um 18 Uhr „bettfertig" gemacht werden.

Die oben angesprochenen Stichworte Werdenfelser Weg und ReduFix können weitere sinnvolle Hinweise und Hilfen zu Alternativen geben.

g) Das Problem der Machbarkeit

Wer mit Vorschlägen und Ideen zur Fixierungsvermeidung antritt, wird häufig davon ausgebremst, dass Einrichtungen sagen „Das haben wir nicht, das machen wir nicht". Das Verweigern von Niederflurbetten, die zugegebenermaßen kostenintensiv sind, dürfte aber heute kaum noch vertretbar sein.[214] Denn wenn diese Stand der Technik und der Pflegewissenschaft und Praxis sind[215], müssen Kostengründe zurücktreten. Ebenso kann eine personelle Unterbesetzung nicht einfach hingenommen werden.

Andererseits wird es nicht immer ohne weiteres möglich sein, alles was wünschenswert ist, aber über gängige Pflegestandards hinausgeht, von der Einrichtung zu verlangen.

Praxistipp

▶ *Bei der Wahl einer Einrichtung sollte es für Angehörige und Betreuer schon vorsorglich zu den essentiellen Gesichtspunkten gehören, inwieweit die Pflege dort auf Fixierungsvermeidungen setzt und zu Alternativen bereit ist.*

h) FEM in der Häuslichkeit

Es ist schon angesprochen worden, dass nach dem Gesetz die § 1831 Abs. 4 BGB-Genehmigungspflicht nur bei unterbringungsähnlichen/freiheitsentziehenden Maßnahmen in der Häuslichkeit besteht (siehe 4. d) (1), S. 91 ff.). Dem gleichgestellt wird die pflegerische Betreuung und Handhabung von freiheitsentziehenden Maßnahmen durch einen Pflegedienst bzw. bei Verantwortung der Maßnahmen durch einen familienfernen und nicht in der Wohnung lebenden Betreuer.[216] Ist ein Pflegedienst tätig, wird von einer institutionellen Betreuung und damit von einer Anwendbarkeit des § 1831Abs. 4 BGB ausgegangen.

Bei ausschließlicher Betreuung und Pflege durch **Familienangehörige** soll das nicht gelten[217]. Das erscheint aus zwei Gründen problematisch:

214 AG Frankfurt/Main, FamRZ, 1816; siehe auch HK-BUR/Bauer/Braun, Rn. 227, 233 zu § 1906 BGB a.F.; Marschner in Marschner/Lesting/Stahmann, Rn. 41 zu § 1906 BGB a.F.

215 Bauer/Braun a.a.O.

216 Siehe Marschner in Marschner/Lesting/Stahmann, Rn. 32 zu § 1906 BGB a.F.

217 BtKomm/Dodegge, 6. Aufl., Teil G, Rn. 116 zu § 1831 BGB.

1. Zum einen macht Artikel 104 GG keinen Unterschied, wer die Freiheitsentziehung praktiziert und
2. zum anderen werden gerade in der Häuslichkeit nicht fachgerechte Fixierungen angewendet, die der professionell Tätige als abenteuerlich, d.h. lebens- bzw. gesundheitsgefährdend, ansehen muss.

Der Hinweis auf Art. 6 GG geht fehl. Art. 6 GG – der Schutz von Ehe und Familie – ist nicht geeignet, Art. 104 GG „auszustechen".

Hier ist ein Umdenken erforderlich. In jedem Fall muss aber der notwendige Aufgabenbereich nach § 1815 Abs. 2 Nr. 2 BGB, der zur Entscheidung über freiheitsentziehende Maßnahmen berechtigt, vorhanden sein.[218]

Besonders schwierig ist das **Einschließen** in der Wohnung, jedenfalls dann, wenn niemand sonst in der Wohnung lebt bzw. übernachtet. Häufig wird es als einzige Möglichkeit gesehen, die betroffene Person nicht in eine – womöglich geschlossene – Einrichtung zu bringen. Dies ist mit Gefahren verbunden, z.B. im Brandfall oder dann, wenn der Betroffene verzweifelt versucht, die Wohnung zu verlassen und z.B. Wege aus dem Fenster sucht oder sich in gesundheitsgefährdender Weise aufregt, weil er vergessen hat, dass das Abschließen der Tür besprochen und vereinbart wurde. Hier sollte immer nach Alternativen gesucht und der Einzelfall genau betrachtet werden. Generell ist Zurückhaltung geboten.

Bei **ambulant betreuten Wohngemeinschaften** ist die Frage: Heim oder sonstige Einrichtung? Hier ist einerseits der professionelle Rahmen entscheidend und andererseits die Schutzbedürftigkeit der betroffenen Menschen in gleicher Weise gegeben. Insofern ist die Lage einem Heim oder einer anderen Einrichtung entsprechend.

Dass dann, wenn die Genehmigungspflicht nicht greift, wenigstens ein Betreuer mit entsprechendem Aufgabenbereich bestellt wird[219] ist durchaus zielführend und notwendig.Dass strafrechtliche Grenzen bestehen,[220] ist richtig, vermag aber nicht zu beruhigen, denn „wo kein Kläger, da kein Richter".

i) Gerichtliche Genehmigung

Die gerichtliche Genehmigung nach § 1831 Abs. 2 S. 1 i.V.m. Abs. 4 BGB wird durch einen Beschluss erteilt. Der soll und muss die genehmigte Maßnahme genau bezeichnen, gegebenenfalls auch relevante „Zeitfenster".

Tenorierungsbeispiele

- *„Das Anbringen von Bettgittern nachts und in Zeiten der Bettruhe" wird bis zum … (Datum) genehmigt."*
- *„Das Anbringen eines geeigneten Rollstuhlgurtes während des Aufenthalts in Gemeinschaftsräumen und der Abwesenheit von Pflegepersonal wird genehmigt."*

218 Joecker, S. 86.
219 Siehe BtKomm/Dodegge, a.a.O.
220 a.a.O.

Die Maßnahmen sollten zwar immer „geeignet" sein, es wird aber auch deutlich, dass nicht jede Fixierung genehmigt ist. Es kann hier auch auf die Erörterungen im Verfahren Bezug genommen werden. Eine weitere Einschränkung oder Konkretisierung wird in der Regel nicht praktikabel sein.

Unerlässlich ist es, dass zum Zeitpunkt der Entscheidung der notwendige Aufgabenbereich nach § 1815 Abs. 2 Nr. 2 BGB vorhanden ist.

Noch eine Anmerkung zur **Heimaufsicht**: Diese kann selbstverständlich nicht die gerichtliche Entscheidung ersetzen, aber sie achtet darauf, dass Genehmigungen für FEM vorliegen und hat auch auf die Verwendung von sach- und fachgerechten Materialien zu achten. Gleiches gilt für Aufsichts- oder Besuchskommissionen in den einezelnen Bundesländern, sofern diese nciht nur für PsychKG-Maßnahmen zuständig sind.

j) Haftungsfragen

(1) Die Regelung des § 1831 Absatz 4 BGB und die Rechtsprechung insbesondere zu Haftungsfragen

Keinesfalls rechtfertigt allein die Intention, Stürze allgemein zu vermeiden, den Einsatz freiheitsentziehender Maßnahmen. Dies ist als allgemeines Lebensrisiko im Interesse des allgemeinen Persönlichkeitsrechts und der Menschenwürde der Heimbewohner grundsätzlich hinzunehmen.Es obliegt den Heimen nicht, jedes denkbare Risko auszuschließen.[221]

In zwei frühen Entscheidungen – vom 28.4.2005 und vom 14.7.2005 – hat sich der Bundesgerichtshof konkret mit der Inanspruchnahme von Heimträgern durch Krankenkassen für die durch Stürze verursachten Kosten der Krankenbehandlung befasst. Im Folgenden wird der wesentliche Inhalt der Entscheidungen dargestellt, um die Rechtsanwendung in der Praxis zu verdeutlichen. Dabei ist aber zu berücksichtigen, dass es sich hierbei um in der Fachwelt kontrovers diskutierte Entscheidungen handelt und der BGH seine Rechtsprechung bereits in der zweiten Entscheidung vom 14.7.2005 präzisiert und inhaltlich weiterentwickelt hat, so dass die Urteile nur einen momentanen Stand der Rechtsprechung widerspiegeln.[222]

(2) BGH-Entscheidung vom 28.4.2005, III ZR 399/04[223]

Kläger war der gesetzliche Krankenversicherer einer Bewohnerin, für die eine Betreuung eingerichtet war. Sie lebte seit 1997 in einem von der Beklagten, der Heimträgerin, betriebenen Pflegewohnheim. Nach einem Pflegegutachten hatte sie bereits im Jahre 1994 bei einem Sturz eine Oberschenkelfraktur links erlitten, aufgrund derer ihr das Gehen fortan nur noch mit Hilfe und Gehstütze möglich war; kurz vor ihrer Aufnahme in das Heim der Beklagten hatte sie sich bei einem weiteren Sturz ein Schädel-Hirn-Trauma ersten Grades

221 BGH, Urt. v. 22.8.2019, III ZR 113/18; OLG Hamm, Urt. v. 27.1.2014, 17 U 35/13.
222 Weitere Entscheidungen und Nachweise siehe https://www.werdenfelser-weg-original.de/entscheidungen/haftungsfragen/ (Zugriff 7.7.2023)
223 Siehe z.B. NJW 2005, 1937 = FamRZ 2005, 1074.

und im Januar 1998 bei einem dritten Sturz ein solches zweiten Grades zugezogen. Wegen dieser Verletzungen musste sie jeweils stationär behandelt werden. Nach dem Pflegegutachten war sie hochgradig sehbehindert, zeitweise desorientiert und verwirrt; ihr Gang war sehr unsicher. Sie war der (damaligen) Pflegestufe III zugeordnet.

Im Heim bewohnte sie ein Zimmer gemeinsam mit zwei weiteren Bewohnerinnen. Neben ihrem Bett befand sich eine Klingel; außerdem konnte sie sich durch Rufe bemerkbar machen. Das Pflegepersonal schaute regelmäßig jede Stunde, zu den Mahlzeiten und zur Inkontinenzversorgung nach der Bewohnerin.

Am 27.6.2001 fand gegen 13:00 Uhr die letzte Kontrolle statt. Die Bewohnerin lag zu dieser Zeit zur Mittagsruhe in ihrem Bett. In der Folgezeit war die zuständige Pflegekraft im Wohnbereich mit anderen Bewohnern beschäftigt. Gegen 14:00 Uhr wurde die Bewohnerin von der Pflegekraft in ihrem Zimmer vor dem Bett liegend aufgefunden. Sie hatte sich eine Oberschenkelhalsfraktur zugezogen und wurde bis zum 31.7.2001 stationär und anschließend ambulant behandelt.

Die Krankenkasse war der Auffassung, dass der Unfall auf eine Verletzung von Pflichten aus dem Heimvertrag durch die Beklagte zurückzuführen sei. Sie lastete der Beklagten insbesondere an, sie habe es versäumt, die Bewohnerin im Bett zu fixieren, mindestens aber ein Bettgitter hochzufahren. Mit ihrer Klage verlangte sie Ersatz der von ihr getragenen Heilbehandlungskosten.

Der Bundesgerichtshof verneint einen Schadensersatzanspruch der Krankenkasse (aus übergegangenem Recht der verletzten Heimbewohnerin) gegen die Heimeinrichtung. Zwar habe die beklagte Heimträgerin aus den Heimverträgen (vertragliche) Obhutspflichten zum Schutz der körperlichen Unversehrtheit der ihr anvertrauten Heimbewohnerin. Ebenso habe sie eine inhaltsgleiche allgemeine Verkehrssicherungspflicht zum Schutze der Bewohner vor Schädigungen, die diesen wegen Krankheiten oder einer sonstigen körperlichen oder geistigen Einschränkung durch sie selbst oder durch die Einrichtung und bauliche Gestaltung des Altenheims drohten. Eine zivilrechtliche Haftung standen somit durchaus im Raum. Allerdings begrenzt der Bundesgerichtshof die oben genannten Pflichten auf „die in Pflegeheimen üblichen Maßnahmen, die mit einem vernünftigen finanziellen und personellen Aufwand realisierbar sind. Maßstab müssen das Erforderliche und das für die Heimbewohner und das Pflegepersonal Zumutbare sein." Dabei müsse beachtet werden, dass die Würde sowie die Interessen und Bedürfnisse der Bewohner vor Beeinträchtigungen zu schützen und die Selbstständigkeit, die Selbstbestimmung und die Selbstverantwortung der Bewohner zu wahren und zu fördern seien.

Deshalb durfte das Pflegepersonal nach Auffassung des Bundesgerichtshofs im zu entscheidenden Fall auch eine Fixierung der Patientin für entbehrlich halten. Insbesondere habe dabei der Umstand Gewicht, dass der von der Klägerin (Krankenkasse) selbst nach dem bis dahin letzten Sturz der Bewohnerin (Januar 1998) beauftragte ärztliche Gutachter zwar schwere Einschränkungen des Stütz- und Bewegungsapparates diagnostiziert (Liegen, Sitzen, Stehen mit Hilfe, Gehen mit Hilfe und Gehstütze, sehr unsicher, kleinschrittig), aber gleichwohl besondere Sicherungsmaßnahmen bei Liegen im Bett nicht in Erwägung gezogen hatte. Das, was sich dem medizinischen Dienst der im Schadensfall eintrittspflichtigen Krankenkasse an Sicherungsmaßnahmen nicht aufdrängt, müsse sich bei unverändertem Befund auch der Leitung eines Altenheims nicht aufdrängen.

Des Weiteren hätten die von der Klägerin geforderten Sicherungsmaßnahmen (Hochziehen des Bettgitters, Fixierung im Bett) einen abstrakt-generalisierenden Charakter aufgewiesen, und hätten der Genehmigung durch das damalige Vormundschaftsgericht bedurft. Die Beklagte hatte nach Ansicht des BGH in diesem Fall keinen hinreichenden Anlass, von sich aus auf eine derartige Entscheidung des Vormundschaftsgerichts hinzuwirken.

Eine schuldhafte Pflichtverletzung durch das Unterlassen, der Bewohnerin Protektorhosen, durch die die Gefahr eines Knochenbruchs bei einem Sturz gemindert worden wäre, anzulegen, verneint der Bundesgerichtshofim Ergebnis. Nach Ansicht des BGH war das Heim auch seiner Pflicht, der Bewohnerin beim Aufstehen Hilfe zu leisten, hinreichend dadurch nachgekommen, dass es in Reichweite der Bewohnerin eine Klingel bereitgestellt hatte, mit der diese im Bedarfsfall Hilfe hätte herbeirufen können. Die Forderung der Klägerin, der Bewohnerin hätte jedes Mal beim Aufstehen unaufgefordert Hilfe geleistet werden müssen, würde auf eine lückenlose Überwachung durch die Mitarbeiter des Pflegeheims hinauslaufen und über das dem Pflegeheim wirtschaftlich Zumutbare hinausgehen. Zudem seien in einem solchen Fall die Interessen der Heimbewohner an der Wahrung ihrer Privatsphäre verletzt.

Die Entscheidung des Bundesgerichtshofs betont die Rechte der Heimbewohner. Sie sollen auch in einem Alten- und Pflegeheim trotz ihrer Beeinträchtigung ein möglichst „normales Leben" führen können, vor allem also unter Wahrung ihrer im Grundgesetz garantierten Persönlichkeitsrechte und Menschenwürde. Eine Fixierung ans Bett, eine Ruhigstellung durch Medikamente oder gar eine „Rund-um-die-Uhr-Überwachung" im eigenen Zimmer kann somit nur in extremen Situationen in Betracht kommen. Präventive freiheitsentziehende Maßnahmen zur Sturzvermeidung sind vor dem Hintergrund nur und allenfalls zulässig, wenn konkrete Anhaltspunkte für eine Eigen- bzw. Fremdgefährdung vorliegen und alle Möglichkeiten zur Vermeidung und Reduzierung dieser Gefährdung ausgeschöpft wurden.

(3) BGH-Entscheidung vom 14.7.2005, III ZR 391/04[224]

In diesem Fall wurden vom Nachtdienst des Pflegeheims zunächst Stürze der Geschädigten dokumentiert, die ohne schwerwiegende Folgen blieben. Das Pflegeheim wies die Geschädigte auf die Möglichkeit hin, die in ihrem Zimmer befindliche Klingel zu betätigen, wenn sie Hilfe benötigte. Das häufig, auch am Unfalltag, geäußerte Angebot, zu ihrer Sicherheit in der Nacht das Bettgitter hochzuziehen, lehnte die Geschädigte ab. Am 9.3.2000 erlitt die Geschädigte bei einem Sturz unter anderem Frakturen des Halswirbelkörpers mit Lähmung aller vier Extremitäten.

224 Siehe z.B. NJW 2005, 2613 = FamRZ 2005, 1560. Näheres siehe Haftungsfragen, Werdenfelser Weg (werdenfelser-weg-original.de).

Der Bundesgerichtshof verweist in der Begründung wieder auf die aus dem Heimvertrag erwachsenden Obhutspflichten zum Schutz der körperlichen Unversehrtheit der Heimbewohner.

Und respektiert auch in dieser Entscheidung das Selbstbestimmungsrecht des Pflegebedürftigen. Allerdings ist nach dieser Rechtsprechung das Heim verpflichtet, alles ihm Mögliche zu unternehmen, um einen Sturz zu vermeiden – in dieser Hinsicht ist die Ausschöpfung von alternativen Maßnahmen zur Fixierung von besonderer Bedeutung.

Diese Rechtsprechung ist zu begrüßen. Ein Risiko ist nicht auszuschließen und es widerspricht den Regelungen des Betreuungsrechts, wenn Bewohner „auf Zwang" fixiert werden müssen.

Praxistipp

Ist in einem betreuungsgerichtlichen Verfahren festgestellt, dass FEM nicht angemessen ist, ist das Heim zweifellos entlastet. Wichtig ist immer die genaue Dokumentation und Absprache mit dem Bevollmächtigten oder Betreuer.

(4) BVerfG-Entscheidung vom 24.7.2018, 2 BvR 309/15 und 2 BvR 502/16

Das unter 4. b) bereits erwähnte Urteil des Bundesverfassungsgerichts vom 24.7.2018[225] gibt ebenfalls über den rein juristischen und judiziellen Rahmen hinaus eine Vorgabe für die Handhabung von Fixierungen, jedenfalls soweit es sich um Fünf- oder Sieben-Punkt-Fixierung handelt. Hier ist nicht nur festgeschrieben, dass es die **Anordnung durch einen Arzt** geben muss, sondern auch darüber hinaus, dass grundsätzlich eine **Eins-zu-Eins-Betreuung** durch therapeutisches oder pflegerisches Personal zu gewährleisten ist.

Das setzt Maßstäbe zwar ausgehend von juristischen Normen, aber mit Auswirkungen auf pflegerische Standards. Hier eröffnen sich natürlich sowohl für Aufsichtsgremien als auch individuell bzw. im konkreten Verfahren Möglichkeiten für rechtliche Schritte.

Auch an dieser Stelle zeigt sich wieder einmal, dass es dringend einer rechtstatsächlichen Forschung zu Fixierungen bedarf, sowohl Fixierungen im Bereich der Pflege als auch im Krankenhaus, aber vor allen Dingen auch bezogen auf die Intensität von freiheitsentziehenden Maßnahmen.

Die Entscheidung ist im hier besprochenen Kontext „Freiheit vs. Sicherheit" auch noch einmal ein wichtiger Pfeiler „pro Freiheitsrechte" und verstärkt die Notwendigkeit zur Reflexion darüber, ob und inwieweit Zwangsmaßnahmen zu vermeiden sind.

225 BtPrax 2018, 188 ff. = FamRZ 2018, 1442 ff. mit Zust. Anm. Seifert.

(5) Studie zu Haftungsfällen zum Thema Sturz

In einer Masterarbeit[226] wurden 118 veröffentlichte Haftungsurteile und Beschlüsse zum Thema Sturz im Zeitraum von 1971 bis 2013 untersucht. In Deutschland stürzen ca. 120.000 Menschen pro Jahr mit der Folge einer Fraktur, davon geschätzte 30.000 in Einrichtungen. Die geringe Anzahl der Urteile in 40 Jahren im Verhältnis zu den Verletzungen gibt Hinweis darauf, dass nur extrem selten Gerichtsverfahren eingeleitet wurden, bundesweit nur ein Handvoll Fälle pro Jahr.

Von diesen Entscheidungen wurden 42 % der Urteile zugunsten der Kläger entschieden und in 58 % die Klage abgewiesen. In der überwiegenden Anzahl der Haftpflichtprozesse ist es den Klägern nicht gelungen, dem Beklagten eine Vertragsverletzung bzw. ein pflichtwidriges Verhalten nachzuweisen.

Die **Analyse** der Sturzurteile belegt, dass zwei Drittel der Schadenereignisse in den analysierten Urteilen sich in Pflegeheimen ereigneten, etwa zu einem Viertel in Krankenhäusern und der Rest in Praxen oder sonstigen Bereichen. Die meisten Stürze ereigneten sich im Zimmer des Bewohners/Patienten. Darüber hinaus fanden Sturzereignisse in nahezu allen denkbaren Räumlichkeiten eines Krankenhauses/Pflegeheims statt, wie beispielsweise im Badezimmer, auf Fluren, in Treppenhäusern, in Untersuchungszimmern, im OP-Bereich und Aufwachraum, sowie dem Außengelände der Einrichtung und im öffentlichen Straßenraum.

Der Hauptanteil der Stürze der analysierten Urteile ereignete sich während der selbstständigen Bewegung der Bewohner ohne Anwesenheit einer Pflegekraft/Einrichtungsmitarbeiters.

- 26 %: Sturz aus einer liegenden Position ohne professionelle Begleitung (Verurteilungsquote: 9 %);
- 22 %: Sturz aus einer sitzenden Position (z.B. Rollstuhl, Sessel, Toilettenstuhl oder von der Toilette) ohne professionelle Hilfe (Verurteilungsquote: 5 %);
- 14 %: Stürze bei der sonstigen selbstständigen Bewegung in den Räumlichkeiten ohne Begleitung (Verurteilungsquote: 3 %);
- 2 %: Fenstersturz. Die Schadensersatzfolgen waren in den entschiedenen Fällen immer von den Beklagten zu vertreten;
- 5 % der Sturzereignisse ereigneten sich ohne Begleitung außerhalb der Einrichtung (Verurteilungsquote: 3 %);
- 14 % der Urteile betrafen Stürze bei Transfer-, Transport- oder Mobilisationsmaßnahme in Begleitung einer/s Pflegekraft/Einrichtungsmitarbeiters (Verurteilungsquote: 100 %).

226 Die Analyse beruht auf einer Masterarbeit von Anna-Maria Papenberg, eingereicht an der Katholischen Hochschule NRW, Fachbereich Gesundheitswesen. Sie ist M.A. (Pflegemanagement), Gesundheits- und Krankenpflegerinsowie Qualitätsmanagementbeauftragte (TÜV Süd). Die vollständige Arbeit ist als fünfter Band in der Reihe „Kölner Schriften für das Gesundheitswesen" im G&S Verlag erschienen, siehe https://shop.rechtsdepesche.de/produkt/5004/ (Zugriff: 116.6.2023). Siehe auch https://www.werdenfelser-weg-original.de/entscheidungen/haftungsfragen/ (Zugriff: 16.6.2023).

Soweit es zu **Verurteilungen** kam, wurde weit überwiegend ein sogenannter vollbeherrschbarer Herrschafts- und Organisationsbereich der jeweiligen Einrichtung angenommen, das heißt, es bestand im Vorfeld eine konkrete Gefahrensituation, aus der sich gesteigerte Sicherungs-, Schutz- und Obhutspflichten für die Einrichtung ergaben und die sich durch den Einsatz von Personal etc. voll beherrschen ließ. Dabei mehren sich die Richtersprüche, die auch die Beherrschbarkeit von Schadensrisiken während der Durchführung von Pflegemaßnahmen hinterfragen.

Neben der Verschuldens- oder Fehlervermutung bei voll beherrschbaren Risiken hat die Rechtsprechung einige weitere Sachverhaltskonstellationen als **beweiserleichternd** anerkannt. Hierzu zählen prozessuale Benachteiligungen der beweisbelasteten Partei durch Verletzungen der Dokumentationspflicht, Organisations- und Koordinationsfehler des Behandlungsgeschehens (z.B. durch mangelnde oder schlechte personelle Ausstattung oder Verstöße gegen elementare medizinische oder pflegerische Behandlungsstandards). Diese spielten aber kaum eine Rolle in den Urteilen: in nur 1 % der Urteile wurde ein Mangel in der Dokumentation, in 2 % der Einsatz von nicht hinreichend qualifiziertem Personal und in 3 % ein grober Behandlungsfehler beweiserleichternd zugunsten der klagenden Partei angenommen.

(6) Fazit

Allerdings: Wer fixiert, haftet für die Folgen, wenn es trotz Fixierung zu einem Sturz kommt.[227] Kommt es unter der Fixierung zu einem Schaden bzw. einer Verletzung, muss die Einrichtung beweisen, dass sie kein Verschulden trifft (z.B. wenn der Bewohner zu Fall kommt, während er mittels eines Beckengurts fixiert war), weil es sich dabei um eine unterbringungsähnliche Maßnahme handelt, die zu einer gesteigerten Obhutspflicht führt und die damit verbundenen Gefahren vom Pflegepersonal normalerweise beherrschbar sind.[228]

Eine Devise „Sicherheit um jeden Preis" kann aber keinen Bestand haben!

Anderseits stellt ein rechtswidriges Anwenden von freiheitsentziehenden Maßnahmen den Tatbestand der Freiheitsberaubung dar. Dies kann ebenfalls zu straf- aber auch zivilrechtlicher Haftung führen.

5. Das gerichtliche Verfahren nach §§ 312 ff. FamFG

Die Vorschriften über das gerichtliche Verfahren bei Unterbringungen nach § 1831 BGB für die Genehmigung einer Zwangsbehandlung und die unterbringungsähnlichen Maßnahmen haben viele Gemeinsamkeiten, aber auch einige Besonderheiten. Dies wird im Folgenden dargestellt.

227 OLG Düsseldorf, Urteil vom 16.12.2014, 24 U 77/14, VersR 2015, 1128. In dem entschiedenen Fall hatte sich der Gurt gelöst und der Bewohner war aus dem Bett gefallen.

228 A.a.O.

§ 312 FamFG Unterbringungssachen

Unterbringungssachen sind Verfahren, die die Genehmigung oder Anordnung einer

1. freiheitsentziehenden Unterbringung nach § 1831 Absatz 1 und 2 auch in Verbindung mit Absatz 5 des Bürgerlichen Gesetzbuchs,
2. freiheitsentziehenden Maßnahme nach § 1831 Absatz 4 auch in Verbindung mit Absatz 5 des Bürgerlichen Gesetzbuchs,
3. ärztlichen Zwangsmaßnahme, auch einschließlich einer Verbringung zu einem stationären Aufenthalt, nach § 1832 Absatz 1, 2 und 4 auch in Verbindung mit Absatz 5 des Bürgerlichen Gesetzbuchs oder
4. freiheitsentziehenden Unterbringung, freiheitsentziehenden Maßnahme oder ärztlichen Zwangsmaßnahme bei Volljährigen nach den Landesgesetzen über die Unterbringung psychisch Kranker

betreffen (Unterbringungsmaßnahme).

a) Der Antrag

In allen Unterbringungsverfahren nach § 1831 BGB ist ein Antrag des Betreuers oder Bevollmächtigten erforderlich, sowohl für die Genehmigung einer freiheitsentziehenden Unterbringung als auch für (andere) freiheitsentziehende Maßnahmen. Dies ergibt sich aus dem Wortlaut des § 1831 BGB.

Das ist keine bloße Formalie, sondern konsequent so vorgeschrieben, weil Betreuer und Bevollmächtigte letztlich die Unterbringenden sind. Nicht der Arzt und nicht die Betreuungsbehörde beantragen die Unterbringung, sondern ausschließlich der Betreuer oder Bevollmächtigte.

Formvorschriften gibt es nicht. Der Antrag kann schriftlich oder zu Protokoll gestellt werden. Gegebenenfalls ist im Wege der Auslegung zu ermitteln, ob eine Mitteilung oder ein Schriftstück einen Antrag enthalten. Dies gilt insbesondere, wenn Ehrenamtliche agieren.

Beispiele

„Ich stimme der Unterbringung zu."

„Ich bin einverstanden mit der Unterbringung."

„Ich möchte, dass ... (der Betroffene) auf der Station verbleibt."

Ohne Antrag hat das – lediglich genehmigende – Gericht keine Veranlassung ein Unterbringungsverfahren zu betreiben oder zu fördern. Ohne die Anordnung des Betreuers oder Bevollmächtigten darf auch eine Unterbringungsmaßnahme nicht stattfinden. Sie wäre dann rechtswidrig! Wie bedeutsam der Antrag sein kann, zeigt ein Fall aus der Praxis:

Beispiel

Das Krankenhaus empfiehlt eine Fixierung im Stuhl und Bettgitter. Der Betreuer gibt telefonisch sein Einverständnis, das er bei einem Besuch vor Ort aber widerruft. Das Krankenhaus hat dem Gericht mitgeteilt, dass der Betreuer „einverstanden" sei. Wegen interner Kommunikationsprobleme im Krankenhaus wurde dem Gericht der Widerruf nicht mitgeteilt und der Widerruf wurde auch nicht dokumentiert.

Ein solches„Einverständnis" reicht nicht aus, aber vor allem: Ein Antrag vom Hörensagen darf wegen einer solchen Fehlerquelle nicht einfach angenommen werden.

Gleichwohl wurde zunächst – ohne jede Rechtsgrundlage! – weiter fixiert.

Auf die Notwendigkeit des Antrags einerseits, die Notwendigkeit eines Verzicht auf Formenstrenge und einer „wohlwollenden" Auslegung entsprechender Äußerungen – jedenfalls bei Ehrenamtlichen – hatte ich bereits zu Beginn des Kapitels hingewiesen (siehe oben 2. c), S. 36).

Wird ein **Antrag pflichtwidrig nicht gestellt**, so können und sollen die Institutionen (Krankenhaus, Heim, Wohngruppe) dies dem Betreuungsgericht anzeigen. Gegebenenfalls muss dann nach § 1846 BGB oder nach Betreuerwechsel entschieden werden.

Im Übrigen gilt aber der Grundsatz der **Amtsermittlung** nach § 26 FamFG, d.h., das Betreuungsgericht muss von Amts wegen Beweise erheben, Tatsachen feststellen etc. und ist dabei inhaltlich nicht auf Anträge der Beteiligten angewiesen, um entscheiden zu können.

b) Die Zuständigkeit des Gerichts

Die Zuständigkeit des Betreuungsgerichts (als Teil des Amtsgerichts) ergibt sich aus dem Wortlaut des § 1831 Abs. 2 BGB. Seit Einführung des FamFG im Jahre 2009 ist die alte Bezeichnung „Vormundschaftsgericht" durch „Betreuungsgericht" ersetzt. Die örtliche Zuständigkeit regelt § 313 FamFG:

§ 313 FamFG Örtliche Zuständigkeit

Ausschließlich zuständig für Unterbringungssachen nach § 312 Nummer 1 bis 3 ist in dieser Rangfolge:

1. das Gericht, bei dem ein Verfahren zur Bestellung eines Betreuers eingeleitet oder das Betreuungsverfahren anhängig ist;
2. das Gericht, in dessen Bezirk der Betroffene seinen gewöhnlichen Aufenthalt hat;
3. das Gericht, in dessen Bezirk das Bedürfnis für die Unterbringungsmaßnahme hervortritt;
4. das Amtsgericht Schöneberg in Berlin, wenn der Betroffene Deutscher ist.

Für einstweilige Anordnungen oder einstweilige Maßregeln ist auch das Gericht zuständig, in dessen Bezirk das Bedürfnis für die Unterbringungsmaßnahme bekannt wird. In den Fällen einer einstweiligen Anordnung oder einstweiligen Maßregel soll es dem nach Absatz 1 Nr. 1 oder Nr. 2 zuständigen Gericht davon Mitteilung machen.

[...]

Besteht also eine Betreuung, dann ist das Gericht zuständig, bei dem die Betreuung geführt wird. Bei einer **Vollmacht** ist das Gericht zuständig, bei dem der Betroffene seinen gewöhnlichen Aufenthalt hat. Dann kommt das Gericht des Unterbringungsortes – insbesondere im Eilfall – zum Tragen, also der Ort, an dem das Bedürfnis der Unterbringung hervortritt.

Beispiel

Wird Herr X, der in Hamburg-Altona wohnt und in Berlin-Wedding von dem dortigen Amtsgericht eine Betreuung erhalten hat, in München untergebracht, dann ist das Amtsgericht in Berlin-Wedding zuständig. Wird die Betreuung aufgehoben, weil eine Vollmacht existiert, ist vorrangig Hamburg-Altona zuständig und dann in zweiter Linie München. Hier wird man sinnvollerweise gegebenenfalls das Verfahren nach München abgeben.

Zu Problemen führt es, wenn der Betroffene sich außerhalb des Gerichtsbezirks aufhält, für das „sein" Gericht (Wohnsitzgericht oder das Gericht der Betreuung) zuständig ist.

In **Eilfällen** kann dies so gelöst werden, dass das Gericht zuständig ist, in dessen Bezirk das Bedürfnis für die Unterbringungsmaßnahme hervortritt und dieses Gericht dann das Unterbringungsverfahren führt.

Das bei Gerichten bekannte und bewährte Instrument der Rechtshilfe ist nach § 319 Abs. 4 FamFG jedenfalls für die **Anhörung des Betroffenen** allenfalls eingeschränkt. Ausnahme ist die einstweilige Anordnung (s.o.). Das hat seinen Sinn. Die Anhörung dient der Wahrung des rechtlichen Gehörs, aber auch der Vermittlung eines persönlichen Eindrucks (zu den Einzelheiten und Ausnahmen siehe im Folgenden unter d), S. 106 ff.). Es ist aber schlicht nicht praktikabel, wenn ein Betreuungsrichter „quer durch die Republik" reisen muss, um „seinen" Betroffenen anzuhören.

Sinnvoll ist in der Regel die **Abgabe des Unterbringungsverfahren**s nach § 314 FamFG:

> **§ 314 FamFG Abgabe der Unterbringungssache**
>
> Das Gericht kann die Unterbringungssache abgeben, wenn der Betroffene sich im Bezirk des anderen Gerichts aufhält und die Unterbringungsmaßnahme dort vollzogen werden soll, sofern sich dieses zur Übernahme des Verfahrens bereit erklärt hat.

Das Unterbringungsverfahren kann auch **isoliert** abgegeben werden, ohne dass das Betreuungsverfahren vorweg im Ganzen abgegeben werden muss. Dies entspricht dem praktischen Bedürfnis nach schnellem Handeln bei Ortsverschiedenheit. Das Betreuungsverfahren kann im Übrigen auch nach § 273 FamFG nur bei „wichtigem Grund" abgegeben werden, d.h. bei eher kurzfristiger Ortsverschiedenheit in aller Regel nicht. Bei der Abgabe von Unterbringungsverfahren reicht die Tatsache, dass der Betroffene sich an einem anderen Ort aufhält als dem seines gewöhnlichen Aufenthalts, aus.

Das Gericht, an das abgegeben werden soll, muss zustimmen und nicht selten haben Gerichte vor Ort phantasievolle Begründungen „auf Lager", weshalb sie eine Übernahme ablehnen. Eine der wenigen **tragfähigen Begründungen** kann sein, dass für das örtlich zuständige Gericht der Weg in die Klinik genauso so weit ist wie für das abgebende, ein in der Peripherie von Großstädten durchaus realistisches Phänomen. Häufig geht es aber auch darum, unliebsame Arbeit vom eigenen Gericht fernzuhalten.

c) Gutachten oder Attest

(1) Die Notwendigkeit des Gutachtens

Nach § 321 FamFG ist vor einer Unterbringungsmaßnahme die Einholung eines Gutachtens erforderlich.

> **§ 321 FamFG Einholung eines Gutachtens**
>
> (1) Vor einer Unterbringungsmaßnahme hat eine förmliche Beweisaufnahme durch Einholung eines Gutachtens über die Notwendigkeit der Maßnahme stattzufinden. Der Sachverständige hat den Betroffenen vor der Erstattung des Gutachtens persönlich zu untersuchen oder zu befragen. Das Gutachten soll sich auch auf die voraussichtliche Dauer der Unterbringungsmaßnahme erstrecken. Der Sachverständige soll Arzt für Psychiatrie sein; er muss Arzt mit Erfahrung auf dem Gebiet der Psychiatrie sein. Bei der Genehmigung einer Einwilligung in eine ärztliche Zwangsmaßnahme oder bei deren Anordnung soll der Sachverständige nicht der zwangsbehandelnde Arzt sein.
>
> (2) Für eine freiheitsentziehende Maßnahme nach § 312 Nummer 2 oder 4 genügt ein ärztliches Zeugnis.

Das Gesetz fordert eine förmliche Beweisaufnahme.

Was heißt das praktisch?

Es muss einen **Beschluss über die Einholung des Sachverständigengutachtens** geben, der der betroffenen Person (natürlich auch Betreuer und Verfahrenspfleger) vor der Begutachtung zugänglich zu machen ist. Der Beschluss muss den Namen des Sachverständigen und das Beweisthema (Um welche Maßnahme geht es? Und ist diese notwendig?) enthalten. [229] Ob es zwingend eines ergänzenden Fragenkatalogs bedarf,[230] kann m.E. nicht generell angenommen werden, wenn es sich um Standardsituationen ohne besondere Umstände handelt, bei denen alle Beteiligten genau wissen, worum es geht und Kontext und objektiver Empfängerhorizont sicher ergeben, was gemeint und was zu tun ist.

Ein Gutachten ist vom Gericht nur einer Entscheidung zugrunde zu legen, wenn das Gericht selbst die Begutachtung veranlasst hat. Das Gericht hat jeweils eine konkrete Einzelperson zu bestellen, nicht etwa eine Institution. Dem steht nicht entgegen, ärztliche Stellungnahmen die schon vorliegen ggf. im Eilverfahren als Grundlage (ärztliches Zeugnis) zu verwenden.[231]

Nach § 30 Abs. 1 und 2 FamFG ist das **Verfahren nach den Regeln der ZPO über den Sachverständigenbeweis** zu führen (§ 402 ff. ZPO), u.a. mit der Folge, dass der Sachver-

229 Näheres Lesting in Marschner/Lesting/Stahmann, Rn. 3 ff. zu § 321 FamFG.

230 Lesting a.a.O.

231 Jox in Fröschle/Jox, Rn. 6 zu § 321 FamFG; Damrau/Zimmermann, Rn. 12 zu § 321 FamFG; BtKomm/Dodegge, 6. Aufl., Teil G, Rn. 248 (zu § 321 FamFG); Lesting in Marschner/Lesting/Stahmann, Rn. 8 zu § 321 FamFG.

ständige wegen Befangenheit abgelehnt werden kann (siehe § 406 ZPO), dass er verpflichtet ist, dem Auftrag Folge zu leisten (siehe § 407 ZPO), wenn er die Annahme des Auftrags nicht zu Recht verweigert hat (Gutachtenverweigerungsrecht, siehe § 408 ZPO). Ferner ist geregelt, dass ihm alle Unterlagen und Informationen durch das Gericht – gegebenenfalls auf Nachfrage – zugänglich zu machen sind.

(2) Anforderungen an Gutachter und Gutachten

Der Gutachter soll Facharzt für Psychiatrie oder muss zumindest „psychiatrieerfahrener" Arzt sein. Diese Qualifikation hat das Gericht zu prüfen und zu beachten. Das Gesetz legt keine festen Kriterien für einen Arzt mit „**Erfahrungen auf dem Gebiet der Psychiatrie**" fest. Sicherlich kann damit ausgeschlossen werden, dass ein Arzt in der Ausbildung dieses Kriterium erfüllt.[232] Dagegen ist eine einjährige Erfahrung auf einer psychiatrischen Station mit Sicherheit Grundlage für eine ausreichende Erfahrung, allerdings auch nicht Bedingung. Gleiches gilt für einen Arzt kurz vor der Facharztprüfung.

Das Gericht wird die erforderliche Qualifikation im Einzelfall zu prüfen haben; gegebenenfalls muss es sie auch darlegen.[233] Es erscheint allerdings überbordend, zu verlangen, dass die Qualifikation in jedem Fall ausführlich im Bestellungsbeschluss ausgeführt sein muss, sie ist aber auf Rüge oder Nachfrage eines Verfahrensbeteiligten unbedingt und ohne Begründungserfordernis darzulegen.

Die Praxis ist hier oftmals etwas „weich". Viele junge Stationsärzte und -ärztinnen sind schon nach kurzer Zeit für den Betroffenen verantwortlich und können auch durchaus qualifiziert dessen Situation einschätzen. Die Erfahrung auf dem Gebiet der Psychiatrie ist natürlich nicht nur quantitativ, sondern auch qualitativ zu bemessen[234]. Also ist zu fragen:

- Sind die Stationsärzte oberärztlich supervidiert, sind sie eingeführt in die Problematik der Schnittstelle Medizin und Recht?
- Sind erfahrene Kollegen im Team mit „am Fall"? Hier sind die Verhältnisse in den Krankenhäusern durchaus unterschiedlich. Inzwischen ist die Folge der Ökonomisierung ja soweit gediehen, dass es schon manchmal problematisch wird, einen Arzt überhaupt „aufzutreiben".

Aus meiner Sicht wäre es angemessen, bei der Frage der Qualifikation zu differenzieren zwischen **Gutachten** – mit deutlich strengeren Anforderungen – und **ärztlichem Attest**. Dies wäre aber eher eine Aufgabe für die Gesetzgebung, denn das Gesetz differenziert nicht.

Sinnvoll erscheint es, dass sich die Gerichte mit ihren Sektor- oder Bezirkskrankenhäusern in Verbindung setzen, um die Praxis dort verlässlich zu erfahren und bei den Krankenhäusern zu vermitteln, wie das Gericht die Frage der Psychiatrieerfahrung sieht.

232 Siehe BtKomm/Dodegge, Teil G, Rn. 252 f. zu § 321 FamFG mit Beispielen; Jox in Jox/Fröschle, Rn. 3 zu § 321 FamFG m.w.N.

233 Damrau/Zimmermann, Rn. 10, 11 zu § 321 FamFG.; Lesting in Marschner/Lesting/Stahmann, Rn. 17 zu § 321 FamFG.

234 Näheres zur Qualifikation Lesting in Marschner /Lesting/Stahmann, Rn. 16 zu § 321 FamFG.

Der Sachverständige kann seine Begutachtung nicht delegieren, wohl aber Hilfskräfte (z.B. für Schreibarbeiten, organisatorische Vorbereitung, technische Hilfen) einsetzen.[235] (Zur Frage der Personenidentität von Gutachter und Behandler wird auf den nächsten Abschnitt verwiesen, siehe S. 119 ff.)

Das Gutachten ist grundsätzlich **schriftlich** zu erstellen. Möglich ist die Erstattung des Gutachtens **mündlich zu Protokoll**. Dann kann es aber nur verwertet werden, wenn es mit der Protokollierung in einer der Form eines Gutachtens genügenden Weise, also weitestgehend vollständig, aktenkundig gemacht worden ist. Das wird sich so nur in Ausnahmefällen ergeben. Die bloße Anhörung des Sachverständigen im Anhörungstermin ist kein Gutachten,[236] kann aber als ärztliches Zeugnis verwendet werden.[237]

Ein Gutachten **nach Aktenlage** oder aufgrund reiner Fremdanamnese ist nach dem Gesetz nicht ausreichend und somit fehlerhaft. Nach § 321 FamFG ist der Betroffene persönlich zu untersuchen oder zu befragen. Die psychiatrische Exploration beschränkt sich in aller Regel auf die Befragung. Eine (körperliche) Untersuchung ist in der Regel verzichtbar, es sei denn, es kommt ausnahmsweise auf Einzelheiten einer körperlichen Untersuchung entscheidend an.

Das Gutachten ist nach den **wissenschaftlichen Standards** zu erstellen.[238] Das Gutachten hat die Anknüpfungstatsachen, die für das Gutachtenergebnis maßgebend sind, zu benennen, ferner den Verlauf der Begutachtung und die Fakten und Stellungnahmen, die dem Gutachten zugrunde liegen, darzulegen. Die Notendigkeit der befürworteten Maßnahme muss plausibel dargelgt und begründet werden. Selbstverständlich ist auch die präzise Diagnose im Gutachten zu referieren, ggf. auch näher zu begründen. Ausführungen zur krankheitsbedingten Einschränkung des freien Willens sind ebenso zwingend erforderlich. Im Falle der **Zwangsbehandlung** müssen Chancen und Risiken erörtert und abgewogen werden. Wird eine beantragte Maßnahme nicht befürwortet, so muss sich dies ebenfalls plausibel aus dem Gutachten ergeben.

Es muss gewährleistet sein, dass das Gericht das Gutachten auf seine wissenschaftliche Begründung, seine innere Logik und seine Schlüssigkeit überprüfen kann.[239] Das Gericht hat dabei nicht die Aufgabe sich zum „Obergutachter" aufzuschwingen, vielmehr geht es um **Prüfung**

- der Plausibilität,
- Einhaltung von Formalien sowie
- auf die rechtliche Bewertung von Tatsachen, Einschätzungen und Ergebnis.

Ein Gutachten, dass ein Nicht-Mediziner nicht verstehen kann, ist schlicht unbrauchbar.

235 BtKomm/Dodegge, 6. Aufl., Teil G, Rn. 246 zu § 321 FamFG.

236 BGH 14.12.2011, XII ZB171/11, BtPrax 2012, 63; Jox in Jox/Fröschle, Rn. 6 zu § 321 FamFG; BtKomm/Dodegge, 6. Aufl., Teil G, Rn. 257 zu § 321 FamFG.

237 Damrau/Zimmermann, Rn. 25 f. zu § 321 FamFG.

238 Siehe BGH, BtPrax 2013, 25, 26.

239 BGH, BtPrax 2012, 25, 26; Diekmann, BtPrax 2015, 169, 171; BtKomm/Dodegge, 6. Aufl., Teil G, Rn. 242 zu § 321 FamFG mit weiteren Einzelheiten.

Die Ausführungen müssen sich auch auf den konkreten Fall, d.h. die Gegebenheiten bei der betroffenen Person beziehen. Allgemeine Ausführungen zu den Wirkungen und Risiken eines Krankheitsbildes können zum besseren Verständnis im Gutachten enthalten sein, reichen aber für ein unterbringungsrechtlich einwandfreies Gutachten nicht aus.

Es gibt keine Vorgaben bezüglich des zeitlichen Abstandes zwischen Gutachtenerstellung und Entscheidung, ein enger zeitlicher Zusammenhang ist aber gegeben.[240] Es muss immer noch feststehen, dass das Gutachten auf die Situation der betroffenen Personim Zeitpunkt der Entscheidung passt. Nach BGH-Rechtsprechung kann ein Betreuungsgutachten nicht für eine Unterbringungsentscheidung verwendet werden,[241] nicht einmal, wenn es relativ aktuell ist.[242]

Ein **Streitpunkt** ist immer wieder, inwieweit das Gutachten Angaben zum **Akteninhalt** enthalten muss. Zum einen gehört es zu einem vollständigen, fachgerechten Gutachten, dass es aus sich heraus nachvollziehbar ist, weshalb auch Angaben zum Akteninhalt grundsätzlich erforderlich sind.[243] Anderseits halten viele Praktiker die Gutachten für überladen, wenn neben den eigentlichen Gutachtenermittlungen und -ergebnissen auch noch der Akteninhalt referiert wird.

Verzichtet der Betreuungsrichter auf die Darstellung des Akteninhalts ausdrücklich, so wird das Gutachten möglicherweise angreifbar. Praktisch wäre hier eine gesetzliche Regelung, die dies ermöglicht. Im – seltenen – Falle einer Beschwerde müsste dann eben ein Zweitgutachten eingeholt werden.

Praxistipp

▶ *In der praktischen Zusammenarbeit sollte eine Absprache zwischen Gutachtern und Gericht erfolgen.*

Eine Entscheidung, die sich auf ein insuffizientes Gutachten stützt, ist rechtlich angreifbar und aufzuheben. Das Gericht kann ggf. ein **Ergänzungsgutachten** anfordern, Nachfragen stellen oder den Gutachter im Termin ergänzend und klarstellend anhören.

Bezüglich der Gutachtenpflicht offenbart sich ein Phänomen, das das Betreuungsrecht wie ein roter Faden durchzieht:

> 90 % und mehr der Entscheidungen im Betreuungsrecht werden konsensual getroffen bzw. ohne Widerspruch akzeptiert, in Unterbringungssachen mag die Quote der Beschwerdeverfahren höher liegen.

Hier erscheint es überdimensioniert und „l'art pour l'art" wenn in solch einer Konstellation die Voraussetzungen im Verfahren sehr „hoch gehängt" werden. Keineswegs sollte aber von dem „Mehr-Augen-Prinzip" abgewichen werden, das dem Betreuungs- und Unter-

240 BtKomm/Dodegge, 6. Aufl., Teil G, Rn. 246 zu § 321 FamFG.

241 BGH 22.3.2022, XII ZB 24/22 zit. nach Bt-Recht (Reguvis), dogmatisch richtig, in der Praxis geeignet Irritationen zu fördern, ggf. ist eine Verwendung als Attest im eA-Verfahren in Betracht zu ziehen.

242 OLG München, Beschl. v. 22.9.2005, 33 Wx 159/05, 33 Wx 160/05, BtPrax 2005, 231.

243 Diekmann, BtPrax, 2015, 169, 2171.

bringungsrecht immanent ist. So erscheint es als eine Rückkehr in Entmündigungszeiten, wenn die Gutachtenpflicht womöglich relativiert werden soll. Aber ein wenig „Abrüstung" erscheint vertretbar.

(3) Die Notwendigkeit und Sinnhaftigkeit externer Gutachten

– oder: Wann kann der Behandler zugleich Gutachter sein?

Der Arzt, der die Unterbringung angeregt hat oder der Behandler sollten generell nicht als Gutachter bestellt werden.[244] Das ist zwar bei Unterbringungen gesetzlich nicht verboten, aber zumindest aus der Betroffenensicht besteht gegebenenfalls die Gefahr der Voreingenommenheit oder einer Interessenkollison.

Bei der Genehmigung einer ärztlichen Zwangsmaßnahme ist es in § 321 Abs. 1 Nr. 5 gesetzlich normiert, dass Gutachter nicht der Behandler sein „soll". Das „soll" wird im Regelfall zum „muss", die Beauftragung des Behandlers sollte die Ausnahme sein, die nachvollziehbar und plausibel im Beschluss zu begründen ist.[245] Dabei ist der Behandler i.S.v. § 321 Abs. 1 S. 5 allerdings nur der zwangsbehandelnde Arzt. Für andere Behandler der betroffenen Person (z.B. den niedergelassenen, ambulant tätigen Arzt) gilt diese Regel nach dem Gesetzeswortlaut nicht, hier gelten wieder die allgemeinen Grundsätze.

Wird der Behandler als Gutachter tätig, muss er dies der betroffenen Person gegenüber klarstellen und kann sich im Gutachten nicht allein auf Vorkenntnisse aus der Behandlung stützen,[246] sondern muss die erforderliche Exploration zwecks Begutachtung durchführen.

Für behandelnde Ärzte und Therapeuten ist die gleichzeitige Bearbeitung eines Gutachtenauftrags weniger aus rechtlichen, vielmehr aus praktischen und therapeutischen Gründen oft von vornherein problematisch. Das **Verhältnis zum Patienten** kann einer erheblichen Belastung ausgesetzt sein. Bei der Begutachtung gilt die Schweigepflicht nicht, das Vertrauensverhältnis kann so belastet werden. Andererseits ist es aber auch „praktisch", eine ärztliche Stellungnahme von jemandem zu erhalten, der den Patienten/die betroffene Person kennt.

Die **Schweigepflicht** kann zum großen Problempunkt werden: Als Behandler hat man eine Schweigepflicht, als Gutachter hingegen nicht. Daher können Erkenntnisse, die allein aus der Behandlungssituation herrühren, nur bei einer **Schweigepflichtsentbindung** verwendet werden.[247] Das wird häufig so sein, daher sollte in aller Regel eine Schweigepflichtsentbindung vorliegen.

Auch wenn § 321 Abs. 1 S. 5 FamFG nur eine Sollvorschrift ist, die noch zusätzlich dadurch relativiert wird, dass der Behandler bei vorläufigen Genehmigungen im Eilverfahren durchaus ein ärztliches Zeugnis erstatten kann (siehe zum Thema „Eilfall" 6., S. 134 ff.), ist sie wesentlich und stets zu beachten. Sie sollte aber auch bei der Unterbringung und freiheits-

244 BtKomm/Dodegge, 6. Aufl., Teil G, Rn. 248 zu § 321 FamFG; Lesting in Marschner/Lesting/Stahmann, Rn. 15 zu § 321 FamFG.

245 Lesting, Rn. 11; Jox in Jox/Fröschle, Rn. 4a zu § 321 FamFG.

246 Dodegge a.a.O.

247 Marschner/Lesting/Stahmann, Rn. 44 zu § 321 FamFG; Jox in Jox/Fröschle, Rn. 4 zu § 321 FamFG.

entziehenden Maßnahmen zur Regel gemacht werden, denn eine sorgfältige Prüfung ist letztlich nur gegeben, wenn das „Mehr-Augen-Prinzip" beachtet wird.[248]

Das Recht schreibt ferner die **Kontrolle durch das unabhängige, neutrale Gericht** vor. Dazu passt sinnvollerweise nur die Einholung eines Gutachtens bei einem neutralen Sachverständigen. Rechtsstaatliche „Checks und Balances" sind bei den unter Zeitdruck und Arbeitsverdichtung leidenden Praktikern unbeliebt, sie sind aber in Anbetracht der Grundrechtsrelevanz der hier maßgebenden Lebenssachverhalte unabdingbar.

Es geht auch nicht darum, die Fachlichkeit der Behandler zu bezweifeln, sondern es ist der schlichten Erkenntnis Rechnung zu tragen, dass es auch in der Welt der Medizin nicht immer nur eine Lösung und vor allem widerstreitende Gesichtspunkte gibt.

Nicht zu verkennen ist auch, dass in vielen Gegenden Deutschlands unabhängige Gutachter eben nicht in ausreichender Zahl vorhanden sind, so dass der Druck der Verhältnisse und das Gebot, eilig eine Entscheidung zu treffen, hier die Notwendigkeit begründen kann, auf externe Begutachtung zunächst zu verzichten und gegebenenfalls vorläufig aufgrund der Einschätzung der Behandler zu entscheiden.

Die Regelung schließt nicht aus, dass der **ambulant behandelnde Psychiater**, der – logischerweise – nicht der zwangsbehandelnde Arzt ist, ein Gutachten anfertigt. Ob dies dem Grundsatz des Vorranges externer Gutachten wirklich entspricht, ist zweifelhaft. Eine Begutachtung durch den ambulant behandelnden Nervenarzt wird aber in der Regel aus praktischen Gründen scheitern (keine Kapazität des Behandlers) bzw. von diesem abgelehnt werden, um das Arzt-Patienten-Verhältnis nicht zu gefährden.

Eine weitereBesonderheit ist bei der **Langzeitunterbringung** zu beachten.. Nach § 329 Abs. 2 S. 2 FamFG soll bei Unterbringungen von mehr als vier Jahren Gesamtdauer kein Sachverständiger bestellt werden, der den Betroffenen bis dahin begutachtet oder behandelt hat oder in der Einrichtung tätig ist, in der der Betroffene untergebracht ist.

Entsprechendes gilt bei einer **Zwangsbehandlung** von mehr als zwölf Wochen Dauer. Hier gilt also ein doppeltes „Soll" bezüglich eines externen Gutachters, aber auch dieser soll bei einer Dauer von mehr als zwölf Wochen „ausgewechselt" werden (§ 329 Abs. 3 FamFG).

Das Gericht muss zu einer eigenen Entscheidung kommen und ist nicht an das Gutachten gebunden.[249] Allerdings muss sich eine Maßnahme immer auf eine gutachterliche Einschätzung stützen können. Unterbleibt eine Maßnahme gegen die Empfehlung eines Gutachters, so ist dies rechtlich unproblematisch. Ob dies inhaltlich richtig ist, ist „Tatfrage".

248 Siehe auch BtKomm/Dodegge, Teil G.

249 Damrau/Zimmermann, Rn. 4 zu § 321 FamFG; Lesting in Marschner/Lesting/Stahmann, Rn. 37 zu § 321 FamFG; noch im Detail weiterführend BtKomm/Dodegge, 6. Aufl., Teil G, Rn. 257 zu § 321 FamFG.

Praxistipp

In jedem Fall muss das Gericht sich nach kritischer Würdigung des Sachverständigengutachtens einen eigenen Eindruck von der Richtigkeit der durch den Sachverständigen gezogenen Schlüsse verschaffen.[250] *Es reicht somit nicht aus, sich auf das Gutachten pauschal zu beziehen.*

Eine kürzere Frist für die Genehmigung von Unterbringung, freiheitsentziehenden Maßnahmen oder Zwangsmaßnahmen zu wählen als vom Gutachten empfohlen, ist mithin in der Regel unproblematisch. Will der Richter eine längere Frist als empfohlen beschließen, so ist dies schwierig. Es muss sich dann aus dem Inhalt des Gutachtens ergeben, dass auch eine längere Frist zu rechtfertigen ist. Dabei ist Vorsicht und Zurückhaltung geboten.

Beispiel

Im Gutachten ist ausgeführt, dass eine Behandlung unter geschlossenen Bedingungen wohl sechs Wochen mindestens dauern werde. Aber es werden dann nur drei Wochen empfohlen, weil der Betroffene dies möglicherweise eher akzeptieren könnte.

Der Richter kann entscheiden, welchen Stellenwert die mögliche Akzeptanz hat und ob er diese für tragfähig und entscheidungserheblich hält.

(4) Atteste

Bei unterbringungsähnlichen Maßnahmen reicht ein ärztliches Zeugnis (Attest) aus.

Die „ärztlichen Zeugnisse" sind in der Praxis von sehr **unterschiedlicher Qualität**. So wird gern einmal attestiert „Frau X ist völlig verwirrt und benötigt Bettgitter". Das ist in jedem Falle unzureichend und keine Grundlage für eine Genehmigungsentscheidung.

Bei einem Attest ist ebenfalls **Voraussetzung**,

- dass die betroffene Person vom Attestierenden gesehen wurde,
- eine Diagnose ist erforderlich ebenso wie
- eine medizinische Begründung für die Maßnahme, um die es geht.

Wegen der oft unterschätzten tatsächlichen, aber auch grundrechtlichen Bedeutung der freiheitsentziehenden unterbringungsähnlichen Maßnahmen, erscheint es unangemessen, dass generell ein Attest genügen soll.[251] Es bedarf jedenfalls bei der Erstgenehmigung einer gründlichen ärztlichen Recherche und Stellungnahme. Alternativ wäre zu erwägen, ein ärztliches Zeugnis ausreichen zu lassen, wenn ein ausführliches, vom Gericht eingeholtes Pflegegutachten (pflegewissenschaftliches Gutachten) vorliegt.

Richter sind aufgrund des **Amtsermittlungsgrundsatzes** durchaus frei, das Verfahren entsprechend zu gestalten und statt eines Zeugnisses ein Gutachten einzuholen.

250 BGH, BtPrax 2012, 250.
251 Engelfried, Grundrechtereport 2010, 65 f.

Auch in **Eilverfahren** (bei einstweiligen Anordnungen) ist ein ärztliches Zeugnis gegebenenfalls ausreichend (siehe zum „Eilfall" 6., Seite 135 ff.). Die einstweilige Anordnung einer Unterbringung oder Zwangsbehandlung kann nach § 331 FamFG gegebenenfalls auf ein ärztliches Attest gestützt werden. Auch hier muss der Attestierende zumindest auf dem Gebiet der Psychiatrie erfahren sein.

Hinweis

Im Zusammenhang mit Eilentscheidungen ist das Bedürfnis ein ärztliches Zeugnis genügen zu lassen, nachvollziehbar. Dennoch sollte man sich darüber im Klaren sein, dass mit einer einstweiligen Anordnung schon früh Fakten geschaffen werden, so dass mit dieser Art der Verfahrens-„Verschlankung" vorsichtig umzugehen ist.

(5) Verfahren

Das Gutachten ist vor der gerichtlichen Entscheidung den Beteiligten zur Verfügung zu stellen (§ 37 Abs. 2 FamFG).[252] Das gebietet schon der Grundsatz des rechtlichen Gehörs.

Das Gutachten muss insbesondere zur Wahrung des rechtlichen Gehörs der betroffenen Person vor der Entscheidungsfindung und -erstellung[253] vollständig vorliegen und der betroffenen Person muss darüber hinaus auch **Gelegenheit zur Stellungnahme** gegeben werden.[254] Ist dies nicht möglich, ist gegebenenfalls eine vorläufige Entscheidung zu treffen, bevor in der Hauptsache entschieden wird. Das wird in der Praxis oft schwierig, ist aber zu beachten, selbst wenn die betroffene Person wenig Interesse für Details des Gutachtens zeigt. Eine Zusendung des Gutachtens an den Verfahrenspfleger ist zwar erforderlich, reicht aber nicht aus.

Es wird angenommen, dass bei einer Gesundheitsgefährdung der betroffenen Person von einer Bekanntgabe des Gutachtens abzusehen ist. Von dieser **Ausnahme** kann und darf nur im absoluten Ausnahmefall Gebrauch gemacht werden.[255] So reicht insbesondere die Befürchtung fehlender Compliance in der nahen Zukunft nicht aus. Wenn dies geschieht, muss das Gericht einen Verfahrenspfleger bestellen und der Verfahrenspfleger muss das Gutachten mit der betroffenen Person besprechen.[256]

Bei Verstoß gegen diesen Grundsatz darf das Gutachten nicht verwertet werden und eine entsprechende Genehmigungsentscheidung ist fehlerhaft.

Weigert sich die betroffene Person, sich begutachten zu lassen, besteht die Möglichkeit der **Zuführung oder gar Unterbringung zur Begutachtung**. Dies bestimmt § 322 FamFG, der auf die Regelungen der §§ 283, 284 FamFG für das Betreuungsverfahren Bezug nimmt. Diese Maßnahmen erfordern, dass die Begutachtung ohne Zwang zuvor ver-

252 BGH, Beschl. v. 16.9.2015, XII ZB 250/15, juris.

253 BGH, Beschl. v. 13.4.2022, XII ZB 267/21, zit. nach Bt-Recht (Reguvis); BGH, BtPrax 2013, 25,26; Dodegge, Aktuelles zum Betreuungsrecht, BtPrax 2013, 4.

254 BGH a.a.O; Schleswig-Holsteinisches OLG, Beschl. v. 18.7.2007, 2 W93/07, BtPrax 2008, 43; OLG München, Beschl. v. 22.9.2005, 33 Wx 159/05, 33 Wx 160/05, BtPrax 2005, 231.

255 OLG München, a.a.O.; Lesting in Marschner/Lesting/Stahmann, Rn. 33 zu § 321 FamFG.

256 BGH, Beschl. v. 1.2.2023, XII ZB 130/22, BtPrax 2023, 112 f.

sucht worden sein muss. Außerdem muss eine gewisse Plausibilität des Unterbringungsantrags gegeben sein.

Hinweis

*Vor der Vorführung **soll**, vor der Unterbringung **muss** der Betroffene angehört werden.*

Die Unterbringung zur Begutachtung ist maximal sechs Wochen zulässig und soll nur nach „Anhörung" eines Sachverständigen erfolgen. Diese Anhörung kann logischerweise nach Aktenlage erfolgen, muss aber aktenkundig dokumentiert sein. Der Sachverständige muss sich zum „ob" und zum „wie lange" der Unterbringung zur Begutachtung äußern.

d) Anhörung des Betroffenen

§ 319 FamFG Anhörung des Betroffenen

(1) Das Gericht hat den Betroffenen vor einer Unterbringungsmaßnahme persönlich anzuhören und sich einen persönlichen Eindruck von ihm zu verschaffen. Den persönlichen Eindruck verschafft sich das Gericht, soweit dies erforderlich ist, in der üblichen Umgebung des Betroffenen.

(2) In der Anhörung erörtert das Gericht mit dem Betroffenen das Verfahren, das Ergebnis des übermittelten Gutachtens und die mögliche Dauer einer Unterbringung. Hat das Gericht dem Betroffenen nach § 317 einen Verfahrenspfleger bestellt, soll die persönliche Anhörung in dessen Anwesenheit stattfinden.

(3) Soll eine persönliche Anhörung nach § 34 Abs. 2 unterbleiben, weil hiervon erhebliche Nachteile für die Gesundheit des Betroffenen zu besorgen sind, darf diese Entscheidung nur auf Grundlage eines ärztlichen Gutachtens getroffen werden. Unterbleibt aus diesem Grund die persönliche Anhörung, so bedarf es auch keiner Verschaffung eines persönlichen Eindrucks.

(4) Verfahrenshandlungen nach Absatz 1 sollen nicht im Wege der Rechtshilfe erfolgen.

(5) Das Gericht kann den Betroffenen durch die zuständige Behörde vorführen lassen, wenn er sich weigert, an Verfahrenshandlungen nach Absatz 1 mitzuwirken.

(6) Gewalt darf die Behörde nur anwenden, wenn das Gericht dies ausdrücklich angeordnet hat. Die zuständige Behörde ist befugt, erforderlichenfalls um Unterstützung der polizeilichen Vollzugsorgane nachzusuchen.

(7) Die Wohnung des Betroffenen darf ohne dessen Einwilligung nur gewaltsam geöffnet, betreten und durchsucht werden, wenn das Gericht dies zu dessen Vorführung zur Anhörung ausdrücklich angeordnet hat. Bei Gefahr im Verzug kann die Anordnung nach Satz 1 durch die zuständige Behörde erfolgen. Durch diese Regelung wird das Grundrecht auf Unverletzlichkeit der Wohnung aus Artikel 13 Absatz 1 des Grundgesetzes eingeschränkt.

Die persönliche Anhörung der betroffenen Person vor einer Unterbringungsmaßnahme dient zum einen der Wahrung des rechtlichen Gehörs. Der entscheidende Richter soll sich aber auch einen persönlichen Eindruck von der betroffenen Person verschaffen, wenn notwendig, in der üblichen Umgebung. Letzteres wird nicht möglich sein, wenn sich die betroffene Person schon im Krankenhaus oder einer sonstigen Einrichtung befindet, auch wenn dies gerade (noch) nicht seine übliche Umgebung ist. Ist die betroffene Person noch nicht untergebracht, ist es in der Regel erforderlich, ihn in seiner üblichen Umgebung anzuhören.

Anders als bei Einrichtung, Erweiterung, Verlängerung der Betreuung in § 278 FamFG hat die betroffene Person kein Widerspruchsrecht gegen die Anhörung in der üblichen Umgebung.[257] es wird jedoch sinnvoll und zielführend sein dem nachzugeben, wenn die betroffene Person ausdrücklich eine Anhörung außerhalb ihrer eigenen Häuslichkeit oder sonstigen persönlichen Umgebung wünscht. Im Hinblick auf Artikel 13 GG kann sich sogar bei nachhaltigem „Nein" der betroffenen Person ein Bestehen auf der Anhörung in der Wohnung verbieten.[258]

Die Anhörung ist **nach** Vorlegen des **Gutachtens** und **vor** der **Beschlussfassung** zu legen. Wird die Unterbringungsmaßnahme abgelehnt oder ist aus anderen Gründen eine stattgebende Entscheidung notwendig, bedarf es keiner Anhörung.

§ 319 FamFG wurde im Rahmen der Betreuungsrechtsreform 2023 geringfügig geändert, allerdings mehr aus redaktionellen Gründen. An der Bedeutung der Anhörung hat sich jedenfalls nichts geändert. § 319 regelt in seiner jetzigen Fassung das, was ohnehin notwendig und zumindest „good practice" war bezüglich des Inhalts der Anhörung:

> Das Verfahrens an sich, das Gutachten sowie die mögliche Unterbringungsdauer sind zu besprechen.[259]

Die Anhörung ist ein wesentliches Kernstück des Verfahrens, die richterliche „Königsdisziplin". Die Anhörung in angemessener Form und Art und Weise ist ein Gebot der Menschenwürde und des rechtlichen Gehörs. Der Richter soll hier den Eindruck aus dem Gutachten vertiefen bzw. überprüfen, gegebenenfalls Widersprüche aufklären. Sie ist damit auch elementarer Teil der gebotenen Amtsermittlung des Gerichts nach § 26 FamFG.[260]

Die betroffene Person muss zunächst einmal wahrnehmen können, dass es sich um eine richterliche Anhörung zu einer geschlossenen Unterbringung handelt. Ein oberflächliches „Vorbeirauschen" verbietet sich daher. Die betroffene Person soll und muss Gelegenheit haben, ihre Sicht der Dinge darzulegen. Dazu ist ihr mit ausreichend Zeit und professioneller Empathie ein angemessenes Forum zu verschaffen.[261]

Die Anhörung ist mithin keine bloße Formalität, gewiss auch keine unverbindliche Plauderei, aber eben auch keine Vernehmung.[262] Gegebenenfalls muss sich das Gericht auch be-

257 BtKomm/Dodegge, 6. Aufl., Teil G, Rn. 215 zu § 319 FamFG.

258 BtKomm/Dodegge, Teil G, Rn. 215 zu § 319 FamFG; Lesting in Marschner/Lesting/Stahmann, Rn. 7 zu § 319 FamFG; s.a. BtKomm/Dodegge, 6. Aufl., Teil G, Rn. 214 zu § 319 FamFG; Jox in Jox/Fröschle, Rn. 4 zu § 319 FamFG.

259 Jox, a.a.O.

260 BtKomm/Dodegge, 6. Aufl., Teil G, Rn. 212 zu § 319 FamFG.

261 Zum Inhalt und zur Art und Weise der Anhörung sehr treffend, instruktiv und umfassend Lesting in Marschner/Lesting/Stahmann, Rn. 11–13 und 16 zu § 319 FamFG; s.a. BtKomm/Dodegge, 6. Aufl., Teil G, Rn. 217 zu § 319 FamFG.

262 Lesting in Marschner/Lesting/Stahmann, Rn. 12 zu § 319 FamFG.

mühen, den natürlichen Willen des betroffenen Menschen durch nonverbale Kommunikation zu ermitteln.[263] Die Anhörung ist **Teil der Beweisaufnahme,**[264] eben durch Verschaffen des persönlichen Eindrucks von der Situation der betroffenen Person, gegebenenfalls seiner persönlichen Umgebung. An dem so gewonnen Eindruck prüft der Richter zugleich abschließend die Plausibilität der gutachterlichen Feststellungen und Einschätzungen.

Der betroffenen Person muss die Chance eingeräumt werden, sich im Rahmen ihrer Möglichkeiten zu dem Unterbringungsantrag, dem Gutachten und zu der Unterbringung an sich zu äußern. Dass dies bei einem psychisch kranken Menschen nicht immer zielführend sein mag, liegt auf der Hand. Andererseits wissen aber auch viele betroffene Personen gut über ihre Erkrankung Bescheid. Manchmal tun sich in der Anhörung auch neue Aspekte oder Fakten auf.

Die Anhörung ist **nicht öffentlich**. Ein bestellter Verfahrenspfleger hat das Recht zur Teilnahme, grundsätzlich auch der Betreuer (bei Widerspruch der betroffenen Person hat der Richter abzuwägen), eine von der betroffenen Person benannte Vertrauensperson sowie ggf. der Sachverständige oder nach Zustimmung der betroffenen Person vom Richter mit sachlichem Grund zugelassene Personen.[265] Hat die Anhörung ohne den Verfahrenspfleger stattgefunden und hatte dieser auch keine Teilnahmemöglichkeit, so ist die Anhörung rechtsfehlerhaft und muss wiederholt werden.[266]

Der wesentliche **Inhalt der Anhörung** ist in einem Vermerk aktenkundig zu machen.

Die Anhörung der betroffenen Person kann unterbleiben, wenn nach dem ärztlichen Gutachten erhebliche Nachteile für die Gesundheit des Betroffenen zu „besorgen" sind. Diese Einschränkung ist allerdings nicht praxisrelevant.[267] Auch die Corona-Pandemie war kein hinreichender Grund von Anhörungen abzusehen,[268] schon gar nicht dauerhaft.

Nach § 34 Abs. 2 FamFG kann die persönliche Anhörung entfallen, wenn die betroffene Person nicht in der Lage ist, seinen Willen kundzutun. Ein typischer Fall von Juristenhybris: Wer seinen Willen nicht kundtun kann, kann sich nicht äußern, deshalb kann er nicht angehört werden; ein „Absehen" davon ist „alternativlos". Die Vorschrift kann nämlich in Anbetracht des Grundsatzes des rechtlichen Gehörs und der Beteiligtenstellung der betroffenen Person nur sehr eng ausgelegt werden. Dassdie betroffene Person verwirrt ist und „nichts Sinnvolles" sagt, ist unerheblich. Sie muss schon kommunikationsunfähig sein, damit die Anhörung entfallen kann. Gegebenenfalls ist dazu auch eine ärztliche Stellungnahme einzuholen oder zumindest heranzuziehen.

Von der Tatsache, dass die betroffene Person ihren Willen nicht kundtun kann, muss sich der Richter selbst überzeugen. Der persönliche Eindruck muss nämlich gleichwohl einge-

263 BGH, Beschl. v. 27.6.2018, XII ZB 601/17, Bt Prax 2018 235 f.
264 Lesting in Marschner/Lesting/Stahmann, Rn. 12 zu § 319 FamFG.
265 Lesting in Marschner/Lesting/Stahmann, Rn. 14 zu § 319 FamFG.
266 BtKomm/Dodegge, 6. Aufl., Teil G, Rn. 213 zu § 319 FamFG; BGH BtPrax 2018, 113.
267 So klar und drastisch Damrau/Zimmermann, Rn. 14 zu § 319 FamFG.
268 BtKomm/Dodegge, 6. Aufl., Teil G, Rn. 213 zu § 319 FamFG; BGH BtPrax 2021, 29, 31 und 109; Engelfried, Betrifft Justiz 2020, 735 m.w.N. zur seinerzeitigen Diskussion.

holt werden.[269] Allerdings ist hier der Eindruck des ersuchten Richters im Wege der Rechtshilfe ausreichend und angemessen.[270]

Neben der Anhörung – also dem Gespräch – ist **der persönliche Eindruck** maßgebend. Diesen hat sich der erkennende Richter zu verschaffen. Sinn dieser Klausel ist, dass der Richter wenigstens im kurzen Zeitfenster einer Anhörung verifizieren soll und muss, was der Gutachter, die anregende Person oder Stelle, die Betreuungsbehörde oder andere mitgeteilt haben. Das kann sich in Ausdrucksweise, Allgemeinzustand, Gesprächsinhalte, Erscheinungsbild manifestieren.

Der persönliche Eindruck ist ein elementarer Bestandteil der Überzeugungsbildung.

Zu beachten ist, dass die betroffene Person nach § 316 FamFG verfahrensfähig ist und zwar ohne Rücksicht auf ihre Geschäftsfähigkeit. D.h. sie ist nicht nur unabhängig von ihrer Geschäftsfähigkeit immer anzuhören, sie kann auch Anträge stellen, Rechtsmittel einlegen etc.

Allerdings ist die Anhörung nicht nur ein dispositives Recht der betroffenen Person. Sie kann auch mittels Zwang herbeigeführt und die betroffene Person nach § 319 Abs. 5 FamFG vorgeführt werden. Die **Vorführung** erfordert einen richterlichen Beschluss.[271] Die Vorführung wird von der zuständigen Behörde durchgeführt (Betreuungs- oder Unterbringungsbehörde). Gegebenenfalls ist anzuordnen, dass das Betreten der Wohnung und die Anwendung von Zwang bzw. Gewalt gestattet ist.[272]

Dies ist seit 2013 auch in § 319 Abs. 6 und Abs. 7 FamFG ausdrücklich geregelt und wurde für Betreuungsrechtsreform 2023 übernommen. Damit sind erhebliche verfassungsrechtliche Bedenken beseitigt worden. Gleichwohl ist wegen des hohen Schutzgehalts des Artikels 13 GG – Unverletzlichkeit der Wohnung – der **Grundsatz der Verhältnismäßigkeit** genauestens zu beachten.[273] Zwar ist der Richter nicht gehalten, zu jeder erdenklichen Tageszeit und an jedem erdenklichen Ort die Anhörung zu versuchen, aber es ist doch vorrangig zu prüfen, ob gegebenenfalls ein weiterer Versuch in Betracht zu ziehen ist, bevor es zur Vorführung kommt.

Ist eien Anhörung nicht möglich oder liegen die Voraussetzungen für ein Unterlassen der Anhörung vor, ist in jedem Fall zwingend ein Verfahrenspfleger zu bestellen.

e) Beteiligung und Anhörung anderer Personen bzw. Institutionen

§ 315 FamFG regelt, wer am Verfahren beteiligt ist. § 315 FamFG ist die Spezialnorm zur allgemeinen Verfahrensregel des § 7 FamFG, der „Kann"- und „Muss"-Beteiligte kennt.

269 Lesting in Marschner/Lesting/Stahmann, Rn. 17 zu § 319 FamFG; BtKomm/Dodegge, 6. Aufl., Teil G, Rn. 224 zu § 319 FamFG.
270 Siehe Damrau/Zimmermann, Rn. 19 zu § 319 FamFG.
271 Damrau/Zimmermann, Rn. 22 zu § 319 FamFG.
272 Damrau/Zimmermann, a.a.O.; Lesting in Marschner/Lesting/Stahmann, Rn. 25 zu § 319 FamFG.
273 A.a.O.

Zwingend und **immer** zu beteiligen sind:

- Die betroffene Person,
- der Betreuer bzw. der Bevollmächtigte,
- der bestellte Verfahrenspfleger sowie
- auf ihren Antrag hin die zuständige Behörde (Betreuungsbehörde). Dazu ist es erforderlich, dass die Behörde von dem Unterbringungsverfahren unverzüglich Kenntnis erhält.

Weiterhin gibt es die fakultativ zu beteiligenden Personen gem. § 315 Abs. 4 FamFG. **Im Interesse der betroffenen Person** können beteiligt werden:

- dessen Ehegatte oder Lebenspartner, wenn die Ehegatten oder Lebenspartner nicht dauernd getrennt leben, sowie dessen Eltern und Kinder, wenn die betroffene Person bei diesen lebt oder bei Einleitung des Verfahrens gelebt hat, sowie die Pflegeeltern,
- eine von ihr benannte Person seines Vertrauens,
- der Leiter der Einrichtung, in der die betroffene Person lebt.

Da diese Beteiligten im Interesse der betroffenen Person beteiligt werden können, muss der betroffenen Person ein **Widerspruchsrecht** gegen die jeweilige Beteiligung zugestanden werden.

Der Ehegatte ist übrigens im Falle der freiheitsentziehenden Maßnahmen zwingend zu beteiligen und anzuhören, wenn das **Ehegattenvertretungsrecht** nach § 1358 BGB ausgeübt wird, denn der Ehegatte steht dann in dieser Situation funktional dem Bevollmächtigten oder Betreuer gleich.

Die Beteiligten sind gemäß § 320 FamFG anzuhören, die zuständige Behörde soll angehört werden, d.h. in der Regel auch dann, wenn sie nicht Beteiligter ist.

Ein Beteiligter hat volle Verfahrensrechte.

f) Rechtsmittel

Gegen Endentscheidungen des Betreuungsgerichts gibt es das Rechtsmittel der (befristeten) **Beschwerde** nach § 58 FamFG. Die Beschwerdefrist beträgt nach § 63 Abs. 1 FamFG

- einen Monat bei Hauptsacheentscheidungen,
- zwei Wochen bei einstweiligen Anordnungen nach § 63 Absatz 2 Nr. 1 FamFG.

Die Beschwerde ist bei dem Betreuungsgericht einzulegen, dessen Entscheidung angefochten werden soll, wie sich aus § 64 FamFG ergibt. Dies hat nach § 64 -abs. 2 FamFG durch eine Beschwerdeschrift oder zur Niederschrift der Geschäftsstelle zu geschehen. Die betroffene Person kann die Beschwerde auch bei dem Amtsgericht einlegen, in dessen Bezirk er untergebracht ist.

Die Beschwerde soll begründet werden, das erscheint sinnvoll. Eine Beschwerde ohne Begründung ist allerdings nicht unzulässig. Eine Rücknahme der Beschwerde oder ein Verzicht darauf ist bis zur Endentscheidung des Gerichts nach § 67 FamFG möglich.

Ist die Hauptsache erledigt, insbesondere die Unterbringung beendet, so gibt § 62 FamFG aber gleichwohl eine Beschwerdemöglichkeit bzw. die Möglichkeit der Aufrechterhaltung der Beschwerde, mit dem ziel feststellen zu lassen, dass der Beschwerdeführer in seinen Rechten verletzt worden ist, wenn ein sogen. Fortsetzungsfestellungsintersse besteht, insbesondere dann, wenn schwere Grundrechtseinggriffe vorliegen oder eine Wiederholung konkret zu erwarten ist.

Beschwerdeberechtigt sind:

- Die betroffene Person selbst;
- der Verfahrenspfleger, der nur insoweit beschwerdebefugt ist, als die betroffene Person von der Entscheidung belastet ist; wird also z.B. keine Unterbringung angeordnet, so ist er nicht beschwerdebefugt;
- die zuständige Behörde nach § 335 Abs. 4 FamFG;
- der Betreuer – sofern sein Aufgabenkreis betroffen ist – sowohl, wenn sein Antrag abgelehnt wird, als auch zugunsten bzw. im Namen seines Betreuten siehe § 335 Abs. 3 FamFG;[274]
- entsprechend der Vorsorgebevollmächtigte;
- der vertretende Ehegatte, sofern er im Rahmen des Ehegattenvertretungsrechts nach § 1358 BGB handelt (also bei freiheitsentziehenden Maßnahmen).

Ferner sind gemäß § 335 Abs. 1 FamFG folgende Personen im Interesse des Betroffenen beschwerdeberechtigt, wenn sie beteiligt worden sind:

- der nicht dauerhaft getrenntlebende Ehegatte oder Lebenspartner der betroffenen Person (auch und gerade dann wenn das Ehegattenvertretungsrecht nicht greift, wie bei Unterbringung und Zwangsbehandlung);
- Eltern und Kinder der betroffenen Person, die mit der betroffenen Person zusammenleben;
- weiterhin die von der betroffenen Person benannte Vertrauensperson sowie der Leiter der Einrichtung, in der die betroffene Person lebt.

Beschwerdegericht ist nach § 72 Abs. 1 Satz 2 GVG das Landgericht. Die Beschwerdeinstanz ist gehalten, die gesamte tatsächliche und rechtliche Seite noch einmal zu prüfen (§ 68 FamFG), kann allerdings nach § 68 Abs. 3 Satz 2 von einer Anhörung oder sonstigen Verfahrenshandlungen (z.B. Gutachteneinholung) absehen, wenn diese in erster Instanz vorgenommen wurden und von einer zusätzlichen Vornahme dieser Verfahrenshandlung keine zusätzlichen Erkenntnisse zu erwarten sind. Dies ist aber genau zu prüfen und zu begründen.

Regelhaft muss auch die zweite Instanz die betroffene Person anhören. Ein bloßer Verweis auf die erstinstanzliche Anhörung entwertet das Beschwerderecht.[275] Im Einzelfall kann es

274 Der Betreuer soll bei Ablehnung seines Unterbringungsantrages nicht beschwerdebefugt sein, so LG Berlin FamRZ 2018, 1859. So auch Dodegge, Neues aus dem Betreuungsrecht, BtPrax 2020, 3, 5. Ich halte das für nicht sachgerecht und nicht logisch.

275 Siehe auch BtKomm/Dodegge, Teil G, Rn. 392 zu §§ 58, 70 FamFG.

sogar nicht einmal ausreichend sein, dass nur ein Kammermitglied als ersuchter Richter die Anhörung durchführt.[276]

Unter den Voraussetzungen der §§ 70 ff. FamFG ist die Rechtsbeschwerde an den Bundesgerichtshof möglich. Hier werden nach § 72 FamFG nur noch eventuelle Rechtsverletzungen geprüft.

g) Der Verfahrenspfleger

In § 317 FamFG ist die Bestellung des/eines Verfahrenspflegers in Unterbringungsverfahren geregelt.

§ 317 FamFG Verfahrenspfleger

(1) Das Gericht hat dem Betroffenen einen Verfahrenspfleger zu bestellen, wenn dies zur Wahrnehmung der Interessen des Betroffenen erforderlich ist. Die Bestellung ist insbesondere erforderlich, wenn von einer Anhörung des Betroffenen abgesehen werden soll. Bei der Genehmigung einer Einwilligung in eine ärztliche Zwangsmaßnahme oder deren Anordnung ist die Bestellung eines Verfahrenspflegers stets erforderlich.

(2) Bestellt das Gericht dem Betroffenen keinen Verfahrenspfleger, ist dies in der Entscheidung, durch die eine Unterbringungsmaßnahme genehmigt oder angeordnet wird, zu begründen.

(3) Der Verfahrenspfleger hat die Wünsche, hilfsweise den mutmaßlichen Willen des Betroffenen festzustellen und im gerichtlichen Verfahren zur Geltung zu bringen. Er hat den Betroffenen über Gegenstand, Ablauf und möglichen Ausgang des Verfahrens in geeigneter Weise zu informieren und ihn bei Bedarf bei der Ausübung seiner Rechte im Verfahren zu unterstützen. Er ist nicht gesetzlicher Vertreter des Betroffenen.

(4) Als Verfahrenspfleger ist eine natürliche Person zu bestellen. Wer Verfahrenspflegschaften im Rahmen seiner Berufsausübung führt, soll nur dann zum Verfahrenspfleger bestellt werden, wenn keine andere geeignete Person zur Verfügung steht, die zur ehrenamtlichen Führung der Verfahrenspflegschaft bereit ist.

(5) Die Bestellung eines Verfahrenspflegers soll unterbleiben oder aufgehoben werden, wenn die Interessen des Betroffenen von einem Rechtsanwalt oder einem anderen geeigneten Verfahrensbevollmächtigten vertreten werden.

(6) Die Bestellung endet, sofern sie nicht vorher aufgehoben wird, mit der Rechtskraft der Endentscheidung oder mit dem sonstigen Abschluss des Verfahrens.

(7) Die Bestellung eines Verfahrenspflegers oder deren Aufhebung sowie die Ablehnung einer derartigen Maßnahme sind nicht selbständig anfechtbar.

(8) Dem Verfahrenspfleger sind keine Kosten aufzuerlegen.

276 BGH Beschl. v. 11.7.2018, XII ZB 72/18, BtPrax 2018, 232 f.

(1) Allgemeines

Der Verfahrenspfleger ist eine Interessenvertretung der betroffenen Person im gerichtlichen Verfahren – hier: Unterbringungsverfahren.

Die **Bestellung** erfolgt durch Beschluss des Betreuungsgerichts. Diese Bestellung hat möglichst früh zu erfolgen.[277] Die **Tätigkeit** des Verfahrenspflegers **endet** mit der Beendigung des Verfahrens, d.h. in der Regel mit der Rechtskraft der Endentscheidung oder Rücknahme des Unterbringungsantrags oder durch gerichtliche Entscheidung.

Bei langfristigen Unterbringungen stellt dieser Beendigungszeitraum ein **Problem** dar: Es entsteht nicht selten in der Unterbringung ein Vertretungsinteresse, etwa wenn die betroffene Person sich über Einzelheiten der Unterbringung, insbesondere einzelne Maßnahmen beschweren will oder wenn sie die Aufhebung bzw. Beendigung der Unterbringung anstrebt. Dann ist aber der Verfahrenspfleger nach Rechtskraft „außen vor" und nicht mehr im Amt. Allerdings kommt dann, wenn die betroffene Person sich direkt oder auch – sofern dieser dazu bereit ist – über den „früheren" Verfahrenspfleger an das Gericht wendet, eine Neubestellung des Verfahrenspflegers in Betracht.

Nach dem Gesetz gibt es an sich kein Ermessen des Gerichts („hat zu bestellen"), aber einen **Beurteilungsspielraum** bei der Frage, ob die Bestellung zur Wahrnehmung der Interessen der betroffenen Person notwendig ist. Ausnahme: Wenn von der Anhörung abgesehen werden soll, ist die Verfahrenspflegerbestellung notwendig. Dies ist ein Kompromiss aus dem Gesetzgebungsverfahren zwischen inhaltlichen Argumenten für eine regelhafte Bestellung und fiskalischen Argumenten des „Sparzwangs".[278]

Praxistipp

▶ *In Anbetracht des intensiven Grundrechtseingriffs und der in der Regel vorliegenden tatsächlichen Gegebenheiten sollte bei einer Unterbringung immer ein Verfahrenspfleger bestellt werden.*

Die Notwendigkeit der Institution Verfahrenspfleger fußt in der Wahrung des grundgesetzlich in Artikel 103 GG garantierten Grundsatzes des rechtlichen Gehörs. Einfach gesagt: Ein Mensch, der geschlossen untergebracht ist, wird es schwer haben, seine Verfahrensrechte selbst geltend zu machen und zu nutzen. Diese Systematik und Argumentation findet im Gesetz ihre Stütze: Ein Absehen von der Verfahrenspflegerbestellung ist zu begründen – und nicht nur formelhaft.

Die Bestellung oder Nicht-Bestellung eines Verfahrenspflegers ist nach § 317 Abs. 7 FamFG nicht selbstständig anfechtbar. Unterbleibt die Verfahrenspflegerbestellung in rechtswidriger Weise, kann dies eine Verletzung des rechtlichen Gehörs darstellen und Folgen für die Anfechtbarkeit der Endentscheidung (z.B. Unterbringungsgenehmigung oder -anord-

277 BGH BtPrax 2011, 125; Lesting in Marschner Lesting/Stahmann, Rn. 11 zu § 317 FamFG; Keidel/Giers, Rn. 7 zu § 317 FamFG; Damrau/Zimmermann, Rn. 8 zu § 317 FamFG.

278 Damrau/Zimmermann, Rn. 1 zu § 317 FamFG.

nung) haben.[279] Es macht auch keinen Unterschied, ob die Betreuung durch einen Betreuer oder einen Bevollmächtigten erfolgt.

Wird die Unterbringung von vorneherein abgelehnt, ist ein Verfahrenspfleger auch nicht erforderlich.

Bei der Genehmigung der Einwilligung in **ärztliche Zwangsmaßmahmen** oder deren Anordnung ist nach § 317 Abs. 2 Satz 3 FamFG zwingend ein Verfahrenspfleger zu bestellen.

Bei **unterbringungsähnlichen Maßnahmen** ist ebenfalls grundsätzlich ein Verfahrenspfleger zu bestellen. Auf die Besonderheit des „Werdenfelser Weges" und in diesem Zusammenhang auf spezialisierte Verfahrenspfleger wurde bereits hingewiesen (siehe oben 4. e), S. 102 ff.).

Im Rahmen der Betreuungsrechtsreform 2023 hat der Gesetzgeber in **§ 317 FamFG** zum einen festgelgt, dass eine natürliche Person zum Verfahrenspfleger zu bestellen ist (Abs. 4 Satz 1) – was sinnvoll und nicht zu beanstanden ist – und das Wort „geeigneter" in Abs. 1 Satz 1 eingefügt. Auch bisher durfte natürlich kein ungeeigneter Verfahrenspfleger bestellt werden. Allgemeine Anforderungen an die Eignung des Verfahrenspflegers sucht man nach wie vor im Gesetz vergeblich. Was ein geeigneter Verfahrenspfleger zu tun hat, definiert das Gesetz allenfalls ansatzweise im neuen Abs. 3 des § 317 FamFG.

(2) Person, Rolle und Aufgaben des Verfahrenspflegers

Allgemeingültige Standards für die Arbeit eines Verfahrenspflegers[280] gibt es nicht. Es wäre aber durchaus wünschenswert, solche Standards zu haben. Die Betreuungsrechtsreform hat immerhin einige wenige Ansätze geliefert.

Es ergibt sich nicht ausdrücklich, dass es sich um Rechtsanwälte handeln muss, wenngleich in vielen Regionen und Gerichtsbezirken regelhaft Anwälte als Verfahrenspfleger bestellt werden. Wegen der hohen Grundrechtsrelevanz und der „Pflichtverteidiger"-ähnlichen Situation im Unterbringungsverfahren sollte auch vorzugsweise ein **anwaltlicher Verfahrenspfleger** bestellt werden. Schutz und Vertretung bei Freiheitsentziehungen ist anwaltliches Kerngeschäft.[281]

Richtig ist aber, dass die Anwaltsbestellung auch nur Sinn hat, wenn dieser im Unterbringungs- und Betreuungsrecht spezielle Kenntnisse und Erfahrung vorzuweisen hat.[282] Dass zum Beispiel ein in diesem Sinne juristisch versierter Berufsbetreuer besser geeignet ist als ein fachlich „ahnungsloser" Rechtsanwalt,[283] ist unbenommen.

Ich halte es im Hinblick auf die Bedeutung der Freiheitsentziehung in rechtlicher und persönlicher Hinsicht für wünschenswert, ja geboten, einen Anwalt oder Anwältin zu bestel-

279 Lesting in Marschner/Lesting/Stahmann, Rn. 13 zu § 317 FamFG; Keidel/Budde, Rn. 4 zu § 317 FamFG.

280 Vertiefend hierzu Harm, Verfahrenspflegschaft in Betreuungs- und Unterbringungssachen, 6. Aufl. 2022, Reguvis.

281 So auch Damrau/Zimmermann, Rn. 11 zu § 317 FamFG; BayObLG, FamRZ 1994, 525 f.; siehe auch HK-BUR/Bauer, Rn. 88 ff. zu § 317 FamFG, Keidel/Giers, Rn. 6 zu § 317 FamFG; BtKomm/Dodegge, 6. Aufl., Teil G, Rn. 186 ff. zu § 317 FamFG.

282 So HK-BUR/Bauer, Rn. 90 zu § 317 FamFG.

283 Bauer, a.a.O.

len. Bloße Kostenargumente gegen die Bestellung anwaltlicher Verfahrenspfleger halte ich für rechtsstaatsfremd.

Es ist allgemein anerkannt, dass der Verfahrenspfleger eine **eigenständige Rolle im Verfahren** hat, also sich somit eine Position unabhängig von der der betroffenen Person erarbeiten kann und soll. Er unterliegt zum einen nicht der gerichtlichen Aufsicht und ist andererseits eben auch kein (alleiniges) „Sprachrohr" der betroffenen Person. Andererseits entspricht es schon dem Wesen der Verfahrenspflegschaft, dass ausdrücklich formulierte Wünsche und Anliegen der betroffenen Person durch den Verfahrenspfleger transportiert werden.[284]

Mit der seit 1.1.2023 geltenden Neufassung des § 317 FamFG wird erstmals im Gesetz ganz in diesem Sinne etwas zu den **Aufgaben des Verfahrenspflegers** im Unterbringungsverfahren gesagt.

- Der Verfahrenspfleger hat nach dieser Vorschrift die Wünsche, hilfsweise den mutmaßlichen Willen der betroffenen Person festzustellen und im gerichtlichen Verfahren zur Geltung zu bringen.
- Er hat die betroffene Person über Gegenstand, Ablauf und möglichen Ausgang des Verfahrens in geeigneter Weise zu informieren und
- sie bei Bedarf bei der Ausübung ihrer Rechte im Verfahren zu unterstützen.

Das sollte bisher auch schon so sein, aber es ist allemal sinnvoll, dies im Gesetz zu formulieren.

Das Gesetz stellt jetzt in Abs. 3 Satz 3 ausdrücklich klar, dass der Verfahrenspfleger auch kein gesetzlicher Vertreter der betroffenen Person ist, was bisher in der Praxis schon angenommen wurde.

Aus alledem folgend hat der Verfahrenspfleger bei ausdrücklichem Wunsch der betroffenen Person Beschwerde einzulegen, selbst wenn er persönlich die Unterbringung momentan für notwendig oder zumindest angemessen erachtet. Dies ergibt sich aus dem **Grundsatz des rechtlichen Gehörs im Interesse der betroffenen Person** und auch aus der Regelung des Abs. 3, wonach der Verfahrenspfleger die betroffene Person bei der Ausübung ihrer Rechte im Verfahren zu unterstützen hat. In der Praxis machen Verfahrenspfleger – mit Recht – den daraus resultierenden Zwiespalt kenntlich, indem sie betonen, dass die betroffene Person selbst die Beschwerde wünscht.

Beispiel

Die betroffene Person legt Wert auf die Feststellung, dass er nicht krank ist. Die Krankenhausbehandlung schade ihm, eine Medikamentengabe sei nicht nötig. Die betroffene Person erklärt, sie sei in der Lage zuhause zurechtzukommen und wolle im Übrigen ihren Hausarzt aufsuchen.

284 Siehe hierzu auch den Leitfaden von Harm, Verfahrenspflegschaft in Betreuungs- und Unterbringungssachen, 5. Aufl. 2022, Reguvis.

Auch wenn es keine Standards für die Arbeit der Verfahrenspfleger gibt, sollte das Gericht bei der **Auswahl und Bestellung** darauf achten, dass der Verfahrenspfleger geeignet (Gesetzeswortlaut!) ist zur Vertretung der Interessen der betroffenen Person und sich nicht bloß als freundlicher Unterstützer des Gerichts versteht. Der Verfahrenspfleger ist nicht gehalten, dem Gericht, dem Betreuer oder den behandelnden Ärzten nach dem Munde zu reden oder wenigstens deren Sichtweise zu teilen, auch wenn andere Verfahrensbeteilgte dies bisweilen offensichtlich erwarten.

Der Verfahrenspfleger sollte, wenn möglich, vor Anhörung und Entscheidung zu einem eigenen Bild der Situation kommen und schon **Kontakt zu der betroffenen Person** aufgenommen haben. Das setzt natürlich voraus, dass das Gericht ihm einen entsprechenden „Vorsprung" einräumt. Natürlich kann auch durch Zeitdruck und das Erfordernis einer schnellen Anhörung diese Möglichkeit der Kontaktaufnahme verkürzt werden. Nicht nur dann ist es erforderlich, dass die betroffene Person die Möglichkeit hat, ihre Vorstellungen und Fragen zeitnah nach der richterlichen Anhörung zu äußern.

Nicht zielführend ist die Regelung des § 317 Abs. 4 Satz 2 FamFG, wonach vorrangig **ehrenamtliche Verfahrenspfleger** zu bestellen sind.[285] Der „Mythos des Ehrenamtes" feiert hier auch nach der Reform fröhliche – wenngleich sinnfreie – Urstände. In Unterbringungsverfahren sind nicht nur besondere Sach- und Rechtskenntnisse des Unterbringungs- und Betreuungsrechts nötig, sondern auch besondere Fähigkeiten und Fertigkeiten, professionell und angemessen im Verfahren zu reagieren. Die Praxis zeigt auch, dass in der Regel Ehrenamtliche effektiv nicht zur Verfügung stehen. Geht man – wie hier – davon aus, dass anwaltliche Kenntnisse und Fähigkeiten nötig sind, gilt diese Position erst recht. Dieser Anachronismus führt auch dazu, dass im Bestellungsbeschluss die Berufsmäßigkeit der Ausübung des Verfahrenspflegeramtes erfordlich ist, sofern nicht ohnehin eine Bestellung als Rechtsanwalt erfolgt.

Es versteht sich von selbst, dass der Betreuer nicht zugleich Verfahrenspfleger sein kann.

Die anwaltliche Vertretung der betroffenen Person ist auf zweierlei Weise möglich:

1. *Zum einen kann die betroffene Person selbst einen Rechtsanwalt beauftragen. Dafür muss er in Anbetracht von § 316 FamFG nicht geschäftsfähig sein. In diesem Fall gilt der Vorrang des frei beauftragten Anwalts – oder auch eines anderen Verfahrensbevollmächtigten.*

   In diesem Fall soll die Verfahrenspflegschaft unterbleiben oder aufgehoben werden. In Ausnahmefällen kann also beides nebeneinander bestehen.

2. *Zum anderen kann der Verfahrenspfleger als Anwalt bestellt werden. Er erhält dann eine Vergütung als Anwalt*[286] *bleibt aber immer noch Verfahrenspfleger.*

   Die Bestellung eines Anwaltsverfahrenspflegers ist die konsequente Fortsetzung des Gedankens, dass in Unterbringungssachen, namentlich bei geschlossenen

285 Damrau/Zimmermann, Rn. 12 zu § 317 FamFG, spricht völlig zu Recht von einem „politischen Programmsatz"; kritisch zu der Regelung auch HK-BUR/Bauer, Rn. 88 f. und im Ergebnis auch BtKomm/Dodegge, a.a.O.

286 BGH, BtPrax 2013, 207 f., nach§ 13 RVG i.V.m. Nr. 6300 und 6301 VVRVG; BGH, MDR 2011, 72 f.

Unterbringungen und Zwangsbehandlungen, ein spezialisierter und fachlich versierter Rechtsanwalt zu bestellen ist.

Im Beschluss ist dann vom Betreuungsgericht festzustellen, dass anwaltsspezifische Tätigkeiten anfallen und diese erforderlich sind.[287] *Das ist insbesondere dann der Fall, wenn ein „Laie" in gleicher Lage einen Rechtsanwalt hinzuziehen würde.*[288]

Diese Rechtsprechung fußt auf einer Grundsatzentscheidung des Bundesverfassungsgerichts, das die ***Vergütung*** *nach Rechtanwaltsgebühren nicht für zwingend, aber für möglich und gegebenenfalls als im Einzelfall geboten erachtete.*[289]

Auch in diesem Zusammenhang gilt: Verteidigung gegen eine Freiheitsentziehung ist eine spezifisch anwaltliche Materie. Und entscheiden Sie selbst: Wen würden Sie zu Hilfe rufen, wenn Sie aus Ihrer Sicht zu Unrecht untergebracht sind?

Sowohl die Verfahrenspflegerbestellung oder deren Ablehnung (siehe § 317 Absatz 7 FamFG) an sich als auch die Feststellung, dass anwaltliche Tätigkeiten anfallen/notwendig sind, sind als Zwischenentscheidungen nicht anfechtbar.[290]

6. Der Eilfall: Weisung und einstweilige Anordnung

a) Falle: Eilfall oder Eilentscheidung als Regelfall?

Im Betreuungs- und Unterbringungsrecht gibt es naturgemäß häufig das Bedürfnis nach einer eiligen, kurzfristigen Entscheidung, namentlich an einer Entscheidung bevor alle Verfahrensschritte vollzogen wurden.

Die Möglichkeit mit einer einstweiligen Anordnung Fakten zu schaffen, bedeutet gleichermaßen Chance und Risiko. In der Praxis wird gern einmal der Eilfall zum Regelfall.[291] Das ist bei Kenntnis der Zusammenhänge und genauem Betrachten sowohl des Wortlauts als auch des Sinn und Zwecks der einschlägigen Vorschriften eine fehlerhafte Entwicklung.

Sowohl bei der Unterbringung als auch bei der Zwangsbehandlung und bestimmt ebenso bei vielen freiheitsentziehenden/unterbringungsähnlichen Maßnahmen (FEM) ist mit einer „vorläufigen" Regelung schon eine praktisch irreversible Präjudizierung eingetreten und die Verfahrensgarantien sind letztlich sinnentleert.

287 A.a.O.
288 BGH, MDR 2011, 72 f.
289 BVerfG,Nichtannahmebeschluss vom 7.6.2000, 1 BvR 23/00, 1 BvR 111/00, BtPrax 2000, 254.
290 BGH, BtPrax 2013, 207.
291 Engelfried, Psychosoziale Umschau4/2013, 28 f.

b) Das gerichtliche Eilverfahren

Zum Eilverfahren bestimmt § 331 FamFG folgendes:

§ 331 FamFG Einstweilige Anordnung

Das Gericht kann durch einstweilige Anordnung eine vorläufige Unterbringungsmaßnahme anordnen oder genehmigen, wenn

1. dringende Gründe für die Annahme bestehen, dass die Voraussetzungen für die Genehmigung oder Anordnung einer Unterbringungsmaßnahme gegeben sind und ein dringendes Bedürfnis nach einem sofortigen Tätigwerden besteht,
2. ein ärztliches Zeugnis über den Zustand des Betroffenen und über die Notwendigkeit der Maßnahme vorliegt; der Arzt, der das ärztliche Zeugnis ausstellt, soll Arzt für Psychiatrie sein; er muss Erfahrung auf dem Gebiet der Psychiatrie haben; dies gilt nicht für freiheitsentziehende Maßnahmen nach § 312 Nummer 2 und 4,
3. im Fall des § 317 ein Verfahrenspfleger bestellt und angehört worden ist und
4. der Betroffene persönlich angehört worden ist.

Eine Anhörung des Betroffenen im Wege der Rechtshilfe ist abweichend von § 319 Absatz 4 zulässig.

(1) Dringender Handlungsbedarf nach § 331 FamFG

Es muss also zunächst ein dringender Handlungsbedarf, d.h. ein „Bedürfnis für sofortiges Tätigwerden" bestehen und gleichzeitig dringende Gründe für die Annahme bestehen, dass eine Maßnahme nach Unterbringungsrecht geboten ist.

Das bedeutet, es muss sehr wahrscheinlich sein, dass die Voraussetzungen für eine freiheitsentziehende Maßnahme vorliegen und es muss mit einem Aufschub der Entscheidung **Gefahr** verbunden sein.[292]

Beispiele

Ein Betroffener ist akut suizidal oder akut in Lebensgefahr.

Ein verwirrter Mensch verlässt hochmobil das Bett und zieht sich schwere Verletzungen zu.

Es reicht also nicht, wenn das Umfeld meint, nun müsse aber endlich mal „etwas passieren".

Beispiel

Eine psychotische betroffene Person kommt in die Klinik und meint, er müsse endlich von seinen Beeinträchtigungen durch ein Echolot im Kopf befreit werden. Er will aber nicht in der Klinik bleiben, sondern besteht auf polizeilicher Verfolgung seiner „Peiniger".

292 Keidel/Giers, Rn. 3 ff. zu § 331 FamFG; Damrau/Zimmermann, Rn. 5 zu § 331 BGB.

Der Betreuer stellt einen Unterbringungsantrag. Kommen keine Gefährdungsmomente hinzu, gibt es keinen Grund, eine besondere Eilbedürftigkeit anzunehmen, sondern es bleibt beim „normalen" Verfahrensgang.

(2) Weitere Verfahrensvoraussetzungen

Die Voraussetzung, dass hinsichtlich der Unterbringungsvoraussetzungen noch keine Gewissheit herrschen muss, sondern nur dringend anzunehmen ist, dass diese vorliegen, korrespondiert mit der Tatsache, dass kein – umfassendes – Gutachten vorliegen muss, sondern nur ein ärztliches Zeugnis (siehe dazu unter 5. c) (4), S. 121), das eine Prognose darüber ermöglicht, ob eine Unterbringung gerechtfertigt ist. Aus Gründen der Praktikabilität und Rechtssicherheit sollte man hinsichtlich der Unterbringungsnotwendigkeit der Sache nach aber immer „nah an der Gewissheit" sein.

Weitere Verfahrensvoraussetzungen sind:

- die Anhörung der betroffenen Person und
- die Anhörung des bestellten Verfahrenspflegers .

Ist schon im „Normalfall" von einer grundsätzlichen Pflicht zur Verfahrenspflegerbestellung auszugehen, sollte dies bei einer Eilmaßnahme wegen der höheren rechtlichen Eingriffsintensität auf keinen Fall unterbleiben.

(3) Handeln vor Anhörung bei Gefahr im Verzug

Die Ausnahme von der Ausnahme bildet § 332 FamFG:

> **§ 332 FamFG Einstweilige Anordnung bei gesteigerter Dringlichkeit**
>
> Bei Gefahr im Verzug kann das Gericht eine einstweilige Anordnung nach § 331 bereits vor der gerichtlichen Anhörung des Betroffenen sowie vor Anhörung und Bestellung des Verfahrenspflegers erlassen. Diese Verfahrenshandlungen sind unverzüglich nachzuholen.

Das bedeutet, es müssen bis auf die Anhörungen die Voraussetzungen des § 331 FamFG vorliegen:

- inhaltlich die dringende Annahme, dass die Unterbringungsvoraussetzungen vorliegen und ein dringendes Bedürfnis nach sofortigem Tätigwerden;
- außerdem muss ein ärztliches Zeugnis vorliegen;
- darüber hinaus muss „Gefahr im Verzug" sein, d.h. es muss eine besonders ausgeprägte, so dringende Gefahr für die betroffene Person bestehen, dass das Gericht sofort handeln muss.[293]

Unter diesen Voraussetzungen kann die Unterbringung dann schon vor der Anhörung der betroffenen Person und vor Anhörung und Bestellung des Verfahrenspflegers stattfinden. Dies ist dann aber zwingend und dringend unverzüglich nachzuholen, mindestens am nächsten Arbeitstag nach der Zuführung.

293 Siehe Jox in Jox/Fröschle, Rn. 2 zu § 332 FamFG; Damrau/Zimmermann, Rn. 8 zu § 332FamFG.

Praxistipp

Die Unterbringung auf der Grundlage dieser Vorschrift sollte die absolute Ausnahme sein. Die Anhörung sollte schnellstmöglich nachgeholt werden, die Anhörung der betroffenen Person möglichst am nächsten Tag.[294]

(4) Unterbringungsfrist im Eilfall

Zur Frist bei der Eilmaßnahme legt § 333 FamFG fest:

§ 333 FamFG Dauer der Einstweiligen Anordnung

Die einstweilige Anordnung darf die Dauer von sechs Wochen nicht überschreiten. Reicht dieser Zeitraum nicht aus, kann sie nach Anhörung eines Sachverständigen durch eine weitere einstweilige Anordnung verlängert werden. Die mehrfache Verlängerung ist unter den Voraussetzungen der Sätze 1 und 2 zulässig. Sie darf die Gesamtdauer von drei Monaten nicht überschreiten. Eine Unterbringung zur Vorbereitung eines Gutachtens (§ 322) ist in diese Gesamtdauer einzubeziehen.

Die einstweilige Anordnung darf bei der Genehmigung einer Einwilligung in eine ärztliche Zwangsmaßnahme oder deren Anordnung die Dauer von zwei Wochen nicht überschreiten. Bei mehrfacher Verlängerung darf die Gesamtdauer sechs Wochen nicht überschreiten.

Die **Grenzen**für einstweilige Anordnungen sind schon nicht sehr eng gefasst:

- sechs Wochen für eine Unterbringung oder unterbringungsähnliche Maßnahme,
- zwei Wochen für eine Zwangsbehandlung.

Aus dieser Vorschrift wird aber darüber hinaus zweierlei ersichtlich:

1. Zum einen kann bereits unter der Flagge des Eilfalls und ausschließlich mit Eilentscheidungen eine relativ lange Unterbringungszeit festgelegt werden (bis zu zwölf Wochen, also fast drei Monate!). Zwangsbehandlungen können durch „Ketten" einstweiliger Anordnung bis zu sechs Wochen durchgeführt werden.
2. Zum anderen wird aus der Vorschrift deutlich, dass die Voraussetzungen des § 331 FamFG sehr genau zu nehmen sind, um eine vom Gesetz so nicht gewollte „Unterbringung light" zu vermeiden, denn die Fristen können Fakten schaffen, ohne dass eine genaue Prüfung im Hauptsacheverfahren stattfindet.

Die Vorschrift stellt auch klar: Eine **Verlängerung** der vorläufigen Maßnahme ist möglich. Allerdings muss dann auch bei Verlängerung noch das „dringende Bedürfnis" auf Tätigwerden vorliegen.

Bei der Gesamtdauer einzelner einstweiliger Anordnungen ist die **Obergrenze von drei Monaten** zu beachten. Die Erfahrung aus der Praxis zeigt, dass diese Obergrenze duchaus erreicht werden kann, insbesondere, wenn zunächst eine öffentlich-rechtliche Unterbringung und dann eine zivilrechtliche stattgefunden hat.

294 Jox in Jox/Fröschle; Rn. 1 zu § 332 FamFG; Lesting in Marschner/Lesting/Stahmann, D, Rn. 8 ff. zu § 332 FamFG.

Die öffentlich-rechtliche Unterbringung ist dann in die Fristbemessung mit einzubeziehen, ebenso wie eine Unterbringung zur Begutachtung. Dann ist nur noch eine Hauptsacheentscheidung möglich. Eine einstweilige Anordnung in derselben Angelegenheit, also wenn keine neue Sachlage vorliegt[295] ist dann rechlich unzulässig. Es muss dann ein neuer „Krankheitsfall" vorliegen, gewissermaßen eine Zäsur stattgefunden haben.

Dem Sinn der Vorschrift nach reicht es deshalb auch nicht aus, dass die Unterbringungskette kurz unterbrochen war, etwa wegen Entweichungen oder kurzer Freiwilligkeit, wenn nach Ende der Drei-Monatsfrist keine neue (Krankheits-)Situation eintritt. Bei einer **Unterbrechung der Unterbringungskette** von mindestens zwei Wochen würde ich aber immer von einer neuen Sachlage ausgehen.

Hinweis

Bei der Planung muss die Höchstfrist von Betreuer und Betreuungsgericht unbedingt berücksichtigt werden.

Das Gesetz definiert nicht klar, was die zur Verlängerung notwendige „Anhörung" eines Sachverständigen im Einzelnen sein soll. Der Sache nach erscheint es angemessen, dieser Anhörung die gleichen Voraussetzungen zuzuschreiben, wie sie für ein ärztliches Zeugnis gelten.[296] Eine bloß informelle Befragung reicht mit Sicherheit nicht. Ein aussagekräftiger Anhörungsvermerk hingegen schon.

(5) Besonderheiten bei der Zwangsbehandlung

Bei Eilverfahren bezogen auf ärztliche Zwangsmaßnahmen gelten einige Besonderheiten, die hier noch einmal zusammengefasst werden:

- Es gibt eine Maximalfrist von zwei Wochen, die bis zu insgesamt sechs Wochen verlängert werden kann.
- Die Soll-Regel des externen Gutachtens entfällt (§ 331 Nr. 2 FamFG).
- Ein Verfahrenspfleger ist von Gesetzes wegen (§ 317 Abs. 1 Satz 2 FamFG) auch im Eilverfahren immer zu bestellen.
- Im Übrigen gibt es bei Zwangsmedikationen auch keine Vorab-Weisung des Betreuers nach § 1831 Abs. 2 BGB.

c) Die Weisung des Betreuers nach § 1831 Absatz 2 BGB

Den Begriff der Betreuerweisung erwähnt das Gesetz nicht ausdrücklich, der Begriff ist aber aus dem Gesetz ableitbar:

Mit der Weisung des Betreuers ist die Möglichkeit gemeint, im Notfall die Unterbringung schon vor der gerichtlichen Genehmigung anzuordnen. Dies fußt auf § 1831 Abs. 2 Satz 2 BGB:

295 Jox in Jox/Fröschle, Rn. 3 zu § 333 FamFG.
296 Jox in Jox/Fröschle, Rn. 4 zu § 333 FamFG.

Hinweis

Die Unterbringung ist nur mit Genehmigung des Betreuungsgerichts zulässig.

Ohne die Genehmigung ist die Unterbringung nur zulässig, wenn mit dem Aufschub Gefahr verbunden ist. Die Genehmigung ist unverzüglich nachzuholen.

Erforderlich ist dabei selbstverständlich, dass der Betreuer kraft seines Aufgabenkreises (besonderer Aufgabenbereich nach § 1815 Abs. 2 Nr. 1 bzw. 2 BGB!) oder der Bevollmächtigte aufgrund des Umfangs der Vollmacht das Recht zur Unterbringung hat.

Wenn also Gefahr für die betroffene Person droht, kann der Betreuer die Unterbringung schon veranlassen und anordnen, wenn die Genehmigung noch nicht erteilt wurde! Die Voraussetzung „wenn mit dem Aufschub Gefahr droht" heißt, dass besondere Gefahren – wie Lebens- oder Gesundheitsgefahren – drohen, wenn die Unterbringung nicht durchgeführt wird.

Beispiel

Der suizidale Patient will das Krankenhaus, in dem er sich freiwillig befand, verlassen. Der Betreuer (mit entsprechendem Aufgabenkreis!) oder Bevollmächtigte (mit entsprechender Befugnis!) kann hier nach § 1831 Abs. 2 BGB eine Weisung erteilen.

Aber Vorsicht: Der Betreuer hat keine Befugnis zur Gewaltanwendung und zum Betreten der Wohnung gegen den Willen der betroffenen Person, dazu bedarf es einer ausdrücklichen gerichtlichen Genehmigung (siehe unter 2. f), S. 47 f.).

Beispiel

Befindet sich der suizidale Patient noch in der Häuslichkeit, lehnt Behandlung ab, weigert sich mitzukommen und will niemanden in seiner Wohnung haben, ist kein Anwendungsfall des § 1831 Abs. 2 Satz 2 BGB gegeben. Dann kommt allenfalls ein Vorgehen nach den Regeln der öffentlich-rechtlichen Unterbringung in Frage, wenn anderweitig keine Abhilfe geschaffen werden kann.

Die gerichtliche Genehmigung ist unverzüglich nachzuholen.

Praxistipp

Die Weisung an das Krankenhaus schriftlich verfassen (siehe den Formulierungsvorschlag unter 13. d), S. 161) und gleichzeitig mit Kopie der Weisung einen Unterbringungsantrag an das Gericht stellen, am besten per Fax oder per E-Mail!

Wichtig

Die Weisungsbefugnis gilt – wie eingangs unter (5) ausgeführt – ***nicht*** *bei der Zwangsbehandlung! Hier kann erst* ***nach*** *gerichtlicher Genehmigung auf betreuungsrechtlicher Basis gehandelt werden.*

7. Die Ausnahme: Das Handeln des Betreuungsgerichts nach § 1867 BGB

Die betreuungsrechtliche Unterbringung ist immer die des Betreuers oder einer bevollmächtigten Person. Das Gericht genehmigt nur und ordnet nicht selbst die Unterbringung an.

Nach herrschender Auslegung gibt es eine Ausnahme, und zwar bei einer Unterbringung nach § 1831 BGB in Verbindung mit § 1867 BGB, der vorsieht:

> **§ 1867 BGB Einstweilige Maßregeln des Betreuungsgerichts**
>
> Bestehen dringende Gründe für die Annahme, dass die Voraussetzungen für die Bestellung eines Betreuers gegeben sind, und konnte ein Betreuer noch nicht bestellt werden oder ist der Betreuer an der Erfüllung seiner Pflichten gehindert, so hat das Betreuungsgericht die dringend erforderlichen Maßnahmen zu treffen.

Seit dem 1.1.2023 gilt nun für diese Konstellation nicht mehr die Verweisung über das Vormundschaftsrecht auf den § 1846 BGB a.F., sondern es gibt eine originäre Vorschrift, die präziser auf die Belange des Betreuungsrechts zugeschnitten ist und die bisher schon restriktive Handhabung in der Praxis[297] festschreibt.[298] Es muss also – jetzt auch ausdrücklich im Gesetz verankert – Gründe für die Annahme geben, dass die Voraussetzungen für eine Betreuerbestellung gegeben sind. Außerdem muss entweder festehen, dass ein Betreuer noch nicht bestellt werden *konnte* (heißt: trotz intensiver gerichtlicher Bemühungen) oder der Betreuer an der Erfüllung seiner Pflichten gehindert ist.

Prozessual gilt § 334 FamFG, der bei Maßnahmen nach § 1867 BGB die Regeln über die Verfahrensschritte bei einstweiligen Anordnungen zur Genehmigung von Unterbringungen für entsprechend anwendbar erklärt. Die Regelung wird so verstanden, dass sich das Betreuungsgericht notfalls an die Stelle des Betreuers setzt und an seiner Stelle handelt. Das soll auch für Unterbringungen nach § 1831 BGB gelten.[299]

Dafür besteht kein Bedürfnis. Entweder ist das Erfordernis zur Unterbringung so zwingend und dringend, dass die Voraussetzungen der öffentlich-rechtlichen Unterbringung gegeben sind oder es kann die Entscheidung des Betreuers abgewartet werden.[300] Die zivilrechtliche Unterbringung bringt dann auch keinen Vorteil, weil § 1867 BGB ja gerade den Fall regelt, wenn ein gesetzlicher Betreuer nicht vorhanden ist oder tätig wird.

Der Gesetzgeber will dies aber nach wie vor anders, wie sich schon aus der Erwähnung des § 1867 in § 1831 Abs. 1 Satz 2 BGB ergibt.

---

297 Marschner in Marschner/Lesting/Stahmann Rdnr 4 zu § 1846 BGBa.F

298 Joecker, S. 235.

299 BtKomm/Dodegge, 6. Aufl., Teil G, Rn. 340 zu § 334 FamFG; Marschner in Marschner/Lesting/Stahmann, Rn. 3 zu § 1846 BGBa.F.; BGH Z 150, 45, 55; kritisch HK-BUR/Bauer, Rn. 11 vor § 1906 BGB a.F.; Bienwald, FamRZ 2002, 746 f. zu BGH a.a.O.

300 Siehe HK-BUR/Bauer, a.a.O; Marschner in Marschner/Lesting/Stahmann, Rn. 5 zu § 1846 BGB a.F.

Grob rechtswidrig und **missbräuchlich** ist in jedem Fall die in Teilen der Republik offenbar übliche Praxis, öffentlich-rechtliche Unterbringungen pauschal und schematisch in solche nach § 1867 BGB umzuwandeln.[301]

Wenn das Gericht sich in dieser Weise zur **Doppelfunktion** – kontrollierendes Gericht und anordnender und verantwortlicher Betreuer in einer Person – „aufschwingt", hat der zuständige Richter in gleicher Weise wie ein Betreuer präsent zu sein und sich mit den Einzelfragen von Unterbringung oder Behandlung zu beschäftigen.

Bei Vorgehen nach § 1867 BGB ist schnellstmöglich ein Betreuer oder Ersatz- bzw. Vertretungsbetreeuer zu bestellen.[302] Jedenfalls ist unverzüglich – spätestens am nächsten Arbeitstag – ein Verfahren auf Bestellung eines Betreuers einzuleiten.[303] Wird der Betreuer tätig – oder bei Verhinderung wieder tätig –, so prüft er eigenständig die Notwendigkeit des Fortbestandes der Maßnahme. Da das Betreuungsgericht immer nur anstelle des Betreuers gehandelt hat, ist dieser an eine Entscheidung nach § 1867 BGB jedenfalls mit Wirkung für die Zukunft nicht gebunden.[304]

Für unterbringungsähnliche Maßnahmen gilt das Gleiche.

Im Falle der Zwangsbehandlung bestimmt § 1832 Abs. 1 Satz 2 BGB, dass die Vorschrift des § 1867 BGB nur gilt, wenn der Betreuer an der Erfüllung seiner Pflichten verhindert ist.

Gesetzgeberisch könnte dies der Grundstein für einen sachgerechten Kompromiss für das gesamte Unterbringungsrecht sein, wenn damit verbunden wird, dass der/ein Betreuer binnen zwei Arbeitstagen seine Arbeit (wieder) aufnimmt und ohne Handeln des Betreuungsgerichts eine konkrete Gefahr für die betroffene Person bestünde.

8. Die Vorführung oder Unterbringung zur Begutachtung

Es gibt in der Praxis nicht selten die Konstellation, dass Umstände bekannt werden, die für eine krankheitsbedingte Gefährdung einer betroffenen Person sprechen, man bekommt sie aber „nicht zu fassen".

Beispiel

Die betroffene Person lässt den Pflegedienst oder die sozialpädagogische/sozialpsychiatrische Betreuung nicht mehr in die Wohnung, nimmt ersichtlich keine Medikamente mehr ein, bricht soziale Kontakte ab, irrt den ganzen Tag in der Umgebung herum und wirkt auf die, die sie sehen, völlig verwirrt.

301 Marschner in Marschner/Lesting/Stahmann, Rn. 5 zu § 1846 BGB a.F.

302 Bartels in Jox/Fröschle, Rn. 2 zu § 334 FamFG.

303 Bartels, a.a.O; BtKomm/Dodegge, 6. Aufl., Teil G, Rn. 344; Hoffmann HK-BUR/Hoffmann, Rn. 27 ff. zu § 1846 BGB a.F.

304 HK-BUR/Hoffmann, Rn. 40 zu § 1846 BGB a.F.

Diese Verhaltensweisen sind aus der Vergangenheit bekannt und sprechen nach der Erfahrung für eine Exazerbation der Erkrankung. Der Betreuer stellt einen Unterbringungsantrag und das Betreuungsgericht beauftragt einen Gutachter, der die betroffene Person mehrfach – angekündigt und unangekündigt – nicht antrifft.

Hier kann gegebenenfalls die Möglichkeiten einer Vorführung oder Unterbringung zur Begutachtung nach §§ 322, 284, 283 FamFG weiterhelfen. Zur Vorführung oder Unterbringung zur Begutachtung sehen die §§ 283 und 284 FamFG bei Betreuungen folgendes vor:

§ 283 FamFG Vorführung zur Untersuchung

(1) Das Gericht kann anordnen, dass der Betroffene zur Vorbereitung eines Gutachtens untersucht und durch die zuständige Behörde zu einer Untersuchung vorgeführt wird. Der Betroffene soll vorher persönlich angehört werden.

(2) Gewalt darf die Behörde nur anwenden, wenn das Gericht dies ausdrücklich angeordnet hat. Die zuständige Behörde ist befugt, erforderlichenfalls die Unterstützung der polizeilichen Vollzugsorgane nachzusuchen.

(3) Die Wohnung des Betroffenen darf ohne dessen Einwilligung nur gewaltsam geöffnet, betreten und durchsucht werden, wenn das Gericht dies zu dessen Vorführung zur Untersuchung ausdrücklich angeordnet hat. Vor der Anordnung ist der Betroffene persönlich anzuhören. Bei Gefahr im Verzug kann die Anordnung durch die zuständige Behörde ohne vorherige Anhörung des Betroffenen erfolgen. Durch diese Regelung wird das Grundrecht auf Unverletzlichkeit der Wohnung aus Artikel 13 Absatz 1 des Grundgesetzes eingeschränkt.

§ 284 FamFG Unterbringung zur Begutachtung

(1) Das Gericht kann nach Anhörung eines Sachverständigen beschließen, dass der Betroffene auf bestimmte Dauer untergebracht und beobachtet wird, soweit dies zur Vorbereitung des Gutachtens erforderlich ist. Der Betroffene ist vorher persönlich anzuhören.

(2) Die Unterbringung darf die Dauer von sechs Wochen nicht überschreiten. Reicht dieser Zeitraum nicht aus, um die erforderlichen Erkenntnisse für das Gutachten zu erlangen, kann die Unterbringung durch gerichtlichen Beschluss bis zu einer Gesamtdauer von drei Monaten verlängert werden.

(3) § 283 Absatz 2 und 3 gilt entsprechend. Gegen Beschlüsse nach den Absätzen 1 und 2 findet die sofortige Beschwerde nach den §§ 567 bis 572 der Zivilprozessordnung statt.

§ 322 bestimmt dann für Unterbringungen:

§ 322 FamFG Vorführung zur Untersuchung; Unterbringung zur Begutachtung

Für die Vorführung zur Untersuchung und die Unterbringung zur Begutachtung gelten die §§ 283 und 284 entsprechend.

Zweierlei fällt auf:

1. Es gibt in den Vorschriften keine relevanten inhaltlichen Voraussetzungen und die persönliche Anhörung der betroffenen Person ist bei der Vorführung eine Soll-, bei der Unterbringung zur Begutachtung eine zwingende Vorschrift.

2. Daraus folgt wiederum: **Vor einer Zuführung** muss man die persönliche Anhörung zumindest (mehrmals) versuchen, **vor einer Unterbringung** ist die persönliche Anhörung der betroffenen Person zwingend.[305]

Das legt es nahe, zunächst mit dem weniger einschränkenden Mittel einer Vorführung zur Begutachtung zu arbeiten. Erweist sich dann nach persönlicher Anhörung – gegebenenfalls nach Vorführung – die Begutachtung in der Situation als nicht hinreichend oder gar unmöglich, kann zum Mittel der Unterbringung zur Begutachtung gegriffen werden.

Praxistipp

Ist die betroffene Person – wie im Fallbeispiel – nicht „zu sprechen", ist eine Unterbringung erst nach Vorführung angemessen.

Ist die betroffene Person zwar anzutreffen, entzieht sich aber einer Begutachtung oder kann, weil z.B. ständig betrunken oder „bekifft", nicht exploriert werden, kann die Unterbringung zur Begutachtung nach erfolgter persönlicher Anhörung zu der Frage einer Unterbringung zur Begutachtung auch ohne vorherige Vorführung in Betracht gezogen werden.

Inhaltlich ergibt sich aus dem Sinnzusammenhang folgendes: Es muss **Anhaltspunkte** dafür geben, dass eine Unterbringung in Betracht kommt, und der **Verhältnismäßigkeitsgrundsatz** ist zu beachten.

Vor einer Unterbringung zur Begutachtung ist der **Sachverständige**„anzuhören". Nach Gutachten und ärztlichem Zeugnis ist das die dritte Art eines ärztlichen Beitrags. Hier bleibt nach dem Gesetz offen, wie die Einbeziehung der ärztlichen Kompetenz zu erfolgen hat. Es muss ausnahmsweise auch eine Stellungnahme nach Aktenlage möglich sein, sonst ergibt die Vorschrift keinen praktischen Sinn.

Beispiele

- *Der Sachverständige nimmt an einer Anhörung – gegebenenfalls nach Vorführung – teil. Die Exploration ist aber nicht möglich. Dann kann der anwesende Sachverständige eine vorläufige Einschätzung und Prognose zu Protokoll geben.*
- *Der behandelnde Nervenarzt kann gegebenenfalls seine Eindrücke der betroffenen Person angeben oder der bestellte Sachverständige hat eine gewisse Arbeitshypothese aufgrund fremdanamnestischer Angaben.*

Die genannten Verfahrensschritte sind Handlungen bzw. Verfügungen des Gerichts im Verfahren. Es liegt also dann in der **Verantwortung des Gerichts**, wie die jeweiligen Beschlüsse umgesetzt werden, nicht in der Verantwortung des Betreuers. Also: Das Gericht muss sich um Durchführung, gegebenenfalls Zuführung durch die zuständige Behörde kümmern. **Zuständige Behörde** ist die Betreuungs- bzw. Unterbringungsbehörde.

305 Lesting in Marschner/Lesting/Stahmann, Rn. 4 zu § 322 FamFG; Damrau/Zimmermann, Rn. 5 zu § 284 FamFG.

Kann das Gutachten erstellt werden, ist die Maßnahme zu beenden, und zwar auch, wenn die Frist zur Unterbringung zur Begutachtung noch nicht abgelaufen ist.

Gegen die Anordnungen des Gerichts ist die fristgebundene sofortige **Beschwerde** (binnen zwei Wochen einzulegen) möglich.

9. Das Ende der Unterbringung

a) Wer entscheidet was?

Die Unterbringung ist spätestens zu beenden, wenn die **Genehmigungsfrist** abläuft. Eine freiwillige Weiterbehandlung ist nicht ausgeschlossen. Sie ist auch schon vorher zu beenden, wenn der Unterbringungszweck erfüllt ist oder sich die (weitere) Unterbringung als sinnlos erweist, insbesondere weil der Zweck der Unterbringung – z.B. eine medikamentöse Umstellung oder ein positiver Einfluss der Behandlung auf den Zustand der betroffenen Person – nicht erreicht werden kann.

Bei nicht nur versuchsweiser **freiwilliger Behandlung**, insbesondere auf einer offenen Station, ist die Genehmigung zur Unterbringung „verbraucht", der Beschluss zur Genehmigung ist dann aufzuheben. Der Betreuer oder Bevollmächtigte hat dem Gericht die Veränderungen mitzuteilen.

Die Entscheidung zur **Fortführung** oder zum **Abbruch** liegt beim Betreuer oder Bevollmächtigten. Natürlich kann auch die Klinik – entsprechend dem Behandlungsvertrag – die Behandlung beenden. Es entspricht dann aber einer vertraglichen Nebenpflicht, dass der Betreuer oder Bevollmächtigte so schnell wie möglich informiert wird. Der Betreuer/Bevollmächtigte hat keine Handhabe, die Weiterbehandlung zu erzwingen, aber die Klinik kann sich bei fehlerhaftem Verhalten zivilrechtlich haftbar machen. Kommt die betroffene Person durch übereilte Entlassung und unterbliebene Information zu Schaden, stellt sich auch die Frage nach der strafrechtlichen Verantwortung.

Krankenkassen und Krankenversicherungen üben in der Praxis häufig Druck aus und bestimmen selbstherrlich gern das Ende der Behandlung. Die Kostenfrage ist aber von der Unterbringungsregelung zu trennen.

§ 1831 Abs. 3 und § 1832 Abs. 3 BGB geben dem Betreuer die Pflicht auf, bei **Wegfall der Voraussetzungen** die Unterbringung (bzw. unterbringungsähnliche Maßnahme) zu beenden bzw. die Einwilligung in die ärztliche Zwangsmaßnahme zu wiederrufen. Sind die Unterbringungsvoraussetzungen weggefallen, hat das Gericht nach § 330 FamFG die Genehmigung zur Unterbringung aufhzuheben.

b) Nachsorge

Die **Informationspflicht** der Klinik gegenüber Betreuer und Bevollmächtigtem und die Informationspflicht gegenüber dem Gericht wurden im vorherigen Abschnitt bereits dargelegt (siehe S. 58 und 77 ff.). Ob auch andere Stellen und Personen zu informieren sind, hängt vom Einzelfall ab. Dies können Angehörige, behandelnde Ärzte, der Sozialpsychiatrische Dienst oder andere sein. Hier ist jeweils auch zu prüfen, inwieweit die betroffene Person damit einverstanden ist.

In der Verantwortung des Betreuers/des Bevollmächtigen liegt es, gegebenenfalls weitere Fragen im Rahmen von Befugnis bzw. Aufgabenbereich/Aufgabenkreis zu klären.

Checkliste: Vorschläge

Schon bei Beginn der Unterbringung:

- Ist die Wohnung zu sichern? Gibt es Haustiere? Finden sich verderbliche Waren in der Wohnung?
- Ist der Arbeitgeber gegebenenfalls per Krankmeldung zu benachrichtigen?
- Sind andere Personen zu benachrichtigen?
- Benötigt die betroffene Person Kleidung, Geld, gegebenenfalls nicht-psychiatrische Medikamente?
- Sind Termine abzusagen?
- Wo kommt die betroffene Person hin?
- Besteht ein Platz für Heim, Kurzzeitpflege oder sonstige Einrichtung?
- Ist der Pflegedienst informiert?
- Ist gegebenenfalls eine (andere) ambulante Betreuung zu organisieren?
- Ist die Wohnung – wenn nötig – (wieder) bewohnbar?
- Sind gegebenenfalls andere Genehmigungen des Gerichts erforderlich (z.B. für längerfristige Unterbringung in einer Einrichtung, für eine Wohnungskündigung nach § 1833 BGB bzw. eine Anzeige über die Aufgabe von Wohnraum nach dieser Vorschrift)?
- Sind evtl gem. § 1822 BGB nahe Angehörige zu benachrichtigen?

Gelegentlich kommt Streit darüber auf, welches die Aufgaben des Betreuers/Bevollmächtigen und welches die des Krankenhauses, namentlich des Sozialdienstes,[306] sind. Rechtlich ist dies nicht abschließend zu klären. Dies ist am besten durch **Kooperation** und Gutwilligkeit zu regeln und am schlechtesten durch „Abgrenzungsspielchen". Der Betreuer ist kein 24-Stunden-Service-„Mädchen für alles", entgegen mancher Auffassung von Institutionen und privaten „Nutznießern". Dennoch endet die Verantwortung der Klinik an der Klinikpforte, wenn auch ein gutes Entlassungsmanagement vertraglich geschuldet sein dürfte. Die synergetische Nutzung von Erfahrung und Kompetenz ist das einzig richtige.

So wird gern darüber gestritten, ob der Betreuer oder das Krankenhaus die Einrichtung zur Kurzzeitpflege, Unterbringung etc. suchen und kontaktieren muss. Das begründet sich darauf, dass nach den Krankenhausgesetzen der Bundesländer und damit auch über den

306 Sofern die Krankenhausträger ihre guten und kompetenten Sozialdienste nicht abgeschafft oder völlig ausgedünnt haben.

Behandlungsvertrag ein **Entlassungsmanagement** geschuldet ist.[307] Dies hat aber eindeutig eine schwerpunktmäßig beratende und unterstützende Funktion, nicht entlastende oder gar entscheidende.

Dem steht nämlich insbesondere entgegen, dass der Betreuer mit entsprechenden Aufgabenbereichen z.B. der Aufenthaltsbestimmung, Vermögenssorge, Gesundheitssorge und Heimangelegenheiten auch eine entsprechende Verantwortung hat, die er nicht abgeben kann. Und wenn dann aber auf der anderen Seite – nicht selten zu Recht – mangelnde Einbeziehung des Betreuers in die Planung beklagt wird, fehlt es an argumentativer Stringenz.

10. Sonderfall: Beschwerde bzw. richterliche Überprüfung nach der Unterbringung

Das Unterbringungsverfahren ist mit dem Ende der Unterbringung ebenfalls beendet. Demzufolge ist grundsätzlich auch die Einlegung eines Rechtsmittels nicht mehr möglich bzw. hat sich erledigt. Eine Ausnahme bildet § 62 FamFG.

> **§ 62 FamFG Statthaftigkeit der Beschwerde nach Erledigung der Hauptsache**
>
> (1) Hat sich die angefochtene Entscheidung in der Hauptsache erledigt, spricht das Beschwerdegericht auf Antrag aus, dass die Entscheidung des Gerichts des ersten Rechtszugs den Beschwerdeführer in seinen Rechten verletzt hat, wenn der Beschwerdeführer ein berechtigtes Interesse an der Feststellung hat.
>
> (2) Ein berechtigtes Interesse liegt in der Regel vor, wenn
>
> 1. schwerwiegende Grundrechtseingriffe vorliegen oder
> 2. eine Wiederholung konkret zu erwarten ist.
>
> (3) Hat der Verfahrensbeistand oder der Verfahrenspfleger die Beschwerde eingelegt, gelten die Absätze 1 und 2 entsprechend.

Diese Regelung lässt sich aus dem **Rechtsstaatsgebot** und **Rechtsschutzgebot** des Artikel 19 Absatz GG ableiten.[308]

Wenn also Beschwerde gegen die Unterbringungsentscheidung eingelegt ist, die Unterbringung aber vor der Entscheidung des Beschwerdegerichts endet, ist auf Antrag gleichwohl eine Entscheidung zu fällen, wenn die betroffene Person ein berechtigtes Interesse an einer solchen Entscheidung hat. Als Regelbeispiele nennt das Gesetz schwerwiegende Grundrechtseingriffe oder eine konkret zu erwartende Wiederholungsgefahr.

307 Z.B. § 6 Hamburgisches Krankenhausgesetz (HmbKHG), https://www.lexsoft.de/cgi-bin/lexsoft/justizportal_nrw.cgi?xid=170420,1 (Zugriff: 11.8.2023).
308 BtKomm/Dodegge, 6. Aufl., Teil G, Rn. 398.

Beispiele

- *Die betroffene Person war für 14 Tage untergebracht, ist aber zu keiner Zeit angehört worden und es hat auch kein Gutachten vorgelegen.*
- *Eine betroffene Person ist fixiert über viele Stunden und bei der Anhörung stellt sich heraus, dass die Fixierung rechtlich nicht zulässig war.*

In beiden Fällen sind erhebliche Grundrechtseingriffe zu beklagen.

Die betroffene Person möchte eine Klärung herbeiführen, weil sie mehrfach untergebracht wurde und immer wieder – aus ihrer Sicht zu Unrecht – für Stunden fixiert wird. Hier wird während der Maßnahme oftmals keine Entscheidung herbeizuführen sein, wohl aber besteht konkret eine Gefahr der Wiederholung.

Generell ist **bei Fixierungsentscheidung** wegen der grundrechtlichen Bedeutung die Schwelle für eine nachträgliche Beschwerde niedrig anzusetzen. § 62 FamFG gilt auch für die Rechtsbeschwerde.[309] Das Bundesverfassungsgericht hat auch in seiner schon mehrfach erwähnten Entscheidung vom 24.7.2008[310] eine Verfassungsbeschwerde gegen Fixierungsanordnungen auch nach Entlassung aus der Klinik für zulässig erachtet.

Generell gilt nach der Rechtsprechung des Bundesverfassungsgerichts: Unter Berücksichtigung von Artikel 19 Abs. 4 GG ist gegebenenfalls auch nach Erledigung einer hoheitlichen Maßnahme ein Rechtsschutzinteresse zu bejahen. Trotz Erledigung des ursprünglichen Rechtsschutzziels kann ein Bedürfnis nach gerichtlicher Entscheidung aber fortbestehen, wenn das Interesse der betroffenen Person an der Feststellung der Rechtslage in besonderer Weise schutzwürdig ist. Dies ist unter anderem der Fall, wenn ein tiefgreifender Grundrechtseingriff vorliegt und die grundrechtsverletzende Maßnahme diskriminierenden Charakter hat, der fortwirkt.[311]

Unklar ist, ob § 62 FamFG auch ermöglicht, dass ein Feststellungsantrag, also ein Antrag auf Feststellung der Rechtswidrigkeit einer Unterbringungsmaßnahme (z.B. wenn der Patient fixiert oder untergebracht war, aber keine Entscheidung ergeht) auch erstinstanzlich möglich ist. Dies wird fast ausnahmslos verneint.[312] Ich meine, dass in Fällen schwerster Grundrechtsverletzung auch das möglich sein muss.

Das Bundesverfassungsgericht hat in seiner „Fixierungsentscheidung"[313] auch festgelegt, dass die betroffene Person auf die Möglichkeit der nachträglichen Überprüfung der Maßnahme hingewiesen werden muss. Das Bundesverfassungsgericht hat dies mit der Bedeutung einer Maßnahme zur Fixierung für die Grundrechte der betroffenen Person begründet. Das bedeutet, dass die betroffene Person auch dann ein rechtlich geschütztes Klärungsinteresse hat, wenn noch keine richterliche Entscheidung ergangen ist.

309 A.a.O.
310 2 BvR 309/15 und 2 BvR 502/16, Bt Prax 2018, 188 ff. = FamRZ 2018, 1442 ff. mit Zust. Anm. Seifert.
311 BVerfG 104, 220, 234; BVerfG FamRZ 2010, 224.
312 Bartels in Jox/Fröschle, Rn. 4 zu § 62 FamFG.
313 Siehe BVerfG BtPrax 2018, S. 188.

Wörtlich formuliert das Bundesverfassungsgericht:

> „[…] Der Weg zu einer nachträglichen gerichtlichen Klärung der Zulässigkeit der Maßnahme ist dem Betroffenen wegen des Fortbestehens des Rechtsschutzbedürfnisses in Fällen tiefgreifender Grundrechtseingriffe gleichwohl nicht verschlossen. Auf die Möglichkeit, die Zulässigkeit der durchgeführten Fixierung gerichtlich überprüfen zu lassen, ist der Betroffene zudem nach Beendigung der Maßnahme hinzuweisen. […]"

Das kann dann auch nur für alle Unterbringungsmaßnahmen gelten.

In jedem Fall unbenommen ist eine **zivilrechtliche Klage auf Amtshaftung**, z.B. gerichtet auf Schmerzensgeld.

11. Die Rolle der Beteiligten

Zu unnötigen Reibungsverlusten führen häufig Missverständnisse und Unklarheiten bezüglich der Rolle der Beteiligten.

Resümierend aus den bisherigen Inhalten ist dazu folgendes zu sagen:

- Die **betroffene Person** ist nicht „entmündigt" oder geschäftsunfähig, nur weil er eine gesetzliche Betreuung hat. Erklärungen der betroffenen Person im Rahmen der Gesundheitssorge sind daher ernst zu nehmen. Eine einwilligungsfähige betroffene Person kann selbst in eine Behandlung einwilligen oder diese verweigern! Der Betreuer muss keineswegs die Einwilligung wiederholen. Bei Weigerung der betroffenen Person ist die Maßnahme zu unterlassen, es sei denn eine Genehmigung nach § 1829 BGB oder § 1831 Abs. 2 BGB liegt vor.
- Wie schon mehrfach gesagt, entscheidet der **Betreuer** oder **Bevollmächtigte**über die Durchführung der Unterbringung, nicht der Arzt, nicht das Gericht. Er ist im Ergebnis der parteiliche Interessenvertreter der betroffenen Person mit „eigenem Kopf", kein verlängerter Arm von Klinik oder Gericht.
- Ein **Verfahrenspfleger** hat die Interessen der betroffenen Person im Unterbringungsverfahren zu wahren, ebenfalls bei eigenständiger Position in eben diesem Verfahren. Es ist durchaus sinnvoll und willkommen, wenn der Verfahrenspfleger nicht mit der Schere der fürsorglichen Verantwortung im Kopf Aspekte der Freiheit, Wünsche der betroffenen Person und rechtliche Zweifel besonders zu artikulieren vermag.
- Der **behandelnde Arzt**, der gleichzeitig Gutachter ist, muss in der Lage sein, dies zu trennen und der betroffenen Person gegenüber deutlich machen, in welcher Funktion er ihr gegenübertritt.
- Der **Gutachter** wiederum ist dem Gericht gegenüber verantwortlich und hat sich eine unabhängige, eigene Meinung zu bilden.

> Im Kontakt der einzelnen Beteiligten sollte gelten: „Reden hilft" und: „Fragen sind keine Majestätsbeleidigung".

12. Checklisten zur Unterbringung, Zwangsbehandlung und FEM

a) Checklisten zur Unterbringung

Checkliste für Betreuer und Bevollmächtigte

1. Betreuung oder Vollmacht: Ist meine Befugnis (Aufgabenkreis/Aufgabenbereich, Vollmachtsformulierung) ausreichend?
   - Wenn ja, Antrag stellen, weiter siehe 2.
   - Wenn nein: Aufgabenkreiserweiterung als Betreuer beantragen bzw. gegebenenfalls Betreuung anregen, wenn Vollmacht nicht ausreicht und auch keine Betreuung besteht.
2. Antrag als Bevollmächtigter/Betreuer:
   - Inhalt: Welche Art der Unterbringung soll beantragt werden? („Muss")
   - Sachverhaltsschilderung („Muss")
   - Problemdarstellung („Muss")
   - Was wurde versucht, um das Problem zu beheben / Unterbringung zu vermeiden? („Soll")
   - Hinweis auf Einschätzungen von Ärzten oder Bezugspersonen („Kann")
   - Hinweise, wann und wo der Betroffene am besten anzutreffen ist, wenn möglich (hilfreicher Hinweis für Gutachter und Gericht)
3. Attest oder Gutachten, wenn vorhanden, beifügen.
4. Die Unterbringungsvoraussetzungen, nämlich
   - Lebens- oder Gesundheitsgefahr
   - Behandlungsbedürftigkeit bei zu erwartendem erheblichen Gesundheitsschaden

   nach Möglichkeit benennen und darlegen.
5. Weisung (§ 1831 Absatz 2 BGB) gegenüber Krankenhaus/Einrichtung bei Gefahr (dazu auch unter 8.).
6. Sicherung der Wohnung vorbereiten: (Schloss, verderbliche Güter, Haustiere, Wertsachen).
7. Ggf. Angehörige benachrichtigen.
8. Bei notwendiger Zuführung:
   - Termin und Modalitäten mit zuständiger Behörde abstimmen.
   - Abstimmung mit dem zuständigen Krankenhaus wegen der Aufnahme.

Checkliste für das Betreuungsgericht

1. Betreuung oder Vollmacht: Ist die Befugnis (Aufgabenkreis, Vollmachtsformulierung) ausreichend?
   - Wenn ja, siehe 2.
   - Wenn nein, Aufgabenkreiserweiterung erforderlich bzw. gegebenenfalls Betreuung anregen, wenn die Vollmacht nicht ausreicht oder kein handlungsfähiger Vertreter vorhanden ist.
2. Liegt ein Antrag vor?
   - Ist Sachverhaltsaufklärung gegebenenfalls im Wege der Amtsermittlung Vorab notwendig?
   - Aktuelle Situation?
   - Was ergibt sich aus dem Inhalt des Unterbringungsantrags?
3. Gibt es vorab schon hinreichend Gründe für eine Ablehnung des Antrags?

   Beispiele:
   - Keine Anhaltspunkte für Lebens- oder Gesundheitsgefährdung oder eine schweren gesundheitlichen Schaden
   - Betreuer möchte – ohne dass sich beim Betreuten etwas verändert hat – den „medizinischen Status" feststellen
   - Ein bloßes „So geht es nicht weiter", z.B. weil andere sich jetzt über den Betreuten beschweren
4. Liegen gegebenenfalls Voraussetzungen für eine einstweilige Anordnung vor, d.h. ist eine besondere Eilbedürftigkeit gegeben? Ist ein aussagefähiges ärztliches Zeugnis vorhanden oder kurzfristig zu beschaffen?
   - Wenn ja: weiter ab 8.
5. Gutachterbestellung:
   - Formulierung des Auftrags; gibt es gegebenenfalls konkrete ergänzende Fragen?
   - Auswahl des Sachverständigen
6. Liegt ein Gutachten vor – wie lautet das Ergebnis:
   - Wird die Unterbringung befürwortet?
   - Ist das Sachverständigenvotum plausibel?
7. Bei Ablehnung des Antrags/der Unterbringung: Gelegenheit zur Stellungnahme für Betreuer, gegebenenfalls Rücknahme des Antrags oder Ablehnung durch das Betreuungsgericht.

8. Bei Befürwortung des Antrags/der Unterbringung: Bestellung eines Verfahrenspflegers.
   - Auswahl (gegebenenfalls Rechtsanwalt: Sind rechtsanwaltsspezifische Tätigkeiten zu erwarten?)
9. Anhörungstermin abstimmen oder festlegen.

   Hinweis: Eine Abstimmung ist nicht vorgeschrieben, erhöht aber die Chance der Erreichbarkeit der Beteiligten!
10. Bei fehlgeschlagenem Anhörungsversuch: gegebenenfalls Wiederholung.
11. Nach Anhörung: Beschluss verkünden oder im Gericht ausfertigen?
12. Für den Beschluss:
    - Sofortige Wirksamkeit angeordnet?
    - Gewalt- und Wohnungsklausel erforderlich?
    - Frist? Welche Art der Unterbringung ist genehmigt?
13. Fristnahme.

Checkliste für Gutachter/Sachverständige

1. Ist mit dem Gutachtenauftrag das vollständige Aktenmaterial eingetroffen?
2. Gibt es Bedarf nach weiteren Informationen und Unterlagen, wie z.B. Pflegeberichte oder Vorgutachten?
3. Sind Kontaktdaten vorhanden, die eine Exploration ermöglichen?
4. Welches Setting ist für die Exploration zielführend bzw. optimal?
   - Grundsätzlich: Aufsuchen in der gewohnten Umgebung!
5. Referieren des Verlaufs der Exploration und Herausarbeitung der Beeinträchtigungen, die zu einer Unterbringungsnotwendigkeit führen.

Checkliste für Krankenhaus/Einrichtung

1. Besteht eine Betreuung/Vollmacht mit ausreichenden Befugnissen?
2. Besteht eine Unterbringungslage?
   - Freiwilliger Aufenthalt des Patienten?
   - Medizinische Indikation für Behandlung?
   - Lebens- oder Gesundheitsgefahr?

     Prognose: erhebliche Gesundheitsschäden bei Nichtbehandlung?
   - Beschluss vorhanden oder Weisung des Betreuers/Bevollmächtigten?
3. Behandlungsabsprache mit Vertreter und/oder Patient selbst.

Checkliste für den Verfahrenspfleger

1. Liegt eine vollständige Bestellung vor?
2. Akteneinsicht
3. Kontaktaufnahme:

   Termin mit Betroffenem – wenn noch möglich
4. Prüfung der Plausibilität des Gutachtens
5. Teilnahme an Anhörung sicherstellen
6. Beschluss prüfen nach Erhalt – gegebenenfalls Rechtsmittel?
7. Kontakt/Nachgespräch mit Betroffenem

b) Checklisten zur Zwangsbehandlung

Checkliste für Betreuer und Bevollmächtigte

1. Besteht eine Unterbringungsgenehmigung oder ist beabsichtigt, sie zu beantragen? Oder ist sie hier entbehrlich?
2. Verweigert der Betroffene die Medikation?
   - Ist es eine freie Willensentscheidung oder fehlt die Einsicht oder die Fähigkeit, nach der Einsicht zu handeln?
3. Ist versucht worden, ihn zu überzeugen?
4. Gibt es Alternativen (z.B. andere Medikation, Wechsel des Krankenhauses)?
5. Gibt es weniger eingreifende Mittel, so dass auf die Zwangsbehandlung verzichtet werden kann?
6. Prognose: Risiko-Nutzen-Abwägung:
   - Ist prognostisch ein erheblicher gesundheitlicher Schaden zu erwarten?
   - Ist der Nutzen der Zwangsbehandlung deutlich größer als der Schaden?
7. Inwieweit ist die Situation mit dem Betroffenen besprochen?
8. Inwieweit ist die Situation mit den behandelnden Ärzten geklärt?
9. Können andere Personen zu Rate gezogen werden? Angehörige, Vertrauenspersonen, Bezugsbetreuer, Pflegedienst, ambulant behandelnder Arzt?
10. Antrag ans Gericht – gegebenenfalls vorhandene ärztliche Stellungnahme beifügen.
11. Bei Erhalt des Beschlusses:
    - Prüfung des Umgangs mit der Genehmigung
    - Frist beachten, gegebenenfalls notieren.

12. Prüfung von Verlauf und Ergebnis der Zwangsbehandlung:
    - Kann gegebenenfalls im weiteren Verlauf auf Zwang verzichtet werden?
    - Ist die Behandlung ohne Erfolg?
    - Gegebenenfalls: Widerruf der Einwilligung (dies dann dem Gericht anzeigen).

Checkliste für das Betreuungsgericht

1. Ausreichende Befugnis des Bevollmächtigten oder Betreuers?
2. Bestehende Unterbringung oder gleichzeitiger Unterbringungsantrag?

   Wenn nein, Voraussetzungen für die Zwangsbehandlung im offenen Bereich gegeben?
3. Antrag auf Genehmigung.
4. Gibt es Gründe für eine sofortige Ablehnung des Antrags?
5. Ist nach der Antragslage der Kanon des § 1832 Abs. 1 Nr. 1 bis 75 BGB „abgearbeitet"? Gegebenenfalls: Nachfrage an Betreuer/Bevollmächtigten.
6. Liegen die Voraussetzungen für eine einstweilige Anordnung vor?
   - Wenn ja: Anhörung
   - Wenn nein: Gutachtenauftrag an externen Sachverständigen
   - In jedem Fall: Verfahrenspflegerbestellung
7. Bei Vorliegen des Gutachtens: Trägt das Gutachten die beantragte Maßnahme?
8. Nach Gewährung von rechtlichem Gehör gegebenenfalls: Ablehnung der Maßnahme.
9. Sonst: Gutachtenübersendung an Betroffenen und andere Beteiligte oder gibt es Hinderungsgründe?
10. Anhörung
11. Beschluss: Welche Maßnahme konkret ist zu genehmigen? Wie lange?

Checkliste für den Verfahrenspfleger

1. Inwieweit liegen die Voraussetzungen nach § 1832 BGB vor?
2. Termin mit Betroffenen vorab festmachen, wenn es die Zeit erlaubt.
3. Prüfung der Plausibilität des Gutachtens/der ärztlichen Stellungnahme.
4. Teilnahme an der Anhörung.
5. Prüfung des Beschlussinhalts, insbesondere Beschwerde prüfen, möglichst zuvor Betroffenen aufsuchen.

Checkliste für Gutachter/Sachverständige

1. Umfang des Auftrags prüfen.
2. Exploration vor Ort und Fremdanamnese, insbesondere Behandelnde, Bezugspersonen, Betreuer/Bevollmächtigter.
3. Um welche Maßnahme geht es?
4. Gibt es Alternativen?
5. Die Voraussetzungen zur Zwangsbehandlung:
   - Verweigert der Betroffene die Medikation?
     - Ist es eine freie Willensentscheidung oder fehlt die Einsicht oder die Fähigkeit, nach der Einsicht zu handeln?
   - Ist versucht worden, ihn zu überzeugen?
   - Gibt es Alternativen (z.B. andere Medikation, Wechsel des Krankenhauses)?
   - Gibt es weniger eingreifende Mittel, so dass auf die Zwangsbehandlung verzichtet werden kann?
   - Prognose: Risiko-Nutzen-Abwägung:
     - Ist prognostisch ein erheblicher gesundheitlicher Schaden zu erwarten?
     - Ist der Nutzen der Zwangsbehandlung deutlich größer als der Schaden?
6. Empfehlung zu Maßnahme im Einzelnen:
   - Medikation oder Behandlung.
   - Zeitdauer.

Checkliste für Krankenhaus/Einrichtung

1. Bei Weigerung des Betroffenen: Absprache mit Betreuer/Bevollmächtigen.
2. Sind Gespräche mit dem Betroffenen/Patienten geführt worden?
3. Können die Voraussetzungen der Zwangsbehandlung benannt werden? Die Voraussetzungen zur Zwangsbehandlung:
   - Verweigert der Betroffene die Medikation?
     - Ist es eine freie Willensentscheidung oder fehlt die Einsicht oder die Fähigkeit, nach der Einsicht zu handeln?
   - Ist versucht worden, ihn zu überzeugen?
   - Gibt es Alternativen (z.B. andere Medikation, Wechsel des Krankenhauses)?
   - Gibt es weniger eingreifende Mittel, so dass auf die Zwangsbehandlung verzichtet werden kann?

- Prognose: Risiko-Nutzen-Abwägung:
  - Ist prognostisch ein erheblicher gesundheitlicher Schaden zu erwarten?
  - Ist der Nutzen der Zwangsbehandlung deutlich größer als der Schaden?
4. Ist gegebenenfalls eine Eilentscheidung angeraten? Wie ist dies gegebenenfalls zu begründen?
5. Umsetzung des Genehmigungsbeschlusses (Umfang, Dauer) mit Betreuer/Bevollmächtigtem und Betroffenem besprechen.

c) Checklisten freiheitsentziehende Maßnahmen (FEM)

Checkliste für Betreuer, Bevollmächtigte und vertretende Ehegatten

1. Besteht eine Gefährdungssituation (Sturz, Unruhe, sonstige Verletzungsgefahr)?
   - Welche Tatsachen kann ich benennen, welche wurden mir von der Einrichtung oder dem Pflegedienst mitgeteilt?
2. Gibt es eine Notwendigkeit für eine freiheitsentziehende Maßnahme (Gurt, Bettgitter etc.)?
3. Rücksprache mit dem behandelnden Arzt.
4. Gibt es Alternativen?
5. Reicht meine Befugnis (Vollmacht, Betreuung) aus – Enthält die Vollmacht oder Betreuung die Befugnis über FEM zu entscheiden?
   - Bei Ehegattenvertretungsrecht: Sind die Voraussetzungen der Ehegattennotvertretung ausreichend dokumentiert?
     - Wenn ja: Antrag stellen.
     - Ansonsten: Antrag auf Erweiterung der Betreuung/Anregung auf Einrichtung einer Betreuung; gegebenenfalls Bitte um vorläufige Entscheidung.
6. Sind Alternativen von Gutachter oder Verfahrenspfleger empfohlen worden?
   - Diese mit der Einrichtung/dem Pflegedienst besprechen?
7. Bei Vorliegen der Entscheidung:
   - Was ist genehmigt?
   - Für welchen Zeitraum?
     - Gegebenenfalls Frist notieren und rechtzeitig Verlängerung der Genehmigung beantragen.

8. Bei Veränderungen:
   - mit der Einrichtung/dem Pflegedienst besprechen, ob die Maßnahme gegebenenfalls überflüssig geworden ist (wenn ja: Anzeige an das Betreuungsgericht).
   - Reicht die Maßnahme nicht aus, gegebenenfalls ergänzenden Antrag an das Betreuungsgericht.

Checkliste für die Einrichtung/den Pflegedienst

1. Besteht eine Gefährdungssituation? Sind die Tatsachen (Sturz, Unruhe etc.) ausreichend dokumentiert?
2. Resultiert aus den Erkenntnissen die Notwendigkeit für eine freiheitsentziehende Maßnahme (Gurt, Bettgitter)?
3. Gibt es Alternativen?
4. Betreuer oder Bevollmächtigten vorhanden?
   - Wenn ja:
     - Betreuer oder Bevollmächtigten ansprechen, gegebenenfalls Betreuerausweis oder Vollmacht in Kopie zu den Unterlagen nehmen.
     - Betreuer oder Bevollmächtigten veranlassen, einen Genehmigungsantrag beim Betreuungsgericht zu stellen.
   - Wenn nein: Anregung/Mitteilung an das Gericht.
5. Kontakt/Gespräche mit Gutachter/Verfahrenspfleger soweit von diesen veranlasst; Einsicht in Unterlagen gewähren.
6. Bei Vorliegen der Entscheidung:
   - Prüfen, was ist für welchen Zeitraum genehmigt?
   - Mit Betreuer/Bevollmächtigtem besprechen.
7. Für fachgerechte Durchführung der Maßnahme sorgen.
8. Veränderungen mit Betreuer/Bevollmächtigen besprechen: Ist die Maßnahme gegebenenfalls vor Ablauf der Genehmigungsfrist unnötig geworden?

Checkliste für den Verfahrenspfleger

1. Nach Erhalt des Bestellungsbeschlusses:
   - Klärung, um welche Maßnahmen es geht.
   - Akteneinsicht nehmen.
2. Termin in der Einrichtung/Häuslichkeit vereinbaren, um sich ein Bild zu machen (es ist eine Ermessenentscheidung, ob der Betreuer/Bevollmächtigte hinzugezogen wird); Kontakt mit dem Betroffenen herstellen.

3. Austausch mit Pflegekräften, Einsicht in die Pflegedokumentation.
4. Gibt es Alternativen? Besprechen mit Pflegekräften und Betreuer/Bevollmächtigtem.
5. Bericht ans Gericht mit Empfehlung.
6. Teilnahme an richterlicher Anhörung.
7. Nach Erhalt des Beschlusses:
   - Umfang der Maßnahme?
   - Gegebenenfalls Beschwerde prüfen.

Checkliste für Gutachter/Sachverständige

1. Nach Erhalt des Beweisbeschlusses:
   - Ist die Beweisfrage klar?
   - Um welche Maßnahmen geht es?
   - Ist gegebenenfalls die Erweiterung der Betreuung notwendig?
2. Termin vor Ort vereinbaren: Klären, wer anwesend sein kann bzw. sollte (es besteht kein Anspruch des Betreuers/Bevollmächtigten auf Teilnahme, das bleibt eine Ermessensentscheidung).
3. Exploration des Betroffenen:
   - Besteht gegebenenfalls Einwilligungsfähigkeit?
   - Gibt es eine Position des Betroffenen?
   - Ist dieser in der Lage, sich zu äußern und können fremdanamnestische Angaben von Pflege- und Bezugspersonen erlangt werden?
   - In der Regel sinnvoll: Befragung von Betreuer/Bevollmächtigen/Angehörigen.
4. Gutachtenerstellung.

Checkliste für das Betreuungsgericht

1. Antrag des Betreuers oder Bevollmächtigten bzw. des vertretungsberechtigten Ehegatten (liegt eine entsprechende Dokumentation vor?).
2. Ist gegebenenfalls ein Betreuer zu bestellen oder eine bestehende Betreuung zu erweitern?
3. Bestellung eines Verfahrenspflegers.
4. Einholung eines Gutachtens – oder: liegt ein aussagefähiges ärztliches Zeugnis vor?
5. Bei Formulierung des Gutachtenauftrags: Um welche Maßnahmen geht es konkret?

6. Gutachten? Bericht des Verfahrenspflegers?
7. Anhörung mit allen Beteiligten vor Ort?
8. Beschluss:
   - Welche Maßnahme ist konkret zu genehmigen?
   - Frist festlegen.

13. Formulierungsvorschläge

a) Unterbringungsantrag nach § 1831 BGB mit Antrag auf Betreuungserweiterung

Muster: Unterbringungsantrag

An das Amtsgericht …
– Betreuungsgericht –
…

Bevollmächtigter/Betreuer: …
[Name, Kontaktdaten: Telefonnummer, Mobilnummer, Fax, E-Mail]

[Aktenzeichen]: …
Betreuung für: …
[Name des Betreuten]

… [Ort], den … [Datum]

Sehr geehrte Damen und Herren,

(Soweit erforderlich) hiermit beantrage ich die Erweiterung des Aufgabenkreises der Betreuung um den Aufgabenbereich Befugnis zur Unterbringung nach § 1831 BGB.

Weiterhin beantrage ich die Genehmigung der geschlossenen Unterbringung nach § 1831 BGB für

… [Name und Anschrift des Betreuten]

[Angabe der Art des beabsichtigten Unterbringungsortes Krankenhaus/Heim/sonstige Einrichtung] …

[Kurze Sachverhaltsschilderung] … *Wo befindet sich der Betroffene? Was ist der Grund für empfohlene oder schon stattgefundene Einweisung? Zustand des Betroffenen? Haltung des Betroffenen zum Krankenhausaufenthalt?*

[Weitere Ausführungen]: … *Wurde bereits eine Weisung nach § 1831 Abs. 2 BGB erteilt? Besteht Lebens- oder Gesundheitsgefahr? Ist eine Heilbehandlung erforderlich?*

[Bezugnahme auf ein ärztliches Attest (ärztliches Zeugnis) ist möglich]

____
Unterschrift

Anlagen

Vollmacht *(zwingend bei Bevollmächtigung)*
ggf. Kopie des Betreurausweises

Attest *(wenn vorhanden)*
Schriftliche Weisung zur Unterbringung *(wenn vorhanden)*

b) Antrag auf Zwangsbehandlung, § 1832 BGB

Muster: Antrag auf Zwangsbehandlung

An das Krankenhaus …
… [Anschrift]

Bevollmächtigter/Betreuer: …
[Name, Kontaktdaten: Telefonnummer, Mobilnummer, Fax, E-Mail]

[Aktenzeichen]: …

… [Ort], den … [Datum]

Betreuung für: …
[Name des Betreuten]

Sehr geehrte Damen und Herren,

hiermit beantrage ich die Genehmigung folgender Maßnahmen:

… [Bezeichnung der Maßnahmen, z.B.:] *Medikation mit Präparat x – Häufigkeit – Dosis – Zeitraum in Kombination mit Medikament Y – Häufigkeit – Dosis – Zeitraum – Gabe intramuskulär?*

[Kurze Sachverhaltsschilderung] … *Wo befindet sich der Betroffene? Was ist der Grund für empfohlene oder schon stattgefundene Einweisung? Zustand des Betroffenen? Haltung des Betroffenen zum Krankenhausaufenthalt?*

[Weitere Ausführungen]: … *Welche Bemühungen wurden unternommen, den Betroffen zu überzeugen?*

[Weitere Ausführungen]: … *Besteht Lebens- oder Gesundheitsgefahr? Ist eine Heilbehandlung erforderlich?*

[Bezugnahme auf ein ärztliches Attest (ärztliches Zeugnis)] *In der Frage der Zwangsbehandlung ist dies sogar dringend zu empfehlen, insbesondere für die Frage nach Alternativen oder die Frage von Schaden und Nutzen der beabsichtigtenZwangsmaßnahme. Ist ein Attest nicht zu erlangen, dann sollten diese Fragen im Antrag referiert werden!*

____

Unterschrift

Anlagen

Vollmacht *(Zwingend bei Bevollmächtigung!)*
Ggf. Kopie des Betreuerausweises

Attest *(Wenn vorhanden, bei Zwangsbehandlung zu empfehlen)*

c) Genehmigungsantrag für unterbringungsähnliche Maßnahmen/FEM

Muster: Antrag auf unterbringungsänliche Maßnahmen

An das Amtsgericht …
– Betreuungsgericht –
…

Bevollmächtigter/Betreuer: …
[Name, Kontaktdaten: Telefonnummer, Mobilnummer, Fax, E-Mail]

[Aktenzeichen]: …
Betreuung für: …
[Name des Betreuten]

… [Ort], den … [Datum]

Sehr geehrte Damen und Herren,

hiermit beantrage ich die Genehmigung folgender Maßnahmen:

… [Bezeichnung der Maßnahmen, z.B.:] *Bettgitter – Rollstuhlgurt – Therapietisch, ggf. zu welchen Zeiten*

[Kurze Sachverhaltsschilderung] … *Wo befindet sich der Betroffene? Was ist der Grund für empfohlene oder schon praktizierte Maßnahme? Zustand des Betroffenen? Haltung des Betroffenen zur beabsichtigten Maßnahme?*

[Weitere Ausführungen]: … *Wurde bereits eine Weisung nach § 1831 Abs. 2 BGB erteilt? Besteht Lebens- oder Gesundheitsgefahr? Ist eine Heilbehandlung erforderlich?*

Bezugnahme auf ein ärztliches Attest (ärztliches Zeugnis) ist möglich.

____
Unterschrift

Anlagen

Vollmacht *(zwingend bei Bevollmächtigung)*
ggf. Kopie des Betreurausweises

Attest *(wenn vorhanden)*
Schriftliche Weisung zur Unterbringung *(wenn vorhanden)*

Ggf. Formular zum Ehegattenvertretungsrecht beifügen, sofern der vertretende Ehegatte handelt.

d) Weisung nach § 1831 Absatz 2 BGB

Muster: Weisung des Betreuers

An das Krankenhaus …
… [Anschrift]

Bevollmächtigter/Betreuer: …
[Name, Kontaktdaten: Telefonnummer, Mobilnummer, Fax, E-Mail]

Betroffener: …
[Name des Betreuten]

… [Ort], den … [Datum]

Sehr geehrte Damen und Herren

hiermit erteile ich nach § 1831 Abs. 2 BGB die vorläufige Weisung zur Unterbringung von

… [Name und Anschrift des Betreuten]

Alternativ: Hiermit ordne ich die freiheitsentziehende Unterbringung … an.

Die erforderliche Genehmigung des Betreuungsgerichts ist beantragt.

Alternativ: Die erforderliche Genehmigung des Betreuungsgerichts werde ich unverzüglich beantragen.

____
Unterschrift

Anlagen

Vollmacht (bei Bevollmächtigung)/Betreuerausweis

e) Vorsorgevollmacht

Muster: Vorsorgevollmacht

Vorsorgevollmacht[314]

Hiermit erteile ich, …, geb. am …, wohnhaft: …

Herrn/Frau, geb. am …, wohnhaft: … [ggf. weitere Kontaktdaten]

Vollmacht, mich in allen Angelegenheiten zu vertreten, in denen eine Stellvertretung rechtlich zulässig ist.

Diese Vollmacht ist in vollem Umfang sofort wirksam. Sie bleibt auch im Fall einer etwaigen späteren Geschäftsunfähigkeit wirksam.

Die Vollmacht erlischt nicht durch meinen Tod.

314 Siehe die Broschüre „Ich sorge vor" (Hamburg), www.hamburg.de/betreuungsrecht/veroeffentlichungen/103156/ich-sorge-vor/ (Zugriff: 22.6.2023); siehe auch: Das große Vorsorge-Handbuch, Reguvis, 2018.

Diese Vollmacht erstreckt sich auch auf alle Angelegenheiten der Personensorge, insbesondere der Gesundheitssorge. Ich entbinde alle Ärzte, Therapeuten und Pflegepersonen gegenüber dem Bevollmächtigten von ihrer Schweigepflicht.

Der/Die Bevollmächtigte darf für mich auch in Untersuchungen meines Gesundheitszustandes, Heilbehandlungen und ärztliche Eingriffe einwilligen, die Einwilligung in diese Maßnahme widerrufen oder für mich ablehnen. Dies gilt auch für besonders risikoreiche Eingriffe, bei denen die Gefahr besteht, dass ich dadurch sterbe oder einen schweren und länger andauernden gesundheitlichen Schaden erleide. Die Einwilligung in solche Maßnahmen, deren Widerruf oder ihre Ablehnung bedarf der Genehmigung des Betreuungsgerichts, wenn der Bevollmächtigte und der behandelnde Arzt sich nicht einig sind, ob die Maßnahme oder ihre Ablehnung meinem Willen entspricht (§ 1829 BGB).

Der/Die Bevollmächtigte ist ebenfalls berechtigt, meinen Aufenthalt zu bestimmen und insbesondere auch über eine notwendig werdende Einweisung bzw. dauernde oder zeitweise freiheitsentziehende Unterbringung in einem Krankenhaus oder in einem Pflegeheim mit Freiheitsentziehung zu entscheiden.

Er/Sie ist ebenfalls befugt, in unterbringungsähnliche Maßnahmen, wie z.B. das Anbringen von Bettgittern bzw. Bauchgurten oder die medikamentöse Ruhigstellung, sowie in ärztliche Zwangsmaßnahmen im Rahmen der Unterbringung einzuwilligen. Für die Einwilligung in diese Maßnahmen, die in § 1831 BGB geregelt sind, ist die Genehmigung des Betreuungsgerichts einzuholen.

(ggf. weitere Vertretungsbereiche einfügen)

Wenn ich die Vollmacht widerrufe, hat mir der Bevollmächtigte das Original dieser Vollmacht zurückzugeben.

Der Bevollmächtigte darf Untervollmachten erteilen und widerrufen. Mit dem Erlöschen der Vollmacht erlöschen auch die Untervollmachten.

Sollte trotz dieser Vollmacht die Einrichtung einer rechtlichen Betreuung erforderlich sein, wünsche ich, dass der Bevollmächtigte als rechtlicher Betreuer im Sinne von § 1814 BGB eingesetzt wird.

… [Datum, Ort, Unterschrift des Vollmachtgebers]

… [Namen und Unterschriften von Zeugen, behandelndem Arzt – *nicht zwingend erforderlich*]

f) Ehegattenvertretungsrecht im Falle der FEM

Nach § 1358 BGB ist für das Ehegattenvertretungsrecht bzw. dessen Ausübung eine ärztliche Bescheinigung erforderlich.

Das „Formular Ehegattennotvertretung" der Bundesärztekammer ist hilfreich und zu empfehlen: https://www.bundesaerztekammer.de/service/muster-formulare (Zugriff 22.6.2023)

3. Kapitel:

Die öffentlich-rechtliche Unterbringung

Die bisher besprochenen Unterbringungsmaßnahmen nach § 1831 BGB waren solche, die auf einer bundesrechtlichen Regelung fußten. Nunmehr geht es um die öffentlich-rechtliche Regelung zur **Unterbringung nach den Landesgesetzen**.

1. Sinn und Zweck der öffentlich-rechtlichen Unterbringung

Bei der öffentlich-rechtlichen Unterbringung handelt es sich originär um **Polizeirecht**. Es geht um den Kernbereich des präventiven Polizeirechts, nämlich Schutz der öffentlichen Sicherheit und Ordnung, d.h. dem Schutz von Gesetzen, Rechtsgütern und gesellschaftlichen Normen.[1]

Das Polizeirecht ist **Ländersache** und deswegen nicht bundeseinheitlich geregelt. Die einzelnen Ländergesetze sprechen von „PsychKG" – dem Gesetz über Hilfen und Schutzmaßnahmen bei psychischen Krankheiten.[2] Oder sie werden ähnlich benannt und enthalten zusätzlich Regelungen und Grundsätze zu Hilfe und Schutz für die betroffenen Personen, aber auch für die Allgemeinheit.[3]

Natürlich ist mit den Regelungen im Landesrecht auch ein wesentlicher Teil der Versorgung und des Schutzes von psychisch Kranken intendiert; Hilfen sollen Gefahrensituationen beseitigen bzw. vermeiden.

Die öffentlich-rechtliche Unterbringung ist inhaltlich im Wesentlichen mit den Begriffen **Eigengefährdung** und **Fremdgefährdung** verbunden.

Die **Unterbringungsvoraussetzungen** können in der Regel als „enger" als bei der zivilrechtlichen Unterbringung angesehen werden. Es muss wirklich eine akute, bestehende oder unmittelbar drohende Gefahr geben, bedingt durch die Erkrankung und das Verhalten bzw. die Befindlichkeit des betroffenen Menschen. Die Frage bei der **Bemessung der Dauer** der Unterbringung ist daher nicht auf die Behandlung gerichtet, sondern auf die Abwehr der Gefahr(en). Das Vorbringen „Der Betroffene ist dringend behandlungsbedürftig", ist daher für die Begründung einer öffentlich-rechtlichen Unterbringung nicht im Ansatz ausreichend.

Die Regelungen der öffentlich-rechtlichen Unterbringung gelten für Volljährige und Minderjährige. Nach § 151 Nr. 7 FamFG sind die Verfahren betreffend der Unterbringungen von Minderjährigen nach den Landesgesetzen zur Unterbringung Teil der Kindschaftssachen, die eine **Zuständigkeit des Familiengerichts** begründen. Öffentlich-rechtliche Unterbringungen sind verfahrensrechtlich ebenfalls in den §§ 312 ff. FamFG geregelt.

Bei Minderjährigen sind die Unterbringungen nach Landesrecht eher selten und wenn, dann nur kurz, denn in der Regel ist ein Sorgeberechtigter (bzw. beide Sorgeberechtigte) „greifbar" und kann nach § 1631b BGB handeln.

1 Sehr instruktiv zur Systematik und historischen Entwicklung Marschner in Marschner/Lesting/Stahmann, B, Rn. 1 ff. zum Landesrecht.

2 So z.B. die Namensgebung in Hamburg.

3 Aufzählung in https://www.lexikon-betreuungsrecht.de/Psychisch-Kranken-Gesetz (Zugriff 23.6.2023)

2. Die landesrechtlichen Regelungen im Überblick

Die folgende Auflistung entspricht dem Stand im Januar 2023.

Übersicht Landesrechtliche Regelungen

- **Baden-Württemberg:** Gesetz über Hilfen und Schutzmaßnahmen bei psychischen Krankheiten – Psychisch-Kranken-Hilfe-Gesetz (PsychKHG) vom 25.11.2014 (GBl. S. 534), in Kraft seit 1.1.2015, zuletzt geändert 28.6.2022

  https://www.landesrecht-bw.de/jportal/?quelle=jlink&query=PsychKG+BW+%C2%A7+16&psml=bsbawueprod.psml&max=true
- **Bayern:** Bayerisches Psychisch-Kranken-Hilfe-Gesetz (BayPsychKHG) vom 24. Juli 2018 (GVBl. 5383), zuletzt geändert 8.7.2020

  https://www.gesetze-bayern.de/Content/Document/BayPsychKHG
- **Berlin:** Gesetz über Hilfen und Schutzmaßnahmen bei psychischen Krankheiten (PsychKG) vom 17. Juni 2016 (GVBl. S. 336), zuletzt geändert 27.9.21

  https://gesetze.berlin.de/bsbe/document/jlr-PsychKGBE2016rahmen
- **Brandenburg:** Gesetz über Hilfen und Schutzmaßnahmen bei psychischen Krankheiten (Brandenburgisches Psychisch-Kranken-Gesetz – BbgPsychKG) vom 5.5.2009 (GVBl. I S. 134), zuletzt geändert durch das Gesetz vom 19.7.2019 (GVBl.I Nr. 28)

  https://bravors.brandenburg.de/gesetze/bbgpsychkg
- **Bremen:** Bremisches Gesetz über Hilfen und Schutzmaßnahmen bei psychischen Krankheiten (BremPsychKG) v. 13.12.2022 (Brem.GBl. 2022, S. 901)

  https://www.transparenz.bremen.de/metainformationen/bremisches-gesetz-ueber-hilfen-und-schutzmassnahmen-bei-psychischen-krankheiten-brempsychkg-vom-13-dezember-2022-187030?template=20_gp_ifg_meta_detail_d#jlr-PsychKGBR2022rahmen
- **Hamburg:** Hamburgisches Gesetz über Hilfen und Schutzmaßnahmen bei psychischen Krankheiten (HmbPsychKG) vom 27.9.1995 (HmbGVBl. S. 235), zuletzt geändert durch das Gesetz vom 20.12.2022 (HmbGVBl. S. 659, 661)

  https://www.nw3.de/rechtsarchiv/4oerecht/7freihschutz/hmbpsychkg.html
- **Hessen:** Hessisches Gesetz über Hilfen bei psychischen Krankheiten (Psychisch-Kranken-Hilfe-Gesetz– PsychKHG) vom 15.12.21 (GVBl. S. 912)

  https://www.rv.hessenrecht.hessen.de/bshe/document/jlr-PsychKGHErahmen

- **Mecklenburg-Vorpommern:** Gesetz über Hilfen und Schutzmaßnahmen für Menschen mit psychischen Krankheiten (Psychischkrankengesetz – PsychKG M-V) vom 14.6.2016 (GVOBl. 2016, 593), zuletzt geändert durch Artikel 3 des Gesetzes v. 9.12.2022 (GVOBl. M-V S. 587, 588)

  https://www.landesrecht-mv.de/bsmv/document/jlr-PsychKGMV2016rahmen

- **Niedersachsen:** Niedersächsisches Gesetz über Hilfen und Schutzmaßnahmen für psychisch Kranke (NPsychKG) vom 16.6.1997 (Nds. GVBl. S. 272), zuletzt geändert durch Artikel 7 des Gesetzes vom 22.9.2022 (Nds. GVBl. S. 593)

  https://voris.wolterskluwer-online.de/browse/document/1160c766-2b60-3516-b30f-6a8bf038f8fc

- **Nordrhein-Westfalen:** Gesetz über Hilfen und Schutzmaßnahmen bei psychischen Krankheiten (PsychKG) vom 17.12.1999 (GV. NRW. S. 662), zuletzt geändert Artikel 82 des Gesetzes vom 1.2.2022 (GV. NRW. S. 122), bzw. Artikel 2 des Gesetzes vom 13.4.2022 (GV. NRW. S. 499), am 1.1.2023 in Kraft getreten)

  https://recht.nrw.de/lmi/owa/br_text_anzeigen?v_id=10000000000000000086

- **Rheinland-Pfalz:** Landesgesetz über Hilfen bei psychischen Erkrankungen (PsychKHG) vom 15.10.2020(GVBl. 2020, 556)

  https://www.landesrecht.rlp.de/bsrp/document/jlr-PsychKGRP2021rahmen/

- **Saarland:** Gesetz Nr. 2069 über Hilfen bei psychischen Erkrankungen (Psychisch-Kranken-Hilfe-Gesetz - PsychKHG) v. 16.3.2022 (Amtsbl. 2022, 615)

  https://recht.saarland.de/bssl/document/jlr-PsychKGSLpP20

- **Sachsen:** Sächsisches Gesetz über die Hilfen und die Unterbringung bei psychischen Krankheiten (SächsPsychKG) v. 10.10.2007 (SächsGVBl. S. 422), zuletzt geändert durch das Gesetz vom 22.8.2019 (SächsGVBl., S. 663)

  https://www.revosax.sachsen.de/vorschrift/2015.8

- **Sachsen-Anhalt:** Gesetz über Hilfen und Schutzmaßnahmen für Personen mit einer psychischen Erkrankung des Landes Sachsen-Anhalt (Psychischkrankengesetz Sachsen-Anhalt – PsychKG LSA) v. 14.10.2020 GVBl. (LSA 1992, 88)

  https://landesrecht.sachsen-anhalt.de/perma?j=PsychKG_ST

- **Schleswig-Holstein:** Gesetz zur Hilfe und Unterbringung von Menschen mit Hilfebedarf infolge psychsicher Störungen (PsychHG) v. 11.12.2020 (GVOBl. S. 1035) berichtigt GVOBL 2021, 310 zuletzt geändert durch das Gesetz v. 2.5.2018 (GVOBl. S. 162)

  https://www.gesetze-rechtsprechung.sh.juris.de/perma?j=PsychKG_SH

- **Thüringen:** Thüringer Gesetz zur Hilfe und Unterbringung psychisch kranker Menschen (ThürPsychKG) v. 5.2.2009 (GVBl., 10), zuletzt geändert durch Artikel 1 des Gesetzes v. 5.10.2022 (GVBl. S. 416)

  https://landesrecht.thueringen.de/perma?d=jlr-PsychKGTH2009pP36

Die landesrechtlichen Regelungen waren zu überarbeiten im Zusammenhang mit der **Rechtsprechung** des Bundesverfassungsgerichts zur **Zwangsbehandlung** (zur Entwicklung der Rechtsprechung siehe 2. Kapitel unter 3. b), S. 60 ff.).

Auch gilt der **Grundsatz**: Zwangsbehandlung im Rahmen einer öffentlich-rechtlichen Unterbringung ist nur bei ausdrücklicher Regelung im Gesetz überhaupt möglich. Für die öffentlich-rechtliche Unterbringung gilt unabhängig vom konkreten Gesetz generell, dass diese nur die Ultima Ratio, das allerletzte Mittel ist.

Die Gesetzesregelungen haben – jedenfalls in ihrer modernen Variante – eine bestimmte **Regelungssystematik**:[4]

- Hilfen für psychisch Kranke, d.h. vorrangige Maßnahmen der Gesundheitsfürsorge,
- Schutzmaßnahmen, d.h. Einbindung in Versorgungssysteme,
- Unterbringungsvoraussetzungen (Anordnungsrecht),
- Vollzug der Unterbringung.

Die Regelungen umfassen sowohl das **Gerichtsverfahren** als auch das vorgeschaltete **Verwaltungsverfahren**. Das Gericht, das hier wegen Artikel 104 GG zwingend zu entscheiden hat, entscheidet über einen Behördenantrag und ordnet gegebenenfalls die Unterbringung an.

In der **rechtspolitischen Debatte** wurde häufiger die Frage aufgeworfen, ob Unterbringungen generell nur nach PsychKG und nicht nach Betreuungsrecht erfolgen sollten. Der Hintergrund derartiger Vorstellungen ist, dass die Unterbringungsvoraussetzungen restriktiver gefasst sein sollten – ein interessanter Gedanke. Dies ist hier allerdings nicht zu vertiefen, da eine derartige Regelungssystematik politisch ersichtlich nicht gewollt und zu erwarten ist.

3. Voraussetzungen der öffentlich-rechtlichen Unterbringung

Beispielhaft sind hier die entsprechenden Regelungen aus einigen Bundesländern aufgeführt:

> **§ 9 HmbPsychKG (Hamburg) Voraussetzungen der Unterbringung**
>
> (1) Eine Unterbringung ist nach diesem Gesetz nur zulässig, wenn und solange aufgrund einer psychischen Krankheit der unterzubringenden Person die gegenwärtige Gefahr besteht, dass die Person sich selbst oder eine andere Person erheblich schädigt, und diese Gefahr nicht anders abgewendet werden kann. Die fehlende Bereitschaft, sich behandeln zu lassen, rechtfertigt für sich allein keine Unterbringung.
>
> (2) Eine gegenwärtige Gefahr im Sinne von Absatz 1 besteht dann, wenn sich die psychische Krankheit so auswirkt, dass ein schadenstiftendes Ereignis unmittelbar bevorsteht oder

4 Marschner in Marschner/Lesting/Stahmann, B, Rn. 5 zum Landesrecht.

sein Eintritt zwar unvorhersehbar, wegen besonderer Umstände jedoch jederzeit zu erwarten ist.

(3) Eine Unterbringung nach diesem Gesetz ist unzulässig, solange die betroffene Person nach § 126a der Strafprozessordnung einstweilen untergebracht ist.

§ 13 BW PsychKHG (Baden-Württemberg) Voraussetzungen der Unterbringung

(1) Personen im Sinne von § 1 Nummer 1 können gegen ihren Willen in einer nach § 14 anerkannten Einrichtung untergebracht werden, wenn sie unterbringungsbedürftig sind.

(2) Steht die Person unter elterlicher Sorge oder Vormundschaft oder ist für sie eine Pflegschaft oder Betreuung bestellt, die das Aufenthaltsbestimmungsrecht oder das Recht zur Entscheidung über eine mit Freiheitsentziehung verbundene Unterbringung umfasst, so ist nach Absatz 1 auch der Wille derjenigen Person maßgeblich, der das Aufenthaltsbestimmungsrecht oder das Recht zur Entscheidung über eine mit Freiheitsentziehung verbundene Unterbringung zusteht. Bei Bestellung einer Betreuung gilt dies nur, wenn die Person nach § 1 Nummer 1 nicht einwilligungsfähig ist oder für sie ein Einwilligungsvorbehalt hinsichtlich der Aufenthaltsbestimmung angeordnet ist. Im Übrigen ist Absatz 1 auch anwendbar, wenn die sorgeberechtigte Person, die zur Führung der Vormundschaft, der Pflegschaft oder Betreuung bestellte Person mit der Unterbringung einverstanden ist, eine Unterbringung nach den §§ 1631b, 1795, 1813 und 1831 des Bürgerlichen Gesetzbuches (BGB) aber unterbleibt.

(3) Unterbringungsbedürftig ist, wer infolge einer psychischen Störung nach § 1 Nummer 1 sein Leben oder seine Gesundheit erheblich gefährdet oder eine erhebliche gegenwärtige Gefahr für Rechtsgüter anderer darstellt, wenn die Gefährdung oder Gefahr nicht auf andere Weise abgewendet werden kann.

§ 7 ThürPsychKG (Thüringen) Voraussetzungen und Zweck der Unterbringung

(1) Ein psychisch kranker Mensch kann gegen oder ohne seinen Willen in einem psychiatrischen Fachkrankenhaus oder in der psychiatrischen Fachabteilung eines Krankenhauses untergebracht und behandelt werden, wenn und solange er infolge seines Leidens sein Leben, seine Gesundheit oder bedeutende Rechtsgüter anderer erheblich gefährdet und die gegenwärtige Gefahr nicht anders abgewendet werden kann. Die fehlende Bereitschaft, sich behandeln zu lassen, rechtfertigt für sich allein keine Unterbringung.

(2) Die Krankenhäuser haben durch geeignete Maßnahmen sicherzustellen, dass sich die Betroffenen der Unterbringung nicht entziehen. Die Zuständigkeit der Krankenhäuser ergibt sich aus § 2 in Verbindung mit § 4 des Thüringer Krankenhausgesetzes in der Fassung vom 30. April 2003 (GVBl. S. 262) in der jeweils geltenden Fassung.

(3) Eine gegenwärtige Gefahr im Sinne des Absatzes 1 besteht dann, wenn infolge der psychischen Erkrankung ein Schaden stiftendes Ereignis bereits eingetreten ist, unmittelbar bevorsteht oder sein Eintritt zwar unvorhersehbar, wegen besonderer Umstände jedoch jederzeit zu erwarten ist.

(4) Der Zweck der Unterbringung ist, die in Absatz 1 genannte Gefahr abzuwenden und den psychisch kranken Menschen nach Maßgabe dieses Gesetzes zu behandeln.

(5) Steht der psychisch kranke Mensch unter elterlicher Sorge oder Vormundschaft oder ist für ihn ein Pfleger oder Betreuer bestellt, dessen Aufgabenkreis die Aufenthaltsbestimmung umfasst, ist der Wille desjenigen maßgeblich, dem das Aufenthaltsbestimmungsrecht zusteht.

§ 11 PsychKG (Nordrhein-Westfalen) Voraussetzungen der Unterbringung

(1) Die Unterbringung Betroffener ist nur zulässig, wenn und solange durch deren krankheitsbedingtes Verhalten gegenwärtig eine erhebliche Selbstgefährdung oder eine erhebliche Gefährdung bedeutender Rechtsgüter anderer besteht, die nicht anders abgewendet werden kann. Die fehlende Bereitschaft, sich behandeln zu lassen, rechtfertigt allein keine Unterbringung.

(2) Von einer gegenwärtigen Gefahr im Sinne von Absatz 1 ist dann auszugehen, wenn ein schadenstiftendes Ereignis unmittelbar bevorsteht oder sein Eintritt zwar unvorhersehbar, wegen besonderer Umstände jedoch jederzeit zu erwarten ist.

(3) Die Anordnung der Unterbringung ist aufzuheben, wenn Maßnahmen nach den in § 1 Abs. 3 genannten Bestimmungen erfolgt sind.

Der **Begriff der Unterbringung** entspricht dem, der eingangs beschrieben wurde. Der Unterbringungsbegriff hat zum Teil Eingang in die Gesetze gefunden, z.B. § 8 HmbPsychKG (Hamburg) oder auch § 12 BremPsychKG (Bremen):

§ 12 BremPsychKG (Bremen) Begriff und Voraussetzungen der Unterbringung

(1) Eine öffentlich-rechtliche Unterbringung im Sinne dieses Gesetzes liegt vor, wenn eine psychisch erkrankte Person gegen ihren Willen oder im Zustand der Willenlosigkeit in eine Einrichtung nach § 14 eingewiesen oder in der Einrichtung zurückgehalten wird.

(2) Eine psychisch erkrankte Person darf nur untergebracht werden, wenn und solange aufgrund ihres krankheitsbedingten Verhaltens eine gegenwärtige erhebliche Gefahr für

1. das eigene Leben oder die eigene Gesundheit oder

2. das Leben, die Gesundheit oder sonstige bedeutende Rechtsgüter anderer Personen

besteht und diese Gefahr nur durch eine Unterbringung abgewendet werden kann. Kann die Gefahr bereits durch den Einsatz des Krisendienstes des Sozialpsychiatrischen Dienstes, eine ambulante Behandlung, auch im Rahmen einer Institutsambulanz, oder durch eine teilstationäre Behandlung beseitigt werden, so darf die Unterbringung nicht angeordnet werden oder sie ist zu beenden.

(3) Eine gegenwärtige Gefahr ist gegeben, wenn infolge des krankheitsbedingten Verhaltens

1. die Rechtsgutverletzung bereits eingetreten ist und durch die Maßnahme deren Fortdauer oder Verschlimmerung unterbunden werden soll oder

2. die Rechtsgutverletzung unmittelbar bevorsteht und durch die Maßnahme deren Eintritt verhindert werden soll.

(4) Die fehlende Bereitschaft, sich einer notwendigen ärztlichen Behandlung zu unterziehen, oder die regelmäßige Einnahme schädigender Substanzen im Zusammenhang mit einer Suchterkrankung rechtfertigen für sich allein keine Unterbringung.

(5) Eine öffentlich-rechtliche Unterbringung nach diesem Gesetz darf nur vollzogen werden, wenn Maßnahmen nach den §§ 126a und 453c der Strafprozessordnung, nach § 7 des Jugendgerichtsgesetzes oder nach den §§ 63, 64 und 66 des Strafgesetzbuches nicht getroffen sind. Ist eine Person auf Grund dieses Gesetzes öffentlich-rechtlich untergebracht und werden Maßnahmen auf Grund der in Satz 1 genannten Bestimmungen getroffen, ist die Unterbringungsanordnung nach diesem Gesetz außer Vollzug zu setzen. Sie kann aufgeho-

ben werden, wenn nach den Umständen nicht zu erwarten ist, dass die Unterbringungsanordnung später wieder vollzogen werden muss.

§ 8 PsychKG (Hamburg)

(1) Eine Unterbringung im Sinne dieses Gesetzes liegt vor, wenn eine Person gegen ihren natürlichen Willen in den abgeschlossenen Teil einer psychiatrischen Krankenhausabteilung oder in eine sonstige geeignete Einrichtung eingewiesen wird oder dort verbleiben soll. Eine Unterbringung liegt auch dann vor, wenn einer Person untersagt wird, eine nicht abgeschlossene Einrichtung der in Satz 1 genannten Art zu verlassen, oder wenn sie daran gehindert wird

(...)

a) Akute Eigengefährdung

Die Unterbringungsgesetze stellen zum einen auf eine akute Eigengefährdung ab. Soweit sie das nicht ausdrücklich tun, ergibt sich das aus dem Begriff der öffentlichen Sicherheit und Ordnung. Danach kann man sich zwar selbst schädigen, aber der Staat sieht für sich eine Eingriffspflicht bei Selbstschädigung aufgrund einer psychischen Erkrankung.

Bei der Selbst- oder Eigengefährdung, die das Landes-Unterbringungsrecht meint, kann es sich um Lebensgefahr oder um eine erhebliche oder ernstliche Gefahr für die Gesundheit bzw. die Gefahr eines erheblichen oder schwerwiegenden Gesundheitsschadens handeln.[5]

Unter dem Gesichtspunkt der **Gefahrenabwehr** ist es auch erforderlich, dass es sich um eine akute, schon jetzt feststellbare Gefährdung handelt. In den Gesetzesauszügen (siehe oben) findet sich die Formulierung „gegenwärtige Gefahr".

Es muss ein erheblicher Grad an Wahrscheinlichkeit für den Eintritt der Gefahr bestehen,[6] in dem Sinn, dass eine Gefahr in allernächster Zeit mit an Sicherheit grenzender Wahrscheinlichkeit zu erwarten ist. Das Vorliegen einer psychischen Erkrankung und die Weigerung, sich behandeln zu lassen, sind allein keine Gründe für eine Unterbringung.

Beispiele

- *Der erkrankten Person droht unmittelbar bei Nichtbehandlung ein lebensbedrohlicher katatoner Zustand, die betroffene Person ist krankheitsbedingt so verwirrt, dass sie ungeschützt und ohne Obacht bei fließendem Verkehr auf die Straße laufen würde.*

  Hier findet man Anhaltspunkte, die für die Anordnung einer Unterbringung ausreichen können.
- *Ist dagegen der Betroffene aufgrund seiner Weigerung, Medikamente zu nehmen, latent gefährdet eine Verschlimmerung der Erkrankung zu erleiden, reicht es noch nicht für eine „akute Eigengefährdung".*

5 Marschner in Marschner/Lesting/Stahmann, B, Rn. 137 ff. zum Landesrecht; vgl. auch BGH, 23.6.2021, XII ZB 42/21, MDR 2021, S. 1023; OLG Köln, 10.11.2003, 16 Wx 204/03, zit. nach Bt-Recht (Reguvis).

6 Marschner in Marschner/Lesting/Stahmann, B, Rn. 124 zum Landesrecht.

Praktisch ist es oft problematisch, die **Wahrscheinlichkeit der akuten Eigengefährdung** zu prognostizieren. Es ergibt sich dann das praktische, ethische und rechtliche Problem, dass man niemandem ungerechtfertigt die Freiheit nehmen will; man möchte aber auch nicht den Eintritt eines Schadens (Tod, nachhaltige ernsthafte Verletzung) in Kauf nehmen. Und selbst bei Annahme des Grundsatzes „Im Zweifel für die Freiheit" hat auch der psychisch Kranke einen Schutzanspruch, der darüber hinausgeht. Einen Grundsatz „Im Zweifel für die Unterbringung, für die Sicherheit, für die Behandlung" kann man nicht annehmen.

Manchmal ist die **Prognose** nicht schwer, wenn die betroffene Person z.B. immer wieder betont, er wolle sich das Leben nehmen. Ansonsten aber benötigt das Gericht bei Entscheidung über eine Unterbringung eine tragfähige Prognose.

Worauf kann sich eine Prognose stützen

- *Zunächst sind die **Fakten** gründlich zu **recherchieren**.*

Hat die betroffene Person am Vortag tatsächlich versucht, vor einen fahrenden Zug zu springen? Wie sicher ist das Wissen über frühere Suizidversuche? In welchem Kontext standen die? Was hat sich beim Aufenthalt im Krankenhaus konkret herausgestellt?

Die Sachverhaltsermittlung kommt oft entschieden zu kurz. Behauptungen Dritter über Fakten vom Hörensagen werden einfach als erwiesen unterstellt. Das Phänomen „stille Post" führt nicht selten zu Missverständnissen. Aus medizinisch-therapeutischer Sicht menschlich verständlich: Man will dem Patienten helfen und kein Risiko eingehen. Bei einer Freiheitsentziehung ist dies jedoch nicht ausreichend. Ein Kranker, der behauptete oder kolportierte – angebliche – Tatsachen bestreitet oder anders schildert, muss noch lange nicht realitätsfern sein oder die Unwahrheit sagen. Mutmaßungen allein genügen auch nicht. Man muss zumindest hinreichende Anhaltspunkte für eine Eilentscheidung haben.

- *Sodann gilt es, die **Fakten** zu **bewerten**.*

Die bloße Erkenntnis oder Annahme, bei dem Krankheitsbild könne immer eine Selbstschädigung oder Eigengefährdung vorkommen, reicht nicht aus. Bekannte Vorerfahrungen oder nachvollziehbare fremdanamnestische Angaben können herangezogen werden.

Unerlässlich ist die Arbeit der professionell Beteiligten am konkreten Fall. Allgemeine Erkenntnisse der Medizin sind auf den Einzelfall „herunterzubrechen".

Eine **Unterbringungsentscheidung** muss sich also auf belastbare, konkrete Tatsachen stützen. Die notwendige Prognose, die auf dieser Grundlage zu stellen ist, liegt in der Verantwortung des zuständigen Richters.[7] Die medizinische Einschätzung ist dabei natürlich von erheblicher Bedeutung.

7 Marschner in Marschner/Lesting/Stahmann, B, Rn. 128 zum Landesrecht.

Der Richter ist jedenfalls bei einer kurzfristig zu treffenden **Eilentscheidung** in seiner Beweiserhebung und -würdigung frei. Er muss sich aber nachvollziehbar die Überzeugung über die Fakten und deren Bewertung und die Stichhaltigkeit der oben genannten Prognose bilden. Der Richter hat von Amts wegen alle notwendigen Tatsachen zu ermitteln (**Amtsermittlungsgrundsatz** nach § 26 FamFG).

Praxistipp

Grundsätzlich kann ja die Entscheidung nur lauten: Unterbringung ja oder nein. Ein „bisschen Unterbringung" ist nicht denkbar.

Aber: Bei einer überwiegend anzunehmenden Wahrscheinlichkeit einer Gefahr, aber vielen offenen Fragen und verbleibenden letzten Zweifeln und bei Fehlen einer auch nur ansatzweise tragfähigen Alternative zur Unterbringung, wie einer kurzfristigen freiwilligen Behandlung, kann es angemessen sein, eine sehr kurze Unterbringungsfrist zu wählen, um weiter aufzuklären oder aufklären lassen zu können.

Schließlich muss es sich um eine **erhebliche Eigengefährdung** handeln. Bei Lebens- oder Gesundheitsgefahren ist dies unzweifelhaft gegeben. Eine bloße Verschlechterung des Gesundheitszustandes reicht noch nicht aus. Auch soziale Folgen sind kein (allein) ausreichender Grund, eine Unterbringung zu rechtfertigen.

Beispiele

Verwahrlosung, Vermüllung, Vereinsamung, Kontaktabbrüche, finanzielle Verluste.

Steht eine irreversible Existenzvernichtung auf dem Spiel, kann es im Einzelfall anders zu betrachten sein.

Am Ende ist immer noch die **Verhältnismäßigkeit** der Unterbringung zu bedenken. Generell lässt sich sagen: Je gewichtiger und bedeutsamer das Rechtsgut, dem eine Gefahr droht, desto geringer muss die Wahrscheinlichkeit sein, dass die Gefahr sich verwirklicht, sofern die Wahrscheinlichkeit über die Annahme aufgrund bloßer Vermutungen hinausgeht.

Beispiel

Bei einer ernstzunehmenden Suizidgefahr dürften die Überlegungen und Erwägungen kurz zu halten sein.

b) Akute Fremdgefährdung

Die zweite Alternative bei den Unterbringungsvoraussetzungen ist die akute Fremdgefährdung. Während die Eigengefährdung noch erhebliche Parallelen zu den Voraussetzungen der zivilrechtlichen Unterbringung aufweist, ist das Element der Fremdgefährdung als

Unterbringungsgrund der öffentlich-rechtlichen Unterbringung vorbehalten – und für die Entscheidung über eine zivilrechtliche Unterbringung nicht von Belang.[8]

(Zur Wahrscheinlichkeit des Schadenseintritts siehe die Ausführungen zur Eigengefährdung unter a), S. 171 ff.)

Bei der Frage der Fremdgefährdung ist besonders zu beachten, welche Rechtsgüter wie intensiv betroffen sind. Gefahren für Leib oder Leben sind unzweifelhaft als eine Fremdgefährdung in diesem Sinne anzusehen.

Beispiele

Die betroffene Person bedroht mehrere Menschen mit dem Messer, weil sie sie wahnhaft für Verfolger und Verschwörer hält.

Eine betroffene Person dringt mit Gewalt in eine Wohnung ein, um dort eine angebliche Maschine zu entwenden, die ihm Signale in den Kopf sendet.

Auch **Gesundheitsgefahren** sind sicherlich ausreichend, um gegebenenfalls mit einer Unterbringung einzugreifen. Gefahren für die **sexuelle Integrität** von anderen Menschen können ebenfalls darunter fallen.[9] Eine **erhebliche Kindeswohlgefährdung** ist ebenfalls unterbringungsrelevant.

Bei Bedrohungen ist wiederum zu prüfen, inwieweit daraus ein tatsächlicher Schaden resultieren kann, also wie gefährlich die betroffene Person „wirklich" ist.[10]

Bloße Beleidigungen, Beschimpfungen, Belästigung oder „querulatorisches Verhalten" sind nicht ausreichend, um eine Fremdgefährdung im Sinne des Unterbringungsrechts anzunehmen.[11]

Schäden für Eigentum und Vermögen anderer sind grundsätzlich für sich allein genommen kein Fall der PsychKG. Dies ist in der rechtlichen Diskussion durchaus umstritten.[12] Angemessen erscheint es, bei Sachschäden oder Sachgefahr eine besondere Verhältnismäßigkeitsprüfung zu verlangen.[13] In der früheren Regel des § 9 des Hamburger PsychKG waren Sachschäden ausgenommen. Mit Sicherheit wird man aber nur sagen können, dass in diesem Fall eine **besondere Verhältnismäßigkeitsprüfung** geboten ist.[14]

Beispiel

Schwere Brandstiftung ohne Gefährdung von Menschen oder einer Zerstörung von Sachwerten mit solch hohem Aggressionspotential, dass ein „Übergreifen" auf Gewalt gegen Menschen durchaus wahrscheinlich erscheint.

8 BGH, 20.7.2022, XII ZB 81/22, BtPrax 2022, S. 174.
9 Marschner in Marschner/Lesting/Stahmann, B, Rn. 135 zum Landesrecht.
10 A.a.O.
11 A.a.O.
12 Marschner in Marschner/Lesting/Stahmann, B, Rn. 136 zum Landesrecht.
13 A.a.O
14 A.a.O.

In der Praxis liegt eine reine Gefahr für Sachen nicht so häufig vor. Ist dies jedoch der Fall, kann nicht ohne weiteres darauf geschlossen werden, dass bei der betroffenen Person und ihren Handlungen auch Gesundheit oder gar Leben anderer Menschen in Gefahr sind.

Auch bei der Feststellung einer akuten Fremdgefährdung ist eine **Prognoseentscheidung** zu treffen. Nicht jede Situation, in der die Polizei unter dem Gesichtspunkt einer Gefahr oder zumindest einer „Anscheinsgefahr" handeln muss, führt zwangsläufig zur Unterbringung.

Beispiel

Eine psychisch kranke Person kommt mit zwei Benzinkanistern („das eine ist Wahrheit, das andere Gerechtigkeit") zu einer Behörde mit der sie „Ärger hat" und zahlreiche Auseinandersetzungen führt.

Dass hier die Polizei unter dem Gesichtspunkt des Schutzes der öffentlichen Sicherheit und Ordnung eingreift, ist sicherlich selbsterklärend. Ob es am Ende für eine Unterbringung der betroffenen Person reicht, kann nicht von vornherein, sondern nur nach Prüfung und Prognoseerstellung bezüglich der realen und der weiteren Gefährlichkeit entschieden werden.

Eine **Kombination aus Eigen- und Fremdgefährdung** ist selbstverständlich denkbar. Die Kombination ist sogar in der Praxis sehr häufig.

Beispiel

Eine stark demente ältere Frau zündet versehentlich ihre Wohnung an, sie gefährdet sich und andere.

c) Öffentlich-rechtliche Unterbringung und (strafrechtliche) forensische Unterbringung

Ist mit der Anwendung von Gewalt bereits eine Straftat (Körperverletzungs- oder Tötungsdelikt) objektiv begangen, stellt sich die Frage nach der strafrechtlichen Verantwortung der betroffenen Person; unter besonderen Umständen kommt eine Unterbringung nach § 63 StGB bzw. vorläufig nach § 126 StPO in Betracht (zur forensischen Unterbringung siehe 5. Kapitel, S. 233 ff.).

> Für die Annahme einer Fremdgefährdung ist das Begehen einer Straftat nicht erforderlich. Aber bei der Begehung einer Straftat realisiert sich zweifellos eine Fremdgefährdung.

Grundsätzlich ist bei einer Anordnung einer Unterbringung durch das Strafgericht eine Unterbringung nach Landesrecht schlicht überflüssig bzw. rechtlich nicht mehr zulässig, denn eine Gefahr ist durch die anderweitige Unterbringung nicht mehr gegeben.

Einige Länderregelungen wie z.B. § 1 Abs. 3 HambPsychKG oder § 1 Abs. 3 des PsychKG in Nordrhein-Westfalen treffen dazu „Konkurrenz"-Regeln mit dem Vorrang des Strafrechts, andere nicht. Das Ergebnis ist aber immer eindeutig: Die strafrechtliche Unterbringung geht sowohl logisch als auch rechtlich vor.

Gibt es noch kein Strafverfahren oder keine Entscheidung, ist dagegen der Raum für eine Entscheidung nach Landes-Unterbringungsrecht eröffnet.

d) Abgrenzung zum Betreuungsrecht/Vorrang des Betreuungsrechts

Nimmt man die öffentlich-rechtliche Unterbringung als „Ultima Ratio", so ergibt sich, dass das Betreuungsrecht vorrangig ist. Was bedeutet das?

Zum einen ist die **unterschiedliche Zielrichtung** von Betreuungsrecht und den landesrechtlichen Regelungen zu sehen. Ist eine Unterbringung unter dem Gesichtspunkt der Fremdgefährdung angezeigt, fällt die Möglichkeit des Wechsels auf betreuungsrechtliche Regelungen weg.

Beispiel

Eine psychisch kranke Person soll untergebracht werden, weil sie sich aggressiv gegen seine Nachbarn verhält. Eine Heilbehandlung an sich ist wenig aussichtsreich, ihr Leidensdruck verhältnismäßig gering.

Hier wird man mit § 1831 BGB wenig ausrichten können.

Zum anderen wird man im Einzelfall sehen müssen, ob eine **Unterbringung nach § 1831 BGB** besteht oder zeitnah zu erwarten ist. Dann ist diese vorrangig[15]

Beispiel

Der Betreuer hat einen Unterbringungsantrag bei Gericht gestellt. Die Ereignisse überschlagen sich und die betroffene Person wird nach PsychKG ins Krankenhaus eingeliefert. Der Betreuer erteilt eine Weisung nach § 1831 Abs. 2 BGB und verweist auf seinen Unterbringungsantrag.

Hier ist eine Entscheidung nach PsychKG nicht mehr nötig. Muss dagegen noch der Aufgabenkreis des Betreuers erweitert werden, so gibt es noch keine Grundlage für eine Unterbringung nach BGB. Allerdings kann auf die PsychKG-Regelung in dem Fall verzichtet werden, wenn eine Unterbringung vom zuständigen Richter für das Unterbringungsverfahren nach § 1831 BGB zeitnah – am selben Tag – angesetzt ist.

Es gibt allerdings **keine generelle Sperrwirkung des Betreuungsrechts**. Häufig erlebt hat man in der Praxis, dass Behörden sich weigern, nach PsychKG tätig zu werden, weil es

15 OLG Hamm, 23.9.1999, 15 W 275/99, BtPrax 2000, 35 f.; Marschner in Marschner/Lesting/Stahmann, Rn. 138 in der Einführung (Teil A).

ja „einen Betreuer gibt". Dieser rechtlich unsinnige und im Einzelfall auch gefährliche Ansatz sollte aus den Köpfen und der Praxis verschwinden.

Die landesrechtlichen Regelungen haben teilweise Bestimmungen, die in diese Richtung gehen, teilweise auch nicht. Die hier genannten Beispiele aus Baden-Württemberg und Thüringen sagen dies nicht direkt, legen es aber nahe.

Seit die Fixierungen im Recht der öffentlich-rechtlichen Unterbringungen eine bedeutende Rolle spielen (siehe dazu 4. b); 2. Kapitel 4. b), S. 89 ff.), gibt es allerdings häufig beide Regelungen: Wenn z.B. eine nach § 1831 BGB untergebrachte Person (ausschließlich) wegen Fremdaggression und daraus resultierender Fremdgefährdung fixiert werden muss, kann es sich ergeben, dass diese Fixierung nach PsychKG bzw. entsprechender landesgesetzlicher Regelung zu behandeln ist.

4. Umfang und Folgen einer Unterbringungsanordnung

a) Untersuchung und Behandlung

Bei der zivilrechtlichen Unterbringung ist mit Beginn der Unterbringung eine Behandlung grundsätzlich möglich, da eine entscheidungsbefugte Person (Betreuer, Sorgeberechtigter bei Minderjährigen) gegebenenfalls anstelle der betroffenen Person handlungsfähig ist.

Im Rahmen der öffentlich-rechtlichen Unterbringung ist die Untersuchung und Behandlung deshalb durch besondere Vorschriften geregelt und legitimiert. Die Behandlung gegen den Willen bedarf einer gesonderten Regelung (siehe hierzu im Folgenden unter d)).

Im Ergebnis ist eine Behandlung, die keine Zwangsbehandlung ist, nach den Regeln der ärztlichen Kunst auf der Grundlage einer öffentlich-rechtlichen Unterbringung zulässig.[16]

b) Fixierungen in der Unterbringung

Mit der **Entscheidung des Bundesverfassungsgerichts vom 24.7.2018**[17] (siehe hierzu 2. Kapitel 4. b), S. 89 ff.) ist entschieden, dass die Fixierung

- zum einen regelungsbedürftig ist und
- zum anderen auch im Rahmen der öffentlich-rechtlichen Unterbringung – zumindest in bestimmten schwerwiegenden Fallkonstellationen – eines Richtervorbehalts bedarf.

Die Entscheidung erging zu Fixierungen, die in Baden-Württemberg und in Bayern stattgefunden hatten. In Bayern hat es zu der entscheidungsrelevanten Zeit keine gesetzliche Grundlage für Fixierungen im damaligen bayerischen Unterbringungsgesetz vom 5. April

16 Siehe Marschner in Marschner/Lesting/Stahmann, Rn.. 221 ff zu den Landesgesetzen.
17 BVerfG 2018, 188 ff.

1992 gegeben; in der baden-württembergischen Regelung gibt es im § 25 Abs. 3 des PsychkhG eine Ermächtigungsgrundlage für Fixierungen.

Das Bundesverfassungsgericht hat entschieden, dass eine Ermächtigungsgrundlage für Fixierungen jedenfalls bei einer „Vollfixierung" (näheres dazu im Folgenden) im Rahmen der öffentlich-rechtlichen Unterbringung zwingend ist und grundsätzlich auch ein Richtervorbehalt besteht – und anders als in fast allen Landesgesetzlichen Regelungen bis dato nicht enthalten war.

Vorreiter in dieser Hinsicht war Berlin, dessen PsychKG bereits eine Regelung mit Richtervorbehalt enthielt.[18]

Das Bundesverfassungsgericht hat sich den Verfahren entsprechend nur auf Regelungen in Bayern und Baden-Württemberg bezogen. Die Grundsätze, die das Bundesverfassungsgericht entwickelt hat, sind jedoch so deutlich, dass es inzident einen Auftrag zur Überprüfung der Gesetzeslage für alle Bundesländer gegeben hat.

Das Bundesverfassungsgericht hat sich ferner konkret nur auf sogenannte „Vollfixierungen", d.h. Fünf-Punkt und Sieben-Punkt-Fixierungen[19] bezogen. Daraus haben einige Länder – wie z.B. Hamburg – die Konsequenz gezogen, dass auch nur Fixierungen sämtlicher Gliedmaßen dem Richtervorbehalt unterliegen und ansonsten Eingriffsvoraussetzungen vorhanden sind, die im Krankenhaus beachtet werden müssen, aber nicht das Tätigwerden eines Richters erfordern.

Das ist eine **problematische Regelung**. Da das Bundesverfassungsgericht im ersten Leitsatz formuliert hat, dass die Fixierung eines Patienten (generell) einen Eingriff in dessen Grundrecht auf Freiheit der Person (Artikel 2 Abs. 2 i.V.m. Artikel 104 GG) darstellt, ist die Fixierung aber bereits ein Eingriff i.S.v. Artikel 2 und Artikel 104 GG, also bedarf – nach Interpretation des Verfassers – *jede* Fixierung der richterlichen Entscheidung.

Nun hat das Bundesverfassungsgericht im Rahmen seines Urteils im weiteren Verlauf nur davon gesprochen, dass jedenfalls eine Fünf- oder Sieben-Punkt-Fixierung freiheitsentziehenden Charakter hat und somit eine **Freiheitsentziehung i.S.v. Artikel 104 GG** darstellt, was wiederum Raum für Interpretation lässt.

Es wäre klarer und eindeutiger gewesen, wenn jede Fixierung einem **Richtervorbehalt** vorbehalten wäre. Aus der Sicht der betroffenen Person wird eine Fünf-Punkt- oder gar Sieben-Punkt-Fixierung besonders einschränkend sein. Für die Einschränkung der Fortbewegungsfreiheit ist aber auch eine Drei-Punkt-Fixierung, die z.B. einen Arm freilässt, ähnlich einschränkend. Jedenfalls lässt diese Art der Fixierung keinerlei Fortbewegung zu. Geht man davon aus, dass die Freiheitsentziehung immer mit der maximalen Beschränkung der Fortbewegungsmöglichkeiten in Verbindung gebracht wird, kann insofern eigentlich kein Unterschied gemacht werden. Man wird sehen, ob es hier verfassungsgerichtliche Nachprüfungen geben wird.

Die Festlegung, dass eine Fixierung jedenfalls in bestimmten Fällen eines Richtervorbehalts bedarf, ist konsequent. Im Zusammenhang mit der Zwangsbehandlung ist schon deutlich

18 Das PsychKG des Landes Berlin finden Sie hier: https://gesetze.berlin.de/perma?j=PsychKG_BE.

19 Fünf-Punkt-Fixierung: Alle Extremitäten und im Bauchbereich; Sieben-Punkt-Fixierung zusätzlich Brustbereich und Kopf; Neun-Punkt-Fixierung zusätzlich die Oberschenkel und ein weiterer Bereich des Körpers.

geworden, dass immer weniger rechtlich einschränkende Eingriffe schlicht „mitgemeint" sein könnten. Es war allgemein erwartet worden, dass das Bundesverfassungsgericht insofern auch bei der öffentlich-rechtlichen Unterbringung einen Richtervorbehalt fordern würde. Nur die Details kamen z.T. überraschend.

Das Urteil des Bundesverfassungsgerichts und seine Umsetzung haben den Charakter des Begriffs der Unterbringung durchaus verändert. Grundsätzlich galt bezogen auf das Thema Fixierungen: Die alleinige Fixierung rechtfertigt keine Unterbringungsentscheidung nach Landesrecht.

Das gilt heute so nicht mehr, z.B. lässt Hamburg auch eine Fixierung als Unterbringung gelten, wenn diese der Verhinderung einer Fortbewegung dient.

Beispiel

Ein Patient auf der Intensivstation leidet an einem „Durchgangssyndrom und „zieht" Katheter und wichtige Zuleitungen von Medikamenten und Flüssigkeit.

Hier ist keine Unterbringung intendiert. Daher erfolgt die Lösung allein über Betreuungsrecht bzw. den Notstand nach § 34 StGB.

Initial geht es ausschließlich um Unterbringung im eigentlichen Sinne. Bei Fixierungen im Rahmen der Unterbringung enthalten die Landesgesetze Regelungen, die eine Fixierung im Rahmen der Behandlung erlauben. Teilweise entsprechen sie noch nicht dem Standard der o.g. Entscheidung des Bundesverfassungsgerichts.

Berlin hat schon im Jahre 2016 einschränkende Maßnahmen wie Fixierungen grundsätzlich dem Richtervorbehalt unterstellt:

§ 39 PsychKG Berlin Besondere Sicherungsmaßnahmen

(1) Besteht die gegenwärtige Gefahr, dass die untergebrachte Person sich selbst tötet, ihre eigene Gesundheit oder bedeutende Rechtsgüter Dritter erheblich schädigt oder die Einrichtung ohne Erlaubnis verlassen will, können besondere Sicherungsmaßnahmen angeordnet werden, wenn und solange dieser Gefahr nicht durch weniger eingreifende Maßnahmen begegnet werden kann. Besondere Sicherungsmaßnahmen sind nur aufgrund der Anordnung durch eine Ärztin oder einen Arzt zulässig.

(2) Besondere Sicherungsmaßnahmen sind

1. die Beschränkung und das Verbot des Aufenthalts im Freien,

2. die Wegnahme oder das Vorenthalten von Gegenständen,

3. die Unterbringung in einem besonders gesicherten Raum ohne gefährdende Gegenstände,

4. die Einschränkung der Bewegungsfreiheit durch mechanische Vorrichtungen (Fixierung) und

5. die Einschränkung der Bewegungsfreiheit durch mechanische Vorrichtungen (Fixierung) in Zusammenhang mit einer durch eine Ärztin oder einen Arzt vorgenommenen medikamentösen Sedierung.

Wird eine besondere Sicherungsmaßnahme nach Satz 1 Nummer 3 bis 5 vorgenommen, sind die geeignete und erforderliche Überwachung durch therapeutisches oder pflegerisches Fachpersonal und das erforderliche Maß an ärztlicher Kontrolle zu gewährleisten. Darüber hinaus ist bei einer besonderen Sicherungsmaßnahme nach Satz 1 Nummer 4 und 5 eine ständige persönliche Begleitung sicherzustellen.

(3) Besondere Sicherungsmaßnahmen dürfen erst angeordnet werden, wenn therapeutische Maßnahmen erfolglos geblieben sind oder von vornherein aussichtslos erscheinen. Jede besondere Sicherungsmaßnahme ist befristet anzuordnen, ärztlich zu überwachen und unverzüglich aufzuheben, wenn die Voraussetzungen für ihre Anordnung entfallen sind. Eine Verlängerung ist unzulässig.

(4) Anordnung, Begründung, Kontrolle und Beendigung besonderer Sicherungsmaßnahmen sind zu dokumentieren.

(5) Von jeder Anordnung sind die rechtliche Vertretung der untergebrachten Person oder eine ihr nahestehende Bezugs- oder Vertrauensperson und gegebenenfalls ihre anwaltliche Vertretung unverzüglich zu benachrichtigen. Überschreiten die Maßnahmen gemäß Absatz 2 Nummer 3 bis 5 die Dauer von mehr als 18 Stunden oder werden diese regelmäßig wiederkehrend angeordnet, sind sie nur mit Genehmigung des zuständigen Gerichts zulässig. Ohne die Genehmigung sind diese Maßnahmen nur zulässig, wenn mit dem Aufschub Gefahr verbunden ist; die Genehmigung ist unverzüglich nachzuholen. Die Maßnahmen sind zu beenden, wenn ihre Voraussetzungen wegfallen. Die Beendigung der Maßnahmen ist dem zuständigen Gericht anzuzeigen.

Hier gilt:

▶ *Überschreiten besondere Sicherungsmaßnahmen, sofern es unterbringungsähnliche Maßnahmen wie Fixierungen sind, 18 Stunden oder sind sie regelmäßig wiederkehrend, so bedarf es einer richterlichen Entscheidung.*

Aus meiner Sicht eine angemessene, praktikable und grundrechtsfreundliche Regelung. Allerdings muss diese Vorschrift unter Beachtung des Urteils des Bundesverfassungsgerichts vom 24.7.2018 so gelesen werden, dass es jedenfalls bei Fünf- oder Sieben-Punkt-Fixierungen bereits nach einer Dauer von einer halben Stunde einen Richtervorbehalt zu beachten gilt.

Es fehlt eine Regelung zu alleiniger **medikamentöser Sedierung**, wie sie z.B. im Bremer PsychKG enthalten war, inzwischen ist aber aufgrund einer Neuregelung in § 40 PsychKG Bremen die Option nicht mehr enthalten.

§ 40 BremPsychKG Fixierung

(1) Eine Fixierung liegt vor, wenn die tatsächliche körperliche Bewegungsfreiheit der untergebrachten Person gegen ihren natürlichen Willen durch mechanische Vorrichtungen nach jeder Richtung hin weitgehend oder vollständig aufgehoben wird.

(2) Eine Fixierung ist zur Abwendung einer gegenwärtigen erheblichen Gefahr für das Leben oder die Gesundheit der untergebrachten Person oder anderer Personen nur zulässig, wenn eine nach Art und Dauer weniger eingreifende Maßnahme nicht in Betracht kommt oder aussichtslos ist und diese Gefahr anders nicht abgewendet werden kann.

(3) Eine Fixierung darf nur von einer Ärztin oder einem Arzt der Einrichtung aufgrund eigener Untersuchung befristet angeordnet werden. Die Anordnung muss schriftlich erfolgen und Angaben zu den Voraussetzungen der Zulässigkeit der Fixierung und deren voraussichtlicher Dauer enthalten.

(4) Die Anordnung der Fixierung bedarf der Genehmigung des zuständigen Gerichts, es sei denn, die Fixierung unterschreitet absehbar die Dauer von 30 Minuten. Kann eine vorherige richterliche Genehmigung nicht eingeholt werden, ohne den Zweck der Abwehr einer gegenwärtigen erheblichen Gefahr im Sinne des Absatz 2 Satz 1 zu gefährden, ist diese unverzüglich nachzuholen, es sei denn, dass bereits zu Beginn der Fixierung abzusehen ist, dass die richterliche Entscheidung erst nach Beendigung der Fixierung ergehen wird und eine erneute Anordnung nicht zu erwarten ist.

(5) Während der Dauer der Fixierung ist eine ständige Betreuung durch therapeutisches oder pflegerisches Personal der Einrichtung sicherzustellen. In kurzfristigen Abständen ist von einer Ärztin oder einem Arzt der Einrichtung zu überprüfen, ob die Voraussetzungen der Fixierung weiterhin vorliegen. Die Fixierung ist unverzüglich aufzuheben, wenn die Voraussetzungen für ihre Anordnung weggefallen sind.

(6) Die Anordnung und Dauer einer Fixierung, die maßgeblichen Gründe für ihre Anordnung, ihre Durchsetzung sowie die Art und Häufigkeit ihrer Überwachung sind zu dokumentieren. Wird gemäß Absatz 4 Satz 2 eine nachträgliche Genehmigung nicht eingeholt, sind die Gründe für die Annahme zu dokumentieren, dass die richterliche Entscheidung erst nach Beendigung der Fixierung ergehen würde und eine erneute Anordnung nicht zu erwarten ist.

(7) Nach Beendigung der Fixierung ist die untergebrachte Person auf die Möglichkeit hinzuweisen, die Rechtmäßigkeit der durchgeführten Fixierung gerichtlich überprüfen zu lassen. Der Hinweis ist zu dokumentieren.

§ 18 HmbPsychKG Fixierungen

1) Eine untergebrachte Person darf zeitweise fixiert werden, wenn und solange die gegenwärtige erhebliche Gefahr besteht, dass sie gegen Personen gewalttätig wird oder sich selbst tötet oder sich verletzt, und diese Gefahr nicht anders abgewendet werden kann. Die fixierte Person ist an Ort und Stelle ständig in geeigneter Weise persönlich zu betreuen. Wenn begründete Aussicht besteht, auf diese Weise eine schnellere Beendigung der Fixierung zu erreichen, kann im Einzelfall von einer unmittelbaren Anwesenheit der Betreuungsperson in dem Raum, in dem die Fixierung erfolgt, vorübergehend abgesehen werden, wenn sichergestellt ist, dass ein ständiger Sicht- und Sprechkontakt außerhalb des Fixierungsraums zur fixierten Person besteht.

(2) Eine Fixierung darf nur von einem Arzt oder einer Ärztin aufgrund einer eigenen Untersuchung befristet angeordnet werden. Die ärztliche Überwachung ist im erforderlichen Maß zu gewährleisten. Bei Gefahr im Verzug darf eine Fixierung vorläufig auch von einer Pflegekraft angeordnet werden; die Entscheidung eines Arztes oder einer Ärztin ist unverzüglich herbeizuführen. Soll eine Fixierung über 12 Stunden hinaus andauern oder nach weniger als 12 Stunden erneut angeordnet werden, so ist außerdem die Zustimmung des ärztlichen Leiters oder der ärztlichen Leiterin der Krankenhausabteilung oder der sonstigen Einrichtung, in der die fixierte Person untergebracht ist, oder eines weiteren Arztes oder einer weiteren Ärztin mit einer abgeschlossenen Weiterbildung auf psychiatrischem Gebiet erforderlich.

> (3) Art, Beginn und Ende einer Fixierung, die Gründe für ihre Anordnung und die Art der ständigen Betreuung und Überwachung sowie das etwaige Vorliegen der Voraussetzungen von Absatz 1 Satz 3 und die entsprechende Umsetzung sowie die Nachbesprechung sind zu dokumentieren. Der ärztliche Leiter der Krankenhausabteilung oder sonstigen geeigneten Einrichtung, in der die Unterbringung durchgeführt wird, ist über die Anzahl und Dauer der Fixierungen fortlaufend zu informieren. Die untergebrachte Person ist nach Beendigung der Fixierung unverzüglich auf die Möglichkeit hinzuweisen, die Zulässigkeit der Maßnahme gerichtlich überprüfen zu lassen. Der Hinweis ist aktenkundig zu machen.
>
> (4) Die nicht nur kurzfristige Fixierung sämtlicher Gliedmaßen bedarf der vorherigen Anordnung durch das zuständige Gericht. Sie erfolgt auf Grund eines Antrages durch den für die Fixierung zuständigen Arzt oder die dafür zuständige Ärztin oder durch dessen oder deren Vorgesetzen oder Vorgesetzte. Kann eine gerichtliche Entscheidung nicht rechtzeitig herbeigeführt werden, ist die Antragstellung unverzüglich nachzuholen. Die nachträgliche Einholung einer richterlichen Entscheidung gemäß Satz 3 ist nicht erforderlich, wenn bereits zu Beginn der Fixierung abzusehen ist, dass die richterliche Entscheidung erst nach Wegfall des Grundes ihrer Anordnung ergehen wird, oder die Fixierung vor Herbeiführung der Entscheidung tatsächlich beendet und auch keine Wiederholung zu erwarten ist. Eine Fixierung ist in der Regel kurzfristig, wenn sie absehbar die Dauer von einer halben Stunde unterschreitet. Absatz 3 Sätze 3 und 4 gilt entsprechend.
>
> (5) Die Absätze 1 bis 3 gelten entsprechend, wenn eine untergebrachte Person durch vergleichbare Maßnahmen in ihrer Bewegungsfreiheit auf engen Raum beschränkt wird.

Man kann nun die Frage stellen, ob eine solche Regelung mit Artikel 104 GG vereinbar ist bzw. langfristig den Vorstellungen des Bundesverfassungsgerichts standhalten wird. Das Bundesverfassungsgericht hat nur **Mindeststandards für Vollfixierungen** gesetzt, aber für andere Arten den Richtervorbehalt keineswegs für unnötig erachtet. Bei Fixierungen, die nicht alle Gliedmaßen erfassen, bleibt es bei der alten Regelung ohne Richtervorbehalt:

Die gesetzliche Grundlage ist da, die richterliche Entscheidung auch, aber der richterliche Beschluss setzt sich mit der Frage der Fixierung nicht ausdrücklich auseinander. Dieser Mangel kann auch nicht als geheilt gelten, weil die betroffene Person nach § 327 FamFG gegen eine Maßnahme im Vollzug der öffentlich-rechtlichen Unterbringung eine gerichtliche Entscheidung beantragen kann. Diese Neuregelung greift – jedenfalls für längerfristige Fixierungen – m.E. zu kurz.

c) Zusatzregelungen

Viele der Landesgesetze enthalten noch Regelungen zum **Datenschutz bzw.** zur **Überwachung mit einer Kamera** – so z.B. Hamburg in § 27a HmbPsychKG.

> **§ 27a HmbPsychKG Datenerhebung durch optisch-elektronische Einrichtungen**
>
> (1) Der Einsatz optisch-elektronischer Einrichtungen in psychiatrischen Krankenhausabteilungen oder sonstigen geeigneten Einrichtungen, in denen Unterbringungen nach diesem Gesetz durchgeführt werden, ist vorbehaltlich der Absätze 2 und 3 verboten.
>
> (2) Soweit es zur Abwehr von Gefahren für die Sicherheit oder das Zusammenleben in dem Krankenhaus oder der sonstigen Einrichtung erforderlich ist, dürfen mittels offen angebrachter optisch-elektronischer Einrichtungen beobachtet werden:

1. das Gelände, das Gebäude und die öffentlich zugänglichen Bereiche (...);

2. gemeinschaftlich genutzte Bereiche (...).

(...)

(4) (...) Eine Aufzeichnung und Speicherung der Beobachtung mit optisch-elektronischen Einrichtungen ist unzulässig.

Auch Regelungen zu

- persönlichem Eigentum,
- Besuchen und
- seelsorgerischer Betreuung

sind vorzufinden.

d) Zwangsbehandlung in der öffentlich-rechtlichen Unterbringung

(1) Generelle Problematik

Aufgrund der Entscheidungen des Bundesverfassungsgerichts aus dem Jahre 2011 war bereits zu folgern, dass eine Zwangsbehandlung im Rahmen der öffentlich-rechtlichen Unterbringung nicht zulässig ist, sofern diese nicht ausdrücklich im Gesetz geregelt ist.

(Zur Entwicklung der Rechtsprechung zur Zwangsbehandlung siehe 2. Kapitel 3. b), S. 60 ff.)

Keines der Landesgesetze hatte zu diesem Zeitpunkt eine ausreichende Regelung. Dies ist inzwischen anders. Die Landesgesetze wurden entsprechend geändert (Z.B. in Hamburg, siehe im Folgenden, oder auch § 18 Abs. 4 und 5 PsychKG-NRW).

(2) Regelungen zur Zwangsbehandlung

Es gab inzwischen in den einzelnen Ländern Novellierungen, die an das Schema der Vorgaben des Bundesverfassungsgerichts, des Bundesgerichtshofs und der Regelungen im Betreuungsrecht angelehnt waren (z.B. § 16 Abs. 3 HmbPsychKG):

§ 16 HmbPsychKG Behandlung der psychischen Krankheit

(...)

(3) Widerspricht die Behandlung dem natürlichen Willen der untergebrachten Person (ärztliche Zwangsmaßnahme), ist sie zulässig, wenn

1. die untergebrachte Person auf Grund einer psychischen Krankheit die Notwendigkeit der ärztlichen Maßnahme nicht erkennen oder nicht nach dieser Einsicht handeln kann,

2. zuvor versucht wurde, die untergebrachte Person von der Notwendigkeit der ärztlichen Maßnahme zu überzeugen,

3. die ärztliche Zwangsmaßnahme im Rahmen der Unterbringung nach diesem Gesetz erforderlich ist, um einen drohenden erheblichen gesundheitlichen Schaden der untergebrachten Person oder einer anderen Person abzuwenden,

4. der erhebliche gesundheitliche Schaden durch keine andere der untergebrachten Person zumutbare Maßnahme abgewendet werden kann und der zu erwartende Nutzen der ärztlichen Zwangsmaßnahme die zu erwartenden Beeinträchtigungen deutlich überwiegt.

Eine ärztliche Zwangsmaßnahme nach Satz 1 ist nur auf Anordnung und unter Leitung eines Arztes zulässig, unbeschadet der Leistung erster Hilfe für den Fall, dass eine Ärztin oder ein Arzt nicht rechtzeitig erreichbar ist und mit einem Aufschub Lebensgefahr verbunden wäre. Bei einer ärztlichen Zwangsmaßnahme ist insbesondere die Einhaltung der Voraussetzungen nach Satz 1 sowie die Nachbesprechung zu dokumentieren. Eine ärztliche Zwangsmaßnahme bedarf der vorherigen Anordnung des Betreuungsgerichts oder des Familiengerichts, es sei denn, hierdurch würden sich erhebliche Nachteile für das Leben oder die Gesundheit der gefährdeten Person ergeben. Der ärztliche Leiter der Krankenhausabteilung oder sonstigen geeigneten Einrichtung, in der die Unterbringung durchgeführt wird, ist über die Anzahl und Dauer der ärztlichen Zwangsmaßnahmen fortlaufend zu informieren.

Das HmbPsychkG setzt sich in § 17 auch noch mit der **Behandlung einer Begleitkrankheit** auseinander und erlaubt diese bei Lebensgefahr auch ohne Einwilligung.

Ein anderes Beispiel ist § 26 des Bremer PsychKG:

§ 26 BremPsychKG Ärztliche Maßnahmen zur Behandlung der Anlasserkrankung

(1) Ärztliche Maßnahmen zur Behandlung der Anlasserkrankung bedürfen der Einwilligung der untergebrachten Person. Die Einwilligung ist ausdrücklich zu erklären und ebenso wie das vorangegangene Aufklärungsgespräch nach § 25 Absatz 2 zu dokumentieren. Dabei muss die untergebrachte Person in der Lage sein, die Bedeutung und Tragweite des Eingriffs und der Einwilligung zu beurteilen (Einwilligungsfähigkeit).

(2) Fehlt der untergebrachten Person die Einwilligungsfähigkeit, ist die Einwilligung der rechtlichen Vertretung erforderlich. Ist eine solche nicht vorhanden, kann die Bestellung einer Betreuerin oder eines Betreuers angeregt werden. Bei Minderjährigen ist die Einwilligung der Personensorgeberechtigten in die ärztliche Behandlung erforderlich.

(3) Eine Behandlung gegen den natürlichen Willen der untergebrachten Person (Zwangsbehandlung) ist nur ausnahmsweise und als letztes Mittel mit dem Ziel zulässig, die Fähigkeit der untergebrachten Person zur Selbstbestimmung wiederherzustellen. Die Behandlung hat folgende Voraussetzungen:

1. Der untergebrachten Person fehlt aufgrund ihrer psychischen Erkrankung die Einsicht in die Art und Schwere der Erkrankung und die Notwendigkeit einer Behandlung oder ihr fehlt die Fähigkeit, nach dieser Einsicht zu handeln,

2. die Behandlung wird mit dem in Satz 1 genannten Ziel vorgenommen,

3. die Behandlung verspricht hinreichende Aussicht auf Erfolg,

4. nach Art oder Dauer weniger eingreifende Maßnahmen sind aussichtslos,

5. der zu erwartende Nutzen der Behandlung überwiegt den möglichen Schaden einer Nichtbehandlung und die zu erwartenden Beeinträchtigungen durch die Behandlung deutlich,

6. ihr ist eine den Verständnismöglichkeiten der untergebrachten Person entsprechende Aufklärung über die beabsichtigte Behandlung und ihre Wirkungen vorausgegangen und

7. vor Beginn der Behandlung ist ernsthaft versucht worden, eine auf Vertrauen gegründete, freiwillige Zustimmung der untergebrachten Person zu erreichen.

(4) Eine Behandlung nach Absatz 3 darf nur die ärztliche Leitung der Einrichtung und im Vertretungsfall ihre Stellvertretung anordnen. Die Anordnung muss schriftlich erfolgen und Angaben zu den Voraussetzungen der Zulässigkeit der Behandlung und zu den beabsichtigten Behandlungsmaßnahmen enthalten. Die Behandlung bedarf vor ihrer Ausführung der Genehmigung des zuständigen Gerichts. Die Behandlung muss unter ärztlicher Überwachung erfolgen. Eine Nachbesprechung durch die behandelnde Ärztin oder den behandelnden Arzt muss erfolgen, sobald es der Gesundheitszustand der untergebrachten Person zulässt. Die maßgeblichen Gründe für die Anordnung, Art, Beginn und Ende der Behandlung, deren Überwachung sowie die Nachbesprechung sind zu dokumentieren.

(5) Die in einer wirksamen Patientenverfügung zum Ausdruck gebrachte Ablehnung der Behandlung ist zu beachten. Schließt die Patientenverfügung eine Behandlung nach Absatz 3 aus, geht der in der Patientenverfügung geäußerte Wille vor.

(6) Eine Behandlung, die die Persönlichkeit oder die Gesundheit der psychisch kranken Person tiefgreifend und auf Dauer schädigen könnte, ist unzulässig. Ebenfalls unzulässig ist eine Behandlung, die der Erprobung von Arzneimitteln oder Verfahren dient.

(7) Eine Ernährung gegen den Willen der untergebrachten Person ist nur zulässig, wenn sie erforderlich ist, um eine gegenwärtige erhebliche Gefahr im Sinne von § 12 Absatz 2 für das Leben dieser Person abzuwenden.

In Rheinland-Pfalz gilt im Rahmen des § 21 PsychKG:

§ 21 PsychKHG (Rheinland-Pfalz) Behandlung

(1) Die untergebrachte Person hat Anspruch auf die erforderliche Behandlung ihrer psychischen Erkrankung. Ihren Wünschen soll im Rahmen der Behandlung soweit wie möglich Rechnung getragen und ihre Bereitschaft, an der Erreichung des Zwecks ihrer Unterbringung mitzuwirken, soll geweckt werden. Die Einrichtung soll Angehörige und weitere, die Behandlung und Wiedereingliederung der untergebrachten Person unterstützende Personen aktiv in die Behandlung einbeziehen und sich um die hierfür erforderliche Einwilligung der untergebrachten Person bemühen.

(2) Die Notwendigkeit und die Möglichkeiten der Behandlung der Erkrankung, die zur Unterbringung geführt hat (Anlasserkrankung), sind der untergebrachten Person zu erläutern. Ist sie in der Lage, den Grund, die Art, den Umfang und die Tragweite der erforderlichen Behandlung einzusehen, so soll die Erläuterung darauf gerichtet sein, ihre Zustimmung zur Behandlung zu erreichen. Die Behandlung erfolgt nach einem Behandlungsplan, der mit der untergebrachten Person abgestimmt werden soll. Der vertretungsberechtigten Person ist Gelegenheit zu geben, im Rahmen ihres Aufgabenbereichs an der Erläuterung teilzunehmen.

(3) Sowohl die Behandlung der Anlasserkrankung als auch die Behandlung einer sonstigen Erkrankung bedürfen der Einwilligung der untergebrachten Person; eine erteilte Einwilligung kann jederzeit widerrufen werden. Im Übrigen gelten für die Einwilligung und die ärztliche Aufklärung die Vorschriften der §§ 630d und 630e des Bürgerlichen Gesetzbuches (BGB). Die im einwilligungsfähigen Zustand erklärte oder die als natürlicher Wille geäußerte

Ablehnung der Behandlung sowie eine wirksame Patientenverfügung (§ 1901a Abs. 1 BGB) sind zu beachten. Die Bestimmungen der Absätze 4 bis 8 bleiben unberührt.

(4) Eine Behandlung der Anlasserkrankung ist gegen den natürlichen Willen der untergebrachten Person unter Anwendung von Zwang zulässig, wenn

1. sie aufgrund der Anlasserkrankung zur Einsicht in die Behandlungsbedürftigkeit und zu einer darauf gründenden Einwilligung in die Behandlung nicht fähig ist,

2. die Behandlung ausschließlich zum Ziel hat, die tatsächlichen Voraussetzungen der Ausübung freier Selbstbestimmung der untergebrachten Person zu schaffen oder wiederherzustellen, um die Beendigung der Unterbringung zu ermöglichen und

3. der Einrichtung keine wirksame, die Behandlung untersagende Patientenverfügung der untergebrachten Person vorliegt.

(5) Eine nach Absatz 4 zulässige Behandlung der Anlasserkrankung darf nur unter Einhaltung der folgenden Maßgaben durchgeführt werden:

1. Die Behandlung darf nur als letztes Mittel eingesetzt werden, wenn weniger eingreifende Behandlungen nicht vorgenommen werden können oder sich als aussichtslos erwiesen haben.

2. Ein ausführliches ärztliches Aufklärungsgespräch, in dem die vorgesehene Behandlung, deren Erforderlichkeit und mögliche damit verbundene Risiken in einer den Verständnismöglichkeiten der untergebrachten Person entsprechenden Weise erläutert wurden, ist erfolgt. Dabei ist der ernsthafte mit dem nötigen Zeitaufwand und ohne Ausübung von Druck unternommene Versuch, eine auf Vertrauen gegründete Zustimmung zur Behandlung zu erreichen, erfolglos geblieben.

3. Die vorgesehene Behandlung muss Erfolg versprechend sein; ihr Nutzen muss deutlich feststellbar die mit ihr einhergehenden Belastungen überwiegen.

4. Die Anordnung hat durch einen Arzt zu erfolgen, der auch die Art und die Intensität der ärztlichen und pflegerischen Überwachung festlegt und die Durchführung der angeordneten Behandlung kontrolliert.

5. Die anzuwendenden Behandlungsmaßnahmen sind hinsichtlich ihrer Art festzulegen und hinsichtlich ihrer Dauer zeitlich zu begrenzen. Eine vorgesehene Medikation und die durchzuführenden Kontrollen sind genau zu bestimmen.

6. Die beabsichtigte Vornahme der Behandlung ist der untergebrachten Person so rechtzeitig schriftlich anzukündigen, dass ihr die Möglichkeit bleibt, dagegen gerichtlichen Rechtsschutz in Anspruch zu nehmen. Sie ist über die bestehenden Rechtsschutzmöglichkeiten in einer für sie verständlichen Form und Sprache zu informieren. Vor der Durchführung der Behandlung hat die Einrichtung bei einer volljährigen untergebrachten Person die Genehmigung des Betreuungsgerichts, bei einer minderjährigen untergebrachten Person die Genehmigung des Familiengerichts einzuholen.

7. Die Behandlung ist unter Angabe ihrer maßgeblichen Gründe, der Art und Weise der Durchführung, der vorgenommenen Kontrollen und der Überwachung ihrer Wirkung ausführlich zu dokumentieren.

(6) In Notfällen darf eine Behandlung der Anlasserkrankung oder einer sonstigen Erkrankung ohne Einwilligung der untergebrachten Person und erforderlichenfalls auch gegen ihren natürlichen Willen unter Anwendung von Zwang durchgeführt werden, wenn

1. die untergebrachte Person zur Einsicht in die Behandlungsbedürftigkeit und zu einer darauf gründenden Einwilligung in die Behandlung nicht fähig ist und die Behandlung dazu dient, eine Lebensgefahr oder eine gegenwärtige schwerwiegende Gefahr für die Gesundheit der untergebrachten Person abzuwenden und der Einrichtung keine wirksame, die Behandlung untersagende Patientenverfügung der untergebrachten Person vorliegt oder

2. die Maßnahme dazu dient, eine Lebensgefahr oder eine gegenwärtige schwerwiegende Gefahr für die Gesundheit einer anderen Person abzuwenden.

Absatz 5 Nr. 1, 3 bis 5 und 7 gilt entsprechend; ist eine Ärztin oder ein Arzt nicht rechtzeitig erreichbar, so ist die Leistung Erster Hilfe durch andere Personen auch ohne ärztliche Anordnung zulässig, wenn mit einem Aufschub eine Lebensgefahr für die untergebrachte Person verbunden ist.

(7) Die Einrichtung soll der untergebrachten Person nahestehende oder andere für ihre Behandlung als förderlich anzusehende Bezugspersonen über eine ohne Einwilligung der untergebrachten Person erfolgende Durchführung von Behandlungsmaßnahmen zeitnah unterrichten und ihnen die Möglichkeit der persönlichen Kontaktaufnahme zu der untergebrachten Person geben, sofern dies nicht dem mutmaßlichen Willen der betroffenen Person widerspricht. Die vertretungsberechtigte Person ist im Rahmen ihres Aufgabenbereichs unverzüglich zu benachrichtigen.

(8) Sobald es der Gesundheitszustand der untergebrachten Person zulässt, soll nach Beendigung einer Maßnahme nach den Absätzen 4 bis 7 eine Nachbesprechung dieser Maßnahme durch maßgeblich beteiligte Mitarbeiterinnen und Mitarbeiter mit der untergebrachten Person erfolgen. Der Abschluss von Behandlungsvereinbarungen ist anzubieten und zu fördern.

(9) In Fällen notwendiger Behandlung von nicht psychischen Erkrankungen kann eine untergebrachte Person durch die Leitung der anerkannten Einrichtung für die Dauer der notwendigen Heilbehandlung mit oder ohne Begleitung in eine andere Fachabteilung eines Krankenhauses oder in andere geeignete Behandlungseinrichtungen verlegt werden. Das Betreuungsgericht und die für die Unterbringung zuständige Behörde sind hierüber vorher zu benachrichtigen. Bei Minderjährigen ist anstelle des Betreuungsgerichts das Familiengericht vorher zu benachrichtigen. In unaufschiebbaren Fällen hat eine Benachrichtigung unverzüglich im Anschluss an die Verlegung zu erfolgen.

In Sachsen regelt § 22 des PsychKG die Behandlung gegen den Willen des Betroffenen:

§ 22 SächsPsychKG Behandlung gegen den natürlichen Willen

(1) Eine ärztliche Zwangsmaßnahme liegt vor, wenn die Behandlung gegen den natürlichen Willen des Patienten erfolgt.

(2) Ist der Patient krankheitsbedingt nicht fähig, Grund, Bedeutung und Tragweite der Behandlung einzusehen oder seinen Willen nach dieser Einsicht zu bestimmen, ist eine Maßnahme nach Absatz 1 zulässig, wenn

1. a) die Behandlung der Anlasserkrankung geboten ist, um die tatsächlichen Voraussetzungen freier Selbstbestimmung wiederherzustellen, damit dem Patienten nach der Entlassung ein eigenverantwortliches Leben in der Gemeinschaft möglich ist und anderenfalls eine langfristige Unterbringung zu erwarten ist oder

b) die Behandlung der Anlasserkrankung oder die Behandlung einer anderen Erkrankung, die auf Grund der Anlasserkrankung verweigert wird, dazu dient, eine schwerwiegende Gefahr für das Leben oder die Gesundheit des Patienten abzuwenden,

2. die Behandlung hinsichtlich des Behandlungsgrunds Erfolg verspricht,

3. andere für den Patienten unter Berücksichtigung seines natürlichen Willens weniger belastende Behandlungen nicht hinreichend erfolgversprechend sind,

4. die Belastungen, die mit der Behandlung einhergehen, nicht außer Verhältnis zum erwartbaren Nutzen stehen, wobei der Nutzen mögliche Schäden der Nichtbehandlung deutlich überwiegen muss, und

5. ein zuvor bekundeter freier Wille des Patienten nicht entgegensteht.

(3) Eine Behandlung nach Absatz 2 setzt voraus, dass

1. der nach § 33 zuständige Arzt die Entscheidung über die Behandlung trifft,

2. der Patient über die Behandlung und ihre beabsichtigten Wirkungen sowie Nebenwirkungen in einer ihm möglichst verständlichen Weise von einem Arzt nach Nummer 1 umfassend aufgeklärt worden ist mit dem Ziel, seine auf Vertrauen gegründete Zustimmung zu erreichen,

3. das Betreuungsgericht, bei Minderjährigen der gesetzliche Vertreter, die Behandlung auf schriftlichen Antrag des Krankenhauses genehmigt,

4. das Krankenhaus dem Patienten und seinem gesetzlichen Vertreter die Behandlung schriftlich ankündigt.

Satz 1 Nr. 2 bis 4 ist bei einer Behandlung nach Absatz 2 Nr. 1 Buchst. b nicht anzuwenden, soweit die Gefahr unmittelbar bevorsteht. Die Maßnahmen nach Satz 1 Nr. 2 bis 3 sind unverzüglich nachzuholen.

(4) Sämtliche Maßnahmen dürfen nur unter unmittelbarer Leitung und Verantwortung eines Arztes durchgeführt werden.

(5) Eine Ernährung gegen den Willen des Patienten ist nur zulässig, wenn sie erforderlich ist, um eine gegenwärtige Gefahr für das Leben oder die Gesundheit des Patienten abzuwenden.

Schließlich sei als Beispiel noch § 29 des PsychHG Schleswig-Holstein genannt:

§ 29 PsychHG (Schleswig-Holstein) Ärztliche Zwangsmaßnahme

(1) Eine Behandlung gegen den natürlichen Willen des betroffenen Menschen (ärztliche Zwangsmaßnahme) mit dem Ziel, die fortdauernde oder wiederkehrende Notwendigkeit einer Unterbringung nach § 7 zu beseitigen, darf nur dann durchgeführt werden, wenn

1. der betroffene Mensch aufgrund einer psychischen Störung die Notwendigkeit der ärztlichen Maßnahme nicht erkennen oder nicht nach dieser Einsicht handeln kann,

2. sie im Hinblick auf das Behandlungsziel, das ihren Einsatz rechtfertigt, Erfolg verspricht,

3. mildere Mittel, insbesondere eine weniger eingreifende Behandlung, aussichtslos sind und

4. der zu erwartende Nutzen der Behandlung die zu erwartenden Beeinträchtigungen deutlich feststellbar überwiegt.

(2) Die Behandlung muss von einer Ärztin oder einem Arzt selbst durchgeführt werden. Sie muss ärztlich überwacht und dokumentiert werden. Die Notwendigkeit der Behandlung ist regelmäßig zu überprüfen und unverzüglich zu beenden, wenn ihre Voraussetzungen nicht

mehr vorliegen, unerwartete Nebenwirkungen auftreten oder eine Verbesserung des Zustandes nicht absehbar ist. Eine wirksame Patientenverfügung ist zu beachten.

(3) Eine ärztliche Zwangsmaßnahme setzt voraus, dass durch die behandelnde Ärztin oder den behandelnden Arzt

1. eine den Verständnismöglichkeiten des betroffenen Menschen entsprechende Information über die beabsichtigte Behandlung und ihre Wirkungen vorausgegangen ist,

2. vor Beginn der Behandlung ernsthaft versucht wurde, eine auf Vertrauen gegründete, freiwillige Zustimmung des betroffenen Menschen zu erreichen und

3. dem betroffenen Menschen nach Scheitern des Gespräches nach Nummer 2 die Beantragung der gerichtlichen Anordnung nebst der Möglichkeit der Durchführung einer ärztlichen Zwangsmaßnahme, im Falle der vorläufigen ärztlichen Zwangsmaßnahme ohne vorherige gerichtliche Anordnung, angekündigt worden ist.

Die Durchführung der Gespräche nach Satz 1 muss durch die behandelnde Ärztin oder den behandelnden Arzt dokumentiert werden.

(4) Die ärztliche Zwangsmaßnahme bedarf der vorherigen Anordnung des zuständigen Gerichtes auf Antrag des Kreises oder der kreisfreien Stadt. § 8 Absatz 2 gilt entsprechend. Kann eine gerichtliche Entscheidung nicht rechtzeitig herbeigeführt werden, kann die ärztliche Zwangsmaßnahme vorläufig vorgenommen werden, längstens jedoch bis zum Ablauf des auf die Zwangsmaßnahme folgenden Tages. Der Antrag auf Anordnung einer ärztlichen Zwangsmaßnahme ist unverzüglich beim zuständigen Gericht nachzuholen.

(5) § 7 Absatz 3 gilt entsprechend.

5. Das gerichtliche Verfahren

a) Die Zuständigkeit des Gerichts

Die öffentlich-rechtlichen Unterbringungen sind – einschließlich der freiheitsentziehenden Maßnahmen und ärztlichen Zwangsmaßnahmen nach § 312 Nr. 4 FamFG – Unterbringungsverfahren, die dem Verfahrensrecht der nachfolgenden Vorschriften des FamFG zuzuordnen sind:

§ 312 FamFG Unterbringungssachen

Unterbringungssachen sind Verfahren, die die Genehmigung oder Anordnung einer

(…)

4. freiheitsentziehenden Unterbringung, freiheitsentziehenden Maßnahme oder ärztlichen Zwangsmaßnahme bei Volljährigen nach den Landesgesetzen über die Unterbringung psychisch Kranker

betreffen (Unterbringungsmaßnahme).

Die örtliche Zuständigkeit des Gerichts (**Betreuungsgericht**) richtet sich nach § 313 Abs. 3 FamFG:

> **§ 313 FamFG Örtliche Zuständigkeit**
>
> (...)
>
> (3) Ausschließlich zuständig für Unterbringungen nach § 312 Nr. 4 ist das Gericht, in dessen Bezirk das Bedürfnis für die Unterbringungsmaßnahme hervortritt. Befindet sich der Betroffene bereits in einer Einrichtung zur freiheitsentziehenden Unterbringung, ist das Gericht ausschließlich zuständig, in dessen Bezirk die Einrichtung liegt.
>
> (...)

- Maßgebend ist also, ob der Betroffene erst noch untergebracht werden soll, dann dürfte dies in der Regel sein Aufenthaltsort sein, an dem das Bedürfnis für die Unterbringungsmaßnahme hervortritt.
- Ist der Betroffenen bereits untergebracht, ist der Ort der Unterbringung (der Einrichtung, in der Regel des Krankenhauses) maßgebend. Besteht für den Betroffenen eine Betreuung, spielt das in diesem Zusammenhang keine Rolle.

Natürlich ist bei öffentlich-rechtlichen Unterbringungen ein **Verfahrenspfleger** zu bestellen. In diesem Verfahren „erst recht" möglichst eine versierte anwaltliche Vertretung.

Bei Unterbringungen von **Kindern und Jugendlichen** ist das Familiengericht zuständig. Nach § 167 Abs. 1 FamFG ist das Verfahren das gleiche wie bei Erwachsenen. Anstelle des Verfahrenspflegers wird ein **Verfahrensbeistand** bestellt (siehe hierzu 4. Kapitel, 10., S. 225 ff.).

b) Gutachten, Anhörung, und Beteiligung

Die bereits erörterten Voraussetzungen bezüglich Gutachten (siehe 2. Kapitel, 5. c), S. 115 ff.) und Anhörung der betroffenen Person (siehe 2. Kapitel, 5. d), S. 123 ff.) gelten in gleicher Weise wie bei § 1831 BGB.[20] Das Gebot, möglichst einen externen **Gutachter** zu bestellen, wenn es um ärztliche Zwangsmaßnahmen geht, ist der Sache nach auch bei Entscheidungen über Zwangsmaßnahmen in PsychKG bzw. anderen landesrechtlichen Unterbringungsgesetzen geltend.

Wegen der Eilbedürftigkeit wird es in PsychKG-Verfahren in der Regel darauf hinauslaufen, dass jedenfalls für die Frage der Unterbringung nur ein **behandelnder Arzt** als Sachverständiger zur Verfügung steht.

Ebenso gelten die Regularien über die Beteiligten in § 315 FamFG (siehe 2. Kapitel, 5. e), S. 126 f.). Der Bevollmächtigte und der Betreuer haben keine aktive Rolle im Verfahren, dennoch sind sie zu beteiligen (und zwar unabhängig vom Aufgabenkreis).[21]

---

20 Siehe Jox in Jox/Fröschle, Rn. 2 zu § 319 FamFG.

21 Damrau/Zimmermann, Rn. 6 zu § 315 FamFG; Jox in Jox/Fröschle, Rn. 5 f. zu § 315 FamFG.

c) Frist und Antrag

Das Verfahren beginnt entsprechend den landesrechtlichen Regelungen mit dem Antrag der zuständigen Behörde, in der Regel der Gesundheitsbehörde.

Ist nach Landesrecht (z.B. § 8 PsychHG Schleswig-Holstein i.V.m. § 14b FamFG) der Antrag **elektronisch** zu stellen, ist ein schriftlicher Antrag als unzulässig zu verwerfen.[22]

Die **Unterbringungsanordnung** ist zu **befristen**, die Fristenregelungen sind die gleichen wie bei § 1831 BGB (siehe 2. Kapitel, 2. g), S. 48 ff.). Es gilt § 329 FamFG mit der Höchstdauer von einem Jahr, gegebenenfalls zwei Jahren. In der Regel werden aber die Unterbringungsanordnungen kürzer sein, da es ja um Regelungen in Akutsituationen geht.

Die Hamburger Neureglung zur Fixierung schafft nunmehr zwei Verfahrenswege:

1. Die Unterbringungsanordnung wird von der zuständigen Behörde beantragt,
2. die Fixierungsanordnung durch das Krankenhaus.

Das ist unübersichtlich und nicht zielführend.

d) Freiwilligkeit

Gerade bei den öffentlich-rechtlichen Unterbringungen spielt die Frage der Freiwilligkeit eine große Rolle. Ist nämlich ein freiwilliger Aufenthalt möglich, entfällt die Notwendigkeit einer Unterbringung.[23]

Streitig ist oft die **Tragfähigkeit** der Freiwilligkeitserklärung. Dass es den behandelnden Ärzten lieber ist, einen Beschluss „zur Sicherheit" zu haben, reicht nicht aus. Es muss sich aus vorhandenen Tatsachen und nachvollziehbaren ärztlichen Bewertungen ergeben, dass die Freiwilligkeitserklärung nicht belastbar und tragfähig ist.

Beispiel

Der erfahrene Patient erklärt in der richterlichen Anhörung plötzlich relativ unvermittelt, dass er freiwillig bleibt, um sich dann kurz nach der Anhörung im Stationszimmer einzufinden und die Entlassung zu verlangen, weil er ja freiwillig in der Klinik ist und diese jederzeit verlassen darf.

Hier müssen die Ärzte gegebenenfalls prüfen, ob immer noch die Unterbringungsvoraussetzungen gegeben sind und gegebenenfalls ein neues Verfahren veranlassen – oder im Zweifel den Patienten entlassen.

Fragen zur Klärung könnten sein:

Welche Vorerfahrungen gibt es mit dem Patienten diesbezüglich? Überblickt er die Konsequenzen einer Freiwilligkeitserklärung? Steht diese im Widerspruch zu seinen sonstigen Äußerungen vor und in der richterlichen Anhörung?

22 LG Lübeck 21.1.2022, 7 T 19/22, BtPrax 2022, 69; gilt beileiebe noch nicht für alle Länder!

23 Siehe ergänzend Marschner in Marschner/Lesting/Stahmann, Rn. 105–107 zu den Ländergesetzen.

Die Ausführungen zur **nachträglichen Prüfung** (siehe 2. Kapitel, 10., S. 146 ff.). gelten auch hier. Im Zusammenhang mit der Fixierungsentscheidung des BVerfG vom 24.7.2018 ist dort auch schon auf die Möglichkeit einer nachträglichen Feststellung der Rechtswidrigkeit hingewiesen worden.

6. Eilverfahren und Sofortunterbringung

Die Vorschriften über die einstweilige Anordnung – §§ 331 bis 333 FamFG – gelten auch hier.

In besonders eiligen Fällen sehen die Landesgesetze für die öffentlich-rechtliche Unterbringung eine Sofortunterbringung durch die Behörde vor. In manchen Bundesländern ist dieser Eilfall faktisch die Regel.

Beispiel Hamburg:

> **§ 12 HmbPsychKG Sofortige Unterbringung**
>
> (1) Ist aufgrund eines ärztlichen Zeugnisses, das auf einer frühestens am Vortag bei der unterzubringenden Person durchgeführten eigenen Untersuchung beruht, anzunehmen, dass eine Gefahr im Sinne von § 9 Absatz 1 Satz 1 besteht, und kann diese Gefahr nicht anders abgewendet werden, so kann die zuständige Behörde die sofortige Unterbringung anordnen, wenn eine gerichtliche Entscheidung nicht rechtzeitig herbeigeführt werden kann.
>
> (2) Die unterzubringende Person soll vor der sofortigen Unterbringung von einem in der Psychiatrie erfahrenen Arzt der zuständigen Behörde aufgesucht und untersucht werden. Ergibt sich hierbei, dass durch eine sofort beginnende ambulante Heilbehandlung die Unterbringung entbehrlich werden würde, so soll, sofern die betroffene Person damit einverstanden ist, der Arzt mit der Heilbehandlung beginnen.
>
> (3) Ordnet die zuständige Behörde eine sofortige Unterbringung an, so hat sie unverzüglich eine gerichtliche Entscheidung über die Zulässigkeit der weiteren Unterbringung zu beantragen, es sei denn, dass eine gerichtliche Entscheidung voraussichtlich erst nach der Entlassung der untergebrachten Person ergehen würde.
>
> (4) Über die Rechtmäßigkeit der Anordnung einer sofortigen Unterbringung entscheidet auf Antrag der untergebrachten Person das Betreuungsgericht, wenn die untergebrachte Person ein berechtigtes Interesse an der Feststellung der Rechtswidrigkeit hat. Auf das Verfahren finden die für Unterbringungsmaßnahmen geltenden Vorschriften des Gesetzes über die Angelegenheiten der freiwilligen Gerichtsbarkeit entsprechende Anwendung; die Beschwerde steht nur der untergebrachten Person und der zuständigen Behörde zu.

Die gerichtliche Entscheidung ist dann spätestens bis zum Ende des nächsten Tages nachzuholen.

Absatz 4 gibt hier ausdrücklich die Möglichkeit, die Rechtmäßigkeit einer Sofortunterbringung feststellen zu lassen, wenn z.B. die Unterbringung in einen freiwilligen Aufenthalt mündet oder eine Unterbringung nach § 1831BGB folgt.

7. Vollzug, Unterbrechung und Beendigung der öffentlich-rechtlichen Unterbringung

Die Regelungen des Landesrechts enthalten auch Bestimmungen über den **Vollzug**. Der Vollzug der Unterbringung erfolgt entweder durch die zuständige Behörde oder die Einrichtung, in der der Betroffen untergebracht ist bzw. wird.

Im Verfahrensrecht gibt es im Zusammenhang mit dem Vollzug der Unterbringung zwei Besonderheiten:

- Zum einen kann der Betroffene gegen einzelne Maßnahmen des Vollzugs vorgehen, indem er eine gerichtliche Entscheidung beantragt. Dies besagt § 327 FamFG:

  § 327 FamFG Vollzugsangelegenheiten

  (1) Gegen eine Maßnahme zur Regelung einzelner Angelegenheiten im Vollzug der Unterbringung nach § 312 Nr. 4 kann der Betroffene eine Entscheidung des Gerichts beantragen. Mit dem Antrag kann auch die Verpflichtung zum Erlass einer abgelehnten oder unterlassenen Maßnahme begehrt werden.

  (2) Der Antrag ist nur zulässig, wenn der Betroffene geltend macht, durch die Maßnahme, ihre Ablehnung oder Unterlassung in seinen Rechten verletzt zu sein.

  (3) Der Antrag hat keine aufschiebende Wirkung. Das Gericht kann die aufschiebende Wirkung anordnen.

  (4) Der Beschluss ist nicht anfechtbar.

Beispiele für Einzelmaßnahmen

Fixierungen – soweit sie nicht dem Richtervorbehalt unterliegen (s.o. unter 4. b) S. 177 ff.) –, Ausgangsverbot, Rauchverbot, bestimmte Arten der ärztlichen Behandlung, Verlegung ins „Isolierzimmer", Versagung des Paketempfangs.[24]

- Zum anderen gibt esdie Möglichkeit der Aussetzung des Vollzugs in § 328 FamFG.

  § 328 FamFG Aussetzung des Vollzugs

  Das Gericht kann die Vollziehung einer Unterbringung nach § 312 Nr. 4 aussetzen. Die Aussetzung kann mit Auflagen versehen werden. Die Aussetzung soll sechs Monate nicht überschreiten; sie kann bis zu einem Jahr verlängert werden.

  Das Gericht kann die Aussetzung widerrufen, wenn der Betroffene eine Auflage nicht erfüllt oder sein Zustand dies erfordert.

Aus der Sicht von Betroffenen, die die Unterbringung als „Strafe" ansehen, ist dies eine Art „Entlassung auf Bewährung".

Die praktische Anwendung ist relativ gering. Die Regelung ist schon ihrem Wortlaut nach eher auf langfristige Lösungen gerichtet, die aber beim PsychKG selten sind. Und dies mit

24 Siehe dazu Jox in Jox/Fröschle, Rn. 1 zu § 327 FamFG; Damrau/Zimmermann, Rn. 4 zu § 327 FamFG und BtKomm/Dodegge, 6. Aufl., Teil G, Rn. 426 zu § 327 FamFG mit weiteren Beispielen.

gutem Grund: Die Funktion der öffentlich-rechtlichen Unterbringung als letztes Mittel und als Reaktion auf akute Krisenlagen legt eine langfristige Unterbringung – obwohl formalrechtlich möglich – nicht nahe. Letztlich ist natürlich der Einzelfall entscheidend.

Die Beteiligten sind vor der Aussetzung und deren Widerruf zu hören.[25] Das Gericht kann von Amts wegen die Aussetzung anordnen.[26] Eine ärztliche Stellungnahme ist nicht formell Pflicht, aber häufig angebracht.

Ob eine Aussetzung bei einer „Besserung" des Gesundheitszustandes möglich ist oder auch schon gleich bei Anordnung, ist streitig.[27]

Praktisch denkbar ist die **Anwendung** in zwei Konstellationen:

1. Bei reiner Fremdgefährdung oder dann,
2. wenn am Anfang unklar bleibt, ob der Betroffene sich freiwillig ambulant oder auf einer offenen Station behandeln lässt.

Beispiel 1

Der hochpsychotische, gefährdete Betroffene erklärt, er werde sich jeden Tag bei der Institutsambulanz des Krankenhauses einfinden und sich dort untersuchen und medizieren lassen. Von seinem Zustand her bestehen Zweifel an der Tragfähigkeit dieser Erklärung. Andererseits ist der Betroffene in der Institutsambulanz bekannt, so dass der Versuch sinnvoll erscheint.

Es ergeht dann ein Unterbringungsbeschluss, der nach § 328 FamFG ausgesetzt wird, mit der Auflage, der Betroffene solle sich täglich bei der Institutsambulanz vorstellen. Tut er es nicht, kann das Gericht die Aussetzung widerrufen und der Betroffene „geht in die geschlossene Unterbringung".

Beispiel 2

Ein Betroffener ist sexuell in gefährlicher Weise übergriffig geworden. Er ist ausschließlich fremdgefährdend. In längeren Gesprächen vor und bei der richterlichen Anhörung entscheidet er sich für eine offene Therapieeinrichtung. Sind die Übergriffe intensiv, so kann gegebenenfalls flankierend ein Unterbringungsbeschluss ergehen. Bricht er die Therapie ab, könnte er in die Unterbringung zurück verlegt werden.

Die bloße **Beurlaubung**, bei der es sich sich oftmals nur um ein paar Stunden handelt, die theoretisch aber sehr lange dauern kann, ist dagegen noch **kein Fall des § 328 FamFG**.

---

25 Jox in Jox/Fröschle, Rn. 7 zu § 327 FamFG; Damrau/Zimmermann, Rn. 13 zu § 328 FamFG; Lesting in Marschner//Lesting/Stahmann, Rn. 19 zu § 328 FamFG. BtKomm/Dodegge, 6. Aufl., Teil G, Rn. 423 zu § 328 FamFG, Rn. 419 mit weiteren Beispielen zu Aussetzungsgründen bzw. Auflagen.

26 Lesting in Marschner/Lesting/Stahmann, Rn. 9 und 20 zu § 328 FamFG.

27 Marschner in Marschner/Lesting/Stahmann, Rn. 4 zu § 328 FamFG; Damrau/Zimmermann, Rn. 4 zu § 328 FamFG.

Die Landesgesetze enthalten zur Beurlaubung gesonderte Regelungen,[28] die relativ lange Zeiten der Beurlaubung vorsehen.

Rechtlicher Unterschied:

- Bei der Beurlaubung gilt der Unterbringungsbeschluss fort, bei ausbleibender Rückkehr greift der Beschluss sofort und es kann nach dem „abgängigen" Betroffenen gefahndet werden.
- Die Beurlaubung erfolgt durch die Klinik. Bei einer Aussetzung des Vollzugs bedarf es erst eines gerichtlichen Widerrufs.

Bei langer Beurlaubung stellt sich natürlich die Frage, ob die Unterbringungsvoraussetzungen noch vorliegen. Es besteht aber andererseits ein rehabilitatives Interesse daran, dass der Betroffene wieder an sein „normales Leben" herangeführt wird, dazu dient auch die Beurlaubung.

Die Unterbringung des Betroffenen endet mit dem **Ablauf der Unterbringungsfrist** und/oder der Entlassung. Neben landesrechtlichen Regelungen ist in § 330 FamFG die Aufhebung der Unterbringung bei Wegfall der Voraussetzungen genannt.

Die faktische **Aufhebung der Unterbringung** durch das Krankenhaus ist nur dann möglich, wenn das Landesrecht dies ausdrücklich so zulässt bzw. vorsieht.[29] Ist dies nicht der Fall, so kann das Krankenhaus formal Urlaub gewähren bzw. die „Entlassung" ist rechtlich als Beurlaubung zu bewerten.

Es ergibt sich ein **Zielkonflikt**: Einerseits existiert die gerichtliche Anordnung, anderseits ist aber bei inhaltlichem Wegfall der Unterbringungsvoraussetzungen die schnellstmögliche Entlassung aus dem Krankenhaus rechtlich geboten.

Praxistipp

▶ *Es macht keinen Sinn, einen Betroffenen länger als nötig auf der Station zu behalten. Es empfiehlt sich eine schnellstmögliche Unterrichtung des Betreuungsgerichts und der Behörde per Fax. Die „Urlaubslösung" ist ein pragmatischer Weg und es sind dann auch keine weiteren Konflikte zu erwarten.*

Die Unterbringungsanordnung ist auch dann aufzuheben, wenn der Betroffene freiwillig in der Klinik verbleibt, dies ist dem Gericht schnellstmöglich anzuzeigen.

Ebenso wie bei § 1831 BGB bestehen die Beschwerdemöglichkeiten (Zu den Rechtsmitteln siehe 2. Kapitel, 5. f), S. 127 ff.).

---

28 Siehe z.B. § 31 PsychKG Berlin duch die ärztliche Leitung der Einrichtung; § 22 HmbPsychKG: durch den behandelnden Arzt.

29 § 28 PSychKHG Baden-Württemberg; § 18 Absatz 2 PsychKGMecklenburg-Vorpommern. Dagegen § 15 PsychKG NRW, das bei Entlassungsvoraussetzungen die Information des Gerichts anordnet und die sofortige Beurlaubung ermöglicht, faktisch eine Entlassung.

8. Checklisten zur öffentlich-rechtlichen Unterbringung

Checkliste für die Gesundheitsbehörde (respektive zuständige, antragsberechtigte Behörde)

1. Worin besteht die Eigen- oder Fremdgefährdung?
2. Geht es um eine freiheitsgefährdende Unterbringung (nicht etwa nur um eine Fixierung?)
3. Liegt ein aussagefähiges Attest vor (oder ist eines gegebenenfalls zu erhalten)?
4. Liegen die Voraussetzungen für eine Sofortunterbringung vor?
   - Dann: Erstellen der entsprechenden Verfügung.
5. Antrag an das zuständige Gericht.

Checkliste für das Betreuungsgericht

1. Antrag der zuständigen Behörde.
2. Prüfung, ob für den Betroffenen eine gesetzliche Betreuung besteht, gegebenenfalls mit Aufenthaltsbestimmung (jedenfalls einem für eine Unterbringung ausreichenden Aufgabenkreis)?
   - Gibt es ein Unterbringungsverfahren nach § 1831 BGB (bzw. bei Minderjährigen: nach § 1631b BGB)?
3. Liegt ein Polizeibericht vor?
   - Gibt es aussagefähige Angaben über den Hergang vor Veranlassung der Unterbringung?
4. Verfahrenspflegerbestellung.
5. Anhörung klären – gegebenenfalls Angehörige und Betreuer zusätzlich zum Verfahrenspfleger und zur Klinik zu informieren.

Praxistipp

Es hat sich bewährt, für Entscheidungen nach PsychKG bzw. anderen landesrechtlichen Unterbringungsgesetzen einen Eil- oder Bereitschaftsdienst (gegebenenfalls auch in der Woche) vorzuhalten, damit bei Sofortunterbringungen bis zum Ende des nächsten Tages angehört und entschieden werden kann.

Auch ein Bereitschaftsdienst von Rechtsanwälten für Verfahrenspflegschaften in diesen Verfahren ist hilfreich.

Natürlich sind die Präsidien der Gerichte in ihrer Verantwortung frei und die zuständigen Kollegen im Rahmen richterlicher Unabhängigkeit ebenfalls.

Checkliste für Verfahrenspfleger

1. Unterlagen vollständig? Geht es um Unterbringung oder auch Fixierung oder Zwangsmedikation?
2. Vorgespräch mit Betroffenem.
3. Gegebenenfalls weitere Recherche möglich? Kontakt zu Angehörigen?
4. Wo liegen die Zweifelsfragen in Bezug auf Eigen- oder Fremdgefährdung?
5. Teilnahme an Anhörung.
6. Nachgespräch mit Betroffenen, Beschwerde prüfen.

Checkliste für die Klinik

1. Fall der akuten Eigen- oder Fremdgefährdung?
2. Gibt es einen gesetzlichen Betreuer mit hinreichendem Aufgabenkreis – ist dieser erreichbar?
3. Zuständige Behörde kontaktieren – soweit nicht eigenes Antragsrecht (bei Fixierungen in Hamburg).
4. Dokumentation aller unterbringungsrelevanten Maßnahmen – Medikation, Fixierungen und Besonderheiten (z.B. im Verhalten des Betroffenen) – vollständig?
5. Wer geht in die Unterbringungsanhörung?
   - Hat derjenige alle notwendigen Informationen?

Praxistipp

Der „uninformierte" Sachverständige befremdet und strapaziert alle übrigen Beteiligten. Bei allem Sinn für Zeitdruck und Arbeitsverdichtung ist darauf zu achten, dass derjenige, der als Sachverständiger in der Klinik hinzugezogen wird, über alle relevanten Informationen verfügt und den Betroffenen auch schon kennt.

4. Kapitel:

Die Unterbringung von Kindern und Jugendlichen nach § 1631b BGB

1. Verfassungsrecht vs. Elternrecht

– oder: Elternrecht und Grundrechtschutz der Kinder und Jugendlichen

§ 1631b BGB ist zunächst – bis 2008 – nur eine Zuständigkeitsregel gewesen, die keinerlei Voraussetzungen kannte.[1] Es war offenbar schon eine rechtliche „Information", dass Eltern ihre Kinder nicht ohne richterlichen Beschluss unterbringen dürfen.

Zunächst einmal ist die Vorschrift eine **Beschränkung der Elterlichen Sorge**, namentlich der Personensorge.[2] Andererseits ist es aber auch nach Artikel 104 GG verfassungsrechtlich geboten, eine Freiheitsentziehung nur zuzulassen, wenn eine gesetzliche Grundlage vorhanden ist und die Freiheitsentziehung mit richterlicher Genehmigung oder Anordnung erfolgt. Es handelt sich um eine zusätzliche rechtsstaatliche Garantie im Kindeswohlinteresse.[3]

Auch Kinder und Jugendliche genießen den Schutz des Artikels 104 GG. Artikel 104 GG ist insofern eindeutig und § 1631b Abs. 1 BGB füllt die verfassungsrechtlichen Vorgaben lediglich aus.[4]

Eltern sind in Ausübung ihrer Elterlichen Sorge nicht befreit von den Schranken der allgemeinen Gesetze, namentlich der elementaren verfassungsrechtlichen Grundsätze. Niemand käme auf den Gedanken, dass die Eltern nicht an die **Gebote der Menschenwürde** (Artikel 1 GG) oder der körperlichen Unversehrtheit (Artikel 2 GG) gebunden sind. Bei Artikel 104 GG tun sich offenbar manche schwer. Auch Minderjährige sind Grundrechtsträger und nicht einfach nur Objekt der Elterlichen Sorge. Es spielt in diesem Zusammenhang keine Rolle, inwieweit sie grundrechtsmündig sind, also ihre Grundrechte selbst aktiv wahrnehmen können.

Ein Wertigkeitsgefälle zwischen Artikel 6 GG, der Garantie des Elternrechts, und anderen verfassungsrechtlichen Prinzipien, etwa dergestalt, dass das Elternrecht nur dann eingeschränkt ist, wenn es ausdrückliche einfachgesetzliche Normen dazu gibt, unabhängig davon, ob Grundgesetznormen die Einschränkungen gebieten,[5] (zu den Einzelheiten der BGH-Entscheidung vom 7.8.2013, XII ZB 559/11 siehe 9. b), S. 218 ff.) kann es nach dem Menschenbild und Selbstverständnis der Verfassung und der auch in Deutschland geltenden UN-Kinderrechtskonvention nicht geben.

Darüber hinaus ist das, was elterliche Sorge ausmacht, einem stetigen Wandel unterworfen. So legt heute § 1631 BGB den Grundsatz gewaltfreier Erziehung fest, vor 50 Jahren schier undenkbar. In **Pädagogik und Recht** droht allerdings durchaus eine Rückkehr zu paternalistischen, rückwärtsgewandten Denkweisen. Dies ist aber aus den genannten Gründen unangebracht, und nicht nur dann, wenn es um rechtsstaatliche Garantien geht.

---

1 Engelfried, betrifft justiz 2006, 345; siehe auch Staudinger/Salgo, Rn. 5 zu § 1631b BGB.
2 Marschner in Marschner/Lesting/Stahmann, Rn. 1 zu § 1631b BGB.
3 Staudinger/Salgo, Rn. 5 zu § 1631b BGB.
4 Marschner, a.a.O.
5 Dies scheint der BGH in seinem Beschluss vom 7.8.2013, XII ZB 559/11, ZKJ 2013, 449 = FamRZ 2013, 1646 m. Anm. von Salgo 2013, 1719, zu meinen.

Es gilt, derartigen Tendenzen entgegenzuwirken. Auch Kinder und Jugendliche sind Inhaber unveräußerlicher Menschenrechte, unabhängig davon, ob eine Diskussion über die Einfügung von Kinderrechten ins Grundgesetz[6] geführt wird und ein entsprechendes Gesetzgebungsprojekt endlich Wirklichkeit wird.

2. Die UN-Kinderrechtskonvention

Bezüglich der Unterbringung ist die UN-Kinderrechtskonvention (Übereinkommen über die Rechte des Kindes; Convention on the Rights of the Child – CRC[7]) ganz klar:

> **Artikel 25 CRC Unterbringung**
>
> Die Vertragsstaaten erkennen an, dass ein Kind, das von den zuständigen Behörden wegen einer körperlichen oder geistigen Erkrankung zur Betreuung, zum Schutz der Gesundheit oder zur Behandlung untergebracht worden ist, das Recht hat auf eine regelmäßige Überprüfung der dem Kind gewährten Behandlung sowie aller anderen Umstände, die für seine Unterbringung von Belang sind.

Eine solche Überprüfung kann sinnvollerweise und nach der Systematik des deutschen Verfassungsrechts nur die gerichtliche Überprüfung sein.

> Die UN-Kinderrechskonvention ist geltendes Recht und bei der Frage von Unterbringung und Freiheitsentziehung zu beachten.

Insbesondere der Artikel 37 UN-KRK:

> **Artikel 37 CRC Verbot der Folter, der Todesstrafe, lebenslanger Freiheitsstrafe, Rechtsbeistandschaft**
>
> Die Vertragsstaaten stellen sicher,
>
> a) dass kein Kind der Folter oder einer anderen grausamen, unmenschlichen oder erniedrigenden Behandlung oder Strafe unterworfen wird. Für Straftaten, die von Personen vor Vollendung des achtzehnten Lebensjahrs begangen worden sind, darf weder die Todesstrafe noch lebenslange Freiheitsstrafe ohne die Möglichkeit vorzeitiger Entlassung verhängt werden;
>
> b) dass keinem Kind die Freiheit rechtswidrig oder willkürlich entzogen wird. Festnahme, Freiheitsentziehung oder Freiheitsstrafe darf bei einem Kind im Einklang mit dem Gesetz nur als letztes Mittel und für die kürzeste angemessene Zeit angewendet werden;
>
> c) dass jedes Kind, dem die Freiheit entzogen ist, menschlich und mit Achtung vor der dem Menschen innewohnenden Würde und unter Berücksichtigung der Bedürfnisse von Personen seines Alters behandelt wird. Insbesondere ist jedes Kind, dem die Freiheit entzogen ist, von Erwachsenen zu trennen, sofern nicht ein anderes Vorgehen als dem Wohl

6 https://www.bmfsfj.de/bmfsfj/themen/kinder-und-jugend/kinderrechte/kinderrechte-ins-grundgesetz (Zugriff 27.6.2023).

7 Verabschiedet am 20.11.1989 von der Generalversammlung der Vereinten Nationen, (BGBl.II 1992, S. 121), in Kraft seit 5. April 1992; näheres zur Kinderrechtskonvention sowie deren Wortlaut siehe unter www.kinderrechtskonvention.info/ (Zugriff: 27.6.2023).

des Kindes dienlich erachtet wird; jedes Kind hat das Recht, mit seiner Familie durch Briefwechsel und Besuche in Verbindung zu bleiben, sofern nicht außergewöhnliche Umstände vorliegen;

d) dass jedes Kind, dem die Freiheit entzogen ist, das Recht auf umgehenden Zugang zu einem rechtskundigen oder anderen geeigneten Beistand und das Recht hat, die Rechtmäßigkeit der Freiheitsentziehung bei einem Gericht oder einer anderen zuständigen, unabhängigen und unparteiischen Behörde anzufechten, sowie das Recht auf alsbaldige Entscheidung in einem solchen Verfahren.

3. Verfassungsrechtliche Kritik am § 1631b Absatz 1 BGB

Fraglich erscheint zunächst, ob § 1631b Abs. 1 BGB eine hinreichende gesetzliche Grundlage darstellt. Die Voraussetzungen sind sehr weit gefasst. Zentrales Kriterium ist das Kindeswohl. Die Unterbringung – so das Gesetz – muss „zum Wohl des Kindes erforderlich" sein.

Das „Kindeswohl" ist im Kindschaftsrecht ein gängiger Begriff. Es dürfte aber keineswegs ausreichen, dass die Unterbringung im „wohlverstandenen Interesse des Kindes" liegt,[8] denn Artikel 104 GG fordert eine **präzise Eingriffsgrundlage**. Der bloße Verweis auf das Kindeswohl als Eingriffsvoraussetzung erscheint mindestens grenzwertig. In jedem Fall ist das Korrektiv der **Verhältnismäßigkeit** von besonderer Bedeutung und die Vorgaben des Artikel 37 b UN-KRK sind zu beachten.[9]

Der **Begriff des Kindeswohls** ist im Kindschaftsrecht des BGB häufig verwendet und dabei weit gefasst. So spricht § 1666 BGB (Gerichtliche Maßnahmen bei Gefährdung des Kindeswohls) von körperlichem, geistigem und seelischem Wohl des Kindes. Aus der Gesetzeslage lässt sich schließen, dass der/die Minderjährige Anspruch auf körperliche Unversehrtheit, Pflege, Versorgung und eine angemessene Persönlichkeitsentwicklung hat.

Im Kontext mit der **Definition des staatlichen Wächteramts** zur Abwehr einer Kindeswohlgefährdung ist es sicherlich angemessen, von einem weiten Kindeswohlbegriff auszugehen. Als Grundlage für eine Freiheitsentziehung ist dies aber zu vage. Artikel 104 GG erfordert, dass eine Freiheitsentziehung nur aufgrund eines Gesetzes erfolgen kann, d.h., es müssen sich aus dem Gesetz konkrete Voraussetzungen ergeben. Somit dürfte zweifelhaft sein, dass der § 1631b BGB dem verfassungsrechtlichen Bestimmtheitsgebot genügt. Zu Recht weist das Deutsche Institut für Menschenrechte als Monotoring-Stelle für die UN-Kinderrechtekonvention auf die Gefahr hin, dass mit dieser weiten Fassung des Gesetzes freiheitsentziehenden Maßnahmen eher erleichtert als Alternativen gefordert werden.[10]

8 So aber Grüneberg/Götz, Rn. 9 zu § 1631b BGB.

9 Marschner in Marschner/Lesting/Stahmann, Rn. 10 zu § 1631 b BGB.

10 Deutsches Institut für Menschenrechte Zwangsmaßnahmen in der Kinder- und Jugendhilfe, S. 6.

Hinweis

Es wäre deshalb nicht nur wünschenswert, sondern ausdrücklich vom Gesetzgeber zu fordern, dass die gesetzlichen Voraussetzungen konkretisiert werden.

Kann der § 1631b Abs. 1 BGB durch Interpretation eingegrenzt und konkretisiert werden?

Nimmt man das strenge Vorgehen von Bundesverfassungsgericht und Bundesgerichtshof im Erwachsenenrecht zum Maßstab, könnte man dies mit Fug und Recht bezweifeln. Der Verweis auf eine erhebliche Eigen- oder Fremdgefährdung ist hilfreich, aber nicht ausreichend, denn die Kriterien des Gesetzes dienen nur als Beispiel („insbesondere").

Im **Kindschaftsrecht** erscheint es allerdings – derzeit noch – hinnehmbar, wenn unter dem gewachsenen Begriff der Kindeswohlgefährdung versucht wird, Kriterien für eine geschlossene Unterbringung zu finden.[11] Das Kindschaftsrecht insgesamt, insbesondere § 1666 BGB, das Jugendhilferecht und das Betreuungsrecht können hilfreich sein, um rechtsstaatlich tragfähige Grundlagen für eine Unterbringung einzugrenzen.

Nimmt man die Eingriffsschwelle für **Entzug oder Einschränkung des Sorgerechts**, die sich bei § 1666 BGB durch Rechtsprechung herausgebildet hat, zum Maßstab – dass nämlich ein Eingreifen bei einer gegenwärtigen, in einem solchen Maße vorhandenen Gefahr, dass sich bei weiterer Entwicklung ohne Intervention eine erhebliche Schädigung mit ziemlicher Sicherheit voraussehen lässt –[12] so erhält man ein brauchbares rechtliches Gerüst an Kriterien und Prüfungspunkten, die sich auch auf die Frage der Zulässigkeit einer geschlossenen Unterbringung übertragen lassen, sofern man diese mit einer strengen **Verhältnismäßigkeitsprüfung** verbindet.

Mögen die konkret zu beantwortenden Fragen bei Sorgerechtsmissbrauch und Unterbringung unterschiedlich sein, die Maßstäbe lassen sich durchaus übertragen.

Beispiele

Ist der/die Minderjährige in seiner Persönlichkeitsentwicklung durch Erkrankung, Verwahrlosung, Bindungsverluste gefährdet?

Ist eine Verschlimmerung oder gar Chronifizierung der psychischen Erkrankung zu befürchten? (Bei Minderjährigen hat die Gesellschaft durchaus die Verantwortung, eine Chronifizierung zu verhindern, eine „Freiheit zur Krankheit" erscheint hier mindestens problematisch.)

Perspektivisch besteht aber gesetzgeberischer Handlungsbedarf.

11 So auch Staudinger/Salgo, Rn. 22, 22a zu § 1631b BGB.

12 BVerfG, FamRZ 14, 907, 909 f.; BVerfG, Beschl. v. 17.2.1982, 1 BvR 188/80, BVerfGE 60, 79 ff.; Grüneberg/Götz Rn. 7 f. zu § 1666 BGB.

4. Sorgeberechtigung und Antrag

Grundsätzlich sind die Eltern als Sorgeberechtigte die Antragstellenden und die Entscheidungsträger. Nur die Sorgeberechtigten können die Unterbringung beantragen, nicht etwa das Jugendamt oder eine Einrichtung. Sie sind diejenigen, die unterbringen, nicht das Gericht. Das bedeutet, dass sie auch über eine Unterbringung (Durchführung, Fortsetzung, Beendigung) entscheiden. Ein Antrag des/der Sorgeberechtigten ist daher immer zwingende Voraussetzung.[13]

Die gegenteilige Auffassung[14] – ein **amtswegiges Verfahren**, bei dem die Eltern oder andere Sorgeberechtigte (Vormund, Pfleger) die Entscheidung über die Unterbringung haben und zumindest erkennen lassen müssen, erscheint nicht sehr praktikabel. Vielmehr sollte pragmatisch und niederschwellig die Anforderung an das Vorliegen eines Antrags nicht allzu streng ausgelegt und jede Äußerung, die dahingeht, dass die Sorgebrechtigten die Unterbringung wollen, als Antrag ausgelegt werden, nach der Devise „Keine überzogenen formellen Anforderungen, aber klare Verfahrensstrukturen". Die Eltern können dann nämlich mit Antragsrücknahme das vorliegende Verfahren beenden. Und: So oder so geht nichts ohne die Sorgeberechtigten!

Praxistipp

▶ *Sind beide Eltern sorgeberechtigt, müssen beide die Unterbringung beantragen oder ein Elternteil für den anderen kraft Vollmacht handeln. Die Sorgerechtsverhältnisse sind demnach sorgfältig zu prüfen.*

Wichtig ist dabei insbesondere, wer das **Aufenthaltsbestimmungsrecht** als Teil der elterlichen Sorge innehat. [15]

Bei Differenzen der Eltern in dieser Frage ist zu klären, wie zu verfahren ist.

- Entweder kann die Meinungsverschiedenheit aufgelöst werden oder
- es muss durch das Familiengericht eine Lösung gefunden werden.

  Dies kann grundsätzlich in der Übertragung des Sorgerechts, des Aufenthaltsbestimmungsrechts bzw. von Teilen des Sorgerechts geschehen.

Eine **Übertragung des Sorgerechts** auf einen Elternteil wird aber in der Regel nur dann erfolgen, wenn es auch aus anderen Gründen erforderlich ist. Gesetzlicher Maßstab ist entweder § 1671 BGB (bei unauflöslichem Streit zwischen den Eltern) oder § 1666 BGB (bei Kindeswohlgefährdung durch einen Elternteil) und es müssen schwerwiegende Gründe für einen vollständigen oder auch nur teilweisen Entzug der elterlichen Sorge vorliegen.[16]

13 OLG Frankfurt, FamRZ 2015, 2070.; im Ergebnis auch Grüneberg/Götz, Rn. 8 zu § 1631b BGB.
14 HK-BUR/Hoffmann, Rn. 88 f.
15 Hoffmann, RuP 2009, S. 121 f.
16 Näheres siehe z.B. Grüneberg/Götz, Kommentierung zu §§ 1671, 1666 BGB.

Bei bloßen Meinungsverschiedenheiten der Eltern dürfte es ausreichend sein, einem Elternteil gegebenenfalls vorübergehend die Entscheidung über die Unterbringung nach § 1628 BGB als **Einzelangelegenheit** zu **übertragen**.[17] Es wird dann zu klären sein, ob die Eltern grundsätzlich andere Auffassungen im Bereich der Gesundheitssorge, zumindest der psychiatrischen Behandlung haben, oder ob sie nur in diesem einen Fall der Unterbringung „nicht auf einen Nenner" zu bringen sind.

Beispiel

Eine suizidale 15-Jährige ist im Krankenhaus. Ein Elternteil befürwortet die geschlossene Unterbringung, der andere erklärt, das Mädchen gehöre nicht in eine geschlossene Abteilung.

Liegt erkennbar eine akute Gefährdung der eigenen Person vor, so liegt es nahe, die Entscheidung über die Unterbringung dem die Unterbringung befürwortenden Teil zu übertragen und es empfiehlt sich, für die Zukunft zu prüfen, ob die Vorstellungen der Eltern generell miteinander nicht zu vereinbaren sind, mit der Folge, dass eine Auflösung der gemeinsamen Elterlichen Sorge in Betracht kommt.

Kommt nach überzeugender ärztlicher Einschätzung eine Unterbringung nicht (mehr) in Betracht, so ist aktuell auch kein Entscheidungsbedarf im Bereich der Elterlichen Sorge anzunehmen.

Nicht selten zeigt sich in der Praxis, dass weniger die Eltern als vielmehr die zuständigen **Mitarbeiter des Jugendamts**, gegebenenfalls auch eines möglicherweise bestehenden „Helfersystems" (insbesondere **Sozialpädagogische Familienhilfe, Erziehungsbeistand**), die Unterbringung forcieren. Das ist dann unproblematisch, wenn die Eltern es mittragen und mittragen können und den Antrag selbst stellen. Schwierig ist es, wenn die Eltern die Notwendigkeit nicht sehen, weil sie eigentlich anderer Auffassung sind oder sie das, was ihnen angedient wird, nicht verstehen und letztlich nur den Antrag unterschreiben, weil sie sich unter Druck gesetzt sehen. Auch das gilt es sorgfältig zu prüfen. Gegebenenfalls ist die Unterbringung oder aber die Entscheidungskompetenz der Eltern in Frage zu stellen.

Keinesfalls rechtfertigt allein eine Argumentation des Jugendamtes nach dem Motto „Wir halten die Unterbringung für notwendig, die Eltern lehnen sie ab, also ist ihr Sorgerecht einzuschränken", eine Entziehung oder Einschränkung des Sorgerechts; dies ist rechtlich nicht tragfähig. Das kann überhaupt dann nur in Betracht kommen, wenn die Unterbringung „alternativlos" ist und andernfalls – bei Unterlassen der Unterbringung – eine Kindeswohlgefährdung vorläge. Ist die Sorgerechtseinschränkung aus anderen Gründen, z.B. bei nicht ausreichender Erziehungsfähigkeit der Eltern geboten, ist die rechtliche Bewertung natürlich eine andere.

Kurzfristig kann bei akuter Gefährdung eine Unterbringung des Kindes bzw. des/der Jugendlichen nach Landesrecht („PsychKG") weiterführend sein. Sind die Eltern allerdings auf längere Sicht nicht in der Lage, die Thematik zu erfassen, ist es rechtlich angemessener

17 Staudinger/Salgo, Rn. 8 zu § 1631b BGB.

und vor allem ehrlicher, einen **Ergänzungspfleger** für die Aufenthaltsbestimmung bzw. die Heilbehandlung mit der dazugehörigen Aufenthaltsbestimmung zu bestellen:

§ 1809 BGB Ergänzungspflegschaft

(1) Wer unter elterlicher Sorge oder unter Vormundschaft steht, erhält für Angelegenheiten, an deren Besorgung die Eltern oder der Vormund verhindert sind, einen Pfleger. Der Pfleger hat die Pflicht und das Recht, die ihm übertragenen Angelegenheiten im Interesse des Pfleglings zu dessen Wohl zu besorgen und diesen zu vertreten.

(2) Wird eine Pflegschaft erforderlich, so haben die Eltern oder der Vormund dies dem Familiengericht unverzüglich anzuzeigen.

Exkurs: Besonderheiten bei Vormundschaft und Pflegschaft

Ist das Sorgerecht der Eltern ganz oder teilweise entzogen, so liegt die Verantwortung beim Vormund (bei Entzug des gesamten Sorgerechts ist ein solcher zu bestellen) oder Pfleger. Für diese gilt in gleicher Weise der § 1631b BGB.[18]

Im Falle der Pflegschaft ist zu prüfen, wer das Aufenthaltsbestimmungsrecht innehat (der Vormund hat es als Träger des gesamten Umfanges der Personensorge immer). Der Träger des Aufenthaltsbestimmungsrechts ist dann derjenige, der gegebenenfalls einen Antrag auf Unterbringung stellen kann.

Die Eltern sind, wenn die Kinder bei ihnen leben oder bei Beginn des Verfahrens gelebt haben, als „sonstige Beteiligte" nach §§ 315, 320 FamFG zu beteiligen.

Bei Vormundschaft oder Pflegschaft gelten noch besondere Zuständigkeitsregeln, § 167 Abs. 2 FamFG (zum Verfahren siehe 10., S. 225 ff.).

Es empfiehlt sich darüber hinaus, Eltern, die im Leben ihrer Kindern präsent sind, zu der Frage der Unterbringung zumindest anzuhören.

5. Unterbringung in Psychiatrie oder Jugendhilfeeinrichtung

Unterbringungen von Kindern und Jugendlichen in der Kinder- und Jugendpsychiatrie sind von Ablauf und Struktur her vergleichbar mit der Unterbringung nach Betreuungsrecht. Es geht im weitesten Sinne um die Fragen gesundheitlicher Gefahren und einer Heilbehandlung. In besonderem Maße können noch therapeutische Interventionen im Grenzbereich zwischen Gesundheitssorge und Persönlichkeitsförderung eine Rolle spielen.

Die Ansätze in der Kinder- und Jugendpsychiatrie sind aber weitaus weniger im gesellschaftspolitischen Fokus als die Unterbringungen in Jugendhilfeeinrichtungen, obwohl sie in der Praxis eine größere Bedeutung haben.[19] So verwundert es nicht, dass die Praxis der Unterbringungen in der Kinder- und Jugendpsychiatrie vielfach nicht bekannt ist oder nur

18 Staudinger/Salgo, Rn. 10 zu § 1631b BGB.
19 Marschner inMarschner/Lesting/Stahmann, Rn. 3 und 5 zu § 1631b BGB.

wenig Relevanz zu haben scheint, allerdings mit wieder steigender Tendenz Anwendung findet.[20]

> Auch dann , wenn die Unterbringung aus erzieherischen Gründen rechtlich und pädagogisch nicht ausgeschlossen wird, soll sie allenfalls als Ausnahme oder Notfall in Betracht kommen.

Die Unterbringung in einer Jugendhilfeeinrichtung – als eine **besondere Form der Heimerziehun**g i.S.v. § 34 SGB VIII – ist sowohl generell als auch im Einzelfall in der öffentlichen Wahrnehmung präsenter. Die Einschätzung schwankt zwischen starker Befürwortung und ebenso starker Ablehnung. Vielfach werden mit der geschlossenen Unterbringung die Heime der vierziger, fünfziger und sechziger Jahre des vorherigen Jahrhunderts assoziiert, die nach der Devise „Menschen statt Mauern" aufgelöst wurden.[21] Wer der kategorischen Ablehnung geschlossener Unterbringung von Kindern und Jugendlichen im Jugendhilfebereich nicht folgen mag, wird sich aber mit den Argumenten der kritischen Stimmen bei der Frage der Verhältnismäßigkeit, der möglichen und notwendigen Alternativen zur geschlossenen Unterbringung und „anderen Jugendhilfemaßnahmen" sowie der Eignung von Einrichtungen und deren pädagogischen Konzept auseinandersetzen müssen.[22]

Grundsätzlich wird in der juristischen Literatur von der Zulässigkeit der geschlossenen Unterbringung in einer geschlossenen Kinder- und Jugendhilfeeinrichtung ausgegangen.[23] Dazu im Folgenden mehr.

In jedem Fall ist es aber ein rechtliches wie politisches Gebot, Alternativen zu Zwang und Freiheitsentziehung zu entwickeln und zu praktizieren.[24]

Presseberichte über pädagogisch zweifelhaftes Vorgehen haben ein Übriges dazu getan, die Kritik an der geschlossenen Unterbringung im Jugendhilfebereich zu stärken. Die Befürwortung einer geschlossenen Unterbringung im Rahmen der Kinder- und Jugendhilfe kommt häufig aus dem politischen Raum und speist sich ersichtlich aus dem Bedürfnis, Ängsten und Vorbehalten in der Bevölkerung zu begegnen, nicht selten aber auch, diese zu instrumentalisieren.

---

20 https://www.geschlossene-unterbringung.de/wp-content/uploads/2016/08/Endfassung-Peters-Dee.pdf (Zugriff 27.6.2023); Hoffmann RuP 2009, 123.

21 Sehr instruktiv https://www.geschlossene-unterbringung.de/ (Zugriff: 27.6.2023). Ein wenig verwundert es allerdings schon, wie viele hier energisch gegen die geschlossene Unterbringung Stellung nehmen, die sie vor einiger Zeit noch mit verantwortet haben.

22 So z.B. https://hamburg.dbsh.de/2013/06/geschlossene-unterbringung-gu-als-sinnvolles-mittel-der-jugendhilfe/ (Zugriff: 27.6.2023) und Deutscher Kinderschutzbund, Positionspapier zur geschlossenen Unterbringung https://www.geschlossene-unterbringung.de/2015/06/positionspapier-des-deutschen-kinderschutzbund-zu-geschlossener-unterbringung/ (Zugriff 27.6.2023).

23 HK-BUR/Hoffmann, Rn. 11 zu § 1631b BGB.

24 https://www.institut-fuer-menschenrechte.de/fileadmin/Redaktion/Publikationen/Information/Information_Zwangsmassnahmen_in_der_Kinder_und_Jugendhilfe.pdf (Zugriff 27.6.2023).

6. Voraussetzungen der Unterbringung von Kindern und Jugendlichen

a) Abwehr einer Kindeswohlgefährdung

Zu den Elementen des Kindeswohls gehört u.a. die körperliche Integrität, das Recht auf gesundheitliche Versorgung, die Gewaltfreiheit insgesamt,[25] die Möglichkeit einer kindgerechten Entwicklung in körperlicher, intellektueller und seelischer Hinsicht aber auch das Erziehungsziel der selbstständigen und eigenverantwortlichen, zu sozialem Zusammenleben fähigen Persönlichkeit.[26]

Gesellschaftliche Wertevorstellungen und objektive Entwicklungsstandards bilden die Grundlage für eine Bewertung, was das „Wohl des Kindes" im Einzelfall bedeutet.[27]

Bei einem Entzug der Elterlichen Sorge fordert die höchstrichterliche Rechtsprechung eine gegenwärtige, in einem solchen Maß vorhandene Gefahr, dass sich bei einer weiteren Entwicklung eine erhebliche Schädigung mit ziemlicher Sicherheit voraussehen lässt. Die bloße Befürchtung künftiger Schäden reicht nicht aus.[28] Das ist zwar noch relativ abstrakt, gibt aber ein brauchbares **Prüfungsmuster** ab und macht sehr genau deutlich, welches Ausmaß die Kindeswohlgefährdung haben muss und wie konkret die Gefährdung sein muss.[29]

Entwickelt wurde dieses Prüfungsmuster in Zusammenhang mit der Frage der Sorgerechtsentziehung. Die Vorgabe ist aber auch tauglich und angemessen bei der Frage, ob eine Unterbringung in Betracht kommt.

Ist zum Beispiel die Gesundheit, das Leben oder auch die künftige Entwicklung des Kindes oder Jugendlichen gefährdet, kann nach dem Gesetz am Ende eine Unterbringungsentscheidung stehen. Ob dies konkret so rechtlich zulässig ist, hängt von weiteren Voraussetzungen ab. Eine enge Auslegung ist nach dem bisher Gesagten geboten.

b) „Insbesondere Eigen- oder Fremdgefährdung"

Die Freiheitsentziehung ist keineswegs auf Fälle von Eigen- oder Fremdgefährdung beschränkt, da diese Elemente zwar hervorgehoben, aber letztlich nur beispielhaft genannt sind („insbesondere"). In der Praxis wird das leider häufig nicht verstanden und es wird angenommen, es müsse eben eine solche Gefährdung vorliegen. Die Beispielkonstellatio-

25 § 1631 BGB postuliert den Grundsatz der gewaltfreien Erziehung.

26 Staudinger/Coester, Rn. 71 zu§ 1666 BGB.

27 Grüneberg/Götz, Rn. 7 zu § 1666 BGB.

28 BVerfG, Stattgebender Kammerbeschluss v. 28.2.2012, 1 BvR 3116/11, ZKJ 2012, 186; BVerfG, FamRZ 2014, 907 f.; Grüneberg/Götz, Rn. 8 zu § 1666 BGB, Rn. 9 zu § 1631b BGB.

29 Götz, a.a.O.

nen machen aber deutlich, dass eine **erhebliche Gefährdung des Kindeswohls** gegeben sein muss, die zur Unterbringung berechtigt.

Im Gegensatz zur betreuungsrechtlichen Unterbringung ist im § 1631b Abs. 1 BGB auch das Element der **Fremdgefährdung** enthalten, da die Schutzpflicht der Eltern bzw. Sorgerechtsinhaber auch soweit geht, die Minderjährigen von Fremdschädigungen abzuhalten bzw. zu bewahren. Fremdgefährdendes Handeln ist bei Minderjährigen auch durchaus ein Zeichen für Fehlentwicklungen in der Persönlichkeit. Insofern liegt darin kein „Systembruch".

Praxistipp

Häufig werden Eigen- und Fremdgefährdung dicht beieinanderliegen, so z.B. bei (krankheitswertigen) Impulsdurchbrüchen, die in auto- und fremdaggressive Handlungen münden können.

Für die Begründung der Genehmigung der Unterbringung unter dem Gesichtspunkt der **Eigengefährdung** ist es erforderlich, dass diese so erheblich sein muss, dass der Minderjährige vor sich selbst geschützt werden muss.[30] Nicht notwendig, aber durchaus hinreichend ist es, wenn die Selbstgefährdung auf einer Krankheit oder Behinderung beruht.

Die **Erfahrung aus der Praxis** zeigt, dass die Kinder- und Jugendpsychiatrie nur bei schwerwiegenden Ausnahmefällen zum Mittel der geschlossenen Unterbringung greift bzw. greifen will.[31] Selten wird man sich daher auf ein Symptom stützen, um eine Unterbringungsnotwendigkeit zu begründen.

Die Abwägung bei Kindern und Jugendlichen ist eine andere als im Betreuungsrecht. Natürlich spielt auch die Selbstbestimmung eine Rolle. Einem Minderjährigen wird man aber sehr viel weniger Raum für eine „Freiheit zur Krankheit" geben, sondern weit eher als bei erwachsenen betreuten Menschen **zum Wohl und gegen den Willen** der betroffenen Person handeln.

Beispiele für Indikationen

- *Suizidalität,*
- *schwerste Form einer paranoiden Schizophrenie mit Gefahr der Chronifizierung (bei Kindern und Jugendlichen ist die Chronifizierungsgefahr sehr wohl eine Eingriffsschwelle, siehe oben unter 3.),*
- *Gefährdung der sozialen und Persönlichkeitsentwicklung aufgrund einer Störung der psychosexuellen Entwicklung,*
- *Summierung von Verhaltensweisen wie Impulskontrollverlust, Verwahrlosung.*[32]

30 Staudinger/Salgo, Rn. 23 zu § 1631b BGB.

31 A.a.O.

32 Staudinger/Salgo, a.a.O.; HK-BUR/Hoffmann, Rn. 63 ff. zu § 1631b BGB.

Dabei muss immer ein Einwirken im Sinne einer Verbesserung der Lebenssituation des Jugendlichen möglich sein. Eine bloße Verwahrung ist unzulässig.[33]

Erzieherische freiheitsentziehende Maßnahmen sind ohne Ausnahme unzulässig[34], denn zum einen dienen sie nicht der Gefahrensabwehr, zum anderen verstoßen sie gegen das Gebot gewaltfreier Erziehung aus § 1631 BGB und die Menschenwürde aus Artikel 1 GG.

Bei Eigen- und Fremdgefährdung ist auch bei Minderjährigen eine **Unterbringung nach Landesrecht** („PsychKG") möglich (siehe § 151 Nr. 7 FamFG). In der Praxis ist die Anwendung bei Minderjährigen aber fast ausschließlich auf den **Not- und Eilfall** beschränkt, denn eine sorgeberechtigte Person ist ja vorhanden, während ein Betreuer nicht zwangsläufig bestellt sein muss.

c) Erforderlichkeit

Die Unterbringung muss zum Wohl des Kindes erforderlich sein. Das bedeutet, es darf kein weniger einschneidendes, „milderes" Mittel geben[35].

Gleichzeitig muss die geschlossene Unterbringung erfolgversprechend und zielführend sein, nur dann kann sie überhaupt notwendig sein.

Das Gesetz gibt ausdrücklich vor, zu prüfen, ob der Gefahr für das Wohl des Minderjährigen nicht auf andere Weise begegnet werden kann und erwähnt mit dem Zusatz „auch nicht durch öffentliche Hilfen" die Möglichkeit einer Unterstützung der öffentlichen Hand. Im Bereich der psychiatrischen Versorgung ist also immer zu prüfen, ob eine **ambulante Behandlung** gleichwertig ist oder eine Behandlung im **teilstationären Bereich** (z.B. insbesondere einer Tagesklinik) oder auf einer offenen Krankenhausstation möglich ist. Dabei ist dann abzuwägen, ob bei einer Behandlung außerhalb der geschlossenen Unterbringung das Risiko, dass die Behandlung scheitert, nennenswert größer ist und dieses Scheitern nachhaltige Schäden für Gesundheit oder Entwicklung des minderjährigen Patienten befürchten lässt. Dass es einfacher und sicherer ist, geschlossen unterzubringen, reicht nicht aus.

Bei Verhaltens- und Entwicklungsstörungen sind auch und gerade im außermedizinischen Bereich gegebenenfalls **zusätzliche Hilfsmaßnahmen** denkbar und vorrangig zu prüfen. Hier kommt insbesondere die Palette der Hilfen nach SGB VIII – Kinder-und Jugendhilfe – in Betracht. Es muss also sichergestellt werden, dass nicht ein Erziehungsbeistand, eine sozialpädagogische Familienhilfe oder eine teilstationäre oder offene Unterbringung zur Verbesserung der Situation des Kindes führen und die beabsichtigte Freiheitsentziehung entbehrlich machen kann.

Das setzt in aller Regel voraus, dass Versuche schon stattgefunden haben, ambulante, teilstationäre oder offene Hilfen zu installieren. In allergrößten Ausnahmen kann es sein, dass der Versuch sinnlos ist. Knappe Mittel der Jugendhilfe oder die Tatsache, dass eine teure

33 HK-BUR/Hoffmann, Rn. 66, 70 zu § 1631b BGB.
34 HK-BUR/Hoffmann, Rn. 80 zu § 1631b BGB.
35 Grüneberg/Götz, Rn. 9, 10 zu § 1631b BGB; siehe auch Hoffmann RuP 2009, 122 f.

geschlossene Einrichtung vorgehalten wird und belegt werden muss, sind keine rechtlich ausreichenden Argumente.

Praxistipp

▶ *Das Jugendamt wird also – gegebenenfalls auf Bitten oder Aufforderung des Familiengerichts – darzulegen haben, welche Hilfen mit welchem Erfolg bzw. Ergebnis es bisher gegeben hat.*

Problematisch ist die Situation, wenn die Inanspruchnahme von Hilfen am **Verhalten der Eltern** scheitert. Dann wird genau nach den Ursachen und Gründen zu suchen sein. Handeln die Eltern in diesem Zusammenhang verantwortungslos, ist eine Einschränkung oder ein Entzug der elterlichen Sorge in Betracht zu ziehen. Es versteht sich von selbst, dass ein Kind oder Jugendlicher nicht deshalb geschlossen untergebracht werden darf, weil die Eltern versagt haben. Aber Vorsicht! Nicht immer sind die Jugendämter bereit und in der Lage, Eltern „mitzunehmen" (schwierig darf man sein, auch als Elternteil); und nicht jede von den Eltern bevorzugte Alternative ist sinnlos oder unangemessen, weil die „heilige Behörde" andere Vorstellungen hat.

Und hier ist noch einmal die generelle **Kritik aus der Pädagogik, Psychologie und Jugendhilfe** gegenüber der geschlossenen Unterbringung zu bedenken. Jedes Kind, jeder Jugendliche, das/der besonders „schwierig" für die Erwachsenen ist, also besonders belastet, benötigt eine auf die individuellen Gegebenheiten und die vorgefundene Störung in der Entwicklung präzise ausgerichtete Hilfe.

Praxistipp

▶ *Bevor man an geschlossene Unterbringung denkt, ist vorrangig ein Informationssystem oder eine gut ausgestattete Clearing-Stelle über verschiedene Hilfen und die breite Palette der Einrichtungen zu schaffen, um sinnvoll und nachhaltig intervenieren zu können.*

„Geschlossenheit" ist jedenfalls (noch) kein pädagogisches oder gar therapeutisches Konzept und oft genug teurer als jede Alternative.

Ob im Einzelfall eine „Anhaltemöglichkeit"[36], also die Möglichkeit, ein Weglaufen zu verhindern, bestehen sollte, ist eine Frage der konkret vorgefunden Gegebenheiten. Die Frage, ob die „Tür zu" sein muss, um pädagogische oder therapeutische Arbeit beginnen zu können oder um eine aktuelle Krise im Sinne eines „time out" überwinden helfen zu können, ist sorgsam abzuwägen. Diese Möglichkeit kategorisch auszuschließen und dann aber „heimlich" betroffene Minderjährige in andere Bundesländer zu schicken – wie es manche Bundesländer taten – erscheint nicht redlich.

---

36 Der österreichische Begriff des Anhalterechts erscheint mir in diesem Zusammenhang ausgesprochen passend.

d) Verhältnismäßigkeit der Unterbringung

Da jeder staatliche Eingriff unter dem Gebot der Beachtung des Verhältnismäßigkeitsgrundsatzes steht, ist die Verhältnismäßigkeit[37] auch im Falle der Unterbringung von Minderjährigen gesondert zu prüfen.

So kann auf dem Papier eine Maßnahme unter geschlossenen Bedingungen notwendig erscheinen, die Folgen für den Jugendlichen oder die Familie aber erheblich und belastend sein. Soweit nicht schon bei der Frage der Erforderlichkeit geprüft, ist eine Traumatisierung oder Regression und zu erwartende Impulskontrollstörungen, die gerade auf der „Geschlossenheit" beruhen, zu berücksichtigen.

In diesem Fall ist eine differenzierte Prognose über die Relation von Schaden und Nutzen der Unterbringung zu erstellen.

e) Besonderheit: Delinquenz als Unterbringungsgrund

Lange Zeit stand die Unterbringung von Kindern und Jugendlichen unter dem Gesichtspunkt der Delinquenz im Fokus. In Hamburg wurde ab 2001 die Eröffnung eines Heimes für delinquente Minderjährige betrieben und durchgesetzt. Da sich die Institution nicht bewährt hat (wobei die Bewertung im Einzelnen sicherlich unterschiedlich in Fachwelt und Politik vorgenommen wird), wurde sie 2008 geschlossen. Die praktische Durchführung des Projekts hat sich aus rechtlichen und pädagogischen Gründen als schwierig erwiesen.

Sicherlich ist Delinquenz eine **Form von Kindeswohlgefährdung**[38], da sie eine schädliche Entwicklung bedeutet bzw. anzeigt. Aber es zeigt sich immer wieder das Problem, dass hier Aspekte des Familienrechts und des Jugendstrafrechts unzulässig vermischt werden.

- Daher kann Delinquenz zwar durchaus das entscheidende Kriterium für die Frage nach der geschlossenen Unterbringung sein.
- Sie ist aber immer in Beziehung zu setzen zu der Frage, ob eine Unterbringung dem Kindeswohl dient.

§ 1631b BGB ist, wie schon mehrfach betont, keine Sanktionsmaßnahme und auch kein Instrument zum Schutz der öffentlichen Sicherheit und Ordnung.

Ob die Unterbringung angemessen ist, kann aber nur unter Beachtung der hier dargelegten Kriterien im Einzelfall entschieden werden. Und gerade in diesem Zusammenhang sei nochmals daran erinnert:

> Eine Unterbringung nach § 1631b BGB darf allenfalls eine Hilfe oder eine flankierende Maßnahme zur Hilfe sein, kein Selbstzweck.

Im Rahmen der Kinder- und Jugendhilfe ist eine kritische Sicht absolut nachvollziehbar.[39]

---

37 Grüneberg/Götz, Rn. 10 zu § 1631b BGB; Hoffman RuP 2009 , 122 f.

38 Brettel, Uni Marburg, https://baden-wuerttemberg.dvjj.de/wp-content/uploads/sites/2/2019/08/brettel2012.pdf (Zugriff: 27.6.2023).

39 https://www.geschlossene-unterbringung.de/wp-content/uploads/2016/08/Endfassung-Peters-Dee.pdf (Zugriff: 27.6.2023)

f) Weitere Besonderheit: Spiel- und Drogensucht, Schulabstinenz

In der Praxis findet sich häufig der Wunsch der Eltern, das drogen- oder spielsüchtige Kind „zur Vernunft" zu bringen und noch eine Lebensperspektive aufrecht zu erhalten.[40]

Beispiel

Ein Fünfzehnjähriger sitzt nur noch im abgedunkelten Zimmer und „daddelt" am Computer bzw. einer Spielkonsole. Von den Eltern hat er sich zurückgezogen, soziale Kontakte gibt es nur noch „im Netz", wenn überhaupt. Die Eltern stoßen auf Ablehnung und Widerstand. Schulbesuche finden nicht mehr statt.

In der Literatur findet sich häufig der Begriff der **Verwahrlosung**,[41] ein juristisch üblicher und „handhabbarer", aber gesellschaftlich etwas antiquiert wirkender Begriff. Tatsächlich dürfte es sich um eine Entwicklungsstörung handeln, die im Grenzbereich zwischen medizinischer und pädagogischer Problematik liegt. Eine Intervention zur Abwehr einer Kindeswohlgefährdung ist in solchen Fällen in aller Regel angezeigt, nur – welche Disziplin kann helfen: Medizin, namentlich Kinder- und Jugendpsychiatrie, Psychologie oder Pädagogik?

Interprofessionelles Handeln und sehr genaue Einzelfallbetrachtung sind hier in besonderem Maße notwendig. Häufig soll eine zeitlich notwendigerweise begrenzte Unterbringung das zurechtrücken, was fehlerhafte oder unterlassene Erziehung – in der Regel einer Überforderung geschuldet – über Jahre bewirkt hat. Gleichwohl ist es aber nicht gerechtfertigt, die Jugendlichen und ihre Eltern einfach „fallen zu lassen".

Die Unterbringung in der Jugendpsychiatrie als initiale Maßnahme nach der Devise „Eine Chance bekommt jeder" ist dann denkbar, wenn ein **Konzept** für pädagogische und psychotherapeutische Hilfen und Einbindung danach ausgearbeitet vorliegt. Schule, Jugendämter und Therapeuten müssen zusammenarbeiten. In der Realität fehlt es leider oftmals an einer notwendigen, vorausschauenden Kooperation.

Die „Schulabstinenz" ist per se kein Unterbringungsgrund, aber Symptom für andere, kindeswohlgefährdende Umstände (häufig mit dem Thema Sucht verbunden), die es dann konkret herauszuarbeiten gilt.

---

40 Zur Problematik https://www.geschlossene-unterbringung.de/wp-content/uploads/2016/08/Endfassung-Peters-Dee.pdf (Zugriff: 27.6.2023).

41 Grüneberg/Götz, Rn. 8 zu § 1631b BGB.

7. Einverständnis

Die Genehmigung ist auch bei Einverständnis des Minderjährigen (Freiwilligkeitserklärung) – jedenfalls grundsätzlich – erforderlich.[42]

Grundsätzlich ist fraglich, inwieweit eine Einwilligungsfähigkeit überhaupt vorliegen kann. *Salgo* bezweifelt zu Recht, dass Minderjährige in Ausnahmesituationen die Verantwortung tragen können.[43] Sollte jedoch einwandfrei feststehen, dass ein an der Schwelle zum Erwachsenenalter stehender Jugendlicher verantwortlich entscheidet, sich gegebenenfalls geschlossen behandeln zu lassen, kann auf eine richterliche Genehmigung verzichtet werden.[44] Im Zweifel sollte aber immer um diese nachgesucht werden.

Praxistipps

- *Die Prüfung einer tragfähigen Freiwilligkeitserklärung sollte im Zweifel das Familiengericht vornehmen.*
- *Grundsätzlich sollte gelten: im Zweifel für Rechtssicherheit durch eine gerichtliche Entscheidung.*

8. Durchführung der Unterbringung

Die Durchführung der Unterbringung obliegt den Sorgeberechtigten. Das Jugendamt unterstützt sie dabei und hat hinsichtlich des „wie" eine federführende Rolle.

Nach § 167 Abs. 5 FamFG hat das Jugendamt die Eltern, den Vormund oder den Pfleger bei der **Zuführung** zur Unterbringung zu unterstützen. Die Unterstützung beginnt nach § 167 Abs. 5 FamFG bereits bei der Zuführung zur Unterbringung.

Die **Wahl der Einrichtung** soll nicht in den Beschluss aufgenommen werden,[45] so wie es auch beim betreuungsrechtlichen Unterbringungsbeschluss der Fall ist. Das ist bei der psychiatrischen Unterbringung sachgerecht. Bei einer Unterbringung in einer **Jugendhilfeeinrichtung** sollte dies jedoch anders gehandhabt werden. Hier gehört zur Frage der Eignung und Verhältnismäßigkeit der Unterbringung zwingend das Konzept der Einrichtung dazu. Alles andere wäre ein „Blanko-Scheck" des Familiengerichts. Die richterliche Entscheidung liefe damit leer. Anders als bei Krankenhäusern gibt es bei Jugendhilfeeinrichtungen – notwendigerweise – keine einheitlichen Standards. Daher ist der unterschiedliche Ansatz vertretbar und geboten.

In den Medien waren in der jüngeren Vergangenheit kritische Berichte über defizitäre **Zustände in Einrichtungen der Jugendhilfe** zu lesen. In diesem Rahmen kann auf die Verhältnisse vor Ort nicht eingegangen werden. Es liegt aber auf der Hand, dass auch bei

42 Staudinger/Salgo, Rn. 8 zu § 1631b BGB; Heilmann/Fink, Rn. 4 zu § 1631b BGB; a.A. HK-BUR/Hoffmann, Rn. 17 zu § 1631b BGB; Marschner in Marschner/Lesting/Stahmann, Rn. 9 zu § 1631b BGB.

43 Salgo, a.a.O.

44 Hoffmann, a.a.O.

45 Vgl. Heilmann/Fink, Rn. 70 zu § 167 FamFG.

schwierigen und delinquenten Jugendlichen die Menschenwürde zu wahren ist, auch wenn es vielleicht dem Zeitgeist nur eingeschränkt entspricht. Wenn man von Methoden wie „In-der-Ecke-stehen", Schlafentzug u.v.m. spricht, so mögen diese vielleicht in einer Diktatur an der Tagesordnung sein, gehören aber nicht in eine Einrichtung der Jugendhilfe in einem Rechtsstaat. Es ist befremdlich, dass das noch diskutiert werden muss.

Hier wird ein struktureller Mangel deutlich: Es gibt keine judizielle Begleitung zum Vollzug der Unterbringung. Es fehlt an Regelungen zum Vollzug. Das lässt sich formal damit rechtfertigen,

- dass die Eltern als Sorgerechtsinhaber immer noch die Entscheidungsgewalt und das Recht und die Pflicht zur Kontrolle haben,
- dass die Heimaufsicht über die Zustände in derartigen Einrichtungen zu wachen hat und
- dass das Jugendamt als Leistungsträger fachlich den Verlauf begleiten soll.

Gern wird auch formal argumentiert, dass es sich bei der Unterbringung nach § 1631b Abs. 1 BGB um eine zivilrechtliche Form der Unterbringung handelt. Dem steht schon entgegen, dass es sich – bei Unterbringungen außerhalb eines Krankenhauses – auch immer um eine Maßnahme des Jugendhilferechts handelt. Und im Übrigen bleibt es aus Betroffenensicht eine Zwangsmaßnahme.[46]

Die Erfahrung zeigt, dass der Verweis auf das Jugendhilferecht nicht ausreichend und das bestehende „Kontrollsystem" ausgesprochen insuffizient ist. Die Eltern sind in der Regel nicht in der Lage eine eigenständige Position durchzusetzen, die Heimaufsicht ist überlastet, die Jugendämter ebenfalls.

In Anbetracht der hohen rechtlichen Relevanz des Artikels 104 GG gehören aber **Regeln zum Vollzug** der Unterbringung und Rechtsmittel bzw. -behelfe der Betroffenen unbedingt zu einer korrekten rechtsstaatlichen Lösung.

Kinder und Jugendliche haben das Recht, beim Familiengericht die Aufhebung der Unterbringung zu beantragen. Es bleibt aber zu befürchten, dass dies eine bloße formale Position und eine theoretische Möglichkeit ist.

Ombudsleute für untergebrachte Minderjährige, die vermitteln können und gegebenenfalls Kinder und Jugendliche in der Wahrnehmung ihrer Rechte unterstützen, wären ein weiterer Punkt, der zu fordern ist.

Weiterhin trifft das **Familiengericht**, auch wenn „sein Verfahren" mit Eintritt der Rechtskraft abgeschlossen ist, eine Verpflichtung, eine Kindeswohlgefährdung auszuschließen und es sollte bei langfristigen Unterbringungen eine selbstverständliche **Kontrollfunktion** wahrnehmen, damit Kinder eben nicht „vom Schirm" bzw. unbemerkt in einer geschlossenen Anstalt[47] verschwinden, sonst macht sich die Justiz gegebenenfalls mitschuldig. Begründen lässt sich eine solche Verpflichtung aus §§ 1697a (Kindeswohlprinzip), 1666 BGB (Gerichtliche Maßnahmen bei Gefährdung des Kindeswohls) und 1696 Abs. 2 BGB (Abänderung gerichtlicher Entscheidungen und gerichtlich gebilligter Vergleiche).

---

46 Siehe Peters, Geschlossene Unterbringung in der Kinder- und Jugendhilfe – eine unendliche Geschichte.
47 Siehe Staudinger/Salgo, Rn. 4 zu § 1631b BGB zur Frage von Sinn und Zweck der Norm.

Wichtig ist die im Verhältnis zum Betreuungsrecht kürzere **Höchstdauer** für Unterbringungen bei Minderjährigen: Ein halbes Jahr, bei offensichtlich langer Sicherungsbedürftigkeit höchstens ein Jahr nach § 167 Abs. 7 FamFG.

9. Freiheitsbeschränkungen, unterbringungsähnliche Maßnahmen und Zwangsbehandlungen bei Minderjährigen

§ 1631b Abs. 2 BGB Freiheitsentziehende Unterbringung und freiheitsentziehende Maßnahmen

(2) Die Genehmigung des Familiengerichts ist auch erforderlich, wenn dem Kind, das sich in einem Krankenhaus, einem Heim oder einer sonstigen Einrichtung aufhält, durch mechanische Vorrichtungen, Medikamente oder auf andere Weise über einen längeren Zeitraum oder regelmäßig in nicht altersgerechter Weise die Freiheit entzogen werden soll. Absatz 1 Satz 2 und 3 gilt entsprechend.

a) Adäquate, genehmigungsfreie Beschränkungen

Nach herrschender Auffassung waren bereits von § 1631b Abs. 1 BGB nur freiheitsentziehende Unterbringungen erfasst. Sonstige freiheitsentziehende , Maßnahmen jedenfalls dann, wenn es sich um altersangemessene, reine Schutz- oder Erziehungsmaßnahmen handelt, sollten nicht darunter fallen.[48] In der gesetzlichen Neuregelung[49] ist dies auch ausdrücklich berücksichtigt („in nicht altersgerechter Weise").

Beispiel

Solche Schutz- und Erziehungsmaßnahmen sind Maßnahmen wie Laufgitter, befestigte Kinderbetten oder – sofern moderat angewandt, jedenfalls bei Kindern unter 14 Jahren – „Stubenarrest" und „Ausgehverbote".

Diese sind im Grundsatz angemessen, insbesondere, wenn es sich um Maßnahmen handelt, die von vorübergehender Natur sind oder es sich um moderate Sicherungsmaßnahmen bei Kindern handelt, die allenfalls einen eingeschränkten Fortbewegungswillen haben. Hier liegt keine freiheitsentziehende Unterbringung vor.

48 Staudinger/Salgo, Rn. 13 zu § 1631b BGB; Grüneberg/Götz, Rn. 2 zu§ 1631 BGB; Marschner in Marschner/Lesting/Stahmann, Rn. 6 zu § 1631b BGB.

49 Durch das Gesetz zur Einführung eines familiengerichtlichen Genehmigungsvorbehaltes für freiheitsentziehende Maßnahmen bei Kindern vom 17.7.2017 (BGBl. I, S. 2424), in Kraft seit 1.10.2017.

b) Unterbringungsähnliche Maßnahmen

Bei freiheitsentziehenden Maßnahmen hat der Gesetzgeber inzwischen eine **Genehmigungspflicht ausdrücklich** vorgesehen. Damit hat der Gesetzgeber auf die Tatsache reagiert, dass vielfach angenommen wurde, dass unterbringungsähnliche Maßnahmen (analog § 1831 Abs. 4 BGB), freiheitsentziehende Maßnahmen „unterhalb" der geschlossenen Unterbringung keiner gerichtlichen Genehmigung bedürften.

Der Bundesgerichtshof hatte mit Beschluss vom 7.8.2013[50] entschieden, dass Fixierungsmaßnahmen bei Kindern und Jugendlichen keiner richterlichen Genehmigung bedürfen. Aus grundsätzlichen Erwägungen und wegen der enormen Konsequenzen ist es geboten, sich mit dieser Entscheidung einmal näher zu befassen.

In der Pressemitteilung des BGH waren die essentiellen Erwägungen zusammengefasst:

> Der […] XII. Zivilsenat des Bundesgerichtshofs hatte die Frage zu beantworten, ob die Eltern ohne zusätzliche Genehmigung durch das Familiengericht wirksam in eine notwendige nächtliche Fixierung ihres Kindes in einer offenen heilpädagogischen Einrichtung einwilligen können.
>
> Ihr 1999 geborenes Kind leidet unter einem frühkindlichen Autismus mit geistiger Behinderung und einem Aufmerksamkeitsdefizit- und Hyperaktivitätssyndrom. Es zeigt krankheitsbedingt ausgeprägte Unruhezustände und extreme Weglauftendenzen. Seit 2008 lebt das Kind in einer offenen heilpädagogischen Einrichtung, in der es eine Einzelbetreuung erhält. Aus kinder- und jugendpsychiatrischer Sicht ist es zum Schutz des Kindes und seiner Mitbewohner indiziert, es nachts mittels eines Bauch- oder Fußgurtes bzw. eines entsprechenden Schlafsacks zu fixieren. Nachdem das Amtsgericht im Jahre 2009 die nächtliche Fixierung für die Dauer von längstens zwei Jahren familiengerichtlich genehmigt hatte, beantragten die Eltern im vorliegenden Verfahren die Verlängerung dieser Genehmigung.
>
> Das Amtsgericht hat den Antrag abgewiesen, weil die Maßnahme nicht genehmigungsbedürftig sei. Das Oberlandesgericht hat die Beschwerde des Verfahrensbeistands des Kindes zurückgewiesen. Dagegen hat der Verfahrensbeistand die vom Oberlandesgericht zugelassene Rechtsbeschwerde eingelegt.
>
> Der Bundesgerichtshof hat die Rechtsbeschwerde zurückgewiesen, weil Eltern in Ausübung ihrer elterlichen Sorge selbst in eine erforderliche und verhältnismäßige Fixierung ihrer Kinder einwilligen dürfen und das Gesetz eine familiengerichtliche Genehmigung solcher Maßnahmen nicht vorsieht.
>
> Nach § 1631b BGB bedarf die Unterbringung eines Kindes, die mit Freiheitsentziehung verbunden ist, der Genehmigung des Familiengerichts. Dabei geht das Gesetz, wie sich auch aus entsprechenden Vorschriften im Betreuungsrecht und im Verfahrensrecht ergibt, von einem engen Unterbringungsbegriff aus. In der zeitweiligen oder regelmäßigen Fixierung eines in einer offenen Einrichtung lebenden Kindes liegt danach keine Unterbringung.
>
> Eine Verpflichtung zur Genehmigung unterbringungsähnlicher Maßnahmen, zu denen auch eine Fixierung zählt, enthält das Gesetz im Kindschaftsrecht nicht. Zwar verlangt das Gesetz im Betreuungsrecht für psychisch kranke oder körperlich, geistig oder seelisch behinderte Volljährige sowohl bei einer geschlossenen Unterbringung (§ 1906 Abs. 1, 2 BGB) als auch

50 XII ZB 559/11, ZKJ 2013, 449 = FamRZ 2013, 1646 m. Anm. von Salgo 2013, 1719.

> bei einer unterbringungsähnlichen Maßnahme (§ 1906 Abs. 4 BGB) die Genehmigung durch das Betreuungsgericht [...] Die Vorschrift des § 1906 Abs. 4 BGB ist aber nicht entsprechend auf unterbringungsähnliche Maßnahmen gegenüber Minderjährigen anwendbar. Es fehlt schon an einer dafür erforderliche Regelungslücke, weil die Rechtsfragen im Zusammenhang mit der Fixierung Minderjähriger dem Gesetzgeber bekannt sind und er die Vorschrift des § 1906 Abs. 4 BGB gleichwohl ausdrücklich auf unterbringungsähnliche Maßnahmen gegenüber Volljährigen begrenzt hat (BT-Drucks. 11/4528 S. 82 f.).

Der BGH hat weiter entschieden, dass eine entsprechende Vorschrift im Kindschaftsrecht auch nicht durch das staatliche Wächteramt von Verfassungs wegen geboten ist. Anders als im Betreuungsrecht handeln Eltern gegenüber ihren minderjährigen Kindern nicht aufgrund staatlicher Bestellung, sondern in Ausübung ihres Elterngrundrechts aus Art. 6 Abs. 2 Satz 1 GG. Die Erziehung der Kinder ist damit primär in die Verantwortung der Eltern gelegt; staatliche Verantwortung und Kontrolle sind im Bereich des Erziehungsrechts eingeschränkt.

Zur Gewährleistung des Schutzes minderjähriger Kinder bietet das Gesetz u.a. mit dem Verbot entwürdigender Erziehungsmaßnahmen in § 1631 Abs. 2 BGB und mit der Möglichkeit einer Entziehung der elterlichen Sorge bei Gefährdung des Kindeswohls nach den §§ 1666 ff. BGB ausreichende Handhabe.

Diese Entscheidung ist zumindest stark irritierend und deshalb auf Kritik gestoßen.[51] Zu Recht nennt *Salgo* die Argumentation des BGH „realitätsfern".[52] Auch wenn der Gesetzgeber diesem Irrweg ein Ende gemacht hat, so lohnt es sich doch, sich mit dieser Entscheidung noch einmal auseinander zu setzen, weil sie eben die „Retro"-Denkweise zurück zu alten Denkmustern symbolisiert:

> Artikel 104 GG (siehe unter 1.) spricht eine eindeutige Sprache: Keine Freiheitsentziehung ohne richterliche Entscheidung!

Wie bereits ausgeführt, bestreitet niemand, dass Kinder und Jugendliche auch insofern Grundrechtsträger sind.

Fixierungsmaßnahmen – z.B. mittels Gurten, Bettgittern, speziellen „Strampelanzügen" oder Schlafsäcken – schränken Menschen in ihrer Freiheit ein. Niemand kann ernstlich bestreiten, dass es sich hierbei um freiheitsentziehende oder -beschränkende Maßnahmen handelt. Manchmal mögen diese Maßnahmen zum Schutz eines Menschen vor Stürzen, Verletzungen etc. notwendig sein. Das schließt das **Erfordernis einer gesetzlichen Grundlage** ebenso wenig aus wie die Notwendigkeit einer richterlichen Entscheidung. Denn nur dann, wenn diese Fixierungsmaßnahmen „irgendwie" dem Schutz des – kleinen oder großen – Menschen dienen, können sie überhaupt zulässig sein. Sonst wäre es schlicht strafbare Anwendung von Folter. Selbst wenn man sie nur als „freiheits*beschrän-*

51 Engelfried, Eure Elterliche Sorge fesselt mich, betrifft justiz, 2014, 35 ff.; Staudinger/Salgo, Rn. 13 zu § 1631 BGB; Salgo, Anm. in FamRZ 2013, 1719; HK-BUR/Hoffmann, Rn. 50, 50a zu § 1631b BGB; zustimmend dagegen Palandt/Götz, Rn. 2 zu § 1631b BGB.

52 FamRZ 2013, 1720.

kend" ansieht, sind sie nicht mit den oben genannten reinen Erziehungs- oder Schutzmaßnahmen vergleichbar.

Im Betreuungsrecht hat man die Problematik 1992 richtig erfasst und eine Rechtsgrundlage für freiheitsentziehende bzw. -beschränkende Maßnahmen jenseits der geschlossenen Unterbringung und eine Genehmigungspflicht geschaffen (§ 1906 Abs. 4 BGB a.F., jetzt § 1831 Abs. 4 BGB). Der Bundesgerichtshof hat mit seinem Beschluss entschieden, dass diese Vorschrift *nicht* analog auf Kinder und Jugendliche anwendbar ist.

Die Begründung des Bundesgerichtshofs ist schon in sich nicht tragfähig: Zum einen ist es schlicht falsch, dass der § 1906 BGB a.F. (jetzt § 1831 Abs. 4 BGB) nur für den durch staatlichen Akt bestellten gesetzlichen Betreuer gilt. Er gilt auch für den durch zivilrechtlichen Akt bestellten Bevollmächtigten. Der Bundesgerichtshof irrt, wenn er meint, dass die erforderliche richterliche Genehmigung einer freiheitsbeschränkenden oder freiheitsentziehenden Maßnahme im Betreuungsrecht in erster Linie der Kontrolle des Betreuers diene. Er dient in erster Linie der Wahrung der Freiheitsrechte der betroffenen Person.

Und es ist sicherlich nicht zwingend, das Problem der Fixierung bei Minderjährigen über eine Analogie zum Betreuungsrecht zu lösen.

Ein anderer gedanklicher Ansatz wäre es gewesen , den Unterbringungsbegriff in § 1631b Abs. 1 BGB, der die Voraussetzungen für eine geschlossene Unterbringung von Kindern und Jugendlichen regelt, im Hinblick auf die Verfassung so weit auszulegen, dass er auch freiheitsentziehende Maßnahmen umfasst;[53] die Heranziehung des Betreuungsrechts ist nicht erforderlich. Der **Begriff der Unterbringung** ist keineswegs so eng und feststehend wie der Bundesgerichtshof vorgibt, denn das Verfahrensrecht im FamFG spricht von Unterbringungsverfahren und meint dabei auch die Genehmigung unterbringungsähnlicher Maßnahmen.

> Der Begriff der Unterbringung ist also durchaus variabel und nicht ohne den Begriff „Freiheitsentziehung" zu definieren.

Entscheidend bleibt aber das zwingende verfassungsrechtliche Gebot einer tragfähigen rechtlichen Grundlage und einer richterlichen Genehmigung für Freiheitsentziehungen aus Artikel 104 GG. Es fehlt bezogen auf Fixierungen bei Kindern und Jugendlichen an beidem.

Der Bundesgerichtshof ignoriert den Artikel 104 GG, erwähnt ihn mit keinem Wort. Stattdessen formuliert er, dass das Elternrecht aus Artikel 6 GG ein umfassendes „absolutes" Recht der Eltern sei. Absolut auch gegenüber grundgesetzlichen Garantien? Menschenwürde, körperliche Unversehrtheit, Meinungsfreiheit, Recht auf Bildung stünden dann im freien Ermessen der Eltern? Das meint der Bundesgerichtshof sicherlich nicht. Wenn das „absolute" Elternrecht die übrigen Normen des Grundgesetzes nicht aushebeln kann, gilt dies für Artikel 104 GG.

Der Bundesgerichtshofs ignoriert darüber hinaus den verfassungsrechtlichen Stand der **Grenzen des Sorgerechts** in Ansehung von Grundrechten der Kinder und leistet sich einen schlimmen Rückfall in die sechziger Jahre des vorigen Jahrhunderts. Das sieht man

53 So im Ergebnis auch Staudinger/Salgo, a.a.O.

auch an der fragwürdigen Bemerkung in der Beschlussbegründung, § 1631b BGB solle dafür Sorge tragen, dass ein Kind oder Jugendlicher nicht „unbemerkt in einer geschlossenen Einrichtung verschwinden kann" – aber heimlich angebunden dürfen sie sein?

Vollständig hat der Bundesgerichtshof übersehen, dass es hier nicht allein um Ausübung der Elterlichen Sorge im heimischen Haushalt geht, sondern um Anwendung von Zwang in einer Institution außerhalb des Elternhauses, die überwiegend und in aller Regel aus öffentlichen Mitteln finanziert wird. Also gilt hier, dass der Staat eine besondere Pflicht zur Überwachung der Einhaltung der Rechte der betroffenen Kinder und Jugendlichen hat.

Es gibt nichts Richtiges im Falschen. Nicht ausreichend ist der Verweis des Bundesgerichtshofs auf das Korrektiv des Verbots der entwürdigenden Erziehungsmethoden (§ 1631 Abs. 2 BGB) und des staatlichen Interventionsrechts bei kindeswohlgefährdendem Sorgerechtsmissbrauch (§ 1666 BGB). **Fixierungsmaßnahmen sind keine Erziehungsmethoden**, sondern restriktiv anzuwendende Maßnahmen zum Schutz vor gesundheitlichen Gefahren. Der Hinweis geht also auch fehl. Fixierungen für Erziehungsmaßnahmen zu halten, ist absurd. Und Fixierungsmaßnahmen sind nicht erst dann zu rügen oder gar abzulehnen, wenn sie entwürdigend sind. Sie sind dann schon rechtswidrig, wenn sie nicht fachlichen Standards und dem (rechtlichen) Verhältnismäßigkeitsprinzip entsprechen.

In diesem Zusammenhang eine Bemerkung am Rande: In der Pflegewissenschaft und -praxis und in der Rechtsprechung hat sich bei Erwachsenen die Erkenntnis durchgesetzt, dass Fixierungen weitestgehend vermeidbar sind (siehe die Ausführungen zum „Werdenfelser Weg", 2. Kapitel, 4. e), S. 102 ff.). An einer vergleichbaren **Kultur moderner Pflegepraxis** fehlt es bei Kindern und Jugendlichen ganz offensichtlich, wobei eine Änderung sich abzuzeichnen beginnt. Auch hier ist der „Werdenfelser Weg" eine gute Adresse für Austausch, Diskussion und weiterer Erkenntnis (siehe dazu auch unter e)).

Der Bundesgerichtshof meint schließlich auch, dass es keine **Regelungslücke** gäbe, der Gesetzgeber habe es so gewollt, dass Fixierungsmaßnahmen von Kindern und Jugendlichen allein in der Entscheidungsbefugnis der Eltern lägen. Ich behaupte: Der Gesetzgeber hat das Problem schlicht ignoriert. Gebietet die Verfassung im Hinblick auf Art. 6 und Art. 104 GG rechtstaatlichen Schutz, bestand aber sehr wohl – nämlich objektiv – eine Regelungslücke. Die dritte Gewalt muss hier nicht warten, bis der Gesetzgeber geruht, in diesem Punkt seine verfassungsrechtliche Verantwortung wahrzunehmen. Umso positiver ist es zu bewerten, dass der Gesetzgeber schließlich doch gehandelt hat.

So bleibt noch ergänzend zu konstatieren, dass der BGH die **UN-Kinderrechtekonvention** (CRC) völlig ausgeblendet hat, namentlich den bereits erwähnten Art. 25 CRC. Diese Vorschrift legt es nahe, von einem weiten Unterbringungsbegriff auszugehen und einen optimalen rechtsstaatlichen Schutz zu gewährleisten; dies ist zweifellos die gerichtliche Überprüfung der freiheitsentziehenden Maßnahme.

Freiheitsentziehende Maßnahme bei Kindern und Jugendlichen sind neben Bettgittern und Fixierungen – wie bei Erwachsenen – sog. „KayserBetten", die an der Seite und oben eine abgeschlossene Konstruktion darstellen. Für Außenstehende sieht es so aus wie ein Käfig, für viele Kinder und Jugendliche mit Behinderungen ist es ein Schutzraum. Auf diese Unterscheidung bzw. auf die **Wirkung auf den betroffenen jungen Menschen** ist im konkreten Fall genau zu achten.

c) Die gesetzgeberische Korrektur: Der neue Absatz 2

(1) Altersgerechte Maßnahmen als Ausnahme

Vor allem bei Kindern gibt es Schutzmaßnahmen, die nach dem gesetzgeberischen Willen nicht genehmigungspflichtig sein sollen. Dazu gehören zum Beispiel Laufställe oder Gitterbetten bei Kleinkindern, auch altersentsprechende, vom Eriehungsgedanken geprägte Beschränkung von Ausgangsmöglichkeiten.

Hier überwiegt der **Schutz** die Freiheitsbeschränkung (siehe auch oben 8. a)).[54]

Je älter die Kinder bzw. Jugendlichen, desto mehr steckt der Teufel auch hier im Detail und man wird u.U. nicht umhinkommen, genau auf den **Einzelfall** zu sehen. Im Zweifelsfall ist eine pädagogische oder kinder- und jugendmedizinische Einschätzung einzuholen.

In keinem Fall sind freiheitsentziehende Maßnahmen als „Strafen" oder Sanktionen gerechtfertigt, diese sind in niemals „altersgerecht" und nicht einmal genehmigungsfähig; sie gehören vielmehr strafrechtlich verfolgt.

(2) Auch hier: Der Werdenfelser Weg als Diskussionsforum

Die Initiatoren des Werdenfelser Wegs haben sich daran gemacht, das scheinbar neue und vielfach angstbesetzte Thema der freiheitsentziehenden Maßnahmen bei Kindern und Jugendlichen auszuwerten, zu diskutieren und zu begleiten.

Diskussionen, Publikationen und Fachtage sind auch in diesem Bereich hilfreich und verdienstvoll.

Typische Anwendungssituationen sind nach der Einschätzung des Werdenfelser Weges:

- Zimmerpause mit zugesperrter Tür,
- Nachteinschluss,
- Kastenbett,
- Fixierungen,
- Nutzung eines separaten Auszeitraums.[55]

Wichtig erscheint hier insbesondere die Schaffung von Transparenz und Aufarbeitung dessen, was „bisher geschah."

Ein häufiges Phänomen stellen bei „herausforderndem Verhalten" die „Time-Out"-Räume dar, in denen die Minderjährigen zur Krisenintervention geschickt werden, in der Regel, um sich „abzureagieren"; dies kann bei offenen und geschlossenen Einrichtungen in Frage kommen.[56] Die Methode ist durchaus umstritten.[57]

---

54 Grüneberg/Götz Rn. 6 zu § 1631 BGB.

55 Siehe www.werdenfelser-weg-original.de/fem-bei-kindern/problemstellung/ (Zugriff: 27.6.2023).

56 Marschner in Marschner/Lesting/Stahmann, C, Rn. 7 zu § 1631b BGB.

57 Siehe https://www.elternleben.de/elternwissen/kita-kind/erziehung-und-bildung/time-out-sinnvolle-erziehungsmethode-oder-grausame-strafe/ (Zugriff: 27.6.2023).

Letztlich ist auch dieses Mittel eine Form von Zwang; sie kann nie aus bloßen pädagogischen Gründen in Betracht kommen, sondern allenfalls als Mittel zur Gefahrenabwehr.[58] Dies gebieten Artikel 1 und 2 GG – und damit das vielzitierte „Menschenbild des Grundgesetzes" sowie einfachgesetzlich das Prinzip der gewaltfreien Erziehung aus § 1631 BGB.

Vieles geschieht sicher aus gutem Glauben oder auch aus Hilflosigkeit, und nicht jede Erkenntnis aus dem Erwachsenenbereich kann „1:1" übertragen werden. Aber ein intensiver Diskussionsprozess ist dringend notwendig.

d) Ärztliche Zwangsmaßnahmen

Eine gesetzliche Regelung für ärztliche Zwangsmaßnahmen/Zwangsbehandlung bei Minderjährigen fehlt. Damit ist eine Durchführung von ärztlichen Zwangsmaßnahmen rechtlich bedenklich. Eine Behandlung gegen den Willen eines einwilligungsfähigen Minderjährigen ist in jedem Fall als rechtswidrig anzusehen.[59]

Nimmt man die Ausführungen des Bundesverfassungsgerichts zur Zwangsbehandlung bei Erwachsenen (siehe die Ausführungen zur Zwangsbehandlung im Betreuungsrecht, 2. Kapitel, 3. b), S. 60 ff.) ernst und sieht das Brechen des natürlichen Willens als einen schwerwiegenden Eingriff in die Persönlichkeitsrechte des betroffenen Menschen, so verhält es sich bei Kindern und Jugendlichen nicht anders, mit der Konsequenz, dass ein derartiger Zwang nur **unter engen Voraussetzungen** und mittels einer **gesetzlichen Regelung** zulässig sein kann.

Soweit versucht wird die Möglichkeit der Zwangsbehandlung einzugrenzen auf Fälle, in denen eine schwere **gesundheitliche Schädigung oder erhebliche Gefahren** für die Entwicklung des Kindes drohen,[60] kann von einem pragmatischen Lösungsansatz gesprochen werden, der jedoch die rechtlichen Probleme nicht abschließend löst.

Hinweis

▶ *In jedem Fall sollte unbedingt und dringend eine gesetzliche Regelung zur Zwangsbehandlung geschaffen werden;[61] die Eingriffsintensität ist bei Minderjährigen genauso erheblich und gefahrengeneigt wie bei Erwachsenen. Verfassungsrechtliche Gründe sprechen ebenso dafür.[62]*

Entscheidungsbefugt sind somit nach herrschender Anschauung allein die Sorgeberechtigten.[63]

58 Vgl. www.werdenfelser-weg-original.de/fachtag-2018-kinder/ (Zugriff:27.6.2023).
59 Hoffmann, RuP 2009, 123.
60 Konkludent OLG des Landes Sachsen-Anhalt, Beschl. v. 6.6.2002, 14 UF 78/02, juris; ausdrücklich Hoffmann, a.a.O.
61 Marschner in Marschner/Lesting/Stahmann, Rn. 8 zu § 1631b BGB.
62 Marschner a.a.O.; Grüneberg/Götz, Rn. 1 zu § 1631b BGB.
63 Marschner a.a.O.; Grüneberg/Götz, a.a.O.

e) Inobhutnahme in die geschlossene Unterbringung und Notfallkompetenz der Sorgeberechtigten

Bei einer besonderen Gefahrensituation kann das Jugendamt nach § 42 SGB VIII Minderjährige in Obhut nehmen, im absoluten Ausnahmefall bei Lebensgefahr für das Kind oder für Dritte sogar in eine geschlossene Unterbringung:

§ 42 SGB VIII Inobhutnahme von Kinder und Jugendlichen

(1) Das Jugendamt ist berechtigt und verpflichtet, ein Kind oder einen Jugendlichen in seine Obhut zu nehmen, wenn

1. das Kind oder der Jugendliche um Obhut bittet oder
2. eine dringende Gefahr für das Wohl des Kindes oder des Jugendlichen die Inobhutnahme erfordert und
   a) die Personensorgeberechtigten nicht widersprechen oder
   b) eine familiengerichtliche Entscheidung nicht rechtzeitig eingeholt werden kann

   oder
3. ein ausländisches Kind oder ein ausländischer Jugendlicher unbegleitet nach Deutschland kommt und sich weder Personensorge- noch Erziehungsberechtigte im Inland aufhalten.

Die Inobhutnahme umfasst die Befugnis, ein Kind oder einen Jugendlichen bei einer geeigneten Person, in einer geeigneten Einrichtung oder in einer sonstigen Wohnform vorläufig unterzubringen; im Fall von Satz 1 Nummer 2 auch ein Kind oder einen Jugendlichen von einer anderen Person wegzunehmen.

[…]

(5) Freiheitsentziehende Maßnahmen im Rahmen der Inobhutnahme sind nur zulässig, wenn und soweit sie erforderlich sind, um eine Gefahr für Leib oder Leben des Kindes oder des Jugendlichen oder eine Gefahr für Leib oder Leben Dritter abzuwenden. Die Freiheitsentziehung ist ohne gerichtliche Entscheidung spätestens mit Ablauf des Tages nach ihrem Beginn zu beenden.

[…]

Die **gerichtliche Genehmigung** ist dadurch nicht entbehrlich, sondern sie ist sogar zwingend bis zum Ende des nächsten Tages einzuholen. § 42 SGB VIII ist mithin keine eigenständige Grundlage für eine geschlossene Unterbringung. Eine Unterbringung vor einer gerichtlichen Entscheidung ist nach § 1631b Abs. 1 Satz 3 BGB durch Weisung des/der Personensorgeberechtigten bzw. Inhabers des Aufenthaltsbestimmungsrechts zulässig, wenn mit einem Aufschub Gefahr verbunden ist. Das bedeutet, dass eine Gefährdung des Kindes unmittelbar bevorsteht.[64] Die Genehmigung ist dann unverzüglich – also ohne schuldhaftes Zögern – schnellstmöglich nachzuholen.

64 HK-BUR/Hoffmann, Rn. 74 zu § 1631b BGB; vgl. Grüneberg/Götz, Rn. 11 zu § 1631b BGB.

Beispiel

Ein Jugendlicher ist akut suizidgefährdet und wird in die Klinik eingeliefert. Die Eltern können dann bestimmen, dass er gegebenenfalls auf der geschlossenen Station verbleibt und müssen dann schnellstmöglich die Genehmigung durch das Gericht beantragen.

Bei einem Entweichen des Untergebrachten bleibt die gerichtliche Genehmigung bestehen und muss, wenn noch nicht abgelaufen, nicht neu beantragt werden.[65]

10. Das Verfahren bei der Unterbringung von Kindern und Jugendlichen

Die Verfahren zur Genehmigung von freiheitsentziehender Unterbringung und freiheitsentziehenden Maßnahmen nach § 1631b BGB sind **Kindschaftssachen nach § 151 Nr. 6 FamFG**. Somit ist auch das Familiengericht zuständig. Dies gilt auch bei der öffentlich-rechtlichen Unterbringung von Kindern und Jugendlichen (siehe 3. Kapitel, 5., S. 189 f.), denn das Verfahren ist eine Kindschaftssache nach § 151 Nr. 6 bzw 7 FamFG.[66]

Grundsätzlich gelten aber nach § 167 Abs. 1 FamFG auch hier die schon angesprochenen Regelungen der §§ 312 ff. FamFG.[67] Das gilt z.B. für die **Notwendigkeit von Anhörung und Begutachtung**. Die Unterbringungsfrist ist im Höchstfall – wie schon ausgeführt kürzer – ein halbes Jahr, ausnahmsweise ein Jahr. Auch die Unterbringung zur Begutachtung ist in gleicher Weise wie bei Betreuten möglich. Schließlich gelten die Regeln zur Eilentscheidung (einstweilige Anordnung) hier in gleicher Weise.

Praxistipp

Auch dem Minderjährigen ist der Inhalt des Gutachtens rechtzeitig zugänglich zu machen. Ggf. ist das Gutachten in altersgerecher Weise zu „übersetzen" bzw. von einem Verfahrensbeistand.

§ 167 FamFG Anwendbare Vorschriften bei Unterbringung Minderjähriger und bei freiheitsentziehenden Maßnahmen bei Minderjährigen

(1) In Verfahren nach § 151 Nummer 6 sind die für Unterbringungssachen nach § 312 Nummer 1 und 2, in Verfahren nach § 151 Nummer 7 die für Unterbringungssachen nach § 312 Nummer 4 geltenden Vorschriften anzuwenden. An die Stelle des Verfahrenspflegers tritt der Verfahrensbeistand. Die Bestellung eines Verfahrensbeistands ist stets erforderlich.

(2) Ist für eine Kindschaftssache nach Absatz 1 ein anderes Gericht zuständig als dasjenige, bei dem eine Vormundschaft oder eine die Unterbringung erfassende Pflegschaft für den Minderjährigen eingeleitet ist, teilt dieses Gericht dem für das Verfahren nach Absatz 1 zu-

65 A.a.O., Hoffmann RuP 2009, 125
66 Grüneberg/Götz, Rn. 11 zu § 1631 b BGB.
67 Siehe Heilmann/Fink, Anm. 1 zu § 167 FamfG.

> ständigen Gericht die Anordnung und Aufhebung der Vormundschaft oder Pflegschaft, den Wegfall des Aufgabenbereichs Unterbringung und einen Wechsel in der Person des Vormunds oder Pflegers mit; das für das Verfahren nach Absatz 1 zuständige Gericht teilt dem anderen Gericht die Unterbringungsmaßnahme, ihre Änderung, Verlängerung und Aufhebung mit.
>
> (3) Der Betroffene ist ohne Rücksicht auf seine Geschäftsfähigkeit verfahrensfähig, wenn er das 14. Lebensjahr vollendet hat.
>
> (4) In den in Absatz 1 Satz 1 genannten Verfahren sind die Elternteile, denen die Personensorge zusteht, der gesetzliche Vertreter in persönlichen Angelegenheiten sowie die Pflegeeltern persönlich anzuhören.
>
> (5) Das Jugendamt hat die Eltern, den Vormund oder den Pfleger auf deren Wunsch bei der Zuführung zur Unterbringung zu unterstützen.
>
> (6) In Verfahren nach § 151 Nr. 6 und 7 soll der Sachverständige Arzt für Kinder- und Jugendpsychiatrie und -psychotherapie sein. In Verfahren nach § 151 Nr. 6 kann das Gutachten auch durch einen in Fragen der Heimerziehung ausgewiesenen Psychotherapeuten, Psychologen, Pädagogen oder Sozialpädagogen erstattet werden. In Verfahren der Genehmigung freiheitsentziehender Maßnahmen genügt ein ärztliches Zeugnis; Satz 1 gilt entsprechend.
>
> (7) Die freiheitsentziehende Unterbringung und freiheitsentziehende Maßnahmen enden spätestens mit Ablauf von sechs Monaten, bei offensichtlich langer Sicherungsbedürftigkeit spätestens mit Ablauf von einem Jahr, wenn sie nicht vorher verlängert werden.

§ 167 FamFG regelt lediglich einige **Besonderheiten des Verfahrensrechts** bei Kindern und Jugendlichen. So tritt an die Stelle des Verfahrenspflegers der Verfahrensbeistand (§ 167 Abs. 1 Satz 2 FamFG). Dies gilt auch bei der öffentlich-rechtlichen Unterbringung von Kindern und Jugendlichen (siehe 3. Kapitel, 5., S. 189 f.). Sehr positiv zu bewerten ist, dass der Verfahrensbeistand laut Gesetz „stets" zu bestellen ist. Das heißt, die Unterbringungsentscheidung ohne Verfahrensbeistand ist rechtlich angreifbar![68]

> Bei den Verfahrensbeiständen handelt es sich um spezialisierte „Anwälte des Kindes", Personen mit pädagogischer bzw. sozialpädagogischer oder juristischer Ausbildung, die die Interessen von Kindern und Jugendlichen im Verfahren vertreten.[69]

Ein kleines Wort von erheblicher Bedeutung: Ein Verfahrensbeistand ist *stets* erforderlich, es ist keine Ausnahme möglich!

Nach §§ 167, 317 FamFG ist regelhaft ein geeigneter **Verfahrensbeistand** nach § 158 FamFG zu bestellen.[70] Nach dieser Vorschrift ist einem Minderjährigen in Kindschaftssachen, die seine Person betreffen, ein Verfahrensbeistand zu bestellen, soweit dies zur Wahrung seiner Interessen erforderlich ist. Das ist, wenn es um Freiheitsentziehung geht, stets zu bejahen. Die Aufgabe des Verfahrensbeistandes entspricht im Unterbringungsverfahren dem des Verfahrenspflegers.

---

68 Siehe Lesting in Marschner/Lesting/Stahmann, Rn. 5 zu § 167 FamFG.

69 Siehe das grundlegende Werk Salgo/Ivanits (Hrsg.), Verfahrensbeistandschaft. Ein Handbuch für die Praxis, 5., überarbeitete Auflage, Reguvis 2023 sowie unter www.verfahrensbeistand-bag.de/ (Zugriff: 27.6.2023).

70 HK-BUR/Bauer, Rn. 16 zu § 167 FamFG.

Es sollte sich bei dem „geeigneten" Verfahrensbeistand um einen im Kindschafts- und Unterbringungsrecht versierten „Profi" handeln. Seit 2022 ist die **Qualifikation** des Verfahrensbeistandes an sich in § 158a FamFG Gegenstand einer gesetzlichen Regelung. Gerade im Fall einer Unterbringung ist eine fundierte juristische Qualifikation unerlässlich, wenngleich die Bestellung eines Rechtsanwalts nicht zwingend, aber dennoch naheliegend ist. Gleichzeitig müssen natürlich auch pädagogische Kenntnisse vorhanden sein.

Die Verfahrensbeistände haben sich über berufliche Verbandsarbeit selbst Standards gegeben, die wichtig, aber – leider – nicht rechtlich bindend sind.[71] Der Verfahrensbeistand wird **pauschal** mit 350,00 EUR bzw. 550,00 EUR (bei vom Gericht festgestellten erweiterten Aufgaben; dies ist Unterbringungsverfahren regelmäßig der Fall[72]) **pro Instanz und vertretenem Kind** nach § 158 Abs. 7 FamFG **vergütet**.

Die **Aufgaben** des Verfahrensbeistandes regelt § 158b FamFG.

Das **Gutachten** kann auch von einem in Fragen der Heimerziehung ausgewiesenen Psychotherapeuten, Psychologen, Pädagogen oder Sozialpädagogen erstellt werden. Das ist sinnvoll, wenn und soweit es nicht um eine Unterbringung in der Psychiatrie geht, ansonsten soll der Gutachter Arzt für Kinder- und Jugendpsychiatrie und -psychotherapie sein oder sollte dann – obwohl es nicht im Gesetz ausdrücklich steht – entsprechend psychiatrieerfahren sein.

Hinsichtlich der **örtlichen Zuständigkeit des Gerichts** gilt das gleiche wie in Betreuungsverfahren. Bei Vormundschaft oder Pflegschaft ist das Familiengericht, bei dem diese jeweils geführt wird, zuständig. Ansonsten geht es nach dem Aufenthalt, in Eilfällen nach dem Ort der Unterbringung (siehe § 313 FamFG, siehe dort auch zur Rangfolge; siehe 2. Kapitel, 5. b), S. 113 ff.).

Ein Antrag der/des Sorgeberechtigten ist notwendig (siehe unter 4., S. 205 ff.).

Die **Anhörung** ist in gleicher Weise essentiell wie im Betreuungsrecht und nicht verzichtbar.[73] Sie ist in altersgerechter Weise durchzuführen, dabei ist auch der Anspruch des Minderjährigen auf rechtliches Gehör zu realisieren.

11. Beteiligte und deren Rollen

Beteiligte sind:

- der betroffene Minderjährige, der nach § 167 Abs. 2 unabhängig von seiner Geschäftsfähigkeit verfahrensfähig ist,
- die personensorgeberechtigten Eltern,

71 Siehe zu Standards für Verfahrensbeistände im Allgemeinen www.verfahrensbeistand-bag.de/infos-fuer-verfahrensbeistaende/standards.htm (Zugriff: 27.6.2023); in Salgo/Ivantis (Hrsg.), Verfahrensbeistandschaft, finden sich die Standards unter Rn. 2018 ff.

72 Bauer in Salgo/Ivantis (Hrsg.), Verfahrensbeistandschaft, Rn. 2107 ff.

73 Heilmann/Fink, Rn. 20–23 zu § 167 FamFG.

- der gesetzliche Vertreter in persönlichen Angelegenheiten (relevant, soweit dies nicht die Eltern sind),
- die Pflegeeltern – diese Beteiligten sind nach §§ 167 Abs. 4, 319 FamFG persönlich anzuhören. [74]

Beispiel

Ein Kind lebt bei Pflegeeltern, ein Pfleger für das Aufenthaltsbestimmungsrecht ist bestellt, die Mutter hat die Personensorge, der Vater hat keinerlei Sorgerecht. Dann sind die Mutter, die Pflegeltern und der Pfleger zu beteiligen.

Lebt das Kind bei den Eltern, obwohl denen das Personensorgerecht entzogen wurde, sind die Eltern fakultativ nach § 315 Abs. 4 FamFG zu beteiligen, wenn dies zum Wohle des Kindes geboten ist (Ermessensfrage, dürfte aber regelmäßig zu bejahen sein).

Das **Jugendamt** ist als zuständige Behörde **auf Antrag** als Beteiligter hinzuzuziehen. Darüber hinaus ist das Jugendamt als fachliche Instanz hinzuzuziehen.

Auch der Jugendliche hat Anspruch auf Hinzuziehung einer Vertrauensperson.

Alle Beteiligten sind beschwerdeberechtigt.

Hinweis

Das Jugendamt ist wie schon mehrfach beschrieben, fachlich tätig. Als zuständige Behörde steht ihr das Beschwerderecht zu, sie ist aber nicht antragsbefugt in Bezug auf die geschlossene Unterbringung.

Die Inhaber der Personensorge bzw. des Aufenthaltsbestimmungsrechts sind diejenigen, die allein entscheiden, ob eine genehmigte Unterbringungsmaßnahme durchgeführt werden kann und soll. Weder Gericht noch Jugendamt können diese Entscheidung an ihrer Stelle treffen. In der Praxis ist dies faktisch zu relativieren, da fachliche Autorität, manchmal auch Druck (unter Umständen auch über das Maß des Zulässigen hinaus) durch Jugendamt, Gutachter, Einrichtung und Gericht die Eltern regelrecht einschüchtern.

74 Näheres zu den Beteiligten Heilmann/Fink, Rn. 12 zu § 167 FamFG.

12. Checklisten zur Unterbringung und FEM nach § 1631b BGB

Checkliste für Sorgeberechtigte

1. Welchen Sinn soll die Unterbringung/unterbringungsähnliche Maßnahme haben? Wofür ist sie notwendig?
2. Auf wessen Rat hin habe ich mich/haben wir uns für die Unterbringung/unterbringungsähnliche Maßnahme entschieden?
   - Bei unterbringungsähnlichen Maßnahmen: Ist die Maßnahme freiheitsentziehend oder nur zum Schutz gegen unwillkürliche Bewegungen?
3. Antrag an das Gericht schriftlich formulieren.
4. Wer ist sorgeberechtigt bzw. hat das Aufenthaltsbestimmungsrecht bzw. das Recht, über freiheitsentziehende Maßnahmen zu entscheiden?
   - Haben gegebenenfalls beide Sorgeberechtigten den Antrag unterschrieben?
5. Antrag begründen.
6. Attest beifügen.
7. Ist gegebenenfalls eine Unterbringungsverfügung an das Krankenhaus geschickt oder dort hinterlegt worden? (Weisung zur Unterbringung kann auch mündlich erteilt werden, sollte dann dokumentiert sein.)

Checkliste für das Jugendamt

1. Welche fachliche Empfehlung gibt es?
2. Bei Unterbringungen: Gibt es bereits einen Platz? Psychiatrie oder Jugendhilfeeinrichtung?
3. Wenn Beschleunigung beabsichtigt:
   - Antrag der Eltern aufnehmen und
   - eigene fachliche Stellungnahme

   mit dem Antrag zusammen per Fax an das Familiengericht.
4. Wie weit ist die Familie/der/die betroffene Minderjährige dem Jugendamt bekannt?
   - Welche Bemühungen gab es zuvor?
   - Hilfen? – Sind diese gegebenenfalls fehlgeschlagen?
   - Hat sich der Jugendpsychiatrische Dienst geäußert?
   - Gegebenenfalls Stellungnahme beifügen.

Checkliste für das Familiengericht

1. Liegt ein Antrag des/der Sorgeberechtigten bzw. Inhabers des Aufenthaltsbestimmungsrechts vor? Wie genau sind die Sorgerechtsverhältnisse?
2. Befindet sich der/die Minderjährige bereits in der Unterbringung?/Wird die FEM bereits angewandt?
   - Wenn ja: Eiliger Handlungsbedarf bezüglich Anhörung und Entscheidung – kurzfristig Anhörung vereinbaren und vorbereiten (siehe auch 7.).
3. Gibt es bereits vorab Gründe für eine Ablehnung der Unterbringungsgenehmigung/Genehmigung der unterbringungsähnlichen Maßnahme?
   Bei unterbringungsähnlichen Maßnahmen: Ist die Maßnahme freiheitsentziehend oder nur zum Schutz gegen unwillkürliche Bewegungen?
4. Gibt es einen Jugendamtsbericht?
5. Sind gegebenenfalls weitere Ermittlungen erforderlich?
6. In jedem Fall: Verfahrensbeistand bestellen!
7. Gibt es Anlass und Voraussetzungen für eine Eilentscheidung, obwohl der/die Minderjährige noch nicht in der Klinik/Einrichtung ist bzw. die Maßnahme noch nicht angewendet wird?
8. Gutachter bestellen, wenn Minderjährige nicht schon in der Unterbringung ist (gegebenenfalls kann auch ein externer Gutachter an einem Termin teilnehmen).
9. Gutachten bei Vorliegen auswerten.
   - Konsequenz? Offene Fragen?
10. Termin zur Anhörung anberaumen.

Checkliste für den Verfahrensbeistand

1. Akteneinsicht
2. Vorgespräch bzw. Gespräch mit Jugendlichem/Kind
3. Gegebenenfalls weitere vorbereitende Gespräche
4. Bei ausreichendem zeitlichen Vorlauf: Stellungnahme an das Gericht, gegebenenfalls Empfehlung(en) bezüglich weiterer Ermittlungen oder eines Ergebnisses
5. Teilnahme an der richterlichen Anhörung
6. Nach Erhalt des Beschlusses: Nachgespräch mit betroffener Person führen, Beschwerde prüfen

5. Kapitel:

Die forensische Unterbringung

Die forensische Unterbringung im Maßregelvollzug ist die **strafrechtliche Form** der Unterbringung.

1. Unterbringung nach StGB und StPO

Es handelt sich dabei um eine „Maßnahme der Besserung und Sicherung" nach § 61 StGB. Solche Maßnahmen sind:

- die Unterbringung in einem psychiatrischen Krankenhaus,
- die Unterbringung in einer Entziehungsanstalt,
- die Unterbringung in der Sicherungsverwahrung,
- die Führungsaufsicht,
- die Entziehung der Fahrerlaubnis,
- das Berufsverbot.

Die Maßnahmen stehen nach § 62 StGB ausdrücklich unter dem **Verhältnismäßigkeitsgebot**.

Nach § 7 JGG ist eine Maßnahme der Besserung und Sicherung auch gegenüber Jugendlichen und Heranwachsenden (bis 21 Jahren) zulässig.

§ 63 StGB sagt zur Unterbringung in einem psychiatrischen Krankenhaus folgendes:

> **§ 63 StGB Unterbringung in einem psychiatrischen Krankenhaus**
>
> Hat jemand eine rechtswidrige Tat im Zustand der Schuldunfähigkeit (§ 20) oder der verminderten Schuldfähigkeit (§ 21) begangen, so ordnet das Gericht die Unterbringung in einem psychiatrischen Krankenhaus an, wenn die Gesamtwürdigung des Täters und seiner Tat ergibt, daß von ihm infolge seines Zustandes erhebliche rechtswidrige Taten, durch welche die Opfer seelisch oder körperlich erheblich geschädigt oder erheblich gefährdet werden oder schwerer wirtschaftlicher Schaden angerichtet wird, zu erwarten sind und er deshalb für die Allgemeinheit gefährlich ist. Handelt es sich bei der begangenen rechtswidrigen Tat nicht um eine im Sinne von Satz 1 erhebliche Tat, so trifft das Gericht eine solche Anordnung nur, wenn besondere Umstände die Erwartung rechtfertigen, dass der Täter infolge seines Zustandes derartige erhebliche rechtswidrige Taten begehen wird.

Hier muss also objektiv eine Straftat begangen worden sein, d.h. es muss objektiv ein Straftatbestand verwirklicht worden sein (z.B. Totschlag nach § 212 StGB), die Tat muss rechtswidrig sein, es darf also insbesondere kein Rechtfertigungsgrund wie z.B. Notwehr (nach § 32 StGB) vorliegen.[1] Eine Bestrafung kommt aber nicht in Betracht, wenn der Angeklagte schuldunfähig oder vermindert schuldfähig (§ 21 StGB) ist.

Dann kommt bei einer nach dem Gesetz zu prognostizierenden Gefährlichkeit eine **Unterbringung im Maßregelvollzug** in Betracht. Das Besondere an dieser Unterbringung ist, dass die gerichtliche Entscheidung – anders als eine strafrechtliche Verurteilung oder eine

1 Fischer, Rn. 2 ff. und 7 ff. zu § 63 StGB.

Unterbringung nach Zivil- oder öffentlichem Recht – keine Frist enthält. Eine mögliche Entlassung wird im Rahmen der Vollstreckung der Unterbringung geprüft.

Die **Vollstreckung des Maßregelvollzugs** richtet sich nach den Maßregelvollzugsgesetzen der Länder. Nach der „Föderalismusreform" ist der Strafvollzug Ländersache geworden. Der Maßregelvollzug erfolgt in psychiatrischen Fachkliniken bzw. psychiatrischen Abteilungen allgemeiner Krankenhäuser.

Daneben gibt es die Unterbringung in einer „Entziehungsanstalt" nach § 64 StGB:

§ 64 StGB Unterbringung in einer Entziehungsanstalt

Hat eine Person den Hang, alkoholische Getränke oder andere berauschende Mittel im Übermaß zu sich zu nehmen, und wird sie wegen einer rechtswidrigen Tat, die sie im Rausch begangen hat oder die auf ihren Hang zurückgeht, verurteilt oder nur deshalb nicht verurteilt, weil ihre Schuldunfähigkeit erwiesen oder nicht auszuschließen ist, so soll das Gericht die Unterbringung in einer Entziehungsanstalt anordnen, wenn die Gefahr besteht, dass sie infolge ihres Hanges erhebliche rechtswidrige Taten begehen wird. Die Anordnung ergeht nur, wenn eine hinreichend konkrete Aussicht besteht, die Person durch die Behandlung in einer Entziehungsanstalt zu heilen oder über eine erhebliche Zeit vor dem Rückfall in den Hang zu bewahren und von der Begehung erheblicher rechtswidriger Taten abzuhalten, die auf ihren Hang zurückgehen.

Trotz des strafrechtlichen Charakters ist auch im Maßregelvollzug eine **Zwangsbehandlung**, also eine Behandlung gegen den natürlichen Willen des Untergebrachten nicht zulässig. Die Entscheidungen des Bundesverfassungsgerichts zur Zwangsbehandlung aus dem Jahr 2011 betrafen originär Unterbringungen im Maßregelvollzug (siehe die Ausführungen zur Zwangsbehandlung im Betreuungsrecht, 2. Kapitel, 3., S. 58 ff.). Zwangsbehandlungen im Vollzug sind bei Lebens- oder Gesundheitsgefahr für die betroffene Person bzw. den Gefangenen oder andere Personen zulässig.

Ist noch keine rechtswidrige Tat festgestellt, sondern wird noch ermittelt oder steht erst eine Verhandlung an, so kann gegebenenfalls schon vorab eine **vorläufige Unterbringung** nach § 126a StPO erfolgen. Diese Regelung steht systematisch im Zusammenhang mit Haftbefehl und vorläufiger Festnahme.

§ 126a StPO Einstweilige Unterbringung

(1) Sind dringende Gründe für die Annahme vorhanden, daß jemand eine rechtswidrige Tat im Zustand der Schuldunfähigkeit oder verminderten Schuldfähigkeit (§§ 20, 21 des Strafgesetzbuches) begangen hat und daß seine Unterbringung in einem psychiatrischen Krankenhaus oder einer Entziehungsanstalt angeordnet werden wird, so kann das Gericht durch Unterbringungsbefehl die einstweilige Unterbringung in einer dieser Anstalten anordnen, wenn die öffentliche Sicherheit es erfordert.

(2) Für die einstweilige Unterbringung gelten die §§ 114 bis 115a, 116 Abs. 3 und 4, §§ 117 bis 119a, 123, 125 und 126 entsprechend. Die §§ 121, 122 gelten entsprechend mit der Maßgabe, dass das Oberlandesgericht prüft, ob die Voraussetzungen der einstweiligen Unterbringung weiterhin vorliegen.

(3) Der Unterbringungsbefehl ist aufzuheben, wenn die Voraussetzungen der einstweiligen Unterbringung nicht mehr vorliegen oder wenn das Gericht im Urteil die Unterbringung in

einem psychiatrischen Krankenhaus oder einer Entziehungsanstalt nicht anordnet. Durch die Einlegung eines Rechtsmittels darf die Freilassung nicht aufgehalten werden. § 120 Abs. 3 gilt entsprechend.

(4) Hat der Untergebrachte einen gesetzlichen Vertreter oder einen Bevollmächtigten im Sinne des § 1831 Absatz 5 und des § 1820 Absatz 2 Nummer 2 des Bürgerlichen Gesetzbuches, so sind Entscheidungen nach Absatz 1 bis 3 auch diesem bekannt zu geben.

Der Fokus der strafrechtlichen Unterbringung liegt auf dem **Schutz der Allgemeinheit**.[2] Ziel ist aber auch, einen Heilungsprozess einzuleiten.[3]

Für die Frage der Unterbringung nach §§ 63, 64 StGB muss zunächst eine **psychische Störung** vorliegen, die zum Schuldausschluss oder zur Schuldminderung geführt hat und dann ist eine **Prognose** über die Gefährlichkeit des Täters zu stellen. Weitere Taten müssen mit der „Wahrscheinlichkeit höheren Grades" zu erwarten sein.[4] Für die Prognose ist regelhaft ein Sachverständiger hinzuzuziehen.[5]

Bei hoher, anhaltender Gefährlichkeit kommt die **Sicherungsverwahrung** nach § 66 StGB in Betracht, insbesondere, wenn ein Täter seine Zeitstrafe verbüßt hat, aber besondere Gründe eine derartige Gefährlichkeit begründen, dass man ihn nicht freilassen will.

Weiterhin kommt bei anhaltender Gefährlichkeit eine Unterbringung nach dem **Gesetz zur Therapierung und Unterbringung psychisch gestörter Gewalttäter** (Therapieunterbringungsgesetz – ThUG) in Betracht. Das Gesetzesziel lautet gem. § 1 dieses Regelwerks:

§ 1 ThUG Therapieunterbringung

(1) Steht auf Grund einer rechtskräftigen Entscheidung fest, dass eine wegen einer Straftat der in § 66 Absatz 3 Satz 1 des Strafgesetzbuches genannten Art verurteilte Person deshalb nicht länger in der Sicherungsverwahrung untergebracht werden kann, weil ein Verbot rückwirkender Verschärfungen im Recht der Sicherungsverwahrung zu berücksichtigen ist, kann das zuständige Gericht die Unterbringung dieser Person in einer geeigneten geschlossenen Einrichtung anordnen, wenn

1. sie an einer psychischen Störung leidet und eine Gesamtwürdigung ihrer Persönlichkeit, ihres Vorlebens und ihrer Lebensverhältnisse ergibt, dass sie infolge ihrer psychischen Störung mit hoher Wahrscheinlichkeit das Leben, die körperliche Unversehrtheit, die persönliche Freiheit oder die sexuelle Selbstbestimmung einer anderen Person erheblich beeinträchtigen wird, und

2. die Unterbringung aus den in Nummer 1 genannten Gründen zum Schutz der Allgemeinheit erforderlich ist.

(2) Absatz 1 ist unabhängig davon anzuwenden, ob die verurteilte Person sich noch im Vollzug der Sicherungsverwahrung befindet oder bereits entlassen wurde.

2 Fischer, Rn. 2 zu § 63 StGB.

3 A.a.O.

4 Fischer, Rn. 24 ff. zu § 63 StGB m.w.N. zur Rechtsprechung.

5 Fischer, Rn. 3 vor § 61 StGB.

2. Verhältnis zur öffentlich-rechtlichen Unterbringung nach Landesrecht

Wie ersichtlich, ist die forensische Unterbringung keine „Option", sondern kommt nur unmittelbar verbunden mit einer (schweren) Straftat zum Tragen.

Wie schon im „PsychKG"-Kapitel ausgeführt, greift die Unterbringung nach Landesrecht schon bei einer bloßen Gefährdung ein (siehe 3. Kapitel: Die öffentlich-rechtliche Unterbringung, S. 165 ff.). Außerdem ist neben dem Schutz der Allgemeinheit auch der Schutz des Unterzubringenden in hohem Maße intendiert.

Als ein zusätzlicher Grund, zumindest als Motivation, ist eine Unterbringung in diesem Rahmen auch unter Umständen anzuordnen, um zu verhindern, dass die betroffene Person die Voraussetzungen für eine strafrechtliche Unterbringung erfüllt. Dies dient gleichzeitig dem Schutz der Allgemeinheit vor Straftaten, aber der betroffenen Person auch vor der sehr viel gravierenderen Unterbringung in der Forensik, die in aller Regel auch von erheblich längerer Dauer ist.

Eine Zweigleisigkeit der Unterbringung ist nicht möglich, die strafrechtliche Unterbringung geht vor.

3. Verhältnis zur betreuungsrechtlichen Unterbringung und zum Betreuungsrecht

Die Unterbringung nach § 1831 BGB ist rechtlich und thematisch noch weiter entfernt von der forensischen Unterbringung, doch auch hier kann die Vorstellung einer Heilbehandlung unter geschlossenen Bedingungen dadurch motiviert sein, dass man das zu befürchtende Abgleiten in die Voraussetzungen der strafrechtlichen Unterbringung verhindern will.

Im Fall der Unterbringung nach Strafrecht kann es im Einzelfall auch sinnvoll sein, der untergebrachten Person einen Betreuer zu bestellen, z.B. wenn es sie überfordert finanzielle Dinge zu regeln. Eine **gesetzliche Betreuung** kann zwar nicht unmittelbar die Gefährlichkeit einer untergebrachten Personausschließen, es kann aber diese Prognose beeinflussen, wenn sie den Schutz einer gesetzlichen Betreuung hat. Und es kann eine prospektive oder konkrete „Entlassungshilfe" sein.

Hinweis

Es kann aber niemals Aufgabe eines gesetzlichen Betreuers sein, die Behandlung im Maßregelvollzug zu fördern oder schlicht die gewünschten Einwilligungen der betreuten Person zu ersetzen. Hier gelten die Regeln, die sich aus den Maßregelvollzugsgesetzen der Länder ergeben.

Die **Rechtsprechung** des Bundesverfassungsgerichts **zur Zwangsbehandlung bzw. Fixierung** im Maßregelvollzug (siehe hierzu 2. Kapitel, S. 60 ff.) hat zumindest indirekt dazu geführt, dass auch im Betreuungsrecht und in den landesrechtlichen Unterbringungsgesetzen einiges in Bewegung gekommen ist. Inhaltlich und vom Verfahren her gibt es jedoch keine Verknüpfung – Betreuer und Betreuungsgerichte sind hier für Zwang und Freiheitsentziehung nicht zuständig.

6. Kapitel:

Weitere Fragen zum Unterbringungsrecht

1. Das Gesetz zur Verhütung und Bekämpfung von Infektionskrankheiten beim Menschen – Infektionsschutzgesetz (IfSG)

Eine weitere Art der Freiheitsentziehung, die einer Unterbringung entspricht, ist die Quarantäne nach § 30 IfSG (siehe insbesondere Abs. 2 Satz 1). Hierauf soll ergänzend hingewiesen werden.

Das IfSG ist im Zuge der Corona-Pandemie in den Blickpunkt der Öffentlichkeit gerückt. Als Entscheidungsgrundlage hatten die Regelungen des § 30 IfSG während der Pandemie an Bedeutung gewonnen. Die Corona-Beschränkungen an sich sind hier nicht Gegenstand der Betrachtung.

§ 30 IfSG Absonderung

(1) Die zuständige Behörde hat anzuordnen, dass Personen, die an Lungenpest oder an von Mensch zu Mensch übertragbarem hämorrhagischem Fieber erkrankt oder dessen verdächtig sind, unverzüglich in einem Krankenhaus oder einer für diese Krankheiten geeigneten Einrichtung abgesondert werden. Bei sonstigen Kranken sowie Krankheitsverdächtigen, Ansteckungsverdächtigen und Ausscheidern kann angeordnet werden, dass sie in einem geeigneten Krankenhaus oder in sonst geeigneter Weise abgesondert werden, bei Ausscheidern jedoch nur, wenn sie andere Schutzmaßnahmen nicht befolgen, befolgen können oder befolgen würden und dadurch ihre Umgebung gefährden.

(2) Kommt der Betroffene den seine Absonderung betreffenden Anordnungen nicht nach oder ist nach seinem bisherigen Verhalten anzunehmen, dass er solchen Anordnungen nicht ausreichend Folge leisten wird, so ist er zwangsweise durch Unterbringung in einem abgeschlossenen Krankenhaus oder einem abgeschlossenen Teil eines Krankenhauses abzusondern. Ansteckungsverdächtige und Ausscheider können auch in einer anderen geeigneten abgeschlossenen Einrichtung abgesondert werden. Das Grundrecht der Freiheit der Person (Artikel 2 Abs. 2 Satz 2 Grundgesetz) kann insoweit eingeschränkt werden. Buch 7 des Gesetzes über das Verfahren in Familiensachen und in den Angelegenheiten der freiwilligen Gerichtsbarkeit gilt entsprechend.

(3) Der Abgesonderte hat die Anordnungen des Krankenhauses oder der sonstigen Absonderungseinrichtung zu befolgen und die Maßnahmen zu dulden, die der Aufrechterhaltung eines ordnungsgemäßen Betriebs der Einrichtung oder der Sicherung des Unterbringungszwecks dienen. Insbesondere dürfen ihm Gegenstände, die unmittelbar oder mittelbar einem Entweichen dienen können, abgenommen und bis zu seiner Entlassung anderweitig verwahrt werden. Für ihn eingehende oder von ihm ausgehende Pakete und schriftliche Mitteilungen können in seinem Beisein geöffnet und zurückgehalten werden, soweit dies zur Sicherung des Unterbringungszwecks erforderlich ist. Die bei der Absonderung erhobenen personenbezogenen Daten sowie die über Pakete und schriftliche Mitteilungen gewonnenen Erkenntnisse dürfen nur für Zwecke dieses Gesetzes verarbeitet werden. Postsendungen von Gerichten, Behörden, gesetzlichen Vertretern, Rechtsanwälten, Notaren oder Seelsorgern dürfen weder geöffnet noch zurückgehalten werden; Postsendungen an solche Stellen oder Personen dürfen nur geöffnet und zurückgehalten werden, soweit dies zum Zwecke der Entseuchung notwendig ist. Die Grundrechte der körperlichen Unversehrtheit (Artikel 2 Abs. 2 Satz 1 Grundgesetz), der Freiheit der Person (Artikel 2 Abs. 2 Satz 2 Grundgesetz) und

das Grundrecht des Brief- und Postgeheimnisses (Artikel 10 Grundgesetz) werden insoweit eingeschränkt.

(4) Der behandelnde Arzt und die zur Pflege bestimmten Personen haben freien Zutritt zu abgesonderten Personen. Dem Seelsorger oder Urkundspersonen muss, anderen Personen kann der behandelnde Arzt den Zutritt unter Auferlegung der erforderlichen Verhaltensmaßregeln gestatten.

(5) Die Träger der Einrichtungen haben dafür zu sorgen, dass das eingesetzte Personal sowie die weiteren gefährdeten Personen den erforderlichen Impfschutz oder eine spezifische Prophylaxe erhalten.

(6) Die Länder haben dafür Sorge zu tragen, dass die nach Absatz 1 Satz 1 notwendigen Räume, Einrichtungen und Transportmittel zur Verfügung stehen.

(7) Die zuständigen Gebietskörperschaften haben dafür zu sorgen, dass die nach Absatz 1 Satz 2 und Absatz 2 notwendigen Räume, Einrichtungen und Transportmittel sowie das erforderliche Personal zur Durchführung von Absonderungsmaßnahmen außerhalb der Wohnung zur Verfügung stehen. Die Räume und Einrichtungen zur Absonderung nach Absatz 2 sind nötigenfalls von den Ländern zu schaffen und zu unterhalten.

Das **Verfahren** richtet sich nach den §§ 415 ff. FamFG. Erforderlich sind

- ein Antrag der zuständigen Behörde (§ 417 FamFG),
- eine Anhörung der betroffenen Person, gegebenenfalls per Vorführung (§ 420 FamFG) und
- eine richterliche Entscheidung, die maximal eine Freiheitsentziehung von einem Jahr anordnen kann (§ 425 FamFG).

Wie beim Unterbringungsrecht im eigentlichen Sinne ist gegebenenfalls ein **Verfahrenspfleger** zu bestellen (§ 419 FamFG). Auch eine einstweilige Anordnung ist zulässig (§ 427 FamFG).

Die Anhörung ist auch bei Infektion grundsätzlich vorgeschrieben.

§ 420 FamFG Anhörung; Vorführung

(1) Das Gericht hat den Betroffenen vor der Anordnung der Freiheitsentziehung persönlich anzuhören. Erscheint er zu dem Anhörungstermin nicht, kann abweichend von § 33 Abs. 3 seine sofortige Vorführung angeordnet werden. Das Gericht entscheidet hierüber durch nicht anfechtbaren Beschluss.

(2) Die persönliche Anhörung des Betroffenen kann unterbleiben, wenn nach ärztlichem Gutachten hiervon erhebliche Nachteile für seine Gesundheit zu besorgen sind oder wenn er an einer übertragbaren Krankheit im Sinne des Infektionsschutzgesetzes leidet.

(3) Das Gericht hat die sonstigen Beteiligten anzuhören. Die Anhörung kann unterbleiben, wenn sie nicht ohne erhebliche Verzögerung oder nicht ohne unverhältnismäßige Kosten möglich ist.

(4) Die Freiheitsentziehung in einem abgeschlossenen Teil eines Krankenhauses darf nur nach Anhörung eines ärztlichen Sachverständigen angeordnet werden. Die Verwaltungsbehörde, die den Antrag auf Freiheitsentziehung gestellt hat, soll ihrem Antrag ein ärztliches Gutachten beifügen.

Die Anhörung kann also bei einer bestehenden infektiösen Erkrankung unterbleiben. Eine Ausweitung dieser **Ausnahme** bei bestehender Pandemielage ohne konkrete Erkrankung ist nicht zulässig, jedenfalls muss die Anhörung gegebenenfalls nachgeholt werden. Vorrangig sind die Anhörungspersonen mit Schutzmaßnahmen abzusichern, bevor man auf die Anhörung verzichtet (siehe auch 2. Kapitel 5. d), S. 123 ff.).[1]

2. Kostenfragen

Kosten für ärztliche Behandlung und für die Aufnahme im Krankenhaus während der Unterbringung sind Kosten der **Krankenhausbehandlung** und richten sich nach § 39 SGB V.

Vielfach bestreiten **Krankenkassen** die Notwendigkeit der Krankenhausbehandlung. Sie prüfen dies unabhängig davon, ob ein Unterbringungsbeschluss vorlag. Eine bloße Verwahrung ohne Behandlung, z.B. weil die Pflegeeinrichtung noch nicht zur Verfügung stand, rechtfertigt die Kostenübernahme z.B. nicht.[2]

Kostenfragen bei der Unterbringung nach § 1831 BGB bestimmen sich nach den Regeln des Betreuungsrechts. Die **Tätigkeit des Betreuers** im Unterbringungsverfahren wird nicht gesondert vergütet, Kosten fallen insoweit nicht an.

Gebühren werden in Unterbringungsverfahren nicht erhoben (§ 26 Abs. 3 GNotKG); gerichtliche Auslagen (hier: nur die Kosten des Verfahrenspflegers) werden nur von nicht mittellosen betroffenen Personen verlangt (KV 31015 GNotKG). Die **Mittellosigkeit** bestimmt sich nach §§ 1880 BGB, 90 SGB XII.[3]

Der **Verfahrenspfleger**[4] erhält je nach Qualifikation einen Stundensatz in Höhe von 23,00 EUR bis 39,00 EUR zzgl. MwSt. (§ 277 FamFG i.V.m. § 3 VBVG). In Fällen, in denen anwaltliche Tätigkeit erforderlich war, kann der Anwalt Kosten nach dem RVG geltend machen. Die genannten Kosten werden dem Verfahrenspfleger direkt aus der Staatskasse erstattet.

Im Unterschied zu den sonstigen Auslagen können die Verfahrenspflegerkosten auch bei betreuten Personen zurückverlangt werden, wenn die Freigrenze nach § 90 SGB XII übrschritten ist, d.h., dass oft der Betreuer für seine betreute Person die Rechnung erhält (wenn er den Aufgabenkreis Vermögenssorge übertragen bekommen hat). Diese gilt dann nicht, wenn einem anderen Beteiligten die Kosten auferlegt wurden. Dem Verfahrenspfleger sind nach § 317 Abs. 7 FamFG keine Kosten aufzuerlegen

Bei Unterbringungen nach Landesrecht gelten die **Kostenregelungen in den Landesgesetzen**, die in der Regel eine Kostentragungspflicht vorsehen.

1 Engelfried, Betroffene „unerhört", Betrifft Justiz 2020, 320 ff.

2 BSG, Urteil vom 28.2.2007, B 3 KR 15/06, RuP 2007, 140.

3 Schonvermögen Stand 2023: 10.000 Euro, 500 Euro zusätzlich für jeden Unterhaltsberechtigten.

4 Zu den Grundlagen von Aufwendungsersatz für Verfahrenspfleger siehe z.B. BtKomm/Dodegge, 6. Aufl., Teil G, Rn. 200; Bartels in Jox/Fröschle, Kommentierung zu § 277 FamFG; siehe auch Joecker, S. 323 f.

§ 337 FamFG bestimmt, dass unter Umständen Auslagen der betroffenen Person– wie Anwalts- oder Fahrtkosten – zu erstatten sind:

§ 337 FamFG Kosten in Unterbringungssachen

(1) In Unterbringungssachen kann das Gericht die Auslagen des Betroffenen, soweit sie zur zweckentsprechenden Rechtsverfolgung notwendig waren, ganz oder teilweise der Staatskasse auferlegen, wenn eine Unterbringungsmaßnahme nach § 312 Nummer 1 bis 3 abgelehnt, als ungerechtfertigt aufgehoben, eingeschränkt oder das Verfahren ohne Entscheidung über eine Maßnahme beendet wird.

(2) Wird ein Antrag auf eine Unterbringungsmaßnahme nach den Landesgesetzen über die Unterbringung psychisch Kranker nach § 312 Nummer 4 abgelehnt oder zurückgenommen und hat das Verfahren ergeben, dass für die zuständige Verwaltungsbehörde ein begründeter Anlass, den Unterbringungsantrag zu stellen, nicht vorgelegen hat, hat das Gericht die Auslagen des Betroffenen der Körperschaft aufzuerlegen, der die Verwaltungsbehörde angehört.

Die Vorschrift ist gem. § 167 Abs. 1 FamFG auch bei der Unterbringung von Kindern und Jugendlichen anwendbar.

Die betroffene Person kann im Unterbringungsverfahren auch **Verfahrenskostenhilfe** beantragen, sofern sie nicht vermögend ist.

3. Benachrichtigungen bei Unterbringungen

Nach §§ 338, 308 FamFG ist die Unterbringungsentscheidung und deren Aufhebung anderen Gerichten, Behörden oder anderen öffentlichen Stellen mitzuteilen, soweit dies unter Beachtung berechtigter Interessen der betroffenen Person erforderlich ist, eine erhebliche Gefahr für die betroffene Person, für dritte oder die öffentliche Sicherheit abzuwenden.[5]

Bei Mitteilung von Tatsachen, die aus dem Verfahren gewonnen wurden, zum Zweck der Strafverfolgung oder Verfolgung von Ordnungswidrigkeiten ist zu prüfen, ob **schutzwürdige Interessen** der betroffenen Person am Ausschluss der Übermittlung überwiegen.

Nach § 339 FamFG sind ein Angehöriger oder eine Vertrauensperson der betroffenen Person zu benachrichtigen.

4. Betroffenenrechte

Auf die Rechte im Verfahren ist bereits hingewiesen worden. Ausgehend vom Grundrecht auf Gewährung rechtlichen Gehörs gibt es das Anhörungsrecht und das Recht, alle maßgebenden Schriftstücke in der Akte zur Kenntnis zu bekommen.

5 Zu Einzelheiten siehe die einschlägigen Kommentierungen, z.B. bei BtKomm/Dodegge, 6. Aufl., Teil G, Rn. 371 ff.

Ebenso besteht ein **Akteneinsichtsrecht** nach § 13 FamFG, das allerdings während der Unterbringung nur scher wahrnehmbar ist.

Auch auf das **Beschwerderecht** ist in den Kapiteln 2 und 3 bereits hingewiesen worden.

Ist eine Unterbringungsmaßnahme beendet, hat die betroffene Person immer noch ein **Feststellungsinteresse** und kann gerichtlich klären lassen, ob die Unterbringung rechtlich fehlerhaft war,[6] denn bei schwerwiegenden Grundrechtseingriffen gebietet es Art. 19 Abs. 4 GG, dass die betroffene Person auch noch die Möglichkeit hat, nachträglich die Rechtswidrigkeit der Maßnahme feststellen zu lassen.

Eine informelle Beschwerdemöglichkeit besteht bei einer der **unabhängigen Beschwerdestellen**.[7] Hier gibt es die Möglichkeit, Rat und Unterstützung zu bekommen, allerdings haben diese Beschwerdestellen keine Kontroll- oder Entscheidungsbefugnis. Leider ist die Arbeit und die Finanzierung der unabhängigen Beschwerdestellen nicht ausreichend abgesichert, was aber dringend und wünschenswert wäre.

Die einzelnen Bundesländer haben im PsychKG **multiprofessionell besetzte Aufsichts- oder Besuchskommissionen**[8] vorgesehen, die als zusätzlicher Rechtsschutz für die betroffenen Personen zu sehen und gedacht sind. Diese Kommissionen prüfen nicht, ob Beschlüsse rechtmäßig und ärztliche Diagnosen zutreffend sind, sie prüfen aber gegebenenfalls,

- ob der rechtliche Rahmen für eine Unterbringung, Zwangsbehandlung oder freiheitsentziehende Maßnahme vorhanden ist (Gibt es einen aktuellen Beschluss?),
- sie betrachten die generelle Eignung des Unterbringungsortes und
- sie widmen sich der Frage, ob die Unterbringung in der Ausführung angemessen ist (gute oder unhaltbare Verhältnisse „auf Station"?) und
- ob z.B. Ausgänge möglich sind oder warum sie verweigert werden,
- ob berechtigte Wünsche und Anliegen von betroffenen Personen/Patienten in der Unterbringung angemessen berücksichtigt sind bzw. werden.

Die Kommission macht dann regelmäßig Begehungen und im besten Fall ist sie auch für individuelle Beschwerden kontaktierbar.[9] Die ehrenamtlichen Initiativen werden auch vermittelnd tätig und sind mit betroffenen Personen, Profis und Angehörigen besetzt.

---

6 BayObLG, 16.7.2003, 3Z BR 135/03, BtPrax 2003, 268 unter Bezugnahme auf BVerfGE 104, 220 ff.

7 Siehe z.B. UBPM – Unabhängige Beschwerdestelle Psychiatrie München (psychiatrie-beschwerde.org) und Bundesnetzwerk unabhängiger Beschwerdestellen Psychiatrie (beschwerde-psychiatrie.de) bzw. www.beschwerde-psychiatrie.de/download/Ratgeber.pdf (Zugriff: 29.6.2023).

8 z.B. § 13 PsychKG Berlin; § 23 PsychKG NRW; § 36 PsychKG Bremen; § 26 PsychHG Schleswig Holstein, Art. 37 BayPsychKHG.

9 So m.E gut und zielführend die Hamburger Regelung in § 23 PsychKG, die im Übrigen auch für Unterbringungen nach § 1831 BGB und § 1631b BGB gilt: https://www.landesrecht-hamburg.de/bsha/document/jlr-PsychKGHAV5IVZ (Zugriff: 29.6.2023).

5. Was tun im Unterbringungsfall?

Bei dieser Frage sollen zunächst einmal die **Checklisten** zu § 1831 BGB (siehe S. 149 ff.), der öffentlich-rechtlichen Unterbringung (siehe S. 196 ff.) und § 1631b BGB (siehe S. 229 ff.) hilfreich sein, um die drängendsten rechtlichen und praktischen Fragen zu koordinieren. Insbesondere sind dabei auch Fragen nach Begleitumständen und der „Nachsorge" berücksichtigt. Weiterhin sollen die **Mustertexte** im 2. Kapitel (S. 158 ff.) helfen.

Die Beachtung notwendiger Verfahrensschritte ist kein bloßer Formalismus, sondern:

> Sicherheit durch ein geordnetes Verfahren ist die solide Grundlage für eine angemessene Entscheidung.

Vor allem bei Berufseinsteigern oder auch Privatpersonen besteht ein großes Informations- und Unterstützungsbedürfnis.

Für Angehörige und Betreuer ist sicherlich noch mehr zu bedenken, insbesondere das, was ich weiter vorn als „Nachsorge" bezeichnet habe (siehe 2. Kapitel, 9. b), S. 144 ff.).

Beispiele

Die Frage „Was ist zu bedenken während der Unterbringung?" ist manchmal komplexer als gedacht.

Neben der Sicherung der Wohnung, Benachrichtigungen etc. haben so scheinbar banale Fragen wie „Welche Kleidung braucht die betroffenene Person?", „Hat er/sie Geld bzw. wird Geld benötigt?", „Kann er/sie sich Zigaretten und Süßigkeiten kaufen?", „Wie und ab wann gibt es Ausgang?" „Werden ergänzende Therapien wie Ergo- oder Physiotherapie angeboten?"für die betroffene Person und die Beziehung zu ihr oft die gleiche Bedeutung wie für andere Beteiligte komplexe Rechtsfragen.

Und natürlich stellt sich auch die Frage danach, wieviel persönliche Zuwendung der betroffene Mensch braucht.

Mit der Frage „**Wie geht es weiter nach der Unterbringung?**" werden Angehörige und Betreuer oft allein gelassen. Sicher ist es nicht Aufgabe der Gerichte, diese Frage zu beantworten. Ein guter Sozialdienst im Krankenhaus oder einer anderen Einrichtung kann hier helfen, aber keine Wunder vollbringen. Die Heimplatzsituation ist durchaus als katastrophal zu bezeichnen. Die ambulante und stationäre „Nachsorge" für untergebrachte Menschen ist ein schwieriges Feld und für die soziale Landschaft dieser, unserer Republik kein Ruhmesblatt. Und leider wird die Situation, obwohl bekannt, derzeit nicht besser. Psychisch kranke Menschen haben keine Lobby.

Wartezeiten, lange Bearbeitungszeiten und eine Tendenz zur Leistungsverweigerung machen die Arbeit von Betreuern und Angehörigen oft zur Qual. Das ist aber keine rechtliche Frage, sondern ein Politikum, vor dem der engagierte Praktiker die Augen allerdings nicht verschließen kann.

Anhang

1. Die Bedeutung von Entscheidungsinhalten an Beispielen

Die nachfolgenden (kommentierten) Beispiele von Beschlüssen sollen Beteiligten im Verfahren aufzeigen, welche inhaltlichen Konsequenzen sich aus bestimmten Beschlussinhalten ergeben. Die Textformulierung kann selbstverständlich individuell abweichen.

a) Beschluss zur Genehmigung der Unterbringung in einer geschlossenen Einrichtung eines Krankenhauses mit Zuführung (einstweilige Anordnung)

Amtsgericht ...

– Betreuungsgericht –

Abteilung ...

Beschluss

[*Aktenzeichen*] [*Ort*], den ...

1. In dem Unterbringungsverfahren für ... [*Name einsetzen*]
   - Pfleger/in für das Verfahren: ...
   - Betreuer/in: ....

   wird die Unterbringung der/des Betroffenen in einer geschlossenen Einrichtung eines Krankenhauses[1] bis zum ...[*Datum einsetzen*] im Wege der einstweiligen Anordnung vorläufig[2] gerichtlich genehmigt.
2. Die Entscheidung ist sofort wirksam.[3]
3. Wirkt die zuständige Behörde bei der Zuführung zur Unterbringung mit, darf sie erforderlichenfalls Gewalt anwenden und zur Unterstützung die polizeilichen Vollzugsorgane hinzuziehen.
4. Die Wohnung des Betroffenen darf auch ohne seine Einwilligung zum Vollzug der Zuführung gewaltsam geöffnet, betreten und durchsucht werden.[4]

---

1 Hinweis auf die Art der Unterbringung (zwingend und zwingend zu beachten).

2 Die Tatsache, dass „nur" eine einstweiligen Anordnung ergeht, mit Konsequenzen bei den inhaltlichen Voraussetzungen und der Rechtsmittelfrist wird in der Regel kenntlich gemacht.

3 Alternativ: „Die sofortige Wirksamkeit der Entscheidung wird angeordnet" Wichtig, damit die Unterbringung vor Rechtskraft vollzogen werden kann.

4 Bei einer Zuführung aus der Häuslichkeit o.Ä. sind die Nebenentscheidungen zu 3. und 4. praktisch immer erforderlich. Nur so können ggf. Wille und Widerstand des Betroffenen gebrochen werden (Tür öffnen, Zuführen gegen erklärten Willen etc.).

Gründe:

Die Entscheidung beruht auf §§ 331 FamFG, 1831 Abs. 1 Nr. 1 BGB.

Es bestehen dringende Gründe für die Annahme,[5] dass die Voraussetzungen für die Notwendigkeit einer Unterbringung vorliegen.

Nach dem ärztlichen Gutachten/ Zeugnis des ...[*Name einsetzen*] leidet die/der Betroffene an einer psychischen Krankheit, nämlich: ...[*Bezeichnung der Krankheit*].

Es besteht die Gefahr, dass ...[*Name des/der Betroffenen*] sich erheblichen gesundheitlichen Schaden zufügt.

Zu seinem/ihrem Wohl ist es notwendig, ...[*weitere Ausführungen*].

Diese Maßnahme kann ohne Unterbringung nicht durchgeführt werden.

Der/Die Betroffene kann die Notwendigkeit der Maßnahme nicht erkennen bzw. nicht einsichtsgemäß handeln.

Dies ergibt sich aus dem Gutachten des Sachverständigen vom ..., der Stellungnahme des Betreuers, der Stellungnahme des Verfahrenspflegers und dem unmittelbaren Eindruck des Gerichts, den sich dieses anlässlich der Anhörung des Betroffenen verschafft hat.

... *[ggf. weitere individuelle Begründung für die Unterbringung].*

Auch im Hinblick auf die Dauer der Unterbringung ist das Gericht dem ärztlichen Gutachten/Zeugnis gefolgt.

Es liegen dringende Gründe für die Annahme vor, dass die Voraussetzungen für die Genehmigung der oben genannten Maßnahmen gegeben sind. Mit einem Aufschub wäre eine so erhebliche Gefahr für den Betroffenen verbunden, dass ein dringendes Bedürfnis für ein sofortiges Tätigwerden besteht. Zum Wohle des Betroffenen ist daher eine Entscheidung im Wege der einstweiligen Anordnung gemäß §§ 1831 Abs. 1 BGB, 331, 332 FamFG[6] erforderlich.

... *[ggf. weitere Begründung].*

Eine Eilbedürftigkeit im Sinne von § 49 Abs. 1 FamFG liegt vor.

Deshalb musste die vorläufige Unterbringungsmaßnahme getroffen werden.

Die Entscheidung über die sofortige Wirksamkeit beruht auf § 324 FamFG.

Die Entscheidung über die Gewaltanwendung und das Betreten der Wohnung beruht auf § 326 FamFG.

---

5 Die vorsichtige Formulierung berücksichtigt, dass es sich um eine vorläufige Entscheidung handelt.

6 § 332 FamFG ist einschlägig, wenn die Anhörung nachgeholt werden muss. Dann Zusatz einfügen: „Die erforderliche Anhörung war vor Erlass der Entscheidung nicht möglich, weil (*Begründung*), sie wird unverzüglich nachgeholt."

Rechtsmittelbelehrung:[7]

Gegen diese Entscheidung ist das Rechtsmittel der Beschwerde zulässig.

Sie ist binnen einer Frist von zwei Wochen bei dem Amtsgericht ...[*Anschrift einsetzen*] einzulegen. Die/der bereits untergebrachte Betroffene kann sie auch bei dem für den Unterbringungsort zuständigen Amtsgericht einlegen.

Die Frist beginnt mit der Zustellung oder der gerichtlich protokollierten Bekanntmachung.

Die Einlegung erfolgt durch Einreichung einer Beschwerdeschrift oder durch Erklärung zu Protokoll der Geschäftsstelle.

... [*Unterschrift*]

Richter/in am Amtsgericht

b) Beschluss zur Genehmigung FEM (einstweilige Anordnung)

Amtsgericht ...

– Betreuungsgericht –

Abteilung ...

- Pfleger/in für das Verfahren: ...
- Betreuer/in: ....

Beschluss

[*Aktenzeichen*] [*Ort*], den ...

1. In dem Betreuungsverfahren für ... [*Name einsetzen*]

wird im Wege der einstweiligen Anordnung vorläufig das Anbringen von Bettgittern nachts und in Zeiten der Bettruhe sowie das Anbringen von Gurten im Stuhl[8] bis zum ... [*Datum einsetzen*] betreuungsgerichtlich genehmigt.

Der Durchführende muss sich vor und während der Maßnahme jeweils von der Unbedenklichkeit überzeugen, wobei sich die Beschränkung immer nur auf das unbedingt erforderliche Maß erstrecken darf, eine schriftliche Aufzeichnung über Art und Dauer zu erstellen ist und das Personal für den Betroffenen stets erreichbar sein muss.

7 Die Rechtsmittelbelehrung ist zwingend notwendig. Die Formulierungen weichen in der Praxis voneinander ab. Es ist jeweils eine Abwägung von Vollständigkeit einerseits und Verständlichkeit für die betroffenen Rechtssuchenden andererseits vorzunehmen.

8 Ggf. ist auch hier eine zeitliche Eingrenzung möglich.

Soweit die Freiheitsentziehung nicht mehr erforderlich ist, hat die Betreuerin/der Betreuer sie zu beenden. Ansonsten wird die Anordnung spätestens mit Fristablauf wirkungslos.[9]

2. Die Entscheidung ist sofort wirksam.

Gründe:

Die Entscheidung beruht auf §§ 331 FamFG, 1831 Abs. 4 BGB und dient nach ärztlicher Prüfung und Anhörung dem Schutz des/der Betroffenen.

Es bestehen dringende Gründe für die Annahme, dass die Voraussetzungen für die Notwendigkeit einer unterbringungsähnlichen Maßnahme vorliegen.

Nach dem ärztlichen Gutachten/Zeugnis des …[*Name einsetzen*] leidet die/der Betroffene an einer psychischen Krankheit, nämlich … [*Bezeichnung der Krankheit*].

Die/der Betroffene benötigt zurzeit die oben im Einzelnen aufgeführten mechanischen Beschränkungen, um Verletzungen durch Sturz oder unkontrollierte Bewegungen und damit verbundenen erhebliche Gesundheitsgefahren zu verhindern.

Die/der Betroffene hat zurzeit keine ausreichende Einsicht in seine/ihre krankheitsbedingten Einschränkungen; er/sie ist zu keiner freien Willensbildung zumindest hinsichtlich der Entscheidungen im Zusammenhang mit der Erkrankung in der Lage. Er/sie vermag auch die Notwendigkeit der freiheitsentziehenden Maßnahmen nicht zu erkennen bzw. eine entsprechende Erkenntnis umzusetzen.

Rechtsmittelbelehrung:

Gegen diese Entscheidung ist das Rechtsmittel der Beschwerde zulässig.

Sie ist binnen einer Frist von zwei Wochen bei dem Amtsgericht … [*Anschrift einsetzen*] einzulegen. Die Beschwerde kann auch zu Protokoll der Geschäftsstelle eines anderen Amtsgerichts erklärt werden.

... [*Unterschrift*]

Richter/in am Amtsgericht

9 Ein Zusatz, der sich aus dem Charakter der Maßnahme und dem Charakter der Genehmigung ergibt. Er wird bei unterbringungsähnlichen Maßnahmen so oder ähnlich häufiger verwendet. Er kann auch bei Unterbringungsmaßnahmen so stehen.

c) Beschluss zur Genehmigung der Unterbringung in einer geschlossenen Einrichtung eines Krankenhauses mit Zwangsmaßnahmen

Amtsgericht …

– Betreuungsgericht –

Abteilung …

- Pfleger/in für das Verfahren: …
- Betreuer/in: ….

Beschluss

[*Aktenzeichen*] [*Ort*], den …

In dem Betreuungsverfahren für … [*Name einsetzen*]

beschließt das Amtsgericht … durch den Richter/die Richterin …:

1. Die Unterbringung der/des Betroffenen durch die Betreuer in der geschlossenen Abteilung eines psychiatrischen Krankenhauses wird bis längstens … [*Datum einsetzen*] genehmigt.[10]
2. Die Einwilligung der Betreuer in folgende ärztliche Zwangsmaßnahmen
   - Untersuchung des Gesundheitszustands im Hinblick auf die psychiatrische Erkrankung,
   - Heilbehandlung: Gabe von Neuroleptika … [*Name/n, jeweilige Höchstdosis*]

   wird bis längstens … [*Datum einsetzen*] genehmigt.

   Die genannten Maßnahmen sind unter der Verantwortung eines Arztes durchzuführen und zu dokumentieren.
3. Die zeitweise oder regelmäßig erfolgende Freiheitsentziehung des Betroffenen durch die Betreuer durch
   - Bauchgurt im Bett,
   - Fixierung der Extremitäten

   wird bis längstens … [*Datum einsetzen*] genehmigt, wobei sich der Durchführende vor und während der Maßnahme jeweils von der Unbedenklichkeit überzeugen muss, sich die Beschränkung immer nur auf das unbedingt erforderliche Maß erstrecken darf, eine schriftliche Aufzeichnung über Art und Dauer zu erstellen ist und das Personal für den Betroffenen stets erreichbar sein muss.
4. Die sofortige Wirksamkeit der Entscheidung wird angeordnet.

10 Der Eingangssatz ist hier anders als in den vorigen Beispielen formuliert. Es wird unterschiedlich gehandhabt. Inhaltliche Auswirkungen hat dies nicht.

Gründe:

Nach dem aktuellen Stand leidet der Betroffene an einer psychischen Krankheit bzw. geistigen/seelischen Behinderung, nämlich … [*Bezeichnung*].

Es besteht deshalb die Gefahr, dass die/der Betroffene sich erheblichen gesundheitlichen Schaden zufügt.

Die/Der Betroffene muss geschlossen untergebracht werden, weil … [*Begründung*].

Die/Der Betroffene bedarf ärztlicher Behandlung, die derzeit ohne geschlossene Unterbringung nicht geschehen kann.

Die Durchführung der oben genannten ärztlichen Maßnahmen gegen den Willen des Betroffenen ist im Rahmen der Unterbringung zum Wohle der/des Betroffenen erforderlich, um einen drohenden erheblichen gesundheitlichen Schaden von ihm abzuwenden. Es wurde zuvor erfolglos versucht, den Betroffenen von der Notwendigkeit der ärztlichen Maßnahmen zu überzeugen. Der erhebliche gesundheitliche Schaden kann durch keine andere dem Betroffenen zumutbare Maßnahme abgewendet werden. Der zu erwartende Nutzen der ärztlichen Maßnahmen überwiegt die zu erwartenden Beeinträchtigungen des Betroffenen erheblich. Der Eingriff ist verhältnismäßig … [*ergänzende Begründung*].

Die/Der Betroffene benötigt zurzeit die oben im Einzelnen aufgeführten mechanischen Beschränkungen, um Verletzungen durch Sturz oder unkontrollierte Bewegungen zu verhindern.

Die/Der Betroffene hat zurzeit keine ausreichende Krankheitseinsicht; er ist zu keiner freien Willensbildung zumindest hinsichtlich der Entscheidungen im Zusammenhang mit der Erkrankung in der Lage. Sie/Er vermag auch die Notwendigkeit der freiheitsentziehenden Maßnahmen und der ärztlichen Maßnahmen nicht zu erkennen.

Dies folgt aus dem Ergebnis der gerichtlichen Ermittlungen, insbesondere aus dem aktuellen Gutachten des Sachverständigen und dem unmittelbaren Eindruck des Gerichts, den sich dieses anlässlich der Anhörung der/des Betroffenen verschafft hat.

Es ist daher erforderlich, zum Wohle der/des Betroffenen die genannten Maßnahmen gemäß § 1831 Abs. 1 Nr. 2 und 1832 BGB zu genehmigen.

Bei der Festsetzung der Frist über die Dauer der Entscheidung hinsichtlich der freiheitsentziehenden Maßnahmen hat das Gericht die Ausführungen des Sachverständigen berücksichtigt.

Bei der Festsetzung der Frist hinsichtlich der Genehmigung der ärztlichen Maßnahmen hat das Gericht die Ausführungen des Sachverständigen zur voraussichtlichen Dauer der Behandlungsbedürftigkeit berücksichtigt.

Die Anordnung der sofortigen Wirksamkeit beruht auf § 324 Abs. 2 Satz 1 FamFG.

Rechtsmittelbelehrung:

Gegen diesen Beschluss findet das Rechtsmittel der Beschwerde statt.

Die Beschwerde ist binnen einer Frist von 1 Monat bei dem Amtsgericht ... [*Anschrift einsetzen*] einzulegen. Ist die/der Betroffene untergebracht, kann sie/er die Beschwerde auch bei dem Amtsgericht einlegen, in dessen Bezirk sie/er untergebracht ist.

Die Frist beginnt mit der schriftlichen Bekanntgabe des Beschlusses. Erfolgt die schriftliche Bekanntgabe durch Zustellung nach den Vorschriften der Zivilprozessordnung, ist das Datum der Zustellung maßgebend. Erfolgt die schriftliche Bekanntgabe durch Aufgabe zur Post und soll die Bekanntgabe im Inland bewirkt werden, gilt das Schriftstück drei Tage nach Aufgabe zur Post als bekanntgegeben, wenn nicht der Beteiligte glaubhaft macht, dass ihm das Schriftstück nicht oder erst zu einem späteren Zeitpunkt zugegangen ist. Kann die schriftliche Bekanntgabe an einen Beteiligten nicht bewirkt werden, beginnt die Frist spätestens mit Ablauf von fünf Monaten nach Erlass des Beschlusses. Fällt das Fristende auf einen Sonntag, einen allgemeinen Feiertag oder Sonnabend, so endet die Frist mit Ablauf des nächsten Werktages.

Die Beschwerde wird durch Einreichung einer Beschwerdeschrift oder zur Niederschrift der Geschäftsstelle eingelegt. Die Beschwerde kann zur Niederschrift eines anderen Amtsgerichts erklärt werden; die Beschwerdefrist ist jedoch nur gewahrt, wenn die Niederschrift rechtzeitig bei dem Gericht, bei dem die Beschwerde einzulegen ist, eingeht. Die Beschwerdeschrift bzw. die Niederschrift der Geschäftsstelle ist von dem Beschwerdeführer oder seinem Bevollmächtigten zu unterzeichnen.

Die Beschwerde muss die Bezeichnung des angefochtenen Beschlusses sowie die Erklärung enthalten, dass Beschwerde gegen diesen Beschluss eingelegt wird.

Die Beschwerde soll begründet werden.

... [*Unterschrift*]

Richter/in am Amtsgericht

d) Beschluss zur Anordnung der vorläufigen Unterbringung in einer geschlossenen Einrichtung eines Krankenhauses nach Landesrecht (Hamburg)

Amtsgericht …

– Betreuungsgericht –

Abteilung …

Beschluss

[*Aktenzeichen*] Hamburg, den …

In der Unterbringungssache …

beschließt das Amtsgericht durch den Richter/die Richterin am Amtsgericht …:

1. Die vorläufige Unterbringung[11] der Betroffenen in dem abgeschlossenen Teil eines Krankenhauses wird im Wege der einstweiligen Anordnung gemäß § 331 FamFG vorerst längstens bis zum …[*Datum einsetzen*] einschließlich angeordnet.
2. Die Entscheidung ist sofort wirksam.

Gründe:

Die zuständige Behörde beantragt, die Betroffene in der oben genannten Einrichtung unterzubringen und legt dazu das Zeugnis des/der Arztes/Ärztin Dr. … [*Name einsetzen*] vom … [*Datum einsetzen*] vor.

Es hat die sofortige Unterbringung der Betroffenen gemäß § 12 HmbPsychKG[12] vorgenommen.

Nach dem Ergebnis der heutigen richterlichen Anhörung, insbesondere auch der ergänzenden gutachterlichen Stellungnahme des Stationsarztes … [*Name einsetzen*] bestehen dringende Gründe für die Annahme, dass die Voraussetzungen für die Anordnung einer Unterbringungsmaßnahme gegeben sind und ein dringendes Bedürfnis für ein sofortiges Tätigwerden besteht (§ 331 FamFG).

Danach leidet die Betroffene an einer[13] … [*weiter ausführen*].

Aufgrund dieser Erkrankung besteht die gegenwärtige, nicht anders als durch Unterbringung abzuwendende Gefahr, dass die Betroffene sich selbst erheblich schädigt (§ 9 Abs. 1 HmbPsychKG), das heißt ein schadenstiftendes Ereignis unmittelbar bevorsteht oder wegen besonderer Umstände jederzeit zu erwarten ist (§ 9 Abs. 2 HmbPsychKG).

---

11 Hier wird auf die Darstellung eines Hauptsacheverfahren-Beschlusses verzichtet. In öffentlich-rechtlichen Unterbringungsverfahren wird häufig nur im Wege der einstweiligen Anordnung entschieden. Im Falle einerHauptsacheentscheidung beträgt die Rechtsmittelfrist einen Monat und die Begründung kann entsprechend den Beschlüssen zu § 1831 BGB variieren.

12 Hier wurde die Hamburger Regelung beispielhaft herangezogen.

13 Beispielhaft: „paranoiden Schizophrenie mit derzeit akuter psychotischer Symptomatik mit u.a. akustischen und optischen Halluzinationen."

Im Falle einer Entlassung zum jetzigen Zeitpunkt ist davon auszugehen, dass die Betroffene in wenigen Tagen erneut Fehlhandlungen ähnlich denen begeht, derentwegen die sofortige Unterbringung angeordnet worden ist.

Die Entscheidung über die sofortige Wirksamkeit folgt aus § 324 FamFG.

Rechtsbehelfsbelehrung:

Gegen diesen Beschluss findet das Rechtsmittel der Beschwerde statt.

Die Beschwerde ist binnen einer Frist von zwei Wochen bei dem Amtsgericht ... [*Anschrift einsetzen*] einzulegen. Ist die Betroffene untergebracht, kann sie die Beschwerde auch bei dem Amtsgericht einlegen, in dessen Bezirk sie untergebracht ist.

Die Frist beginnt mit der schriftlichen Bekanntgabe des Beschlusses. Erfolgt die schriftliche Bekanntgabe durch Zustellung nach den Vorschriften der Zivilprozessordnung, ist das Datum der Zustellung maßgebend. Erfolgt die schriftliche Bekanntgabe durch Aufgabe zur Post und soll die Bekanntgabe im Inland bewirkt werden, gilt das Schriftstück drei Tage nach Aufgabe zur Post als bekanntgegeben, wenn nicht die Beteiligte glaubhaft macht, dass ihr das Schriftstück nicht oder erst zu einem späteren Zeitpunkt zugegangen ist. Kann die schriftliche Bekanntgabe an einen Beteiligten nicht bewirkt werden, beginnt die Frist spätestens mit Ablauf von fünf Monaten nach Erlass des Beschlusses. Fällt das Fristende auf einen Sonntag, einen allgemeinen Feiertag oder Sonnabend, so endet die Frist mit Ablauf des nächsten Werktages.

Die Beschwerde wird durch Einreichung einer Beschwerdeschrift oder zur Niederschrift der Geschäftsstelle eingelegt. Die Beschwerde kann zur Niederschrift eines anderen Amtsgerichts erklärt werden; die Beschwerdefrist ist jedoch nur gewahrt, wenn die Niederschrift rechtzeitig bei dem Gericht, bei dem die Beschwerde einzulegen ist, eingeht. Die Beschwerdeschrift bzw. die Niederschrift der Geschäftsstelle ist von dem Beschwerdeführer oder seinem Bevollmächtigten zu unterzeichnen.

Die Beschwerde muss die Bezeichnung des angefochtenen Beschlusses sowie die Erklärung enthalten, dass Beschwerde gegen diesen Beschluss eingelegt wird.

Die Beschwerde soll begründet werden.

... [*Unterschrift*]

Richter/in am Amtsgericht

e) Beschluss zur Genehmigung der Unterbringung einer/eines Minderjährigen in einer geschlossenen Einrichtung eines Krankenhauses mit Zuführung (einstweilige Anordnung)

Amtsgericht …

– Familiengericht –

Abteilung …

Beschluss

[*Aktenzeichen*] [*Ort*], den …

In dem Unterbringungsverfahren für …[*Name einsetzen*]

beschließt das Amtsgericht – Familiengericht – durch den Richter/die Richterin …:

1. wird die Unterbringung des Betroffenen in einer geschlossenen Einrichtung eines Krankenhauses[14] bis zum … [*Datum einsetzen*] im Wege der einstweiligen Anordnung vorläufig[15] gerichtlich genehmigt.
2. Die Entscheidung ist sofort wirksam.
3. Das zuständige Jugendamt wird ermächtigt – wenn die Zuführung zur Unterbringung ohne Gewalt nicht durchzuführen ist – auch Gewalt zu gebrauchen und erforderlichenfalls die Unterstützung der polizeilichen Vollzugsorgane in Anspruch zu nehmen, denn die alsbaldige Vollstreckung der Entscheidung ist unbedingt erforderlich (§§ 167 Abs. 5, 326 Abs. 2 FamFG).

Nach den bisherigen Erkenntnissen liegen dringende Gründe für die Annahme vor, dass die/der Minderjährige umgehend der ärztlichen Hilfe und Unterbringung sowie des schützenden Rahmens einer geschlossenen Krankenhausstation bedarf (§ 331 Nr. 1 FamFG, § 1631b BGB).

Auf das Schreiben/den Antrag … *[einsetzen: der sorgeberechtigten Eltern/der alleinsorgeberechtigten Mutter/des alleinsorgeberechtigten Vaters/des Vormunds/des Pflegers*] vom … [*Datum einsetzen*] wird Bezug genommen.

Ergänzend wird auf das ärztliche Zeugnis/Gutachten von Frau/Herrn … [*Name einsetzen*] vom … [*Datum einsetzen*] verwiesen (§ 331 Nr. 2 FamFG).

Danach leidet die/der Betroffene an einer psychischen Erkrankung, nämlich … [*Bezeichnung*].

---

14 Hinweis auf die Art der Unterbringung (zwingend und zwingend zu beachten).

15 Die Tatsache, dass „nur" eine einstweilige Anordnung ergeht, mit Konsequenzen bei den inhaltlichen Voraussetzungen und der Rechtsmittelfrist wird in der Regel kenntlich gemacht.

Es besteht demnach eine gegenwärtige Gefahr für das Kind, die nur durch die Unterbringung abgewendet werden kann.

... *[weitere, individuelle Begründung]*

Die Entscheidung über die Gewaltanwendung beruht auf §§ 167 Abs. 5, 326 Abs. 2 FamFG).

Rechtbehelfsbelehrung

Gegen diesen Beschluss kann innerhalb von zwei Wochen seit seiner schriftlichen Bekanntgabe Beschwerde beim Amtsgericht ... [*Anschrift einsetzen*] schriftlich oder zur Niederschrift der Geschäftsstelle eingelegt werden. Die Beschwerde muss die Bezeichnung des angefochtenen Beschlusses sowie die Erklärung enthalten, dass Beschwerde gegen diesen Beschluss eingelegt wird. Sie ist von dem Beschwerdeführer oder seinem Bevollmächtigten zu unterzeichnen. Sie soll begründet werden.

Zusatz: Ist der Betroffene untergebracht, kann er Beschwerde auch bei dem Amtsgericht einlegen, in dessen Bezirk er untergebracht ist.

... [*Unterschrift*]

Richter/in am Amtsgericht

f) Beschluss zur Unterbringung einer/eines Minderjährigen in der geschlossenen Abteilung eines psychiatrischen Krankenhauses (Endentscheidung)

Amtsgericht ...

– Familiengericht –

Abteilung ...

Beschluss

[*Aktenzeichen*] [*Ort*], den ...

1. Auf Antrag
   - der .... [*einsetzen: sorgeberechtigten Eltern/der alleinsorgeberechtigten Mutter/des alleinsorgeberechtigten Vaters/des Vormunds/des Pflegers*] ... [*Name einsetzen*]

   wird die Unterbringung der/des Minderjährigen ... [*Name einsetzen*]

   geb. am ... [*Datum einsetzen*]

   in der geschlossenen Abteilung eines psychiatrischen Krankenhauses/in einer/der/Einrichtung ... [*nähere Bezeichnung*] gerichtlich genehmigt.
2. Die Genehmigung gilt zunächst längstens bis zum ... [*Datum einsetzen*] einschließlich.
3. Die Entscheidung ist sofort wirksam.

4. Das zuständige Jugendamt wird ermächtigt – wenn die Zuführung zur Unterbringung ohne Gewalt nicht durchzuführen ist – auch Gewalt zu gebrauchen und erforderlichenfalls die Unterstützung der polizeilichen Vollzugsorgane in Anspruch zu nehmen, denn die alsbaldige Vollstreckung der Entscheidung ist unbedingt erforderlich (§§ 167 Abs. 5, 326 Abs. 2 FamFG).
5. Gerichtskosten und Auslagen werden nicht erhoben, außergerichtliche Kosten nicht erstattet (§ 81 FamFG).[16]

Gründe:

Die Entscheidung beruht auf § 1631b BGB. Danach ist eine geschlossene Unterbringung eines Kindes, die mit einer Freiheitsentziehung verbunden ist, nur mit Genehmigung des Familiengerichts zulässig.

Nach der durchgeführten Beweisaufnahme steht zur Überzeugung des Gerichts fest, dass der/die Minderjährige der ärztlichen Hilfe und Unterbringung sowie des schützenden Rahmens einer geschlossenen Krankenhausstation/geschlossenen Einrichtung bedarf.

Auf das Schreiben/den Antrag … *[einsetzen: der sorgeberechtigten Eltern/der alleinsorgeberechtigten Mutter/des alleinsorgeberechtigten Vaters/des Vormunds/des Pflegers*] vom … [*Datum*] wird Bezug genommen.

Die Sachverständige Frau Dr. med. … [*Name einsetzen*] hat in ihrem Gutachten vom … [*Datum einsetzen*] überzeugend ausgeführt, dass der Minderjährige … [*Name einsetzen*] an einer psychischen Erkrankung leidet, nämlich … [*Bezeichnung/ nähere Ausführung*].

Es besteht demnach eine gegenwärtige Gefahr für das Kind, die nur durch die Unterbringung abgewendet werden kann.

… [ggf. *weitere Begründung*].

Die Sachverständige hält eine Dauer der Unterbringung bis zum … [*Datum einsetzen*] für notwendig. Dem folgt das Gericht.

Andere, mildere Maßnahmen sind nicht erfolgversprechend, weil ... [*Begründung*].

Der Minderjährige … [*Name einsetzen*] sowie die sorgeberechtigten Eltern/der sorgeberechtigte Elternteil sind persönlich angehört worden (§§ 167 Abs. 4, 319 FamFG).

Das Jugendamt und der Verfahrensbeistand hatten Gelegenheit zur Stellungnahme.

Die Anordnung der sofortigen Wirksamkeit der Entscheidung beruht auf § 324 FamFG.

Die Entscheidung über die Gewaltanwendung beruht auf §§ 167 Abs. 5, 326 Abs. 2 FamFG).

16 Im Familienrecht wird jedenfalls in der Endentscheidung regelhaft – anders als im Betreuungsrecht – eine Kostenentscheidung getroffen,in der ggf. auch festgelegt werden kann, dass ein Beteiligter die Kosten trägt, allerdings nicht der Minderjährige.

Rechtsbehelfsbelehrung

Gegen diesen Beschluss kann innerhalb von einem Monat seit seiner schriftlichen Bekanntgabe Beschwerde beim Amtsgericht … [*Anschrift einsetzen*] schriftlich oder zur Niederschrift der Geschäftsstelle eingelegt werden. Die Beschwerde muss die Bezeichnung des angefochtenen Beschlusses sowie die Erklärung enthalten, dass Beschwerde gegen diesen Beschluss eingelegt wird. Sie ist von dem Beschwerdeführer oder seinem Bevollmächtigten zu unterzeichnen. Sie soll begründet werden.

Zusatz: Ist der Betroffene untergebracht, kann er Beschwerde auch bei dem Amtsgericht einlegen, in dessen Bezirk er untergebracht ist.

... [*Unterschrift*]

Richter/in am Amtsgericht

2. Adressen

Bundesverband Psychiatrie-Erfahrener e.V

Geschäftsstelle
Herner Straße 406
44807 Bochum
Tel.: 0234 / 917 907-31
E-Mail: info@bpe-online.de
Internet: www.bpe-online.de

Bundesverband der Berufsbetreuer/innen e.V.

Schmiedestr. 2
20095 Hamburg
Tel.: 040 / 38629030
Fax: 040 / 38629032
E-Mail: info@bdb-ev.de
Internet: www.bdb-ev.de

Deutsche Gesellschaft für soziale Psychiatrie

DGSP Geschäftsstelle
Zeltingerstr. 9
50969 Köln
Tel.: 0221 / 51 10 02
Fax: 0221 / 52 99 03
E-Mail: info@dgsp-ev.de
Internet: www.dgsp-ev.de

BGT Betreuungsgerichtstag e.V.

Geschäftsstelle
Auf dem Aspei 42
44801 Bochum
Tel.: 0234 / 640 65 72
Fax: 0234 / 640 89 70
E-Mail: bgt-ev@bgt-ev.de
Internet: www.bgt-ev.de

Komitee für Grundrechte und Demokratie e.V.

Aquinostraße 7–11
50670 Köln
Tel.: 0221 / 972 69-20 und -30
Fax: 0221 / 972 69-31
E-Mail: info@grundrechtekommitee.de
Internet: www.grundrechtekomitee.de

Bundesverband der Angehörigen psychisch Kranker

Oppelner Str. 130
53119 Bonn
Tel.: 0228 / 710 024-00
Fax: 0228 / 710 024-29
E-Mail: bapk@psychiatrie.de
Internet: www.bapk.de

Deutscher Anwaltverein e.V.

Littenstraße 11
10179 Berlin
Tel.: 030 / 72 61 52-0
Fax: 030 / 72 61 52-190
E-Mail: dav@anwaltverein.de
Internet: www.anwaltverein.de

Republikanischer Anwältinnen- und Anwälteverein e.V.

Haus der Demokratie und Menschenrechte
Greifswalder Straße 4
10405 Berlin
Tel.: 030 / 41 72 35 55
E-Mail: kontakt@rav.de
Internet: www.rav.de

Psychenet

Das Portal psychenet.de wird vom Institut und Poliklinik für Medizinische Psychologie am Universitätsklinikum Hamburg-Eppendorf koordiniert, gepflegt und weiterentwickelt.

Universitätsklinikum Hamburg-Eppendorf (UKE)
Martinistraße 52
20246 Hamburg
E-Mail: info@uke.de
Tel.:040 / 7410-0
E-Mail: webteam@psychenet.de
Internet:www.psychenet.de

Unabhängige Beschwerdestellen

Verzeichnis der Unabhängigen Beschwerdestellen
Internet: www.beschwerde-psychiatrie.de/liste.html

Bundesnetzwerk unabhängige Beschwerdestellen Psychiatrie
Geschäftsführung DGSP
Patrick Nieswand, Daniela Glagla (stellv.)
Zeltinger Str. 9
50969 Köln
Tel.: 0221 / 511002
E-Mail: bundesnetzwerk@beschwerde-psychiatrie.de
Internet: www.beschwerde-psychiatrie.de, www.psychiatrie.de/dgsp/

Liste der Patientenfürsprecher
Internet: www.beschwerde-psychiatrie.de/PFliste.html

Gesellschaft für Freiheitsrechte e.V.

Boyenstraße 41
10115 Berlin
Tel.: 030 / 549 08 10-0
Fax: 030 / 549 08 10-99
E-Mail: info@freiheitsrechte.org
Internet: www.freiheitsrechte.org

Stichwortverzeichnis

A

B

C

D

E

F